Guido Becker

Weihrauch und Pulverdampf

Heitere Anekdoten
und ernste Episoden
aus dem Schatten der
Dom- und Kirchtürme

SJM-Verlag

Titelbild:
Vordergrund: Westfassade des Domes zu Mainz,
© Johann Hinkel Verlag, Budenheim
Hintergrund: Engelsturm der Einhard-Basilika zu Seligenstadt/Main,
© Foto Ehrmann, Seligenstadt
Rückseite: SJM Archiv

Bildnachweis:
S. 5, 123: privat, Autor.

Nibelungenring 1
D-86356 Neusäß
Tel. 0049-821-343225-11, Fax -31
post@sjm-verlag.de

Druck: Kessler Druck + Medien GmbH & Co. KG, Bobingen
Printed in Germany

ISBN 978-3-932426-56-8

http://sjm-verlag.de

Kurze Inhaltsangabe

Weihrauch und Pulverdampf

aus dem Schatten der Dom- und Kirchtürme

Meinem Bruder Markus
und
der Katholischen Pfadfinderschaft Europas
gewidmet

Vorwort oder Wer's unbedingt wissen will

Am 27. August 1925 lag im Mainzer St. Hildegardis-Krankenhaus eine junge Frau in den Wehen. Es kam zu einer Zangengeburt. Als die Großmutter das Baby mit dem deformierten Köpfchen sah, sagte sie zu Haus: „Das Kind gibt ein Idiot." Der damals prognostizierte Idiot legt dem geneigten Leser die folgenden Anekdoten und Episoden vor. Neben Selbsterlebten verdankt er sie der mündlichen Tradition wie sie auf den Konveniats der Geistlichen in froher Runde gepflegt wurde. Vor allem seien hier als Quellen genannt: die ehemaligen Mainzer Dekane, der Pfarrer von Zahlbach, Leopold Becker (†1981), der Pfarrer von Weisenau, Jean Angert (†1982), der Pfarrer von St. Joseph, Christian Siepchen (†2001) und Professor Dr. phil. et theol. Anton Brück (†1984).

Die Anregung zur Veröffentlichung gab der vatikanische Prälat Camille Perl, der meinte, solche Episoden dürften nicht verloren gehen. – Es darf beim Lesen geschmunzelt und auch gelacht werden, oder das Ganze als idiotische Papierverschwendung abgetan werden. Mir hat es Spaß gemacht, das Zeug zusammen zu kramen, um dem einen oder anderen damit fröhliche Kurzweil zu bereiten oder schlaflose Nachtstunden zu überbrücken.

I. Teil

Aus dem Schatten der Dom- und Kirchtürme

Heitere Anekdoten und kuriose Episoden

Heitere Anekdoten aus dem Schatten der Dom und Kirchtürme

Der entlarvte Franziskaner von Johann Friedrich Lennig (1796-1838)

Ein Schuster, ferne sei, dass ich den Nam' entdecke!
War jeden Tag, den Gott nur gab, betrunken,
Und lag drauf in der ersten besten Ecke,
Stark und besinnungslos im Schlaf versunken.
In allen Gassen hatte er die Nacht
Stets unter freiem Himmel zugebracht;
Am meisten aber wählt er das Portal
Der Lieben-Frauenkirch zu seinem Schnarchlokal.

In diesem Zustand, ich kann für die Wahrheit stehen,
Ward er von drei Studenten einst gesehn.
Ihr wisst sie ja die allgemeine Regel,
Die hundert Jahr schon galt und heut noch gilt,
Studenten sind die allerschlimmsten Vögel,
Die führen immer Spaß und Streiche in dem Schild.
Auch diese wussten rasch sich zu? entschließen,
Am vollen Schuster ihren Muthwill auszugießen.

Zur Nachricht dient, vor vierzig, fünfzig Jahren,
Noch e die Klöster aufgehoben waren,
Gab's Augustiner, Domnikaner,
Benediktiner, Franziskaner,
Und Kapuziner auch mit Bart;
Kurz damals gab es iner, aner,
Und aner iner aller Art.

Sie zogen ihm den alten Pechrock aus,
Und eine Franziskanerkutte an,
Halb geistlich sah er jetzt schon aus,
Und steigerte die Lust an ihrem Plan,
Woher, und wie sie die Kutt genommen,
Geht euch nichts an, sie wussten sie schon zu bekommen.

Der eine stutzet künstlich ihm den Zopf,
Der andre weiß ihm Strümpf und Stiefel abzustreifen,
Der dritte sucht indessen ihm den Kopf,
Wie sich's gehöret, einzuseifen;
Nun war er ohne dass er's nur gespürt,
Nach Art der Franziskaner glatt rasirt.
Und wollet ihr das Ganze wissen?
Auch Schlappen hatte er an beiden Füßen,
Nachdem man sie zuvor rein abgespühlt,
Ihm, der indes sich ganz neutral verhielt.

Drauf gingen sie. es war nicht weit von hier
Stracks auf die Hauptwach' los, hinein zum Offizier.
„Wir haben Ihnen nur, Herr Hauptmann, was zu sagen,
Die elfte Stunde hat bereits geschlagen,
Vorübergehend seh'n wir, o Scandal!
Betrunken jemand am Liebfraunportal.
Wir treten näher, schau'n genau, – es ist
Ein Franziskaner gar, der so weit sich vergißt.
Vermuthlich in Gesellschaft heut gerathen,
Denn mancher Mann verträgt gar wenig nur,
Hat er halt etwas überzwerg geladen,
Und ist jetzt ohne des Bewusstseins Spur."

Der Hauptmann sprach: „Ich danke schön für den Rapport,
Vier Mann nebst Korporal fort, aus der Wache fort!
Den Pfaffen bei Liebfraun in sein Kloster noch geschoben."

Des Offizieres Wink ward auf der Stell' vollzogen,
(Denn bei dem Militär sagt man was zweimal nie.)
Husch kamen die Soldaten an's Portal geflogen,
Und was befohlen war, das thaten sie,
Mit grenadierischer Gelassenheit,
Als packten sie hier einen Toten,
Ward der Betrunkenen in der Geschwindigkeit
Auf die vier Achseln hingeschoben.

Jetzt liefen sie dem Kloster zu, nicht einzuholen,
Im Trapp, als hätten sie die theure Last gestohlen.

„Holla! Holla aufgemacht!
Wer im Kloster hier noch wacht, -
Holla! Holla aufgemacht!"
„Wer pocht?" - „Nur aufgemacht!"
„Was ist?"- Ein Herr von eurem Orden,
Der am Liebfrauportal voll ist gefunden worden.
Wir haben bis hierher ihn mühevoll getragen,
Ihr mögt euch ferner mit ihm plagen,
Es hat schon lang elf Uhr geschlagen.

Der Pförtner geht beklommen auf der Stelle
(Denn alles schlief schon), in des Guardians Zelle;
Von da kam der Befehl, ihn bis zum Tagen
Nur einstweil auf die Krankenstub' zu tragen
Drauf gingen die Soldaten nebst Gefreiter,
Erlöst von ihrer Bürde, weiter.
Noch hatten sie an Schmutz und Flecken,
Die auf den Hosen und den Röcken
Bei derlei Sachen übrig bleiben,
Drei Tage wenigstens zu reiben.

Bis gegen Morgen ruhig schlief der Gast;
Doch als er aufwacht, wer kann das Erstaunen schildern?
Als er statt Pech und Leder, denkt euch den Contrast,
Ein Zimmer um sich sieh't, behängt mit Heil'genbildern?
Als er sich selbst bemerkt, so geistlich angezogen,
Und seinen nackten Schädel dann bestreift,
Ist ihm, als sei er die diese Nacht in Mond geflogen,
Was er dann selber nicht begreift.
Drauf tritt eine Ordensmann zur Thüre rasch herein.
Und fragt den Fremden zornig auf Latein:
„Ex qua provincia es, ebriose tu?"
„Ich wäß nit, was er will, o loß er mer mein Ruh."

Der Guardian kömmt, zu sehen, ob sein Gast genesen,
Und wegen Trunkenheit ihm derb den Text zu lesen.
„Cur heri nimium bibisti vinum? dic!"
„Ich wäß nit, was er will, ich bin jo gar nit dick."

Nicht lange konnt' das Räthsel währen,
Dieweil der Fremde kein Latein verstand,
Nahm', um die Sache endlich zu erklären,
Herr Guardian die deutsche Sprach zur Hand.
Nach vielerlei gestellten Fragen,
Er sollen gleich, woher er sei,
Wie er hierher gekommen, sagen,
Und sich entschuldigen ob seiner Schwelgerei;
Sprach unser Gast: „Schickt hin erkunnigt eich genaa,
Beim Schuster in der Stäängaß seiner Fraa;
Sitzt der ihr Mann dahäm, in seiner Werkstatt drinn,
Dann wäß ich haltersch selbst nit, wer ich bin:
Wo nit, so wißt, dass ich mit Seel und Leib.
Der Schuster aus der Stäängaß bin und bleib."

❄ ❄ ❄ ❄ ❄ ❄ ❄

Episoden aus dem Leben des Wilhelm Emanuel Ketteler

Am Weihnachtstag 1811 in Münster geboren, am 26. Dezember 1811 in der St. Lamberti-Kirche getauft. Nach häuslichem Unterricht und kurzem Besuch der Lateinschule in Münster, kam der nicht leicht erziehbare, zum Jähzorn neigende Junge in das von Jesuiten geleitete Internat Brig (im Schweizer Kanton Wallis). Im Herbst 1829 besteht Ketteler als mittelmäßiger Schüler in Münster das Abitur.

Die verlorene Nasenspitze: Nach dem Abitur geht Ketteler als Student der Rechts - und Staatswissenschaften nach Göttingen, wird Mitglied eines studentischen Corps, büßt wegen eines lächerlichen studentischen Ehrenhandels beim Duell seine Nasenspitze ein. Weil ihm das Anheilen der Nasenspitze zu lange dauert, reißt er sie ab und wirft sie weg. Da sein Vater ihm schreibt, er dürfe ohne Nasenspitze nicht nach Haus kommen, muss er sich einer wochenlangen Transplantation unterziehen. Auf Bildern kann man sehen, dass mit der Nasenspitze etwas nicht ganz stimmt. Auch auf dem Tumbagrab (von Hertel und Feige) in der Marienkapelle des Mainzer Domes ist die transplantierte Nasenspitze im weißen Marmor erkennbar.

❄ ❄ ❄ ❄ ❄ ❄ ❄

Bischöfliche Episoden

Was schee is: Bei der Visitation einer Pfarrei in Rheinhessen beschwerte sich der Kirchenvorstand beim Bischof, dass der Pfarrer jedes Jahr am gleichen Sonntag die gleiche Predigt halte. Als der Bischof dem Pfarrer Vorhaltungen machte, gab der Pfarrer an: „Gnädigster Herr, was schee is, kann mer immer wieder hör'n!"

Das verräterische Brevier: Bischof von Ketteler vergewisserte sich bei einem Pfarrer, ob der auch gewissenhaft das Brevier betete. Er ließ sich das Buch zeigen. Es trug keine Spuren öfteren Gebrauchs. „Das sieht ja nicht danach aus, als ob es oft benutzt werde..." – „Gnädigster Herr, Sai (Säue) sein Sai. Mir halle unser Sach' sauber!" war des Pfarrers Antwort.

Der Flegel: Bischof von Ketteler hatte ein aufbrausendes Temperament. Einmal gab er sogar einem Kaplan eine Ohrfeige. Ein Domherr, Zeuge dieses Vorfalls, mahnte, das ginge doch zu weit. Der Bischof in Rage: „Und Sie sind auch ein Flegel!"

Bischof Kirsteins Zeremoniar: Ein schon etwas älterer Priester, der beim Pontifikalamt auf den rechten Ablauf der Zeremonien zu achten hatte, ging dem Bischof anscheinend auf die Nerven. „Jakob, mach' Dich fort!" Gekränkt trat der Priester zur Seite, stellte sich abseits und harrte der Dinge, wie es ohne ihn weiter ginge. Doch als der hohe Herr nicht mehr alleine zurecht kam, rief er: „Jakob, komm' herbei!“ Der kam, nicht ohne zu bemerken: „Gell, gnädigster Herr, jetzt könne se mich wieder gebrauche!“

Der Leibdiener: Der Diener Bischof Kirsteins war ein Faktotum. Als er einmal fragte: „Gnädigster Herr, wann zelebrieren wir denn morgen die heilige Messe?“, gab Kirstein zur Antwort: „Ich um acht Uhr. – Wann du? Weiß ich nicht!“

Der Koadjutor: Wegen des argen gesundheitlichen Zustandes von Bischof Heinrich Kirstein (1903-1921) schlug sein Generalvikar und Domdekan Dr. jur. utr. Ludwig Bendix (†1923) ohne Konsultierung des Domkapitels dem Berliner Nuntius Eugenio Pacelli (1920-1929) vor, dem Mainzer Bischof einen Koadjutor beizugeben und zwar den Regens des Speyrer Priesterseminars Dr. Ludwig Maria Hugo. Dem verblüfften Domkapitel teilte er dann mit, Papst Benedikt XV. (1914-1922) habe Dr. Ludwig Maria Hugo zum Koadjutor mit dem Recht der Nachfolge Bischof Kirsteins ernannt. Der Unmut des Domkapitels muss derart groß gewesen sein, dass die Bischofsweihe des künftigen Mainzer Bischofs im Speyrer Dom am 10. April 1921 stattfand, und nur der Generalvikar Dr. Ludwig Bendix und die Domkapitulare Dr. Philipp Mayer und Matthäus Kemmerer, sowie vom Mainzer Klerus der Dekan Kaspar Schäfer und der Pfarrer von St. Ignaz Dr. Josef Schneider, ein Studienfreund des Koadjutors, an der Weihe teilnahmen. Ein offensichtlicher Affront des übergangenen Domkapitels. Zwei Wochen nach der Bischofsweihe des Koadjutors starb Bischof Kirstein (†1921). Damit war das Amt des Generalvikars erloschen. Und der neue Bischof ernannte nicht Dr. jur. utr. Ludwig Bendix, sondern Dr. Philipp Mayer (†1936) zum Generalvikar.

Brüderliche Solidarität: Dr. Ludwig Bendix hatte einen Bruder Karl, der Präses des Mainzer Lehrlingshauses war. Als der eines Tages bei einem anderen geistlichen Mitbruders auf dessen Schreibtisch das Photo des neuen Bischofs sah, meinte er: „Der do is abgesehen von seiner bischöflichen Würde e' groß A..loch!“

Opposition: Zwei Domherren trafen sich in der Stadt auf der Straße und kamen ins Gespräch. Plötzlich schaute einer auf die Uhr und sagte: „Jetzt ist ja Kapitelssitzung!" Der Andere: „Da müssen wir hin wegen der Opposition!"

Bendix-Blusen: Als in den zwanziger Jahren des vorigen Jahrhunderts die Mode ärmelloser Damenblusen aufkam, gab Generalvikar Dr. Bendix eine Verordnung heraus, wonach die Frauen in solchen Blusen nicht in der Kirche erscheinen durften. Bei Firmungen ging ein Zeremoniar mit einem Velum mit, der solch anstößige Kleidung gegebenenfalls zu verhüllen hatte. Die Mainzer nannten solche ärmellose Kleidung „Bendixblusen". Und fromme Englische Fräuleins sprachen gar von ärmellosen Kleidern als „Gucklöchern des Teufels". – Als ich einmal an einem heißen Sommertag mit dem damaligen Domkapellmeister Dr. Georg Paul Köllner (†1971) die Eppichmauergasse herunterkam, standen die Schülerinnen der Maria-Ward-Schule in der Pause draußen auf dem Platz vor dem Brunnen ziemlich spärlich bekleidet. Dr. Köllner sagte spontan: „Do betracht' dir das doch mal! – Na ja, immer noch besser als wann alte Weiber ihr'n ranzige Speck zur Schau stellen!" Das war vierzig Jahre nach der Bendixzeit. Tempora mutantur.

Bischof Hugo und die Nazis: Dr. Ludwig Maria Hugo (†1935) war einer der ersten unter den deutschen Bischöfen, der die Nazis richtig einschätzte. Schon vor ihrer Machtübernahme hat sein Generalvikar Dr. Mayer mit Rückendeckung durch den Bischof dem NS-Reichtagsabgeordneten und Gauleiter Peter Gemeinder, einem hohen Nazifunktionär, die kirchliche Beerdigung verweigert. Die Nazis haben ihm das 1935 heimgezahlt, indem sie das bischöfliche Palais beschmierten und die Fensterscheiben einwarfen.

Der Struntius: Dr. Fritz Arens, Mainzer Kunsthistoriker, dem die Altstadt nach dem Krieg den Erhalt und die Rettung nicht weniger Baudenkmäler verdankt, hielt seine Vorträge in stark mainzerischer Aussprache. Als er von der Wiedereröffnung des Mainzer Domes nach der großen Renovierung (1924-1928) berichtete, dass Nuntius

Pacelli, der spätere Papst Pius XII., die Weihe des Hochaltares vornahm, formulierte Dr. Arens: „Un' do is der Struntius vun Berlin kumme." Strunze = prahlen, Strunzer, das heißt Angeber.

Der letzte Mainzer Kurfürst: Manche Mainzer sagten von Bischof Dr. Albert Stohr (†1961), er sei der letzte Kurfürst gewesen. Geboren am 13.11.1890 in Friedberg/Oberhessen 1913 zum Priester geweiht von Bischof Kirstein, 1921 Promotion zum Dr. theol. in Freiburg/Breisgau, 1924 Habilitation in München, 1935 Wahl zum Bischof von Mainz. Mit 45 Jahren der jüngste Bischof Deutschlands wurde ihm in der Bischofskonferenz das Ressort für die Jugend übertragen. Engagiert für die Wiedervereinigung der Protestanten mit der katholischen Mutterkirche erlangte er von Papst Pius XII. die Zulassung von evangelischen Geistlichen zur Priesterweihe bei Fortbestand ihrer Ehe. 1959 wurde Bischof Stohr Mitglied der theologischen Kommission zur Vorbereitung des 2. Vatikanischen Konzils. Am 3. Juni 1961 verstarb er auf einer Firmungsreise am Herzinfarkt in Seligenstadt am Main. Seine letzte Ruhestatt fand er in der Bischofsgruft des Mainzer Domes.

❄ ❄ ❄ ❄ ❄ ❄ ❄

Episoden aus der Bischofszeit von Dr. Albert Stohr

Eines Tages kam eine Abordnung eines rheinhessischen Kirchenvorstandes. Damals gab es noch keine Pfarrgemeinderäte. Sie wollten bei Bischof Stohr erreichen, dass die Versetzung ihres Kaplans zurückgenommen werde. Bischof Alberts Reaktion war: „Wo kommen wir denn da hin?! Da kann ich ja nicht mehr regieren!" Das Versetzungsdekret blieb in Kraft.

Als Kaplan Dr. Hanns-Albert Reul (†1992) einmal in der Predigt gegen die Sozis donnerte, kam eine Beschwerde an den Bischof. Der rief daraufhin den Kaplan an, was er denn gesagt habe. Nachdem er den Kaplan angehört hatte, sagte er: „Jonny, weiter so!"

Die Fünfmarkstückspredigt: Auch als ich in Bingen einmal zum „Mantelsonntag" im Oktober als jüngster Kaplan eine Predigt über die Sonntagsheiligung gehalten habe und ein Fünfmarkstück auf der Kanzel zeigte mit der Bemerkung; „Wer seinen Laden nicht öffne, hat halt dann am Abend einige von diesen Münzen weniger in der Kasse, kann aber mit gutem Gewissen schlafen." Der Erfolg der Predigt war, dass ein Teil der Läden an diesem Sonntag geschlossen blieb. Allerdings hörte ich, dass eine Abordnung von Binger Geschäftsleuten nach Mainz gefahren sei, um sich beim Bischof über das junge Kaplänchen zu beschweren. Wie die Sache in Mainz ausgegangen ist, erfuhr ich nicht. Nur war die Predigt als „Fünfmarkstücks-Predigt" damals in aller Munde.

Honoratioren: Bei einer Sakramentsprozession gingen unter dem „Himmel", dem Baldachin, den vier Männer trugen, der Pfarrer mit der Monstranz und die das allerheiligste Sakrament begleitenden Diakon und Subdiakon. Unmittelbar dahinter schritten auch der Landrat und der Bürgermeister und sonstige Honoratioren der Stadt in der Prozession. Die Herren unterhielten sich unterwegs wie das auch bei Beerdigungen hinter dem Sarg üblich war. Nach einer Weile schien mir das doch ein Ärgernis zu sein. Also fasste ich mir ein Herz und drehte mich als Subdiakon, an Rang und Alter jüngster Geistlicher, um und sagte: „Meine Herren, wenn sie sich unterhalten wollen, unterhalten sie sich doch gefälligst mit dem lieben Gott!" Einige Leute drum herum hörten das, und es ging dann wie ein Lauffeuer durch die Stadt, was das junge Kaplänchen sich geleistet hat. – Beim Rochusfest fragte mich dann der Bischof, wie lange ich schon in Bingen sei. Als er hörte, es seien bereits drei Jahre, meinte er, da sei es an der Zeit, dass ich versetzt würde. Beim allgemeinen Versetzungstermin im Oktober 1953 wurde ich dann an die Basilika in Seligenstadt versetzt.

Rheinhessisches Credo: Um das liberale Christentum zu charakterisieren. gab es laut Bischof Stohr in Rheinhessen nur ein einziges Dogma, nämlich dass »Schwartemagen die dickste Wurst sei.«

Ölpriester: Im August 1959 wurde ich direkt aus dem Zeltlager der Bürgeler Pfarrjugend nach Mainz als Domkaplan beordert, weil der Dompfarrer so krank sei. Zwei Monate später wurde mir dazu noch die Pfarrverwaltung von St. Quintin übertragen Am 1. April 1960 bestellte mich das Domkapitel zum Dompfarrer. Am Gründonnerstag nahm ich als einer der zwölf „Ölpriester" an der Weihe der heiligen Öle teil. Zum feierlichen Ritus dieser Weihe gehört es, dass zwölf „Ölpriester" das frisch geweihte heilige Chrisam-Öl verehren, indem sie einzeln auf die auf einem Tisch in der Mitte des Altarraumes stehenden großen Ölgefäße zugehen, mit dem dreimaligen Ruf „Ave sancte Chrisma!" das Knie beugen und dann das Gefäß küssen. – Bischof Stohr saß mit zwei Domherren hinter dem Tisch mit den Ölgefäßen. Als die Reihe an mir war mit dem ersten Ruf „Ave sancte Chrisma" und ich die Kniebeuge machte, neigte sich Bischof Albert zu dem Domkapitular zu seiner Linken und sagte: „Der Guido sieht immer noch aus wie ein Alumnus!"

Bischöfliche Etikette: Bischof Stohr aß gern Streuselkuchen. Ein besonderer Genuss für ihn war es, den Kuchen in den Kaffee einzutunken. Das war zwar gegen die Etikette, aber als er irgendwo eingeladen war und es Streuselkuchen gab, forderte er die Anwesenden auf: „Ihr Leut', tunkt, ich tunke auch!" – Doch „der letzte Mainzer Kurfürst", der sich unbekümmert über die Etikette hinwegsetzte, zitterte innerlich vor den vatikanischen Hofschranzen, die mit den Bischöfen bei den „Ad-limina-Besuchen" wie mit Schulbuben verfuhren.

Die Mitra: Es gehört zu den Aufgaben des bischöflichen Sekretärs, dem Bischof bei Pontifikalhandlungen die Mitra auf- und abzusetzen. Sein neuer noch darin ungeübter Bischofskaplan hat ihm offensichtlich einmal diese etwas zu fest bis auf die Ohren aufgesetzt, worauf Bischof Albert sagte: „Leo, es hat gekracht!" Daraufhin nahm der Sekretär die Mitra wieder ab und beäugte sie sorgenvoll. Worauf der Bischof grinsend sagte: „Die Ohren!" (Quelle: Msgr. Leonhard Veith.)

Die Cauda: Vor dem Konzil trugen die Bischöfe beim feierlichen Ein- und Auszug zum Pontifikalamt die sogenannte „Cauda" (Cappa magna) einen mantelartigen geschlossenen roten Umhang mit langer Schleppe. Im Altarraum legte der Bischof diese ab und kleidete sich in die pontifikalen Messgewänder. Nach dem Pontifikalamt zog der Bischof die Messgewänder aus und schlüpfte wieder in die Cauda, deren Schleppe von zwei Ministranten an ihrem Ende so hochgehalten wurde, damit sie nicht auf dem Boden schleifte. Einmal passierte es im Dom, dass Bischof Stohr sich beim Anziehen in der Stofffülle verhedderte. Er fuchtelte darin herum. Doch es gelang ihm nicht, den Durchlass für den Kopf zu finden. Temperamentvoll wie er war, warf er die Cauda, nicht ohne ein ärgerliches Knurren, ab. Jetzt stand er nur im Rochett da, aber ohne Mozzetta, an deren Stelle ja die Cauda zu tragen war. Was nun? Sollte der Bischof nur halbgekleidet den feierlichen Auszug antreten? Domkapitular Fink, kam zu Hilfe mit seiner roten Mozzetta. Der Auszug mit dem geliehenen Domkapitularskragen konnte beginnen. (Quelle: Msgr. Leonhard Veith). – Gelegentlich einer Firmung in einer Pfarrei soll es sich zugetragen haben, dass der Pfarrer, bei der damals noch im Altarraum üblichen Umkleideaktion des Oberhirten, ansagte: Während der Bischof sich auszieht, singen wir: „Maria breit den Mantel aus!"

Das Ständchen: Bei Firmungsreisen brachten oft die örtlichen Musikvereine dem Bischof noch abends ein Ständchen. Die Musiker stellten sich vor dem Pfarrhaus auf und fingen an zu blasen. Bischof Albert, der Ortspfarrer und der Bischofskaplan begaben sich an die Fenster, um zuzuhören. Wenn dann bei manchen Blaskapellen die Harmonie der Töne aber auch gar nicht gelingen wollte, raunte der Bischof seinem Sekretär zu: „Leo, tröste Dich, die blasen erst die falschen Töne raus. Dann kommen die richtigen!" – Manchmal kamen die aber dann auch nicht! (Quelle: Msgr. Leonhard Veith).

Die Engelserscheinung: Eines Tages vermisste Bischof Albert nach dem Mittagessen sein Brevier. Alle Bewohner des Bischofshauses, der Sekretär, „Tante Maria" und „Tante Martha", die den

Haushalt führten, suchten im Esszimmer und den übrigen Parterre-Räumen, während er selbst in sein Arbeitszimmer im 1. Stock ging, um dort zu suchen. Als der Sekretär nach vergeblichem Suchen ebenfalls nach oben ging, um noch einmal in der Kapelle nachzusehen, öffnete sich die Schlafzimmertür, und Bischof Albert stand im Nachthemd vor ihm und sagte: „Ich hab's!“ und zog sich zurück. – Nach seinem Herzinfarkt hatte der Arzt seinem Patienten auch mittags strenge Bettruhe verordnet! Beim Nachmittags-Kaffee schaute Bischof Albert seinen Kaplan verschmitzt an und sagte zu den Damen des Hauses: „Heute Mittag hatte der Leo eine Engelserscheinung!“ (Quelle: Msgr. Leonhard Veith).

Tischreden: Anlässlich des 25-jährigen Bischofsjubiläums gab das Domkapitel im Europahotel ein Festessen. Der päpstliche Nuntius Bafile aus Bad Godesberg und der Abt von Maria Laach und andere Persönlichkeiten waren anwesend, auch der Oberbürgermeister der Stadt, Franz Stein, war eingeladen. Dabei wurden auch einige Tischreden fällig. Als Franz Stein an der Reihe war, eröffnete er seine Rede zur allgemeinen Erheiterung mit den Worten: „Sehr geehrter Herr Nuntius, ich bin zwar evangelisch, aber der Herrgott wird mir's verzeihen!“

Der Reisesegen: Vor größeren Strecken mit dem Auto gab Bischof Albert immer beim Einsteigen in den Wagen den Reisesegen. Dann sagte er zum Sekretär: „Fahr mit Gott, dann rennt uns auch kein Heiliger um!“ (Quelle: Msgr. Veith).

Trost im Missgeschick: Aus Anlass des hundertjährigen Domchorjubiläums waren die Männer des Chores auch zu einem Festessen ins Europahotel eingeladen. Als der Kellner den Braten servierte, trat er mit einem solchen Schwung hinter einen der Sänger, dass die Soße über den Rand des Tabletts schwappte, genau ins Genick des vom Geschick dafür Auserwählten. Der schwarze Anzug war damit geliefert. Der Kellner tröstete daraufhin den betroffenen Sänger: „Macht nichts, mein Herr, wir sind versichert!“

❄ ❄ ❄ ❄ ❄ ❄ ❄

O du fröhliche Weihnachtszeit – Mitternachtsmessen

In der Diözese Mainz waren vor dem Konzil in den Pfarrkirchen die Christmetten um Mitternacht verboten. Nur die Klosterkirchen durften die mitternächtliche erste Weihnachtsmesse feiern. In den Pfarreien wurde die Christmette morgens am ersten Weihnachtstag um 5 Uhr gefeiert. Der Grund war, damit Leute nicht im angetrunkenen Zustand in den Gottesdienst kamen. Selber habe ich noch als Kaplan von Bingen erlebt, dass in der Kapelle auf dem Rochusberg der Pater die Predigt in der Christmette unterbrechen musste, weil Angetrunkene hinten Spektakel machten. – In St. Quintin habe ich dann als Pfarrer die Christmette am Heiligen Abend um halb Zehn gefeiert. Im Dom war sie schon um 17 Uhr, damit die Domchorbuben und die Leute noch mit den Bussen und Straßenbahnen nach Hause fahren konnten, weil nach 19 Uhr keine öffentlichen Verkehrsmittel mehr gingen. – Mein Vorgänger feierte in der Ostkrypta mit seinen beiden Cousinen die Christmette privat um Mitternacht. An einem Heiligen Abend kam er dazu, wie ein Mainzer am Domportal rüttelte und brummelte: „Do will mer äämol im Jahr in die Kerch, un do is aach noch zu!“

Rheinhessische Christmette: Der Pfarrer von Freilaubersheim (Rheinhessen) Friedrich Christgen (†1989) sagte nach der Predigt an, dass er nach der heiligen Wandlung als Soloeinlage die erste Strophe vom weihnachtlichen Wiegenlied „Schlaf wohl, du Himmelsknabe du“ singe. Die Zweite Strophe sängen dann die „lieben Schwestern“ des Herrn Pfarrers und die dritte Strophe die Gemeinde.

Weihnachtsgloria: Ein anderer Pfarrer eines rheinhessischen Dorfes wartete mit einer besonderen Attraktion bei der Christmette auf. Nachdem er das Gloria angestimmt hatte, sang die Gemeinde die erste Strophe des Glorialiedes „Ehre sei Gott in der Höh', in der Ferne in der Näh'“. Währenddessen haspelte er das lateinische Gloria herunter, um zur zweiten Strophe seine hinter dem Blumenstöckchen deponierte Trompete hervorholen zu können. Die Strophe

„Auf der Erde Fried'und Freud', o glücksel'ge Christenheit“ begleitete er dann, die Orgel übertönend, mit schmetterndem Trompetenklang. Ein „Trompeter von Säckingen“ im Messgewand am Altar, das hatte das Jesuskind in der Krippe auch noch nicht erlebt.

Christbaumzünder: In der Zeit, da es noch keine elektrischen Christbaumkerzen gab, hatte Küster Schnatz in St. Christoph Mainz eine Methode erfunden, um beim Kerzenanzünden vor dem Gottesdienst keine Zeit zu verlieren. Er verband die Kerzen an den Christbäumen im Altarraum mit einer Zündschnur, die von Docht zu Docht führte. Kurz vor Beginn des Gottesdienstes hielt er ein Streichholz an das Ende der Schnur. Die Flamme züngelte der Schnur entlang von Kerze zu Kerze. Und ruck, zuck standen sämtliche Christbäume im Lichterschmuck da. Das war alle Jahre eine von den Kindern spannend erwartete Sensation.

Wiegenlied für den eucharistischen Heiland: In Bingen wurde das Große Gebet drei Tage lang gehalten. Es wurde am St. Stephanustag morgens um 6 Uhr mit einer Lichterprozession durch die dunklen Gassen der Innenstadt eröffnet. Die Anwohner stellten dazu die Christbäume mit angezündeten Kerzen an die Fenster. Diese „Christbäumchen-Prozession“ war sehr romantisch, zumal wenn Schnee lag. Manchmal, wenn es sehr kalt war, gefror der Blasmusik das Kondenswasser des Atems in den Trompeten. Am ersten Tag wurden die Betstunden in der Basilika gehalten, am zweiten Tag des Großen Gebetes in der ehemaligen Kapuzinerkirche. Die Schlussfeier war am dritten Tag abends um 6 Uhr wieder mit einer Lichterprozession durch die Gassen rund um die Basilika. Den Pfarrer, Geistlicher Rat Heberer, störte es, dass die Prozession bei der Rückkehr auf den unbeleuchteten Kirchplatz „wie in ein schwarzes Loch“ kam. Darum fuhr er eigens nach Mainz zum Jacque Herrmann und kaufte bengalisches Feuerwerk, das er, wenn die Prozession sich näherte, zu entzünden vorhatte. Außerdem brachte er noch drei „Kanonenschläge“ mit. Die wollte er zum Schlusssegen krachen lassen. Denn an Fronleichnam war es in Bingen Brauch, dass bei der Prozession zum Segen an den Außenaltären von der Burg Klopp herab jeweils drei kräftige Böllerschüsse über die ganze Stadt abgefeuert wurden.

Ein solcher Knalleffekt schwebte dem Geistlichen Rat Pfarrer Johannes Heberer auch zum Abschluss des Großen Gebetes vor. Denn es war für ihn ein pastorales Prinzip, dass das Schlusslied bei jedem Gottesdienst ein „Zündhütchen" sein sollte, bei dem die Gottesdienstteilnehmer begeistert mitsingen und mit geschwellter Brust in Hochstimmung das Gotteshaus verlassen konnten, „was war's widder so schee!" – Damit ja alles klappte, wollte der Pfarrer selbst die Feuerwerkskörper und die Kanonenschläge zünden. Darum bat er einen anderen Geistlichen, die Schlussfeier zu übernehmen. Da zur letzten feierlichen Betstunde und der Prozession alle aus Bingen stammenden Geistlichen eingeladen waren, fiel seine Wahl auf Pfarrer Friedrich Christgen. Der nahm freudig an: „Ich bin ja schließlich auch ein Binger Kind!" – Es war eine erhebende Feier. Alles klappte – bis auf die Kanonenschläge, auf die ich beim sakramentalen Segen vergeblich wartete. Als Kaplan war ich ja in das Vorhaben des Chefs eingeweiht. Nach dem Segen war es üblich, dass der Basilika-Chor, während der Priester das allerheiligste Sakrament in den Tabernakel reponierte, ein weihnachtliches Lied sang. Sinnvoller Weise war das alljährlich das volkstümliche Wiegenlied für das Jesuskind. Der Chor setzte ein: „Schlaf wohl, du Himmelsknabe du!" Da krachte draußen der Kanonenschlag. – „Schlaf wohl du holdes Kind!" – Bumms, erfolgte die zweite Detonation! – „Dich fächeln Engelein in Ruh" – Rumms! Die Fensterscheiben der Basilika erzitterten – „Schlafe, schlafe, Himmelssöhnchen schlafe!" – Der Chordirigent, Musikdirektor Friedrich Becker, wähnte, die Kommunisten wollten die Feier stören. Ich aber konnte es mir nicht verkneifen, dem neben mir knieenden Kaplan Günter Duffrer nun zuzuraunen: „Alleweil is es widder wach wor'n!" Als Bischofskaplan hat er diese Episode dann auf den Firmungsreisen überall in der Diözese zum Besten gegeben. Heute lebt Prof. Dr. theol. Msgr. Duffrer in einem Mainzer Altenheim. Und wir erinnern uns immer wieder gerne an diese Episode „aus der Jugendzeit“. (Msgr. Duffrer ist im Nov. 2011 gestorben.)

Weihnachtspredigt eines Jesuiten: Pater Karl Sieben SJ (†1981) stammte aus Mainz. Über Weihnachten war er zu Besuch bei seiner Schwester Dr. med. Barbara Sieben, die in unmittelbarer Nähe der St. Quintinskirche wohnte. Darum lud ich ihn ein, die Predigt in der Christmette zu halten. Nach guter, altbewährter Jesuitenmethode hatte seine Predigt drei Punkte. 1. Punkt: Was dachte das Jesuskind in der Krippe. 2. Punkt: Was dachte Maria an der Krippe. 3. Punkt: Was dachte der heilige Joseph an der Krippe. – In der Sakristei konnte ich es mir nachher nicht verkneifen ihm zu sagen, ein Punkt habe noch gefehlt: Was dachten Ochs und Esel an der Krippe.

Eine Hündin an der Krippe: In unserer Kirche, die von den Russlanddeutschen anfangs der achtziger Jahre in Aktjubinsk (Kasachstan) gebaut worden ist, war die Weihnachtskrippe im Seitenaltar unter dem Altartisch zu ebener Erde untergebracht. Eines Tages kam mir unsere Hündin, Pilesós, das heißt Staubsauger, in der Kirche entgegen. Da unsere Hunde nicht ins Haus, schon gar nicht in die Kirche durften und selbst bei offenen Türen draußen blieben, ahnte mir nichts Gutes. Darum ging ich im Seitengang zur Krippe. Siehe da, einige Meter davor lag ein Hundehäufchen, drei Schritte weiter noch eines, und in der Krippe duftete ein drittes zu Füßen des Jesuskindes. – Der Esel schüttelte den Kopf: von mir stammt das nicht. Und der Ochs brummte: von mir ist's auch nicht. Beim Propheten Isaias ist zu lesen: „Der Ochs kennt seinen Besitzer und der Esel Krippe seines Herrn, Israel erkennt nicht, mein Volk hat keine Einsicht“ (Jes 1,3). In Kasachstan aber brachte selbst eine Hündin ihre dreifache Huldigung dar.

Schöne Bescherung: In Kelkheim im Taunus passierte es in den sechziger Jahren am Heiligen Abend: Ein Ehemann hatte seiner Frau eine Brotschneidemaschine unter den Christbaum gelegt. Man wollte sie auch gleich ausprobieren. Dabei schnitt sich der Mann in die

Hand. Mit *alkoholgetränkten* Wattetupfern versuchte man die Blutung zu stillen und warf diese ins WC, ohne die Spülung zu drücken. Nachdem die Hand verbunden war, sagte der Mann: „Jetzt muss ich aber erst einmal aufs Klo“ und zündete sich nach der Aufregung eine Zigarette an. Als er gegen Ende der Sitzung den noch glimmenden Kippen hinter sich in die Schüssel warf, kam es zu einer Stichflamme, die ihm den Allerwertesten verbrannte. Sie riefen die Sanitätswache an. Man legte ihn auf eine Bahre, um ihn ins Krankenhaus zu fahren. Einer der Sanitäter fragte: „Wie ist denn das passiert?“ Die Frau antwortete: „Ei, unsere Kloschüssel ist explodiert.“ Da musste einer der Träger so lachen, dass er die Bahre fallen ließ. Und der Mann brach sich obendrein auch noch den Arm (Quelle: Zeitungsbericht).

❄ ❄ ❄ ❄ ❄ ❄ ❄

Anekdoten vom Binger Rochusfest

Predigt über die Mäßigkeit: In der St. Rochus – Festwoche hielt ein Pater eine Predigt über die vier Kardinaltugenden, darunter auch die Mäßigkeit. Als Beispiel brachte er, dass das Maßhalten unterschiedlich sei und auch von der Konstitution des Betreffenden abhinge. Wer zum Beispiel nur ein Glas Wein vertrage, dürfe auch nur eines trinken. Wer zwei vertrage, dürfe zwei trinken. Wer drei Gläser vertrage, ohne beschwipst zu werden, dürfe drei trinken. Und wem Gott die Gnade verliehen habe, noch mehr zu vertragen, wie ihm, der dürfe auch vier Halbe trinken.

Altersweisheit: Am Wallfahrtstag der Senioren gab ein Prediger folgenden Ratschlag, den er immer wieder während seiner Ausführungen wiederholte: „Man könnte sich jeden Tag ärgern, aber man ist nicht verpflichtet dazu.“

Die Rochusbruderschaft: Vier Mann von ihnen trugen die Statue des heiligen Rochus bei der Prozession von der Basilika hinauf zur

St. Rochus - Kapelle, wo das Pontifikalamt am Außenaltar stattfand. Nach dem feierlichen Amt stärkte man sich in einem der Weinzelte mit einer Bratwurst, die auf einem Traubenblatt kredenzt wurde und stillte seinen Durst mit Wein vom Rochusberg. Gewöhnlich war es Mitte August ziemlich heiß und die Rochusbrüder tranken unter Umständen auch schon mal mehr für den Durst, der noch kommen würde. Einmal hatten sie zu viel vorgesorgt, - und beim Rückweg wurden die Schwankenden der Last der Heiligenfigur überdrüssig. Sie stellten die Statue in einem Wingert ab und forderten sie auf: „Da, Rochus, laaf allaans enunner - Laufe alleine hinunter!" - Was zum Anlass wurde, am letzten Tag der Rochus-Oktav die Rückprozession unmittelbar nach dem Hochamt ohne durststillende Pause in die Stadt hinuntergehen zu lassen.

Der Fahnenträger: Als Mainzer sich am Wegrand über den auf den Beinen unsicheren Fahnenträger belustigten und ihre Bemerkungen machten, rief der ihnen zu: „Halt' eier doll Maul! Was wisst ihr donn, wie mir Binger Rochus feiern!" - Eines Abends, es war schon dunkel, schellte es am Binger Pfarrhaus. Als ich die Türe öffnete, stand draußen eine junge Frau und sagte empört, jetzt müsse die Geistlichkeit mal selber kommen. Droben in der Kloppgasse liege ihr Vater, der Fahnenträger von der Rochus-Bruderschaft, betrunken auf der Straße. Männer hätten schon versucht, ihn ins Haus zu bringen, da habe er einem in den Bauch getreten. Die Geistlichkeit solle mal selber sehen, was sie für Leute in der Rochus-Bruderschaft hätten. Was wollte ich machen, zwar war ich der jüngste Kaplan im Haus, aber sonst war keiner da. Also ging ich mit, um dem Skandal abzuhelfen. Doch als wir in die Straße kamen, wo er wohnte, hatte man ihn schon in seine Wohnung gebracht, die im Hinterhaus sich befand. Es ging eine Außentreppe hinauf zu seiner Wohnung. Da lag er in seiner Kammer auf dem Boden im „blauen Anton". Ich beugte mich über ihn und sprach ihn an: „An, Herr Dominus, was machen Sie denn für Sachen!" Er schlug die Augen auf und stöhnte: „Oh, Herr Kaplan, moi Dochter, die Anelies, die is zu dene verfluchte, wann se nor verrecke däte, Neuapostoliker übergetrete!“ Wahrscheinlich war das sein Kummer, den er im den Alkohol ersäufen wollte.

Im Vorderhaus hatten diese Sekte ihren Gebetssaal. Nach dem Krieg bekamen die aus den USA Lebensmittelpakete. Möglicherweise war das mit ein Grund für den Übertritt seiner Tochter. Ich half dem seelisch vom Kummer und körperlich vom Alkohol Angeschlagenen auf die Beine. Da stand das kleine Männlein vor mir und fing wieder an: „Herr Kaplan, was soll ich donn mache: Moi Dochter, die Anelies, is zu dene verfluchte, wonn se nor verrecke däte, Neuapostoliker übergetrete!“ – Um ihn zu besänftigen sagte ich: „Herr D.., jetzt schlafen sie erst einmal!“ Da reckte das Männlein, kleiner als ich, die Arme zum Himmel und rief: „Wie kann ich denn schlafen, wo ich ein Paulus werden will!?“ – Die Sache hatte noch ein Nachspiel. Am folgenden Tag kam ich in die Basilika, wo einige Frauen mit dem Säubern des Kirchenbodens beschäftigt waren. Da steuerte eine von ihnen mit ihrem Putzeimer auf mich zu und sagte: „Herr Kaplan, ich hab sie gestern Obend gehört, wie sie mit dem alte Dominus fachiert habbe. Wonn moin Alter nächstens besoffe is, kumm ich aach zu ihne. Vor ihne habbe die Mannsleit noch Regadd (Respekt)!“

❄ ❄ ❄ ❄ ❄ ❄ ❄

Von Prälaten, Professoren und anderen Orginalen

Der Prälat: In St. Pankratius, Offenbach-Bürgel, lebte ein Pfarrer-Original, Geistlicher Rat Gottfried Schaider (1855-1939), von dem seine ehemaligen Kapläne, Leopold Becker (†1981) und Jean Angert (†1982) folgende Episoden berichteten.

Kirchenvorstandssitzung: Pfarrer Gottfried Schaider kam als Neupriester in der Kulturkampfzeit nach Bürgel und war dort sein ganzes Leben lang Seelsorger (1878-1937). Dadurch erlebte er mehrere Generationen heranwachsen. So kam es, dass gestandene Mannsleut ehemals als Buben vor ihm auf der Schulbank saßen. In einer Kirchenvorstandssitzung ereignete sich dann Folgendes: Einer der Männer hatte anscheinend eine Äußerung gemacht, die dem Pfarrer missfiel. Daraufhin sagte der Pfarrer zum Lehrer Schmidt, der ebenfalls Mitglied des Kirchenvorstandes war: „Herr Lehrer, drehen sie sich bitte einmal um, ich muss dem Philipp eine ins Genick schlagen!"

Minderwertigkeitskomplexe: Prälat Schaider litt nicht unter Minderwertigkeitskomplexen. Eines Sonntags wollte er von seinem Kaplan Leo Becker wissen, was er von seiner Predigt für einen Eindruck gehabt hätte. Der jedoch mochte mit der Sprache nicht herausrücken, dass es Geschwafel war und berief sich darauf, dass er während der Zeit Beichte gehört habe. Ja, aber im Hochamt sei er nicht im Beichtstuhl gesessen. Als der Kaplan wieder eine Ausrede brachte, meinte der Prälat: „Nun, da Sie es nicht sagen wollen, muss ich es selber sagen. Es war eine hochaktuelle, zeitgemäße Predigt!"

Münzen im Klingelbeutel: In der schlechten Zeit nach dem ersten Weltkrieg waren gewöhnlich viele Pfennige im Klingelbeutel. Der Pfarrer versuchte die Spendenfreudigkeit zu animieren, indem er folgende Kanzelankündigung machte: „Liebe Pfarrkinder, wenn ich die Sonntagskollekte betrachte, habe ich den Eindruck, dass in Bürgel ein Kupferbergwerk entdeckt worden ist."

Missionare aus Afrika: Über den prognostizierten Niedergang der Glaubenspraxis betrübt, kündigte der Pfarrer eines Sonntags in der Predigt an: „Ich erlebe es ja nicht mehr, aber ihr, dass die Schwarzen aus Afrika kommen, um euch zu bekehren."

Der Monsignore: Im Jahre 1928 wurde Pfarrer Schaider Päpstlicher Geheimkämmerer, also Monsignore, was er seiner Gemeinde sonntags auf der Kanzel in folgender Weise kundtat: „Liebe Pfarrkinder, der Heilige Vater hat mich in die päpstliche Familie aufgenommen. Aber es bleibt alles beim Alten zwischen euch und mir!"

Publicity: Der frisch ernannte Päpstliche Geheimkämmerer sorgte dafür, dass die Sache einer breiteren Öffentlichkeit bekannt wurde. Darum rief er persönlich in Frankfurt die Zeitung GERMANIA an. „Hier Prälat Schaider! Ja, Fräulein, Sie haben sich nicht verhört, ich bin zum Prälaten ernannt worden!"

Der Prälat bei der Fronleichnamsprozession: Es kam der Fronleichnamstag. Da engagierte er seinen Freund Prof. Zinßer, Studienrat in Offenbach, bei der Prozession die Monstranz zu tragen, damit er selber in Prälatenmontur der Pfarrei sich zeigen konnte. (Prof. Eduard Zinßer, Diözesanpräses des katholischen Gesellenvereins, starb am 12. Juni 1933 während des Gesellentages in München am Herzschlag nach Auseinandersetzungen mit der SA.) Tags darauf fragte der Pfarrer die Kinder im Religionsunterricht, ob ihnen etwas aufgefallen sei bei der Prozession. Niemand war etwas aufgefallen? Ja, wer denn da mitgegangen sei? „Ei, der Heiland!", meldete sich ein Kind. -„Wer denn noch?" - „Der Herr Pfarrer." Wie der denn angezogen gewesen sei? In welcher Farbe? „In violett." Und was denn das zu bedeuten habe?" - „Die Farbe der Buße", meinte ein ganz Pfiffiger.

Ein Prälat auf der Frankfurter Zeil: In kindlicher Freude über seine neue Würde kam er eines Tages auf die Idee nach Frankfurt zu fahren. Natürlich als Prälat erkennbar. Er trug einen Gehrock (Soßendunker nannten das die Mainzer), damit im weiten Reversausschnitt das rote Prälaten-Kollar auch zur Geltung kam. Dazu die damals modischen schmalen Hosenbeine. Auf dem Kopf den römischen Prälaten-Hut. Eine Figur für's Panoptikum. Als er auf der Zeil auf die Straßenbahn wartete, war gerade Feierabend, und die Angestellten und Arbeiter kamen und amüsierten sich über diese Vogelscheuche und machten ihre spöttischen Bemerkungen. Als er dann nach Haus kam, schlug er schon die Pfarrhaustüre zu und beim Abendessen löffelte er, indem vor sich hin brütend seine Suppe, bis es aus ihm herausbrach: „Oooh, Herr Kaplan, ich alt Rindvieh!"

Prälatenmücken: Kaplan Jean Angert war in der Filiale Rumpenheim zur Zelebration der heiligen Messe. Da kam ein Telephonanruf, er solle sofort nach Hause kommen, der Prälat verlange nach den Sterbesakramenten. Der Kaplan kannte die Marotten seines Pfarrers und fragte: „Lebt er noch?“ - „Ja!“ - „Nun gut, da trinke ich jetzt erst einmal Kaffee.“ Als Jean Angert nach Hause kam, hieß es, er solle gleich hinauf zum Prälaten gehen. Oben traf er ihn an im Lehnstuhl, den Kopf zur Zimmerdecke hinauf gewandt. Er stöhnte: „Oooh, diese jungen Herren würden einen alten Priester unversehen sterben lassen!“ „Was ist denn los, Herr Prälat!?“ - „Als ich zur Decke schaute, sah ich lauter rote Mücken.“ - „Ach, Herr Prälat, das waren Prälatenmücken!“ Da musste er lachen und ließ das Sterben sein.

❄ ❄ ❄ ❄ ❄ ❄ ❄

Der Krischer

Seine Vorlesungen in Moraltheologie hielt er immer mit sehr lauter Stimme, Uni-Professor Johannes Kraus (†1969). Darum hatte er unter den Alumnen den Beinamen „der Krischer“. Er war bekannt für seine hurtige Zelebration der heiligen Messe. Deswegen ging folgender Spruch um: „Professor Kraus kommt rein, packt aus, packt ein, geht wieder 'naus“. - Die folgenden Episoden hat er zum Besten gegeben.

Mainzer Sakramente: Laut Professor Kraus hätten die Mainzer sogar zehn Sakramente. Nämlich, die in der katholischen Kirche üblichen sieben und außerdem noch den Blasiussegen, das Aschenkreuz und den Newweling. Newweling ist ein kegelförmig gerollter Wachsdocht, der bei den Andachten für die Verstorbenen, vor allem in der Woche nach dem Allerseelentag, vom Beter auf der Kirchenbank entzündet wurde. Die drei letzteren „Sakramente“ sollen bei den Mainzern beliebt gewesen sein, weil man da nicht zu beichten brauchte.

Um des Glaubens willen: Ein Mann habe sich in der Beichte angeklagt, er habe um des Glaubens willen den Glauben verleugnet. Was war geschehen? Er sei betrunken am Straßenrand gelegen. Da sei der protestantische Pfarrer vorbei gekommen und habe gesagt: „Da liegt wieder so ein besoffenes katholisches Schwein!“ Er habe daraufhin zurückgerufen: „Nein Herr Pfarrer, ich bin evangelisch!“

Der Feuerwehrmann: In der Einführung der moraltheologischen Prinzipien musste als Beispiel für die Beurteilung einer Handlung mit doppeltem Effekt der Feuerwehrmann herhalten, der in ein brennendes Haus rennt, um ein Kind aus den Flammen zu retten und dabei selber ums Leben kommt. Die moraltheologischen Fachausdrücke waren das „Voluntarium directum beziehungsweise indirectum, letzteres auch Voluntarium in causa genannt“. Da Professor Kraus auf die Kenntnis dieser Unterscheidung für die Beurteilung einer Handlung einen ganz besonderen Wert legte, ja sogar aus unserer Sicht darauf „herumritt“, betrat Klaus Reinhardt bei der Fassnachtssitzung des Seminars die Bütt mit einem Feuerwehrhelm auf dem Kopf und parodierte das „Voluntarium in caus' - vom Herrn Professor Kraus.“

❄ ❄ ❄ ❄ ❄ ❄ ❄

Von Katheterblüten und Kuriositäten

Der So: Professor Ludwig Link (†1960), Kirchenrechtler, hatte die Angewohnheit, öfters „so“ zu sagen. drum hieß er bei den Seminaristen „der So“. - Bei der Eherechtsvorlesung wäre eigentlich der Canon mit dem Ehehindernis der Impotenz dran gewesen. Aber er überging zu unserer Verwunderung den Canon. Eines Tages waren keine Studentinnen im Hörsaal. Als ich das bemerkte, sagte ich zu den anderen: „Männer, heute liest der So über Impotenz.!“ Professor Link betrat den Hörsaal, schaute rundum und holte das übersprungene Thema nach. - Eine Formulierung ist mir in Erinnerung geblieben, seine Definition des „Heiligen Stuhles“, wie die vatikanischen Behörden genannt werden. „Der Heilige Stuhl ist das Instrument, mit dem der Heilige Vater seine Geschäfte verrichtet.“ Da er gewöhnlich wie mit geschlossenen Augen doziert hat, dürfte ihm vielleicht unser Grinsen über die Doppeldeutigkeit seiner Definition entgangen sein, sonst hätte er sicher mit „soo" reagiert.

Mohammeds Töchter: Als Seminarprofessor für Kirchengeschichte hatte Domkapitular Dr. Jakob Schmidt (†1964) sein „Hilfsbuch für akademische Vorlesungen und zum Privatstudium" verfasst. – „Grundzüge der Kirchengeschichte" von Dr. Jakob Schmidt ist der Titel seines 383 Seiten starken Werkes, plus 50 Seiten umfassenden kleingedruckten Quellen- und Literaturnachweises (Verlag Kirchheim, Mainz 1925). Zu unserer Seminarzeit wurde er feierlich in den Ruhestand verabschiedet. Von ihm ist das Diktum überliefert: „Mohammed hatte sieben Töchter, alle weiblichen Geschlechtes." Als ich ihn einmal in seiner Wohnung in der Pfaffengasse besuchte, war er gerade dabei den 5. Band des Theologischen Lexikons von Buchberger zu lesen. – Beim Ausgang des Sakristeihofes zur Schöfferstraße traf ich ihn einmal vor einem Pufferstein stehend, auf dem ein Haufen gekringelter Exkremente lag. „Da schauen sie mal, das hat bestimmt ein Lausert getan!" Als ich ihn ablenken wollte und sagte, das Relikt stamme sicher von einem Hund. Sagte er: „Meinen sie nicht?! Ich meine, das war bestimmt ein Lausert!"

Der Dodo: So nannten die Seminaristen den Professor für Praktische Theologie, Dr. phil et Dr. theol Karl Schmitt (†1964), wegen seines doppelten Doktors. Er hielt ein Predigtseminar, um uns die Kunst der Verkündigung beizubringen. Jeder hatte dann eine Probepredigt zu halten auf der Kanzel der Seminarkirche, bei verschlossenen Türen. Als ich an der Reihe war, ging das schon wie ein Lauffeuer durch das Seminar: Heute ist der Guido mit der Probepredigt dran! Als ich auf die Kanzel trat, saßen unten im Kirchenschiff die Teilnehmer des Kurses. Aber droben auf der Orgelempore winkten hinter dem Gitter schon welche mit den Taschentüchern. Da ich nicht vorhatte, „Perlen vor die Säue zu werfen", hatte ich mir ein entsprechendes Thema gewählt. Also fing ich an: „Heute will ich einmal die Predigt mit dem Ende beginnen, nämlich mit dem Amen". Aus dem Theologischen Wörterbuch zum Neuen Testament hatte ich mich im Artikel über das Amen kundig gemacht. Bei der Predigtbesprechung im Kreis der Seminarteilnehmer fehlte es nicht an Lob. Die Überraschung war gelungen. Am Schluss meldete sich Dodo zu Wort: „Damit der Guido nicht nur Lob empfängt, möchte ich noch dazu sagen, man hat doch gemerkt, dass kein Mann, sondern ein Lausbub auf der Kanzel stand!"

Der Schwamm - genial und menschlich: Professor DDr. Hermann Schwamm (†1954) hatte meines Wissens keinen Beinamen, obwohl er ein Original war. Er stammte aus der Diözese Speyer und fuhr übers Wochenende mit einem Rucksack in die Pfalz, um seinen Weinvorrat aufzufüllen. Sein Bedarf war nicht gering, denn er musste anscheinend vor den Vorlesungen sich Mut antrinken. Eines Tages begann er: „Kommilitoninnen und Kommilitonen, was ich heute sage, wisst ihr ja schon alles, aber hört mich nochmals an!" Dabei hatte er das gar nicht nötig. Er war hochintelligent und der einzige von der Fakultät, der den Diskurs mit den Kollegen anderer Fakultäten pflegte. Wir trafen uns bei ihm außerhalb des Studienbetriebes zu einem theologischen Gesprächskreis. Er war imstande mitten im Gespräch aus Paulusbriefen halbe Seiten griechisch zu zitieren. Als Beispiel ist mir in Erinnerung geblieben seine originelle Übersetzung von Phil 3,8: „Um Christi willen habe ich alles für Sch...dreck erachtet". Mir erschien das damals zu deftig zu sein. Um der Sache auf den Grund zu gehen, habe ich in der Seminarbibliothek einschlägige griechische und lateinische Wörterbücher eingesehen, in denen auch der etymologische Hintergrund der einzelnen Wörter angegeben war. Die Übersetzung von Professor Schwamm, die ich seiner Pfälzer, etwas derberen Art zuschrieb, war nicht zu krass. Auch Hieronymus hat die Stelle in der Vulgata mit dem Wort stercora wiedergegeben, das beim römischen Militär als Schimpfwort gebraucht wurde. Ein miles stercóreus war ein Sch...kerl. Schwamm war ein schöpferischer Mensch, künstlerisch veranlagt. Er dichtete religiöse Lieder und vertonte sie, war ein passionierter Orgelspieler, kurz um, er war genial. - Seinen Christushymnus habe ich zufällig in meinen Unterlagen noch gefunden:

Herr Jesus Christus, Gottes Sohn,
der Du am Kreuzesholz gehangen,
Erhöht bist Du auf Gottes Thron,
sein Königtum hast Du empfangen.
Zu Dir, durch den Gott alles schuf,
erhebt sich unser Jubelruf:
„Du bist der Herr! In Ewigkeit
ist Dein die Macht und Herrlichkeit!“

Du bist das Lamm, durch dessen Blut
erkauft sind Menschen aller Rassen.
Du bist das Licht, vor dessen Glut
wird jedes andre Licht verblassen.
Zu Dir erklingt ein neues Lied,
das alle Herzen an sich zieht:
„Du bist der Herr! In Ewigkeit
ist Dein die Macht und Herrlichkeit!“

Herr Jesus Christus, Gottes Sohn,
vor dessen Antlitz wir einst stehen,
Schenke des ew'gen Lebens Kron',
lass uns mit Dir zum Vater gehen.
Des Jubels wird kein Ende sein,
wenn alle Zungen stimmen ein:
„Du bist der Herr! In Ewigkeit
ist Dein die Macht und Herrlichkeit!“

Nach Professor Schwamm kommt eine Sententia communis dadurch zustande, dass ein Theologe nach dem anderen die Fehler vom anderen abschreibt Was natürlich ironisch gemeint war. – Dass er bei der Vorlesung eine Prise Schnupftabak zu sich nahm, indem er sie hinter dem Pult, damit es nicht auffiel, auf den Handrücken streute und dann mit der Hand schamhaft im Vorbeistreichen seiner Nase zuführte, sahen wir ihm gerne nach, auch dass man in der vordersten Reihe seine Weinfahne roch. Im August 1954 fiel er ins

Koma und starb mit vierundfünfzig Jahren einen vorzeitigen Tod an Nierenversagen. Man kann Gott nur danken, nicht so genialisch zu sein. – Während einer längeren Regenperiode im Sommer betete er einmal zu Beginn der Vorlesung: „Lieber Gott, lass die Sonne wieder scheinen, damit wir uns daran erfreuen und damit der Wein gut wird." – An einem heißen Sommertag saß er in seinem Professorenzimmer, das im schrägen Dachgeschoss der ehemaligen Flakkaserne sich befand, in der die neugegründete Universität ihren Anfang nahm. Wegen der Hitze hatte er die Schuhe ausgezogen. Als es anklopfte, rief er: „Herein!" Aber es war kein Seminarist, wie er vermutet hatte, sondern eine Studentin, die eintrat. In seiner Verlegenheit versteckte er die nackten Füße unter dem Schreibtisch. Die Studentin wollte sich nur für die Prüfung anmelden. Als er sagte: „Sie können gleich dableiben zur Prüfung", fing die an zu weinen. So kurzfristig, habe sie sich den Termin ja nicht gedacht, sie wolle sich ja erst noch auf die Prüfung vorbereiten. Da tröstete er sie: „Fräuleinche, sie brauche doch nit zu flenne! Sie bekomme sowieso en Einser, weil sie immer in meiner Vorlesung war'n!"

Der Professor, der nicht prüfen konnte: Dr. theol. et habil. August Reatz (†1967) war Dogmatikprofessor und erster Dekan der theologischen Fakultät der 1946 neu gegründeten Universität. Er schrieb seine Vorlesungen auf alte Lotteriezettel, die er von seinem Bruder bekam, der ein Tabakwaren- und Lotteriegeschäft hatte.

Er war dafür bekannt, dass er nicht prüfen konnte. Wenn ein Kandidat ein gewünschtes lateinisches Zitat nicht wusste, meinte er: „Wenn sie es nicht lateinisch können, sagen sie es doch griechisch." – Karl Ebbe (†1954), der erst Drogist war, bevor er ins Priesterseminar eintrat, reagierte einmal bei einer Prüfung: „Herr Professor, sie wissen ja auch nicht alles. Können sie mir sagen, warum wir beten: ‚Bitte für uns, o heilige Gottesgebärerin'?" Professor Reatz war verdutzt und wusste keine Antwort. „Nun, damit wir würdig werden der Verheißungen Christi!" – Die erste Frage, die mir Professor Reatz im Dogmatikexamen stellte, lautete: „Herr Becker, woher nehmen die katholischen Theologen die Lehre vom Messopfer?"- Als ich sagte: „Aus der Schrift und Tradition", war er nicht damit zufrieden. „Dann weiß ich es nicht." „Das müssen sie aber wissen!" Ich fing an zu raten und landete bei den Konzilsakten von Mansi. Schließlich beendete Reatz die Raterei: „Dann will ich es ihnen sagen: aus der Lehre der Kirche!" - Als ich ihn später einmal als Pfarrer besuchte, um ihm zum Namenstag zu gratulieren, meinte er: „Wissen sie, Herr Konfrater, die Bischöfe auf dem Konzil sind alles theologische Ignoranten." Damals habe ich das für überheblich gehalten. Doch Prof. Heribert Schauf, der einer das Konzil vorbereitenden vatikanischen Kommissionen angehörte, hat es nicht weniger scharf ausgedrückt. Er äußerte angesichts mangelnder theologischer Kenntnisse der Bischöfe zu den jeweils diskutierten Themen wiederholt und offensichtlich enttäuscht, dass diese zu „Papageien ihrer Theologen" geworden seien" (Alexandra von Teuffenbach: Aus Liebe und Treue zur Kirche). Aber wie sollten die Bischöfe sich in Fragen auskennen, für die zum Beispiel Prof. Schauf im Auftrag der Vorbereitungskommission monatelanges Aktenstudium aufgewandt hatte. - Was ich Professor Reatz nicht zugetraut hatte: Hinter seinem Schreibtisch standen im Bücherschrank sämtliche Bände von Karl May! - Professor Reatz zelebrierte seine tägliche heilige Messe im Oratorium des Priesterseminars. Es gehörte zum Ritus, dass er beim Betreten der Kapelle jedes Mal sagte: „Fenster zu, es zieht!" Auch wenn die Fenster fest verschlossen waren.

Der Schorsch: Dr. phil. et theol. Georg Weingärtner (†1952) war seit 1914 Professor für Philosophie im Mainzer Priesterseminar. Als ich 1944 ins Seminar eintrat hörten wir zu Zweit seine Metaphysikvorlesung. Er las aus einem lateinischen Werk über Metaphysik vor und gab dazu seine Erklärungen in Deutsch. Für mich als Anfänger waren das spanische Dörfer. Nach 1945 hatte er natürlich eine größere Hörerschaft. Am Rosenmontag 1946 waren auch Vorlesungen. Trotzdem waren wir in Stimmung. Einer setzte sich ans Klavier und spielte den Narrhallamarsch. Da kam Professor Weingärtner in den Saal, lächelte und trat an das Katheder, betete und begann mit der Vorlesung. Neben dem Katheder stand ein Sägmehlofen, weil die Heizung durch einen Bombentreffer nicht funktionierte. Das Ofenrohr führte quer durch den Saal zum Oberlicht eines Fensters ins Freie. Dieser Wärmespender, der es an kalten Tagen gerade auf 12 Grad Raumtemperatur brachte, hatte es an sich, dass er von Zeit zu Zeit fauchend eine Qualmwolke in den Raum ausstieß. Wahrscheinlich holte er sich Luft. Während der Schorsch begann Logik zu dozieren, gab der Ofen sein explosionsartiges Puffen von sich und stieß eine Rauchwolke aus. In stoischer Ruhe sagte Schorsch nur: „Ha, und gehört das auch dazu?" Wobei nicht klar war, ob er das Qualmen des Ofens an sich meinte oder noch als närrisches Akzidenz zum eingangs intonierten Narrhallamarsch rechnete. Und in stoischer Gelassenheit setzte er, würdig eines Philosophen, die Vorlesung fort.

Die einzig mögliche Wahl: Bischof Dr. Heinrich Brück (†1903) war der Onkel von Anton Brück. Als der 1899 zum Bischof von Mainz gewählt wurde, drückte jemand bei der Gratulation das Erstaunen über dessen Wahl aus. Bischof Brück: „Wen hätten sie denn sonst wählen sollen!?" Von ihm stammt auch das Wort: „Wer Kerchegeschicht konn, konn alles."

Furore: In der Bismarckzeit war einer der Mainzer Domkapitulare zu einem Bankett in Darmstadt eingeladen. Als ein Toast auf den Reichskanzler angestoßen wurde und alle sich erhoben, blieb der Mainzer Domherr ostentativ sitzen. Zuhause berichtete er dann den anderen Kapitularen: „Ich habe mit meinem Hintern mehr Furore gemacht als die ganze Gesellschaft mit ihrem Toast."

Die „Rebläus": Professor Dr. phil. et theol. Anton Philipp Brück (†1984), seines Zeichens Kirchenhistoriker, hatte als Binger ein inniges Verhältnis zum Wein. Er gehörte zum Kreis der „Rebläus" – Nomen est Omen – einer Runde von Professoren, zu denen unter anderem die Professoren Adam Gottron (†1978) und Bösken gehörten. Sie trafen sich regelmäßig in der Seminarbibliothek und der Wohnung von Professor Gottron, um bei „einem

Glas" Wein über Gott und die Welt sich auszutauschen. - Brück bevorzugte herbe Weine. „Der Woi den ich gern trinke, unterscheidet sich vum Essig nur durchs Etikett." - Professor Brück besaß einen nahezu unerschöpflichen Fundus von Anekdoten und Episoden, die in keinem Geschichtsbuch stehen. So wusste er zu berichten, dass der Archivar des Vatikanischen Archivs vor dem ersten Vatikanischen Konzil den Bischöfen die Geschäftsordnung des Trienter Konzils geschickt habe, damit sie wussten, welche Rechte sie beim Konzil hätten. Das passte anscheinend Pius IX. nicht und er ließ kurzerhand über Nacht die Türe zum Arbeitsplatz des Archivars zumauern. „In der katholischen Kirche menschelt's bis zu Gott Vadder enuff" sagte mir Domkapellmeister Prof. Dr. Georg Paul Köllner (†1971) einmal. - Ein bekanntes Motto von „Toni" Brück war: „Berge schaut man von unten an, Kirchen von außen und Wirthäuser von innen". Was ihn nicht hinderte, die Kirchen selbstverständlich auch von innen zu betrachten.

Doppelte Ehrung: Von Domkapitular Dr. theol. h.c. Friedrich Schneider (†1907) erzählte Professor Brück, dass er Berater in Kunstfragen von Kaiserin Friedrich war, und darum „Kunstfritz" genannt wurde. Aus einem besonderen Anlass wurde er Apostolischer Protonotar (die Mainzer sagten Prodonódder) und bekam einen kaiserlichen Orden 2. Klasse. Die Sozi-Zeitung in Offenbach brachte folgende Notiz: „Er bekam vom Papst einen unaussprechlichen Titel und vom Kaiser einen Orden 2. Klasse. Undank ist der Welt Lohn."

Druckfehlerteufel aus Prinzip: In eben dieser Zeitung stand eines Tages auch die Meldung, der Kornprinz (sic!) habe irgendwo eine Rede gehalten. Kornprinz muss eine Anspielung auf eine amouröse Episode des Kronprinzen gewesen sein. Am nächsten Tag erschien eine Berichtigung: „Leider ist uns in der gestrigen Ausgabe ein Dreckfuhler unterlaufen. Es darf nicht heißen Kornprinz, es muss heißen Knorrprinz."

Predigtzeitmaß: In der Kirche des Priesterseminars fanden im Monat Mai täglich Maiandachten statt. Dabei hielten die Professoren reihum Predigten. Professor Brück erschien auf der Kanzel mit einem Stoß von Maiandachtsbüchlein aus früheren Zeiten. Er las daraus den Titel vor, kommentierte kurz und legte das Büchlein auf die andere Seite der Kanzelbrüstung. So wanderte Büchlein für Büchlein von der einen Seite des Predigers zur anderen Seite. Und man konnte am Abnehmen des Bücherstoßes ablesen, wie lange die Predigt noch dauert. Nach sieben Minuten war die Predigt zu Ende. Das war auch sonst das Zeitmaß von Brücks Predigten: sieben Minuten, entsprechend dem Binger Motto beim Rochusfest: „Die Bratworscht muss lang und korz die Preddicht soi!"

Der Platz im Bischöflichen Ordinariat: Professor Brück überlieferte, dass im Falle eines Geistlichen, der mit seiner Gemeinde als Pfarrer nicht zurechtkam, ein kirchlicher Vorgesetzter gesagt habe: „Des Rindvieh hole mir uffs Ordinariat!"

Pfarrarchive: Als Diözesanarchivar war Brück auch für die Sicherung der Pfarrarchive bei Zusammenlegungen von Pfarreien oder bei der Räumung von Pfarrhäusern zuständig. Er fuhr dann dorthin und fand gewöhnlich die alten Akten verstaubt und ungeordnet auf dem Speicher gelagert. Er sagte dann: „Dann geh' ich uff der Speicher un' mach' dort erst emol drei Haufe." – (Quelle: Oben stehende Anekdoten: Prof. Dr. Anton Brück).

❄ ❄ ❄ ❄ ❄ ❄ ❄

Bei uns in Rom

Diese Redewendung gebrauchte Dompräbendat Dr. theol. Hermann Molitor (†1988), wenn es um die Rubriken des Messritus ging. Er hatte nämlich u.a. einen Lehrauftrag für Rubrizistik im Priesterseminar. Bei den Trauermetten in der Karwoche fiel ihm immer die Lesung aus den Klageliedern des Jeremias zu, bei der die einzelnen Strophen mit dem jeweiligen Buchstaben des hebräischen Alphabetes begannen. Jedes Jahr warteten wir im Chorgestühl gespannt darauf, bis Dr. Molitor die Strophe sang, die mit dem Buchstaben Waw begann. Das hörte sich dann so an: „Waauu", - wie wenn ein Hund heult. - Einmal gingen Dr. Molitor und Bolles zusammen in der Grebenstraße. Dr. Molitor, groß und hager, - Bolles, klein und rundlich. Da kamen ihnen zwei Arbeiter entgegen. Sagte der eine zum anderen: „Guck emol, was en fettgefressene Paff!" Professor Lenhart voller Empörung: „Und was sagen sie zu dem da?" auf seinen Begleiter deutend. - „Der is zu faul zum Fresse!"

Der Domherr mit dem Hörrohr: Edmund Freiherr Geduld von Jungenfeld (†1964) wurde 1916 Dompfarrer und baute die Pfarrzentrale auf, wurde 1936 Domkapitular. Ihm fiel in der Mette des Karsamstags die Lesung von der Opferung Isaaks zu. Der Anruf Gottes an Abraham klang, wenn er das „Abraham" sang wie „Aebraehaem, Aebraehaem" und hörte sich wie das Meckern einer Ziege an. Was jedes Jahr die im Chorgestühl anwesenden Alumnen nicht gerade zur Andacht stimmte.

Wegen seiner Schwerhörigkeit benutzte der Domherr ein Hörrohr aus Bakelit. Böse Alumnen behaupteten, als im Krieg in der Nähe seines Hauses am Halleplatz (heute Rathausplatz) eine Bombe detonierte, habe er „herein" gerufen. - Herr von Jungenfeld war ein Edelmann im wahrsten Sinn des Wortes. Als ich ihn einmal in seiner Wohnung besuchte, war er gerade am Studieren des neuen Schematismus und stellte fest, als er 1916 nach Mainz gekommen sei, wären im Bischöflichen Ordinariat drei Laien angestellt gewesen. Nun ersehe er im Schematismus, dass es jetzt dreiundsechzig Angestellte bei der bischöflichen Verwaltung habe. Das Parkinsonsche Gesetz, wonach jede Verwaltung die Tendenz hat sich aufzublähen, machte auch bei der Kirche keine Ausnahme. Was würde der Domkapitular von Jungenfeld erst heute staunen, wenn er den kirchlichen Verwaltungsapparat sähe. Es würde ihm sicher die Sprache verschlagen.

Die Domsirene: Domkapitular Johannes Fink (†1968) war ein Seelsorger mit Leib und Seele. - Er besuchte seine Pfarrkinder immer wieder. Sie nannten ihn liebevoll „Finkepapa". Doch hatte er eine merkwürdige Angewohnheit: beim Vorbeten von Litaneien, stieg er von Anrufung zu Anrufung mit der Stimme immer höher. Wenn er den Gipfel erreicht hatte, senkte er die Tonlage und es ging wieder von vorne los. Darum nannte man ihn die Domsirene.

❄ ❄ ❄ ❄ ❄ ❄ ❄

Mainz und Binge, fröhlich singe

Die Binger hatten das Prozessionslied „Mein Zung' klinge, fröhlich singe“, verändert, um ihren Rang dem der Mainzer ebenbürtig erscheinen zu lassen, in: „Mainz und Binge fröhlich singe“. - Geistlicher Rat Johannes Heberer († 1964), der Pfarrer von St. Martin in Bingen, pflegte, wenn das Selbstbewusstsein der Binger ihm wieder einmal unangenehm aufstieß, zu sagen: „ut ventus fit!“ Das heißt, damit Wind gemacht wird. Wenn er missgestimmt war und der Himmel mit Wolken verhangen war, machte er sich Luft: „Von mir aus könnt's Backstein' regnen. Dann bekäm' jeder einen Knorzen Brot in die Hand gedrückt und würde in's Bett geworfen.“ - Anscheinend tat er sich mit der Predigtvorbereitung schwer. Denn beim sonntäglichen Mittagstisch meinte er öfters: „Heut' hab' ich widder so gekrische. Ich war so schlecht vorbereitet.“ Offenbar hat er sich durch Lautstärke Mut gemacht. Aber sonst scheint es ihm nicht an Mut gefehlt zu haben, denn als Pfarrer von Dromersheim war er in der Nazizeit von Juni bis November 1941 in Haft und wurde zu einer Geldstrafe von tausend Reichsmark verurteilt.

In Bingen gab es damals zwei Fassnachtskorporationen. Eine nannte sich „Die schwarze Elf“. Deren Motto war: „Sauber bleibt sauber!“ Das bedeutete, dass man bewusst auf irgendwelche Zoten verzichtete. Bei deren Fassnachtsitzung stieg der Pfarrer auch in die Bütt. Bei seiner Büttenrede konnte er dann kreischen, ohne hinterher sich Vorwürfe zu machen.

❄ ❄ ❄ ❄ ❄ ❄ ❄

Der Hausgeistliche vom Sankt Hildegardiskrankenhaus

Pfarrer Johannes Roßkopf (†1967) war von 1938-1953 Krankenseelsorger im St- Hildegardis-Krankenhaus, ein ausgesprochenes Original. Im Konveniat erzählte er, dass er als junger Priester „rot" gewählt habe. Alle waren erstaunt. Ja, damals habe er noch rote Haare gehabt. Auf seiner ersten Kaplansstelle sei einmal ein kleines Kind gestorben und er sei zu der jungen Mutter gegangen, um ihr Trost zuzusprechen. Da habe er zu ihr gesagt: „Nur mal nicht den Kopf hängen lassen, nicht die Flinte ins Korn geworfen, sie werden schon wieder eines bekommen!" Als er dann zuhause seinem Chef von seinen pastoralen Bemühungen in diesem Trauerfall berichtete, meinte der: „Herr Kaplan, was haben sie da für dummes Zeug geredet! Die Frau ist doch ledig!"

Der Stammbaum Christi: Das Hildegardis-Krankenhaus liegt im Pfarrbereich der St. Achaias - Kirche in Zahlbach. Pfarrer Rosskopf übernahm darum auch eine Funktion bei der dortigen Fronleichnamsprozession An der ersten Außenstation wurde damals noch der Stammbaum Jesu Christi aus dem Matthäusevangelium mit den vielen Namen gelesen. Pfarrer Leopold Becker fungierte als Subdiakon und hielt das Evangelienbuch. Ein anderer Priester rasselte die vielen Namen nur so herunter, was den alten Rosskopf zur lauten Bemerkung veranlasste: „Jakob, ich glaub du stenographierst!" Was den Subdiakon zum Lachen reizte.

In der Sakristei sagte dann der Oberministrant, Heinz Schmitz: „Herr Pfarrer, sie haben heute auch bei der Fronleichnamsprozession gelacht!" Leo Becker mit gespielter Entrüstung: „Wieso?" Heinz Schmitz: „Man hat's ja gemerkt. Das Buch hat ja gewackelt!" Das Ärgernis, das der Pfarrer mit seinem Lachen gegeben hatte, konnte den Priesterberuf des Oberministranten nicht erschüttern. Er ist heute als Mönch Pater Zacharias im Benediktinerkloster Tabgha am See Genesareth.

Patientenbetreuung: Wenn er im St-Hildegardis-Krankenhaus die Patienten besuchte, erzählte Pfarrer Roßkopf ihnen zur Aufmunterung immer etwas zum Lachen. Auch frischoperierte Patienten versuchte er mit seinen Späßen aufzumuntern. Die hielten sich dann mit schmerzverzerrter Miene den Bauch mit den Operationswunden und flehten: „Herr Pfarrer, hören sie auf!"

Liturgisches Missgeschick: Zu Beginn der Umstellung auf die neue Liturgie wurden wöchentlich vom Bischöflichen Ordinariat Zettel verschickt mit den deutschen Messtexten. Es gab ja noch keine neuen Messbücher. Eines Sonntags fielen ihm in der Krankenhauskapelle sämtliche Zettel vom Ambo. Im Hinunterbücken, um den Kladderadatsch aufzuheben, hörte man in allen Krankennzimmern über die Lautsprecheranlage seinen Stoßseufzer: „Scheißkonzil!"

❄ ❄ ❄ ❄ ❄ ❄ ❄

Bolles und Urbolles

Der Name kam daher, dass sie, was den Umfang ihrer Körperfülle anging, der antiken Idealgestalt, der Kugel, nahe kamen. Seminaristen änderten darum den Titel der Dissertation von Professor Dr. theol. Ludwig Lenhart „Seelennot aus Lebensenge" um in „Atemnot aus Leibesfülle."

Professorale Stilblüten: Als Professor der Kirchengeschichte war Dr. theol. Ludwig Lenhart (†1971) immer um wohlklingende Formulierungen bemüht. Dabei kam es auch zu Kathederstilblüten. So, als er davon berichtete, wie Attila mit den Hunnen bis in die Poebene vordrang und Papst Leo der Große ihm entgegentrat, um ihn von der Plünderung Roms abzuhalten. Das klang dann so: „Papst Leo bot Attila am Po die Stirne." – Da er von Gernsheim stammte, wo man hessischen Dialekt spricht, und ü wie i, und ö wie e klingen, kam es bei den Umlauten dann und wann zu lustigen Verwechslungen. In der Zeit der Christenverfolgungen „kämpften die Martyrer in der Arena mit wilden Türen!"

Die Hausgenossen: Außer seiner Schwester Maria, deren ständige Krankheiten und Konsultationen von Ärzten ihn ein Vermögen gekostet haben dürften und der Haushälterin Rosine, dem Rosselchen, hatte er noch als Wohnungsgenossen einen kleinen schwarzen Pudel, Udo. Einmal schrieb er an diesen Hund aus dem Urlaub eine Postkarte, die aber nicht ankam. Darum empörte er sich im Hotel bei Tisch, wie unzuverlässig doch die deutsche Post sei. Zufällig saß am Nachbartisch der deutsche Postminister, der das mitbekam. Er ließ sich die Adresse geben und Abends darauf schellte es bei Lenharts Wohnung in Mainz. Vor der Tür stand ein Mann im Sonntagsanzug und entschuldigte sich für die Nichtzustellung der Postkarte an Udo, den Pudel. Wie soll ein Postler auch wissen, dass Udo kein Familienname, sondern ein Hund ist. Als Udo das Zeitliche segnete, trat an dessen Stelle Sherry, ebenfalls ein schwarzer kleiner Pudel.

Der Vogelschismus: Anlässlich eines Gedenktages Bischofs von Ketteler fand eine Feier im Dom statt. Die durch die Fliegerangriffe zertrümmerten Fenster waren noch nicht ersetzt, Tauben flogen durch das Kirchenschiff. Die Feier begann im Ostchor des Domes. Domkapitel und Klerus waren dort versammelt. Die Professoren der theologischen Fakultät mit Mozzetta, einem Schulterumhang, der bis zum Ellenbogen reicht und hinten eine Miniaturkapuze hat, gekleidet, hatten sich an der Wand der Apsis aufgestellt. Da kam eine Taube angeflogen, setzte sich oben auf das Gesims, machte ruggediguuh und ließ etwas fallen, ausgerechnet ins Kapuzchen vom Professor Lenhart! Zum Glück habe ich das (noch) nicht gesehen. Andere Alumnen berichteten mir nachher, sie hätten beobachtet, wie er sich mit dem Taschentuch, das Genick abgewischt habe. Man zog dann zum Schluss der Feier an das Grab von Bischof Ketteler im Seitenschiff des Domes. Dort kam ich wenige Meter hinter dem Professor zu stehen und sah den Rest der Bescherung, der über dem Rand des Kapuzchens heraushing. Eben dachte ich noch, hoffentlich sieht es nicht auch noch ein anderer, sonst kann ich mein Lachen nicht mehr zurückhalten, da drehte sich auch schon Heinz Eckes, ein Binger Alumnus, um und zwinkert mir mit dem Auge zu, mit dem Kopf in Richtung Bolles nickend. Es war aus mit meiner Selbstbeherrschung. – Prof. Lenhart gebrauchte in seinen Vorlesungen auch gern Ismen. So belehrte er uns, Martin Luthers deftige Sprache sei aus dem in seiner Zeit üblichen Grobianismus erklärlich. Jedenfalls ließ dann bei der Fastnachtssitzung im Priesterseminar einer der Redner es sich nicht entgehen, in seiner humoristischen Büttenrede auch den Vogelschis(s)mus von Herrn Professor Lenharts uns zu kommemorieren

Römische Auspizien: Eines Tages eröffnete mir Professor Lenhart, er habe „r(o)emische Auspizien". Das heißt er erwarte eine päpstliche Auszeichnung. Ich ging auf diese Andeutung nicht ein. Einige Tage später traf er mich im Kreuzgang des Domes und sprach wieder von den „r(o)emischen Auspizien". „Hast du mich verstanden?" –„Schon längst, Herr Professor!" Kurze Zeit später war es dann so weit, die Ernennung zum Prälaten traf ein. Schneider Augustin Nothhelfer, der für solche klerikalen Monturen Fachmann war, kam in die Wohnung, um die Prälatenuniform anzuprobieren. Da trottelte Cherry, das Pudelchen, herein, schnupperte am roten Stoff und drehte ihm den Hintern zu. Was Lenhart zu dem Stoßseufzer veranlasste: „Ach lieber Gott, durch die unvernünftige Kreatur zeigst du mir, was dieser ganze Plunder wert ist!"

Der Urbolles: Dr. theol. Georg Lenhart (†1941), Professor am Lehrerseminar in Bensheim, Domkapitular, Mitglied des Hessischen Landtags, Vorsitzender der Zentrumsfraktion, Domkustos und Canonicus theologus, übertraf seinen Neffen wie die Aufzählung seiner Ämter zeigt, nicht nur an Bedeutung sondern auch an Leibesfülle. Es wird glaubhaft überliefert, dass, wenn er die Domkanzel bestieg, ein Domschweizer ihn die schmale Treppe hätte hinaufdrücken müssen. – Heino Schneider, Domprábendat und Domorganist, schilderte einmal den Bahntransport des gewichtigen Herrn von Fulda, wo seine Nichte Oberin der Englischen Fräulein war, nach Mainz. Der Einstieg in den Zug war ein Problem. Damals gingen die Türen der einzelnen Wagencoupes nach draußen auf. Und die Trittbretter waren ziemlich hoch. Mater Angela IBMV, stand oben in der Wagentür und zog den geistlichen Oheim hinauf, – und Heino schob den Schwergewichtigen mit der Schulter unter dessen Gesäß nach oben. So hievten sie ihn mit vereinten Kräften hinauf in das Abteil.

Domkapitular Georg Lenhart war nicht nur ein beleibter sondern auch ein beliebter Kanzelredner. Als von Neupriestern bevorzugter Primizprediger sagte er am Schluss einer Predigt: „Lieber, hochwürdiger Primiziant, wenn sie jetzt beim heiligen Messopfer die Opfergaben auf dem Altar darbringen, dann legen sie auch mich auf die Patene!"

❄ ❄ ❄ ❄ ❄ ❄ ❄

Domkapellmeister Albert Vogt (†1945)

Den Männern des Domchores bot er bei den Chorproben immer seine Schnupftabaksdose an. Die nahmen eine Prise daraus. Den Rest, der nach dem Einschnupfen an den Fingerspitzen hing, streiften sie auf der Rücklehne der Bank vor ihnen ab. Wenn dann die Buben zu Singstunde kamen, sammelten diejenigen, die gerade nicht am Singen waren, die Krümel ein und schnupften auch. Mit dem Resultat, dass sie kräftig niesen mussten. Als in der Weihnachtzeit eine Motette eines französischen Meisters eingeübt wurde und es wieder zu solchen Niesanfällen kam, gab es einiges hinter die Ohren. Daraufhin sangen die Buben statt des französischen Weihnachtsrufs noël, noël: „Oh weh, oh weh!" (Quelle: Konrad Schué) – Vogt hatte einen Hund, Laura, den er immer in die Chorproben mitbrachte und der unter dem Flügel Platz nahm. Irgendwelche unter den Lausbuben kamen auf die Idee einen Wurstzipfel an einen Faden zu binden. Sie brachten das Lockmittel in der Mitte des Fadens an, so dass an den beiden Enden der Schnur je einer ziehen konnte. Wenn der Hund nach dem Wurstzipfel schnappen wollte, zogen die Bösewichte das von Laura begehrte Objekt schnell in die eine oder andere Richtung, was den Hund zum Bellen veranlasste. Da das Ganze unter dem Flügel sich abspielte, konnte der Meister, der über die Tasten gebeugt war, den Grund nicht erkennen und schrieb dem genarrten Tier die Schuld für die Unruhe zu, zum Gaudi der Chorknaben. Als Vogt mit dem Singen beim Gottesdienst nicht zufrieden war, fuhr er sie an: „Wollt ihr wohl fromm singen, ihr Lümmel!"

❄ ❄ ❄ ❄ ❄ ❄ ❄

Organist und Komponist

Domprābendat Heinrich Schneider (Heino) (†2003) war auch Leiter und Dirigent der Dommusik, eines Bläserchores. Die Bläser kamen von den verschiedensten Orten des Bistums zusammen, um an hohen Festtagen bei den Pontifikalämtern zum Ein- und Auszug des Bischofs mit dem Domstift und den Alumnen zu spielen. Gewöhnlich wurden dabei Stücke gespielt, die von österreichischen Militärmusikern im 19. Jahrhundert komponiert waren. Mainz hatte bis 1868 noch österreichisches Militär als Besatzung. An eine dieser Intraden erinnere ich mich gut, weil darin eine Klarinette solo einen Melodiebogen spielte: dudeldudeldudeldudeldudeldu. Unter den Seminaristen hieß es dann: heute wurde wieder das Duddelchen gespielt. Im Zuge der liturgischen Erneuerung ging Heino daran, für die Hochfeste Bläserstücke zu komponieren über Choralthemen. – Zum Beispiel für das Christkönigsfest wählte er das gregorianische Choralthema des Introitus „Dignus est Agnus". Als er emeritiert wurde, löste man den Bläserchor auf, und die meines Erachtens für die Liturgie besonders geeigneten und großartigen Kompositionen von Heino Schneider wurden abserviert. Die Noten sind im Institut für Kirchenmusik des Bistums Mainz noch erhalten. Vielleicht kommt eine Zeit, wo man die Kompositionen wieder ausgräbt.

Wie Heino Schneider an der Orgel von einer Tonart zur anderen modulieren konnte, war geradezu genial. Ein Musikprofessor von der Universität hat ihm einmal dafür seine Bewunderung ausgesprochen. – Heino war ein Original. Eines Tages, als die Domorgel noch ein zusätzliches Werk im nördlichen Querhaus erhielt, wurde der Boden aufgerissen, um Tonröhren zu verlegen, durch welche die Kabel vom Hauptspieltisch auf der Südchorette zur neuen Orgel an der Nordwand des Querhauses gezogen werden sollten. Wir schauten in den Kabelgraben hinunter, und Heino sagte: „Do guck emol, durch die *Abe*-Rohre soll ich emol des Te Deum spiele!"

❄ ❄ ❄ ❄ ❄ ❄ ❄

Die Musterkatechese

In Darmstadt lehrte am Pädagogischen Institut Professor Dr. theol. Joseph Roos (†1954). Von den Nazis wurde er 1933 zwangspensioniert. – Einmal hielt er für die angehenden Lehrer eine Musterkatechese über Johannes den Täufer. Hinten im Schulsaal saßen die Pädagogikstudenten. Als Roos die Klasse betrat, sagte er: „Ihr Bube, dreht euch mal um und betrachtet euch die dahinten, die wolle bei uns lerne, wie mer Religionsstunde hält." – Dann begann er: „Also bei 's Zachariase is e Bübche ankumme. Wie soll des Kind donn heiße?" Und so weiter. Dann kam die Zeit, wo der Johannes in die Schule kam, in die Wüstenschule. Die Buben sollten selber dazu beitragen, was der junge Johannes alles mitnehmen musste für die Wüstenschule. Also zählten sie auf: den Ranzen, die Tafel, das Schwämmchen, den Griffel, usw. Aber es fehlte noch etwas. Da gaben sie ihm schließlich auch noch den Fußball mit. Und immer noch fehlte etwas, das der Meisterkatechet dann selber ergänzte: „Des Pännche fer die Heuschrecke zu brate!"

Der Skrupulant: Roos war für seine Skrupel bekannt. Einmal predigte er über das Vaterunser. „Keiner von euch hat jemals das Vaterunser andächtig gebetet! Ich auch nit!" – Vor der heiligen Messe prägte er sich ein, welche Orationen zu beten seien, ob das Gloria gebetet würde oder nicht. Dann stand er am Altar. „Gloria? – Werd's gebet? – Es werd nit gebet. – Werd's gebet? – Es werd nit gebet? Werd's gebet? Es werd nit gebet! - Und dann schließlich: Gloria in excelsis Deo!" - Bei der Händewaschung: „Lavabo inter innocentes ... Kleiner setz mer der Zwicker grad, ich derf en nit mehr angreife!"

❄ ❄ ❄ ❄ ❄ ❄ ❄

Schülerreim

„Die Tür geht auf, ein Bauch kommt rein, das kann doch nur der Gerster sein." Diesen Vers reimten die Schüler des Gießener Gymnasiums auf Oberstudienrat Dr. theol. Wolfgang Gerster (†1986). Wenn er zum ersten Mal vor eine Klasse trat, sagte er: „Ich weiß, was ihr denkt. - Ist der aber dick!" Er war der Neffe von Domkapellmeister Köllner, hatte den Domchor durchlaufen und sang in Gießen im Bachchor mit. Als er noch Pfarrer in Wickstadt war, sagte er anlässlich einer Visitation zu Bischof Volk: „Herr Bischof, ich hab de Bauch voll Theologie un de Hinnern voll Musik!".

Die Allweisheit Gottes: Eines Tages traf ich Mutter Gerster auf dem Liebfrauenplatz. Voller Entrüstung erzählte sie mir, wie ihre Enkelin in der katholischen Schule aufgeklärt wurde. „Da hab ich meinen Wolfgang doch anners eingeführt. Ich hab ihm des erklärt mit dem Huhn und dem Ei. Und do hot er gesagt: Mutter, do kannst de widder die Allweisheit Gottes sehe. Stell dir vor, wann du hätt'st neun Monate lang uf em Ei hocke und des ausbrüte müsse!"

Das Morgengebet: Vater Gottfried Gerster kam zu den Männerabenden der Dompfarrei. Gewöhnlich brachte er witzige Erzählungen mit. Eines Tages sei er morgens auf dem Weg ins Büro einem städtischen Beamten begegnet, der den gleichen Weg zu seiner Dienststelle hatte. „Entschuldige, ich will grad noch mein Morgengebet verrichten." „Ei, da könne mir ja zusamme bete!" - „Gut, was betest du denn?" „Bevor ich mich zur Ruh begeb'", habe der Beamte gesagt.

❄ ❄ ❄ ❄ ❄ ❄ ❄

Heiliglandpilger

Für die Wallfahrten in das Heilige Land hielt ich immer Vorbereitungsabende, um die Pilger auf die Wallfahrt in Israel einzustimmen und zu informieren, was sie dort erwartet. - Als ich über die Fahrt zum Roten Meer und zum Sinai einen Abend hielt, kam ich auch auf das Unterwassermuseum in Eilat zu sprechen. Da fragte Frau Annerose Sch. dazwischen: „Gibt's do auch Haie?“ - „Ja, da werden Sie als Köder ausgelegt!“ Es war mir herausgerutscht und nicht mehr zurückzuholen. Alle lachten, denn die Zwischenruferin war von vollschlanker Figur. Sie hat es mir nicht übel genommen. Als wir auf der Fahrt durch den Negev uns Eilat näherten, und ein großes Hinweisschild auf das Unterwassermuseum sahen und darauf abgebildet ein Hai! Da rief Konrad, ihr Mann ihr zu: „Anneros, mach dich fertig!“

❄ ❄ ❄ ❄ ❄ ❄ ❄

P. Eduard Haups SJ (†1973)

Sohn eines preußischen Diplomaten und einer tschechischen Cellistin, war seit 1946 für die Seelsorge der Geistlichen in der Mainzer Diözese tätig und wegen seiner Originalität geschätzt. Als er 1918 in Valkenburg/Niederlande bei den Jesuiten eintrat, so erzählte er bei einer seiner monatlichen Recollectionen den Priestern, habe er sich gesagt: „Haups, wirst einmal General. Doch was bin ich im Jesuitenorden geworden? „Locuspräfekt!“ - An einem winterlichen Tag kam er von einer Recollectio, die er irgendwo im Bistum den Geistlichen gehalten hatte, spät abends nach Mainz ins Mariahilfstift zurück. Dort hatte er zwei Zimmer. Er wollte noch einen Apfel essen., breitete eine Zeitung auf dem Tisch aus, auf die er die Apfelschalen legte. Da seine Zahnprothese ihm beim Kauen hinderlich war, zog er sie aus und legte sie ebenfalls dazu. Nach dem genüsslichen Verzehr des Apfels, raffte er alles zusammen und warf es in den Kanonenofen, in dem noch das Feuer flackerte.

In Bingen hielt er monatlich eine Predigt, die ausschließlich für Männer war. Einmal hatten sich neugierige weibliche Personen hoch droben auf der Orgelbühne der Kapuzinerkirche eingefunden. Als er die im Hintergrund entdeckte, begann er nicht eher mit seinem Vortrag als bis alle diese Frauen die Kirche verlassen hatten. - Ein anderes Mal kündigte er zu Beginn seiner Predigt an, es könne sein, dass er zwischendurch einen Pfiff wie eine Lokomotive ertönen lasse, da ihm ein Schneidezahn abgebrochen sei und durch die Lücke dann Pfiffe entwichen.

❄ ❄ ❄ ❄ ❄ ❄ ❄

Rompilger

Georg Riebel, Pfarrer von Mainz-Kastel (†1973), war Romfan. Mehrmals im Jahr fuhr er dorthin. - So dass Dekan Leo Becker witzelte: „Schorsch, ich glab du host e Sechserkart fer noch Rom.“ Als er wieder einmal aus Rom zurückkam, erzählte er im Konveniat, während er über die Rheinbrücke fuhr und den Turm seiner Pfarrkirche sah, habe er sich gesagt: „Schorsch, do drübbe bist de Parrer, Bischof und Papst!“ - Wenn er einen Festprediger eingeladen hatte, sagte er sich: „Wenn der besser predigt als ich, predigt er zur Ehre Gottes, wenn er weniger gut predigt als ich, predigt er zu meiner Ehre.“

❄ ❄ ❄ ❄ ❄ ❄ ❄

Aus dem Priesterseminar

Des Teufels Blendwerk: In den zwanziger Jahren des vorigen Jahrhunderts gingen die Novizinnen der Englischen Fräulein unter Anführung ihrer Novizenmeisterin am Rheinufer in Zweierreihe spazieren. Alumnen, die dem Zug der jungen hübschen Ordensfrauen begegneten, sollen dann gesagt haben: „Kinder, schlagt die Augen nieder des Teufels Blendwerk naht.“ So die tradierte Fama.

Tatianäum: Es gab auch manchmal unter den Seminaristen Männer, die erst im Alter nach einem Berufsleben sich auf das Priestertum vorbereiteten und sich „auf eigenen Titel“ weihen ließen, Das heißt die Diözese brauchte für ihren Lebensunterhalt nicht aufzukommen, da sie Pension bezogen oder eigenes Vermögen hatten, von dem sie leben konnten. Sie wurden in der regulären Seelsorge nicht eingesetzt, sondern als Zelebranten in Klöstern oder fanden sonst in der Verwaltung eine Beschäftigung. Freilich hatten sie ein Theologiestudium zu absolvieren. Als ein solcher Spätberufener das Patrologieexamen ablegte, wurde er nach Tatian, dem Assyrer, gefragt. Anscheinend lag Assyrien außerhalb seines Verständnishorizontes. Drum sprach er von Tatian, dem Rasierer. Fortan wurde das Zimmer, in dem der Friseur den Alumnen die Haare schnitt, sie durften ja damals gewöhnlich nur zum Gottesdienst im Dom das Seminar verlassen, Tatianäum genannt.

Die Instruktion: Am 1. Mai 1944 trat ich in das Priesterseminar ein. „Lass' dir ja nichts gefallen“, hatte mich mein Präses der MC (Marianische Congregation höherer Schüler), Domkapellmeister Georg Paul Köllner, beim Eintritt in das Seminar instruiert. Der Rat fiel bei mir nicht auf taube Ohren und wurde schon bald befolgt. Wir waren nur noch vier Alumnen, alle anderen waren zum Militär einberufen. Ich war der jüngste und zuletzt eingetretene Seminarist. Bevor ich kam, haben die älteren immer dem zuletzt Eingetretenen irgendwelche Aufgaben befohlen. Diesem Brauch folgte auch mein Zimmerkollege. Eines Tages sagte er zu mir: „Geh' zum Kloster der Ewigen Anbetung und hole dort Hostien für die Sakristei!“ Worauf ich antwortete: „Du hast mir gar nichts zu befehlen. Der einzige, der mir hier was zu sagen hat, ist der Regens!“ Wir wurden die besten Freunde.

Der Onkel: So wurde der alte Regens Dr. theol. Ernst Thomin (†1948) von den Alumnen intern genannt. Der Grund dafür war, dass Generationen vor uns die Gebrüder Haenlein auch Seminaristen waren und Regens Thomin ihr Onkel war. – Als ich am 1. Mai

1944 in das Seminar eintrat, gab es noch drei Alumnen Alfons Hoffmann, Richard Kopp und Gerhard Körner. Alle anderen waren zum Militärdienst eingezogen oder waren als Sanitäter an der Front. Die drei noch übrig Gebliebenen waren wegen gesundheitlicher Defekte vom Kriegsdienst befreit. Ich selber war bei zwei Musterungen wegen Untergewichts - ich wog damals nur 97 Pfund - zurückgestellt. Erst im Januar 1945 wurde ich sozusagen „als letztes Aufgebot" zum Reichsarbeitsdienst, einer vormilitärischen Truppe eingezogen. - Der „Onkel" redete mich wie der Alte Fritz in dritter Person an. Er gab mir Unterricht in Liturgik. Der fand auf seinem Zimmer statt. Er saß hinter dem Schreibtisch und dozierte. Als er auf das Werk von Abt Gueranger zu sprechen kam - die Bände waren hinter dem Regens im Bücherregal aufgereiht - sagte er: „He (kurzes dunkles e nach ö zu), damit er mer nit meent, die bräucht er nit zu lese, weil des alte Bücher wär'n!" - Er hatte mich bereits durchschaut. - Bei Tisch wurde im Monat Mai das Buch vorgelesen: Die Entwicklung der Maiandachten von Johann Baptist Kneller. Da habe ich, weil es mir komisch vorkam, gelacht. Der „Onkel" am anderen Tischende schaute missbilligend auf, und seine Hakennase kam mir vor wie ein Adlerschnabel. Da musste ich erst recht lachen. Als ich 1945 nach dreitägiger amerikanischer Gefangenschaft mich im Juni wieder bei ihm zurückmeldete, fragte er: „He, wollt' er mir überhaupt widder kumme?" Wenn er einen als „he, de Strick" anredete, konnte man das als Kosewort betrachten. Selbst wenn er einem titulierte. „He, de Unhold, was hot er mer dann do gemacht...?", klang das noch mit einem Unterton von Wohlwollen.

Der neue Regens: Im Dezember 1945 kam Dr. theol. Josef Maria Reuß als kommissarischer Regens mit Lehrauftrag für Pastoraltheo logie an das Mainzer Priesterseminar anstelle des alten Regens Dr. Ernst Thomin (†1948). Von 1940 bis 1945 war er Kriegspfarrer. In Russland hatte er sich die Zehen erfroren. Für die ehemaligen Kriegsteilnehmer, mit Fronterfahrung und Kriegsgefangenenlager, brachte er das rechte Verständnis mit. Seine eigenen Kriegserlebnisse brachte er in die Pastoralvorlesungen ein. In Paris hatte er auch zum Tode Verurteilte zu betreuen. Dabei hatte er die wichtige Erfahrung gemacht, dass, wenn jemand eine religiöse Kindheit hatte, es nie schwer gewesen sei, diesen Menschen mit seinem Gott und Herrn zu versöhnen. Aber Menschen ohne religiöse Kindheit waren äußerst schwer auf den Tod vorzubereiten.

Im Pariser Gefängnis kam er eines Tages in eine Zelle, in der ihn die Inhaftierte mit „oben ohne" empfing. Reuß tat, als ob er das nicht merkte und schaute ihr beim Gespräch fest ins Gesicht. Doch als er die Zelle verließ, drehte er sich nochmals um und sagte: „Ach, wenn sie meinten, sie könnten einen katholischen Priester mit ihren spärlichen Reizen in Verlegenheit bringen, haben sie sich getäuscht!" Auch erzählte er uns aus seiner eigenen Jugendzeit, wie sie in Limburg Bubenstreiche angestellt hatten und man in ihrer Straße von den „frechen, dreckigen Reußebuben" sprach. Was dann für unser nächstes Fassnachtslied den Refrain hergab:„Die freche dreckige Reußebube vom Meenzer Seminar". – Selbst als Divisionspfarrer im Krieg scheint ihm der Sinn für Streiche nicht abhanden gekommen zu sein. Irgendwo war der Divisionsstab einmal in einem Haus untergebracht, in dem es keinen Abort gab, was in Russland üblich war. Also wurde im nahen Wald eine Latrine angelegt. Ein Pfahl mit einem verstellbaren Hölzchen diente als Zeiger, ob besetzt oder frei war. Als der General *den stillen Ort* aufsuchte, stellte er natürlich den Zeiger auf „besetzt". Der Divisionspfarrer ging hin und drehte den Zeiger auf „frei". Kurze Zeit später tappte ein ahnungsloser Landser den Pfad hinter zur Latrine, denn das Hölzchen zeigte ja „frei" an. Hinten im Wald gab es dann ein riesiges Gebrüll. Der in seiner Sitzung gestörte General hat den armen Landser zur Schnecke gemacht. Und dran Schuld war der Divisionspfarrer Reuß, der dem General einen Streich spielen wollte.

Das Blinddarmoperationsjubiläum: Pater Martin Manuwald, SJ, (†1961) war unser Spiritual. Wenn es etwas zu Lachen gab, schmunzelte er nur, wahrscheinlich eingedenk des Wortes aus Jesus Sirach:

„Der Narr lacht mit lauter Stimme, der Kluge aber lächelt kaum leise" (21,20).

Eines Tages hatten welche in einer alten Jugendzeitschrift von „Neudeutschland" eine Notiz gefunden, dass Pater Manuwald, der diesen Jugendverband mitbegründet hatte und geistlicher Leiter des Bundes Neudeutschland (1920-1936) war, sich einer Blinddarmoperation hatte unterziehen müssen. Das war zwar 20 Jahre her, aber für uns Anlass, das zwanzigjährige Jubiläum dieser Operation unseres Spirituals zu begehen. Gerhard Körner (†1995), genannt „Gerkche", weil er kunstbeflissen Vorlesungen und Seminare bei Prof. Friedrich Gerke, dem Kunsthistoriker der Universität, besuchte, verfasste eine Moritat mit dazugehörigen großformatigen Zeichnungen, die er an einem umgedrehten Besen anbrachte. Zu jeder Strophe wurde das dazu passende Blatt gezeigt und anschließend, wie bei einem Kalender abgerissen. „Zwanzig Jahre ohne Blinddarm, ohne Blinddarm zwanzig Jahr, und man staunt, wie so was möglich, wie das auszuhalten war." Der Refrain jeder Strophe lautete: „Ist das nicht ein braver Mann, der schon volle zwanzig Jahre ohne Blinddarm leben kann!?" Der Text wurde nach der getragenen Melodie eines russischen Liedes gesungen: Als Höhepunkt dieser „Feier" brachten zwei Mann die „Blinddarmreliquie" herein. In einem großen Bonbonglas schwamm eine mit roter Tinte gefüllte Wursthaut. Pater Manuwald schmunzelte. Er war er kein Spielverderber.

Da in der Nazizeit für die HJ die Parole lautete: „Flink wie die Windhunde, zäh wie Juchte, hart wie Kruppstahl!" gab Pater Manuwald für uns angehende Priesteramtskandidaten die Gegenparole aus: „Priester aus Beton und Eisen!"

Andernach: Auch zu anderen Anlässen wurden entsprechende Lieder gedichtet. So für die jährlich im Seminar abgehaltene Fassnachtssitzung. – Es kam vor, dass Regens Dr. Reuss Kandidaten, über deren Eignung zum Priester er sich unsicher war, nach Andernach schickte, wo ein Freund in der Landesnervenanstalt Psychiater war. Von dessen Gutachten hing unter Umständen der weitere Verbleib im Seminar ab. – Leute, die von dort zurückkamen, berichteten, sie hätten beim Betreten der Anstalt die Hosenträger abgenommen bekommen. Eine verständliche Prävention bei Suicid-Gefährdeten. Doch das war keiner von uns. Aber es war Anlass genug für den Carnevalsschlager jenes Jahres: „Andernach, Andernach, ach wie wird es mir so schwach!" Gesungen nach der Melodie „Morgenrot, Morgenrot leuchtest mir zum frühen Tod".

Auch mir machte der Regens einmal den Vorschlag wegen meines zu den unpassendsten Gelegenheiten herausplatzenden Lachens zum Psychiater nach Andernach zu gehen. So hatte ich zum Beispiel bei der vor den Mahlzeiten üblichen Schriftlesung gelacht, als das Evangelium von der Dämonenaustreibung in Gerasa verlesen wurde. Weil ich in meiner blühenden Phantasie sah, wie die zweitausend Schweine den Abhang hinunter rasten und sich in den See stürzten und das Wasser aufspritzte, bin ich herausgeplatzt. Zum Ärgernis einiger, die ja keine Ahnung hatten von dem, was ich „gesehen" hatte.

Eines Tages haben mich die anderen gewarnt: „Lach' nur heute nicht, wenn im Martyrologium nach dem Essen die Heiligen des kommenden Tages verlesen werden, der heilige Abt XY genannt wird. Während des ganzen Abendessens quälte es mich, ja nicht zu lachen, wenn der Name des Abtes dran wäre. Als dann der Vorleser beim Martyrologium zu zögern schien, platzte ich schon heraus, aber der bewusste Name war noch gar nicht an der Reihe. Erst beim übernächsten Satz kam es heraus: „Zu Marchiennes in Frankreich der heilige Priester und Abt Poppo...." Da soll einer nicht lachen!

Aber da lachte das gesamte Refektorium, denn nun wussten alle, warum ich schon zu früh gelacht hatte.

Ich erklärte in einem Gespräch dem Regens, schon allein der Gedanke, unter keinen Umständen lachen zu dürfen, reize mich schon zum Lachen. In der Grundschule habe ich einmal in Betragen eine 3 im Zeugnis nach Hause gebracht. Meine Mutter ging zur Lehrerin, warum ich eine 3 bekommen hätte. Das Fräulein erklärte: „Der Guido ist ja sonst ganz brav, aber er lacht immer!" Auch bei den Messdienerproben vor hohen Feiertagen und Festen nutzten das die anderen Ministranten aus, wenn ich für einen begehrenswerten Dienst, zum Beispiel Altar oder Rauchfass eingeteilt war, indem sie mich hinter dem Rücken des Kaplans zum Lachen brachten. Was zur Folge hatte, dass ich zum Flambisten degradiert wurde und ein anderer den begehrten Posten bekam. – Auch im Priesterseminar gab es immer wieder Situationen, wo ich selbst unter Androhung der Erschießung hätte lachen müssen. Das waren die Hintergründe, warum mich der Regens zum Psychiater nach Andernach schicken wollte.

Professor Ludwig Lenhart, Bolles genannt, muss davon erfahren haben. Als er mir in der Universität begegnete, kam er auf mich zu, tätschelte meine Hand und sagte: „Bist ein freelicher Bursch, bewahre dir diese Gabe fürs Leben!" – Dabei hätte er allen Grund gehabt, dem Regens zuzustimmen. Denn auch in seinen Vorlesungen gab es mehr als einmal Grund zum Lachen. Aber er hat mir's nie übel genommen.

❄ ❄ ❄ ❄ ❄ ❄ ❄

Der Feuerlöscher

Nach dem Krieg war durch einen Bombentreffer das Priesterseminar nur zum Teil bewohnbar. Die Alumnen waren in dem ehemaligen Konvikt in der Grebenstraße (heute Dombauamt) in Schlafsälen und im benachbarten Kapuzinerkloster in dortigen Zellen untergebracht. Einzelzimmer wurden doppelt belegt. Einer meiner Zimmergenossen war aus der Diözese Speyer. Irgendwie wurde ich gewahr, dass er Sympathien für eine Studentin entwickelte, die obendrein auch noch protestantisch war. Als er in die Weihnachtsferien fuhr, schmuggelte ich in seinen Koffer einen Handfeuerlöscher mit einem Zettel, auf den ich entsprechende Verse geschrieben hatte. Seine Schwester war zuhause gerade dabei, seinen Koffer auszupacken, als der Feuerlöscher mit dem

Zettel zum Vorschein kam. Er schaltete sofort und riss die verräterischen Verse an sich, bevor sie seine Schwester lesen konnte. Er folgte dem Ruf zum Priestertum und ich habe ihm 1953 die Primizpredigt gehalten. Ironie der Geschichte: seine Schwester, die ebenfalls in Mainz studierte, verliebte sich in einen anderen Speyrer Seminaristen und heiratete ihn. Es wurde eine gute Ehe.

❄ ❄ ❄ ❄ ❄ ❄ ❄

Berufziel Papst

Als die Mainzer Universität 1946 neu gegründet wurde, zog die theologische Fakultät aus dem Priesterseminar an die Alma Mater. Wir mussten dann Anmeldungsformulare ausfüllen, auf denen auch das Berufsziel erfragt wurde. Einer unserer Witzbolde schrieb in diese Spalte: Papst! Aber er brachte es nicht zum Priester, sondern nur zum Chauffeur einer Ordensoberin.

❄ ❄ ❄ ❄ ❄ ❄ ❄

Magister elegantiarum

So kurz nach dem Krieg waren wir ein bunt zusammengewürfelter Haufen ehemaliger Kriegsteilnehmer vom einfachen Soldaten und Sanitäterdienstgrad bis zum Offizier. Viele hatten jahrelang außerhalb jeder Zivilisation als „Frontschweine" oder in sowjetischen Gefangenenlagern leben müssen, nur aus dem Kochgeschirr oder einer Blechbüchse gegessen. Um die Tischsitten wieder in Erinnerung zu bringen, wurde an jedem Tisch ein sogenannter „Magister elegantiarum" eingesetzt, der auf gute Manieren bei Tisch zu achten hatte und unter Umständen korrigierend einzugreifen hatte. An unserem Tisch hatte Hans-Günther Boschke (†1982), ehemaliger Leutnant zur See und Adjutant des Admirals auf einem Panzerkreuzer, diese Aufgabe. Eines Tages, es gab Kartoffelbrei mit Zwetschgen-Kompott, setzten wir am Schluss wie auf Kommando unsere Zinnteller an den Mund und schlürften die restliche Brühe aus. Boschke nahm dies mit heiterer und vornehmer Gelassenheit hin; denn zu offensichtlich war die unsere Provokation.

❄ ❄ ❄ ❄ ❄ ❄ ❄

Verpflegungsprobleme

Mainz lag in der französischen Besatzungszone, wo im Unterschied zur amerikanischen und britischen Zone in der Anfangszeit die Versorgung mit Nahrungsmitteln unzureichend war. Die Ordensschwestern, die im Seminar den Haushalt führten, gingen hinaus aufs Land und bettelten in den Bauerndörfern Kartoffeln und Gemüse für uns. Pellkartoffeln, wenn es welche gab, wurden abgezählt auf dem Teller angereicht. Einmal in der Woche gab es „Martyrersuppe", aus Rote Rüben mit Kartoffeln gedickt. Darauf haben wir uns jedes Mal gefreut. Die Schwestern hatten auch Brechbohnen wie Sauerkraut in Zubern eingelegt. Ob sie versäumten, regelmäßig die oberste Schicht mit seinem Gährungsschaum abzuwaschen? Jedenfalls roch schon morgens, wenn es „Stinkbohnen" gab, das ganze Haus. Morgens zum Frühstück gab es drei Scheiben Brot, wegen seines Aussehens und seiner Konsistenz „Fensterkitt" genannt. An Butter kann ich mich nicht erinnern, wohl aber an den Aufstrich aus Rhabarber mit wenig Zucker. Ein Käsehändler hatte uns eines Tages kleine dreieckige, in Staniolpapier verpackte Eckchen Schmelzkäse gestiftet. Als wir sie öffneten, krochen uns aus einigen Maden entgegen. Aber es gab hartgesottene Leute unter uns, die sie ungeachtet der Würmchen aufs Brot schmierten. Ein oder zweimal in der Woche wurde abends der Strom von den Franzosen abgeschaltet, weil sie ihn als Reparationsleistung nach Frankreich transferierten. An diesen Abenden nahmen wir unsere Mahlzeit im Scheine einer Kerze ein, die auf jedem Tisch stand. Dann gab es eine Suppe, in deren Brühe Erbsen schwammen. Im spärlichen Licht der Kerze entdeckte ich, dass die Erbsen zum Teil kleine schwarze Löchelchen aufwiesen. Als ich eine mit dem Löffel zerteilte, hatte sie als Einwohner ein Käferchen. Es konnte keine Täuschung sein, denn auch andere machten nach mir dieselbe Entdeckung. Wie rücksichtsvoll von den guten Schwestern, dass sie uns diese Suppe im Kerzenschein und nicht bei Tageslicht auftischten. Wir haben nie so viel gelacht wie damals als Schmalhans Küchenmeister im Seminar war. Doch eines Tages wurde ein Wildschwein angeliefert. Der französische Kulturgeneral Schmittlein, er wohnte am Halleplatz Ecke Uferstraße, der im Schwarzwald eine Jagdhütte hatte, machte uns dieses Geschenk. Die Schwestern legten das Fleisch in Essig und Gewürze ein, und es gab Sauerbraten. Was für ein Fest!

❄ ❄ ❄ ❄ ❄ ❄ ❄

Zuwanderer

Es musste sich herumgesprochen haben, dass da im Mainzer Seminar ein neuer Führungsstil herrschte, der mehr auf Vertrauen als auf Kontrolle setzte. Die überwiegende Mehrheit der Alumnen waren ja keine blutjungen Abiturienten, die von der Schulbank kamen sondern gestandene, durch die Kriegserlebnisse geprägte Männer. So kam aus dem Bonner Theologenseminar zum Beispiel Paul Kämmerling (†2008). Im Krieg war er Offizier und hatte mit seiner Batterie im Direktbeschuss bei Berlin sowjetische Panzer geknackt. Dafür war er noch kurz vor Kriegsende ausgezeichnet worden mit dem Orden „Deutsches Kreuz in Gold“ Die Landser nannten diesen Orden wegen seiner Form „Spiegelei“. Die nächst höhere militärische Auszeichnung wäre das Ritterkreuz gewesen. Paul Kämmerling schlug sich bei Kriegsende in den Westen durch. Von einem Pfarrer hatte er sich eine Soutanelle nebst römischem Priesterkragen besorgt. Die Amerikaner trauten ihm, der sich als Priester ausgab, nicht. Ein Chaplain prüfte seine Echtheit, indem er verlangte, dass er die drei verschiedenen Schlussformeln der Präfationen sage. Paul bestand die Prüfung und entging der Gefangenschaft.

Als Aachener Diözesane war er zunächst im Bonner Theologenseminar, bevor er nach Mainz überwechselte. Auch von dort konnte er von Studentenstreichen berichten. So hatten sie unter den dortigen Seminaristen einen Frömmler. Dem schrieben sie mit Phosphorstift an die Zimmerdecke: Du bist heilig! Als der abends das Licht löschte, leuchtete über ihm der Spruch auf. Da ging er am nächsten Tag ganz aufgeregt zum Rektor und erzählte begeistert von seiner nächtlichen Vision. Allerdings war dem Schreiber die Strafe auf dem Fuß gefolgt. Brösel von dem Phosphorstift fielen ihm ins Gesicht, und er trug Brandwunden davon. Doch hatte er noch Glück, dass ihm nichts in die Augen fiel. Das hätte ihn das Augenlicht gekostet.

❄ ❄ ❄ ❄ ❄ ❄ ❄

Seminarzucht

Auch trotz des neuen Führungsstils unter Regens Reuß wurde auf Disziplin geachtet. Einige mussten gehen. Der „Hauptmann" wurde weggeschickt, weil er einen Charakter hätte, der im Stande sei, dem Bischof später einmal ein Dekret zurückzuschicken. Er hatte sich nichts zu Schulden kommen lassen, aber dem Regens manchmal seine Meinung gesagt, wenn ihm etwas nicht passte, nach seinem Motto "mit Eisenbahnschienen derwidder". Er ist Lehrer geworden. Als seine Frau in jungen Jahren starb, stand er mit zwei kleinen Kinder da. Er hat nicht mehr geheiratet, sondern seinen Haushalt und die Erziehung seiner Kinder alleine bewerkstelligt. Sein ganzes Leben lang hat er dem Priestertum nachgetrauert und sich später in seiner Pfarrei als Lektor und in den nachkonziliaren Räten engagiert.

Willi L. war im Krieg mit einem viermotorigen Flugzeug der Luftwaffe bei Island abgeschossen worden und trieb im Meer. Als Seminarist hatte er seinem heimatlichen Fußballverein versprochen, an einem entscheidenden Spiel teilzunehmen. Nun fiel der Termin ausgerechnet auf einen Sonntag in der Semesterzeit. Der Regens gab keine Erlaubnis. Willi fuhr trotzdem, um sein den Vereinskameraden gegebenes Wort zu halten. Er musste gehen. Später wurde er als Professor an einer Fachhochschule noch ständiger Diakon.

Hans H. wurde als Diakon ein halbes Jahr von der Priesterweihe zurückgestellt, weil er dem Domkapellmeister gegenüber ein freches Mundwerk hatte. Als Pfarrer hat er später eine ganze Reihe von Jungen veranlasst, Priester zu werden.

Natürlich gab es auch freiwillige Austritte von solchen Kandidaten, die erkannten, dass sie keine Berufung zum Priestertum hatten. Als einmal aus einem solchen Kurs sogar drei das Seminar verließen, gab Karl Emrich dann den Kommentar: „Von jedem Wurf Ferkel verrecke e Paar!"

❄ ❄ ❄ ❄ ❄ ❄ ❄

Vom Fan des heiligen Bernhard zum Luther-Fan

Einer von denen, die aus dem Theologenseminar in Bonn nach Mainz überwechselten, war Peter Manns (†1991). Im Krieg Offizier bei der schweren Artillerie, bekam seine Batterie den Befehl, ein italienisches Dorf in den Bergen zu beschießen, weil es dort Partisanen hatte. Manns berechnete die Flugbahn der schweren Kaliber so, dass sie hinter dem Dorf einschlugen. Von unten, wo die Geschütze standen, sah es so aus, als ob die Granaten im Dorf einschlügen, was die übrigen täuschte.

Als ehemaliger Artillerist war er empört, dass man die Patronin der Artillerie, Sankt Barbara, im Zuge der liturgischen Kalenderreform aus dem Verzeichnis der Heiligengedenktage entfernt hat. Sein Kommentar: „Wenn man denen nicht die Geburtsurkunde vorlegen kann, existiert man für die nicht". – Er wurde Herausgeber des zweibändigen Werkes „Die Heiligen in ihrer Zeit".

Peter Manns war der erste Vorsitzende des Allgemeinen Studenten-Ausschusses der 1946 von den Franzosen wiedergegründeten Mainzer Universität. Als solcher hatte er guten Kontakt mit dem französischen General Raymond Schmittlein, der für die Kultur und damit auch für die Universität in der Besatzungszone zuständig war. Er ging in dessen Familie ein und aus, die ihn wie einen Sohn betrachtete. Unvergesslich bleibt mir, wie er als frisch geweihter Diakon zum ersten Mal in der Seminarkirche die heilige Kommunion austeilen durfte. Peter machte Kniebeuge, - und als er nach dem Ziborium griff, zitterte seine Hand. - In seinen Studien beschäftigte er sich zunächst mit Bernhard von Clairvaux und Fenelon, wollte bei Professor Kraus promovieren, wurde dann aber 1959 Assistent bei Professor Joseph Lortz am Institut für europäische Geschichte und kam so zur Lutherforschung. Im Laufe der Jahre identifizierte er sich so mit Martin Luther, dass er ihn schließlich seinen „Vater im Glauben" nannte. Als Kardinal Volk daraufhin angesprochen wurde, knurrte der unwirsch: „Mein Vater im Glauben ist er nicht!".

Als das Buch von Theobald Beer: „Der fröhliche Wechsel und Streit", herauskam, hielt Hans Urs von Balthasar dieses Werk für so wichtig für das Verständnis von Luther, dass er eine französische Übersetzung herausbringen wollte. Manns bekam einen Anruf aus Straßburg von einem protestantischen Professor (Harding Mayer), wenn das Buch in Frankreich herauskäme, sei es aus mit der Ökumene. Daraufhin fuhr er nach Paris zu seinen Freunden, um die französische Ausgabe zu verhindern. - Umgekehrt passierte das Gleiche mit der Neuauflage der „Geschichte der Reformation" von Professor Lortz nach dem Krieg. Das passte vatikanischen Stellen nicht, und man winkte mit einem päpstlichen Orden für den Chef des Herderverlags. Im nachkonziliaren Umbruch zitierte Manns mehr als einmal den heiligen Bernhard von Clairvaux: „Wenn die Hirten die Herde nicht mehr leiten, müssen die Schafe anfangen zu blöken." Darum versuchte er auch zusammen mit P. Henckel-Donnersmarck Einfluss auf die Würzburger Synode zu nehmen. - Im Laufe seiner Identifikation mit Martin Luther gewann man den Eindruck, sein Äußeres ähnle immer mehr dem Reformator. In Baden-Baden unterzog er sich einer Abmagerungskur. Als ich ihn dort in der Klinik besuchte, erzählte er mir, der Oberarzt habe gesagt, Sauerkraut dürfe er essen. Daraufhin ging er hin, kaufte sich

Sauerkraut und auch noch ein Rippchen dazu. Einmal angesprochen, dass er wegen seiner Gesundheit sich im Essen zügeln müsse, meinte er: „Lieber früher sterben als hungern!“ Eines Tages traf ich ihn, als er auf dem Markt im Bademantel und mit einem Henkelkorb einkaufen ging. Seine Ärzte hatten ihm vorausgesagt, dass er keinen „ruhigen Lebensabend“ erreichen werde. Als er schließlich in das Krankenhaus transportiert wurde, mussten vier Sanitäter die Bahre tragen.

Papa Schröder: Wilhelm Schröder (geb. 1892 gest.1978) war unser ältester Seminarist. Darum hieß er Papa Schröder. Bevor er in das Priesterseminar eintrat, war er Chef des Mainzer Güterbahnhofs. Er ließ sich nach Kriegsende vorzeitig pensionieren und begann mit 53 Jahren mit dem Studium der Theologie. Zeitweilig war er mein Zimmergenosse. Eines Tages kam ich auf das Zimmer und staunte, er hatte meinen Schreibtisch aufgeräumt. Als Westfale und ehemaliger Beamter war ihm anscheinend mein genialisches Durcheinander nicht geheuer. Als ich mich bei ihm bedanken wollte, sagte er: „Weißt Du bei mir ist Ordnung ein Begriff!“ Und ich antwortete: „Herr Schröder, (er war so alt wie mein Vater, darum siezte ich ihn) bei mir ist Ordnung ein Ideal, das man stets erstrebt, aber nie ganz erreicht.“ Dann erzählte er mir, dass er als Junge in Westfalen in einem Knabenkonvikt war. Da sei er eines Tages auf das Arbeitszimmer des Rektors gekommen. Auf dessen Schreibtisch habe eine mustergültige Ordnung geherrscht, sogar die Bleichstifte hätten gespitzt der Größe nach geordnet dort gelegen. Das habe solchen Eindruck auf ihn gemacht, dass er sich vorgenommen habe, solche Ordnung später einmal auch zu praktizieren. So war für ihn die Beamtenlaufbahn bei der Deutschen Reichsbahn sicher genau das Richtige. - Eines Tages machte er mir folgendes Kompliment: „Guido, du hast eine Schrift wie eine Sau, aber interessant!“

Wir wurden zusammen am 4. März 1950 von Bischof Stohr zum Priester geweiht. Nach seiner Priesterweihe wurde er Assistent und Ökonom des Mainzer Priesterseminars. Der richtige Mann für einen solchen Posten. 1955 Direktor des Päpstlichen Werkes für Priesterberufe für die Diözese Mainz. – Eines Tages erzählten ihm einige Spottvögel unter den Alumnen, im L'Osservatore Romano hätte gestanden, dass für den Bahnhof der Vatikanstadt ein Bahnhofsvorsteher gesucht werde. Da sah er sich schon im Geiste als künftiger Beamter des Papstes im Vatikan.

❄ ❄ ❄ ❄ ❄ ❄ ❄

Der Agent

Eines Tages tauchte im Seminar auch ein „Spätberufener" auf. In Frankfurt hatte er bei einem alten Prälaten konvertiert und meldete sich auf dessen Empfehlung im Mainzer Priesterseminar an. Aus seinen Erzählungen ging hervor, dass er eine Zeit lang in Spanien war. Auch berichtete er von archäologischen Ausgrabungen im Zweistromland, an denen er teilgenommen habe. Werner Dommershausen, der nebenher auch Orientalistik studierte, bestätigte, dass Hofheinz tatsächlich gut darüber Bescheid wusste. Man konnte ihn zu außergewöhnlichen Zeiten im Oratorium anscheinend betend antreffen. Nur mit den ehemaligen Offizieren führte er immer wieder als eingefleischter Pazifist heftige Dispute. In den Weihnachtsferien verschwand er, zwei Stunden bevor ihn die französiche Surete verhaften wollte. Vermutlich war er gewarnt worden. Es gab nach dem Krieg in den französischen Dienststellen Leute der ehemaligen Résistance gegen die Deutschen, überzeugte Kommunisten. Ob Hofheinz als Agent für den Ostblock im Schutze des Priesterseminars Spionage treiben oder auf dem Weg über das Priestertum innerhalb der katholischen Kirche agitieren sollte? Es gab ja in der Nachkriegszeit mindestens einen spektakulären Fall eines in den Vatikan eingeschleusten Kommunisten. Jedenfalls schrieb Hofheim aus Ost-Berlin dem Regens eine Postkarte, in der er drohte, dass er als erster gehängt werde, wenn sie in den Westen kämen.

❄ ❄ ❄ ❄ ❄ ❄ ❄

Musik im Seminar

Samstagsmorgens kam der Domkapellmeister ins Haus, um die gregorianischen Gesänge für den kommenden Sonntag einzuüben. Denn die Alumnen des Priesterseminars hatten an der Terz, dem Stiftsamt und an der Vesper auch gesanglich teilzunehmen. Darüber hinaus haben wir auch freiwillig Gregorianischen Choral bei unseren Gottesdiensten in der Seminarkirche gesungen, den wir unter uns einübten. Pater Urbanus Bomm OSB aus Maria Laach hat einmal auf der Universität ein Semester lang Vorlesungen angeboten über Neumenkunde und dazu auch vorgesungen. Dadurch konnten wir unsere Gesangsweise dem der Mönche von Maria Laach angleichen. An hohen Festtagen haben wir zusätzlich auch noch die Complet in der Seminarkirche gesungen. 1946 oder 1947 haben wir sogar am Heiligen Abend eine Nokturn der Weihnachtsmatutin gesungen. Hans Haßlinger untermalte auf der Orgel die Psalmenrezitation mit weihnachtlichen Melodien. Am Weihnachtsmorgen sangen wir im Dom um 5 Uhr die Christmette im gregorianischen Choral, um 7 Uhr feierten wir die Hirtenmesse in der Seminarkirche als deutsches Hochamt mit Weihnachtsliedern, um 9.30 Uhr im Dom die Terz, anschließend das Pontifikalamt und um 15.00 Uhr bei der Vesper den Hymnus und die Antiphonen zu den (damals noch) fünf Psalmen, die alternierend mit dem Domchor, jeweils ein Vers in Falsibordoni (mehrstimmig) und von uns Seminaristen der nächste Vers in gregorianischer Weise gesungen wurde. Obendrein dann noch am Abend die Komplet. Wir haben gesungen „bis zum Umfallen". Nach den harten Kriegsweihnachten beim Barras, teils an der Front oder im Gefangenenlager, konnten wir nicht genug kriegen von der feierlichen lateinischen Liturgie.

Zu besonderen Gelegenheiten stellten wir ad hoc ein kleines Streichorchester zusammen. Walter Seidel konnte Geige spielen wie ein Zigeuner. Einmal bei einer Herz-Jesu-Akademie, Professor Reatz hielt einen Vortrag über die Entwicklung der Herz-Jesu-Verehrung, umrahmten wir die Feier mit einem musikalischen Beitrag.

Wir hatten das Stück eines barocken Meisters eingeübt, in Ermangelung einer Querflöte hatte ich den Part mit einer F-Blockflöte übernommen. Alphons Rosenkranz dirigierte, und ich verpasste meinen Einsatz. Elegant schlug er am Ende der Phrase ab, als ob das so sein müsste, und wir begannen von neuem.

Von der Muse geküsst: Eines Abends kam ich an der Seminarkirche vorbei. Drinnen ließ einer das volle Werk erbrausen. Ich ging hinauf zur Orgelempore. Da setzte Hans Haßlinger, ein Meister der Improvisation, gerade zum Schlussakkord an. Neben der Orgelbank stand eine leere Weinflasche. Als er die Hände von den Tasten nahm und aufblickte, sagte ich: „Gell Hans, dich hat die Muse geküsst!“ - „Un' wie!“ war die Antwort.

❄ ❄ ❄ ❄ ❄ ❄ ❄

Aus der Himmelsgasse

So hieß das Gässchen, das zwischen dem Seminar und Erbacherhof parallel zur Grebenstraße verlief und bei der Kapuzinerkirche endete. Hier befand sich auch die Pforte zum Kapuzinerkloster. In der Himmelsgasse gab es kleine Häuser. In einem dieser Häuschen wohnte während des Krieges Dr. Anton Brück (†1984), Bibliothekar des Priesterseminars und auch Diözesanarchivar, zusammen mit dem Ehepaar Stein. Die folgenden zwei Episoden hat er mir berichtet.

Was Anstand ist: Eines Nachts wankten Angetrunkene lärmend durch die Himmelsgasse nach Hause. Ein Mainzer Bürger war dadurch in seiner Nachtruhe gestört und gebot vom Fenster im ersten Stock des Häuschens den Randalierern Ruhe. Ein Wort gab das andere. Schließlich warf der in seinem Schlaf Gestörte den emaillierten Nachttopf nebst Inhalt auf die Ruhestörer hinunter. Worauf die dann schimpfend und stinkend sich davon machten. Nach einer Weile knarrte die Haustüre, herauskam im Nachthemd der Eigentümer, um seinen im Finstern knisternden Pottschamber

(Nachttopf) wieder heimzuholen. Beim Hineingehen brummelte er: „Dene hab ich emol gewisse, was Anstand is!"

Das Gewissen der Kapuziner: Wieder einmal trollten schon gegen Morgen Zecher durch die Himmelsgasse heimwärts. Im Kapuzinerkloster brannte Licht, wo die Patres bereits das nächtliche Stundengebet im Oratorium verrichteten. Meinte einer der Spätheimkehrer: „Guck emol, die Kapuziner habe noch Licht!" Darauf der andere: „Die habe kää gut Gewisse, die könne nit schlofe!"

❄ ❄ ❄ ❄ ❄ ❄ ❄

Der Wein erfreut nicht nur des Menschen Herz

Pfarrer Christian Siepchen (†2001), aus Kostheim stammend, erzählte mir folgende Episoden: Ein Betrunkener habe am Straßenrand gelegen. Da sei ein Schäferhund gekommen und habe das Bein über ihm gehoben. Da habe der Mann gemurmelt: „Nix mehr einschenke!" – Ein Zechkumpan habe einen anderen zu einer Flasche Wein eingeladen. Als eingeschenkt war, hielt der andere, wie bei Kennern üblich, das Glas hoch, um zu sehen wie der Wein im Glas steht. Doch lobte er nicht die Farbe, sondern meinte, der Wein sei trübe. Darauf der andere: „Halt dein doll Maul, des sin moi Gläser!"

Die besondere Gelegenheit: Ein Pfarrer hatte Besuch vom Bischof. Für den erlauchten Gast holte der Pfarrer eine gute Flasche Wein aus seinem Vorrat. Nach dem ersten Schluck lobte der Bischof, „da haben sie mir aber einen ausgezeichneten Tropfen kredenzt." – „Ich hab noch einen besseren" sagte der Pfarrer. Der hochwürdigste Herr dachte, er sei des besten Tropfens würdig gewesen und fragte: „Wann trinken sie den?" Antwort: „Bei besonderen Gelegenheiten." „Wann zum Beispiel sind die?" –„Wann ich so ganz für mich allein bin."

Glossolalie: Jeden Freitagabend wankte ein Arbeiter, der nach der Lohnauszahlung sich mehrere „Halbe" genehmigt hatte, singend am Binger Pfarrhaus vorbei seiner Wohnung zu, auf der anderen Seite des Kirchplatzes, dem alten Schulhaus. Eines Freitags hörte ich ihn angesichts der Basilika sagen: „Und was ich jetzt sing, des sing ich lateinisch!“ Sprach's und hub an auf die Melodie „La paloma, die weiße Taube“ in einer selbsterfundenen vokalreichen Sprache zu singen. Es war großartig! Ja, ich hatte den Eindruck, eine Art von Glossolalie erlebt zu haben. Was der Wein nicht alles hervorbringt.

Wenn die Weinlokale geschlossen haben: Auf dem Weg Sonntagsmorgens zur Zelebration der heiligen Messe um sieben Uhr in der Binger Kapuzinerkirche, überholte ich zwei Trinkkumpane, die nach Haus unterwegs waren. Als die mich in meiner Soutane erblickten, sagte der eine: „Du, mit dem mache mer, der hot noch uff!“

Wettstreit: Beim Konveniat des Dekanates Bingen wurden Weinproben begutachtet, wer den besten Tropfen im Keller habe. Einer der Pfarrer behauptete, er habe zuhause einen noch besseren im Keller und strunzte (prahlte) mit Jahrgang und Lage. Ein Confrater schickte daraufhin heimlich einen Boten zu dessen Pfarrhaushälterin, er solle eben diese so hochgerühmte Flasche holen. Ahnungslos rückte sie die gewünschte Flasche heraus. Und die Mitbrüder gewannen den Wettstreit. Er musste zugeben, dass der genau so gut sei, wie der, den er im Keller habe. Als er nach Hause kam erfuhr er, dass sie ihn mit seiner eigenen Flasche übertrumpft hatten.

Johanniswein: Am Fest des heiligen Johannes des Evangelisten kamen die Weinbauern von Büdesheim zur Segnung des Weines zur heiligen Messe und saßen dann droben auf der Orgelbühne, jeder mit seiner Weinflasche vor sich. Wenn dann der Pfarrer die Segnung vornahm, öffneten sie die Flasche, damit der Segen auch hineinkam. Dann befolgten sie den Segensspruch: „Bibe amorem Sancti Johannis!“ Und setzten die Flasche an zu einem ersten kräftigen Schluck.

Die Ernüchterung: Als die Leute vom Beerdigungsinstitut von Bingen nach Rüdesheim fuhren, fanden sie einen ihnen bekannten Betrunkenen am Straßenrand liegen. Sie luden ihn in das Leichenauto und fuhren ihn nach Hause und schellten an der Wohnung. Als die Ehefrau den Kopf zum Fenster herausstreckte, riefen sie hinauf: „Frau, wir haben ihren Mann dabei." Als sie das Leichenauto gewahrte, schrie sie Zeter und Mordio: „Moin gute Mann, moin Herzallerliebster!" Doch als sie herunterkam und die Männer die Weinleiche ausluden, schlug ihre Stimmung um. „Du Drecksau, bist schun widder besoffe!"

❄ ❄ ❄ ❄ ❄ ❄ ❄

Der Ehrendomkapitular

In Seligenstadt war es Sitte, dass am Weißen-Sonntag die Erstkommunionkinder sich in der Schule versammelten und in einer kleinen Prozession den Pfarrer am Pfarrhaus abholten. Die Musikkapelle sollte dann mit dem Spiel beginnen, wenn der Zug am Pfarrhaus anlangte. Doch die Musik setzte noch nicht ein. Da polterte der greise Ehrendomherr und Geistliche Rat Philipp Lambert (†1964): „Die Simpel solle doch spiele, warum spiele die Simpel donn nit!" – Im feierlichen Hochamt mit Leviten kam der schon etwas ältere Benefiziat, der als Diakon fungierte, mit dem Rauchfass nicht zurecht; die Ketten verhedderten sich. Da konnte der Zelebrant nicht an sich halten: „Jetzt is des Rindvieh schun so alt und konn immer noch nit mit em Rauchfass umgehe!" – Am Christihimmelfahrtstag war nachmittags eine Flurprozession. Viele Gläubige hatten sich in der Basilika eingefunden. Als Kaplan sollte ich mich um die Prozession kümmern. Ich sagte: „Kommen sie bitte vor! Rücken sie nach!" Da kam der alte Chef: „Herr Kaplan, so geht des nit. Als uff die Hörner gehaache (gehauen), die dolle!" – Eines Tages sagte er zu mir: „Sie trinke nit, sie rauche nit, sie spiele kein Skat. Für was sind sie eigentlich geweiht worden."

Trotz seiner knorrigen Art, war Geistlicher Rat und Ehrendomkapitular Philipp Lambert in der Bevölkerung sehr angesehen. Mit den Nazis hatte er mehrere Auseinandersetzungen, wurde nach Darmstadt zur Geheimen Staatspolizei vorgeladen und musste 500 Reichsmark „Sicherungsgeld“ zahlen. Zu Beginn der Judendiskriminierung ging er ostentativ mit dem Rabbiner gemeinsam über die Straße.

❄ ❄ ❄ ❄ ❄ ❄ ❄

Die dicke Anna

Sie war die etwas voluminöse Haushälterin im Seligenstädter Pfarrhaus. Wenn ich nach mehreren Religionsstunden erst gegen 13 Uhr nach Haus kam, hatte der Chef schon gegessen. Nach dem anstrengenden Unterricht hatte ich keinen rechten Appetit mehr. Anna, die das Essen mir aufgetragen hatte, schlug die Türe des Esszimmers hinter sich zu und sagte: „Er frisst widder nix!“ Ihr Ärger war verständlich. Es ging gegen ihre Ehre, angesprochen zu werden, dass der Kaplan so schmal sei; als ob sie ihm nicht genug zu essen gäbe.

❄ ❄ ❄ ❄ ❄ ❄ ❄

Der neue Kaplan

In Mombach brachten sie bei der Fastnachtssitzung der Kolpingfamilie folgendes Zwiegespräch: Einer von der St. Nikolauspfarrei sei in Herz-Jesu beim Gottesdienst gewesen und habe den Nachbarn gefragt: „Die Kerzen brennen, die Orgel spielt, die Messdiener stehen am Altar, aber ich sehe keinen Geistlichen.“ Worauf der von Herz-Jesu antwortete: „Siehst du am Messbuch den Schatten? Des is unsern neie Kaplan.“ Angeblich war das Motto der Kolpingfamilie: Trinkfest und arbeitsscheu, aber dem Heiligen Vater treu.

❄ ❄ ❄ ❄ ❄ ❄ ❄

Pfälzerischer Predigtton

Im Pfälzer Dorf Wolfstein kam der Pfarrer in der Predigt auf ein Kriegserlebnis zu sprechen. Seine Kameraden litten unter der Cholera; „Die armen Kerle hätten sich tot geschissen". Als die Kinder lachten, wandte er sich an sie: „Ihr braucht gar nicht zu lachen, das ist ein gutes altes deutsches Wort!"

❄ ❄ ❄ ❄ ❄ ❄ ❄

De Parrer vun der Vilsbach

Als solcher galt Pfarrer Paul Diehl (†1977). Mit dem Moped machte er seine Seelsorgsfahrten bei Wind und Wetter. Ein echter Mainzer von Schrot und Korn. Eines Abends spät fand er einen, der die Wegsteuer nicht mehr hatte. Er kannte ihn und wusste, wo er hingehört. Darum brachte er ihn Arm in Arm nach Haus. An der Wohnung angekommen, bestand der Angetrunkene darauf, nun müsse er aber noch mit hinein, damit seine Frau sehe, wer sein Begleiter in dieser späten Stunde gewesen sei. Und führte den Pfarrer direkt ins Schlafzimmer. „Fraa gucke emol, wen ich mitgebrocht hab!" Als die Frau den Pfarrer gewahrte, zog sie schnell die Bettdecke über den Kopf. – Dass Stadtstreicher und Penner ihn immer wieder aufsuchten, braucht nicht zu verwundern. Eines Tages kam wieder einer und berichtete: „Herr Parrer, ich mach' mich selbständig, ich mach jetzt Grabpflege, es fehle mir nur noch fünf Mark für de Spate." Pfarrer Diehl zog darauf hin sein Portmonee: „Da, do hoste fünf Mark, weil du so schee geloge host!"

Nach der Schlussfeier des Großen Gebetes war es üblich, dass die teilnehmenden Geistlichen ins Pfarrhaus eingeladen waren zum Abendessen in fröhlicher Runde. Einer der Teilnehmer sprach dem Wein besonders zu. Er war „geeicht". Das heißt er vertrug einiges und brachte es nicht übers Herz bis die letzte angebrochene Flasche geleert war. Pauls Kommentar: „Du, wann ich den Toni betrachte, der säuft de Woi wie die Kuh es Wasser. Do könnt ich grad neidig wer'n!" – Eines Tages kommt ein Bub mit einem Henkelkorb voll überreifer Birnen. „Herr Parrer, en scheene Gruß vum Baba. Den Korb mit Birne soll ich abgebe. Aber Herr Parrer, ihr misst se bald esse, sie sein schun so wääch wie Scheissdreck!" Als der Pfarrer den Vater ein paar Tage später trifft, erzählt er ihm, welche Empfehlung ihm sein Sprössling gegeben hatte. Der Vater entsetzt: „Herr Parrer, do könne se's wider sehe, do gibt mer sich des ganze Jahr Müh mit de Erziehung vun de Kinner. Un wann's Jahr erum is, sin se so doll wie mein A....!" (Quelle: Pfarrer Diehl).

Pfarrer Diehl war kein Freund der Handkommunion. „Das Kommunionausteilen war mir immer die liebste Tätigkeit. Aber wann se jetzt die Hand hinhalte, könnt ich ihne grad des Ziborium uffs Hern haache (hauen)" – Mehr als einmal hörte ich ihn sagen: „Wann mer obbe un unne nit mehr ganz dicht is, soll aam unsern Herrgott hole." Gott hat ihm seinen Wunsch erfüllt. An einem eiskalten Märztag war er mit dem Moped unterwegs. Beim Betreten einer warmen Stube bekam er mit zweiundsechzig Jahren einen Herzinfarkt.

❄ ❄ ❄ ❄ ❄ ❄ ❄

Die Dombrüder

Die Barmherzigen Brüder von Montabauer versahen nicht nur die ambulante Krankenpflege für Männer in der Stadt, sondern auch den Küsterdienst im Dom. Sie trugen schwarzen Talar mit einem Ledergürtel und dem Rosenkranz daran. – Einmal wurde einer der Brüder im Dom von jemand angesprochen, der beichten wollte. Um nicht zu offenbaren, dass er kein Priester sei, sagte er: „Entschuldigen sie, aber ich bin nicht mehr nüchtern." Damals galt noch das eucharistische Nüchternheitsgebot ab Mitternacht. – Samstags hatten wir von der MC (Marianische Kongregation) in der Ostkrypta Gemeinschaftsmesse. Um nicht nüchtern in die Schule zu gehen, durften wir im Domchorsaal unsere Brote verzehren und Bruder Joseph hat uns in einer Aluminiumkanne Malzkaffee geliefert Eines Tages, als Theo Gerster sich den Rest in seine Tasse goss, machte es plupsch, und aus der Kanne plumpste etwas in seine Tasse. Bruder Joseph hatte unseren Muckefuck auf dem Spüllumpen aufgebrüht.

❄ ❄ ❄ ❄ ❄ ❄ ❄

Philemon und Baucis

Sie waren ein kinderloses älteres Ehepaar mit einem Blumenladen in unmittelbarer Nachbarschaft des Domes. Sie wurden von den Angehörigen der Dompfarrei „Ockerschätzchen" genannt. „Sie" schaute mit einem Auge ins Gerstenfeld, mit dem anderen ins Tulpenbeet. „Er" sorgte für den Blumenschmuck an den Festtagen im Dom. Auch in Sankt Quintin schmückte er an den Hochfesten den Altar. Am Großen Gebet sogar kostenlos, weil er die Blumen am nächsten Tag wieder holte und sie für Kränze verwendete. Wenn man bei ihnen in den Laden ging, um Blumen zu kaufen, brauchte man allerdings ein wenig Geduld, weil sie allem Stress abhold waren. Ging es dann um den Preis, fragte er seine Frau: „Schätzchen, was soll denn die Frau Doktor bezahlen?" Oder umgekehrt, wenn sie bediente: „Gutichen, was nehme mer denn für den Strauß vom diesem Herrn?"

Bei einem Bombenangriff verloren sie ihre Wohnung und wohnten im Priesterseminar, wo auch andere Ausgebombte in den Zimmern der zum Kriegsdienst eingezogenen Alumnen Unterschlupf gefunden hatten. Nach einem nächtlichen Fliegeralarm verließen alle wieder den Luftschutzkeller des Hauses. Oben am Ausgang stand Dr. Link, der Ökonom, der auch der Luftschutzwart war. In der Dunkelheit fiel die Frau ihm um den Hals, weil sie meinte ihren Guti vor sich zu haben, was ihr furchtbar peinlich war. Und so schickte sie am folgenden Tag ihren Mann zu ihm und ließ sich entschuldigen.

Die beiden waren wie Kinder. Sie waren sozusagen Philemon und Baucis im zwanzigsten Jahrhundert. Zwar starben sie nicht gemeinsam wie das treue Paar in der antiken Sage. Aber sie vermachten ihr Vermögen nach ihrem Tod dem Dom. Die Sankt Gotthardkapelle verdankt ihrem Nachlass die Orgel.

❄ ❄ ❄ ❄ ❄ ❄ ❄

Luftschutz im Seminar

Für den Brandschutz im Haus war im Garten ein Löschwasserbassin angelegt. Auch gab es eine Motorspritze, für deren Einsatz Domorganist Heino Schneider Feuerwehrkommandant war. Einmal wollten wir die Spritze einsetzen, als nach einem Luftangriff ein Haus brannte. Wir versuchten eine Schlauchleitung durch die Himmelsgasse zu legen, doch reichte die Länge der Schläuche nicht bis dorthin. Durch eine Bombe war ein Krater in der Gasse entstanden. Als ich den Schlauch hinüber zog, elektrisierte er mich. Ein Stromkabel im Boden war verletzt Wir gaben den unzureichenden Löschversuch auf.

❄ ❄ ❄ ❄ ❄ ❄ ❄

Mann in der Zeit

In den fünfziger Jahren des vergangenen Jahrhunderts war im Kloster auf dem Jakobsberg das Noviziat der Jesuiten untergebracht. Zum Sonntagsgottesdienst kamen Gläubige aus der Umgebung. Nach der Heiligen Messe wies der Pater darauf hin, dass die Zeitung „Mann in der Zeit" aufliege. Auch Mädchen, die noch keinen Mann hätten, könnten einen „Mann in der Zeit" für 50 Pfennige erstehen.

❄ ❄ ❄ ❄ ❄ ❄ ❄

Der Stadtpfarrer

Gonsenheim hatte einen neuen Pfarrherrn bekommen. Er legte Wert darauf, als „Stadtpfarrer" tituliert zu werden. In der Mainzer Diözese ist das nicht üblich. Wohl im süddeutschen Raum. Im Volk hieß er darum nur - mit spöttischem Unterton - „de Stadtpfarrer". - Der „Stadtpfarrer" hatte einen jüngeren Bruder, der Generalvikar war. Der Ältere hielt sich für diesen Posten als der geeignetere. Und so äußerte er sich eines Tages: „An mir und meinem Bruder kannst du es wieder sehen: Gott hat das Schwache erwählt, um das Starke zu beschämen" (1Kor 1,27)! - Am Fest Johannes des

Täufers, seinem Namenstag, hisste er am Pfarrhaus die gelbweiße Fahne zu Ehren seines Namenspatrons. Acht Tage lang, während der ganzen Festoktav, war das Haus des Stadtpfarrers Johannes Haenlein (†1983) mit den päpstlichen Farben beflaggt. Böse Buben holten eines Nachts die Fahne herunter und hissten statt dessen in deutlicher Anspielung auf seinen Familiennamen ein Brathändel! Das hat ihn sehr gekränkt.

❄ ❄ ❄ ❄ ❄ ❄ ❄

Lausbuben

Messdiener sind seit eh und je, ganz gleich wo, wegen ihrer Streiche als Lausbuben bekannt. Wobei das Wort Lausbub die ursprüngliche Bezeichnung für die Ministranten war. Denn bei der heiligen Messe antworteten sie am Schluß des Evangeliums: „Laus tibi Christe (Lob sei dir Christus)!" Aus den „Laus tibi Christe-Buben" wurden im Volksmund daraus verkürzt „Lausbuben" (Quelle: Helmut Rischert).

Der Anekdoten und Episoden von Ministrantenstreichen sind Legion. In Gonsenheim befindet sich im Wald die VierzehnnothelferKapelle. In der ersten Hälfte des 20. Jahrhunderts hatte sie noch keinen Anschluss an den elektrischen Strom, wohl aber eine Orgel, deren Blasbalg von uns Messdienern per Hand mit Hilfe eines Hebels mit Luft vollgepumpt werden musste. Ein kleines Holzstäbchen zeigte an, wie viel Luft im Balg noch vorhanden war und wann wir wieder pumpen mussten. Wir richteten es dann manchmal so ein, dass das Hölzchen die unterste Grenze anzeigte und die Orgeltöne am Verschnaufen waren. Wenn die Orgel dann wie ein Kater heulte und der Organist „Luft, Luft!" schrie, freuten wir uns spitzbübisch. Auch untermalten wir den Klang der Orgel, indem wir hart an der Grenze des Luftmangels mit dem Pumpenstiel ruckartige kleine Stöße machten und so den Tönen ein indeierliches (inbrünstiges) Tremolo verliehen. Der Organist konnte nicht sehen, wie wir hinter der Orgel uns freuten und über unsere künstlerische Mitwirkung feixten.

Perlenklauer: Hinter der Kirche war ein kleiner Saal angebaut, der zur Kirchenchorprobe und auch zu Messdiener- und Gruppenstunden genutzt wurde. Gegenüber in dem Gässchen stand ein Häuschen, in dem ein kleiner Mann namens Berlauer wohnte. Nach der Messdienerstunde trollten wir noch vor dem Pfarrsälchen herum und riefen manchmal im Sprechchor: „Perlenklauer, Perlenklauer, Perlenklauer" solange, bis das Männlein schimpfend herauskam. Wir fühlten uns in Sicherheit, weil zwischen uns und ihm die hohe Gitterumzäunung des Kirchhofs war, dessen Tor nur zu den Gottesdienstzeiten geöffnet wurde. Sobald er wieder im Häuschen verschwunden war, ging es weiter mit „Perlenklauer, Perlenklauer, Perlenklauer ..." Wir ketzerten ihn so lange, bis er mit einem Messer in der Hand herauslief und schrie: „Ich schneide einem de Krotze ab, wann ich ihn kriehe!"

Das war für uns der Höhepunkt des Nachmittags. Unsere Mutter hätte uns nie und nimmer zu den Messdienern gehen lassen, wenn sie gewusst hätte, was wir alles für Streiche verübten. Sie war Konvertitin und meinte, Ministranten seien brave Buben. Vor ihrer Hochzeit hatte sie in Basel bei Pfarrer Mäder von der Klarakirche aus Überzeugung konvertiert. Wie so viele der Konvertiten hat sie das Leben nach dem katholischen Glauben sehr ernst genommen.

Weihrauch: Der Dienst mit dem Rauchfass war der begehrteste. Zum einen, weil man da ständig das Weihrauchfass schwenken konnte, zum anderen, weil es dampfte. Je mehr Rauch heraus stieg, um so lieber. Einmal haben ganz Pfiffige herausbekommen, dass Kerzenwachs besonders viel Rauch erzeugt. Darum mischten sie kleine Wachskügelchen unter den Weihrauch. Der Erfolg war weder zu übersehen noch zu überriechen. Dunkle Qualmwolken entquollen dem Rauchfass und verbreiteten alles andere als edlen Weihrauchduft. Ich sehe heute noch den Qualm zum Gewölbe des neugotischen Chores unserer Pfarrkirche emporsteigen, als ob der Absinth in der Apokalypse des Johannes seinen Schlund geöffnet hätte. Und obendrein entzündete sich das Wachs, so dass Flammen aus dem Rauchfass schlugen. Da kamen Schlitzohren sogar auf die Idee, Schießblättchen unter die Weihrauchkörner zu mischen. Es knallte zwar nicht, aber der Weihrauch stieg mit Pulverdampf geschwängert zum Himmel empor. Ob auch „ad majorem Dei gloriam"?

Das Löschhorn: Die Ministranten in Mannheim-Neckarstadt kamen mit ihrem neuen Küster nicht zurecht. Darum versahen sie das Löschhorn, welches am Ende des Stabes eine Gummiblase hatte, mit der man die Kerzen ausblasen konnte, mit einer Hupe. Als die Leute die Kirche verließen, wollte der Küster hurtig die Kerzen löschen. Er drückte wie gewohnt auf die Blase und das Löschhorn gab Töne von sich: huip, huip, huip! (Quelle: Helmut Rischert.)

Ministranteneignung: Ein kleiner Blindenmarkter war überzeugt, dass er durchaus auch bei der alten lateinischen Messe ministrieren könne. Eine Antwort könne er nämlich schon. Gefragt: „Welche denn?", kam im Brustton der Überzeugung: „Amen!"

Der blaue David: In Sankt Stephan, dem „Rheinhessen-Dom" zu Mainz-Gonsenheim, hatten wir einen Kirchenschweizer, der an Festtagen einen marienblauen Talar und ein ebenso farbiges Barett trug als Zeichen seiner Vollmacht. Darum hieß er im Dorf „der blaue David". Er hatte für Ordnung in der Kirche und bei Prozessionen zu sorgen. Darum trug er einen Stab, an dessen oberen Ende eine messsingfarbene Weltkugel mit einem Kreuz darauf war. Das Vorbild scheint der Reichsapfel gewesen zu sein. Jedenfalls habe ich als kleiner Bub an der Hand des Vaters bei der Fronleichnamsprozession den „blauen David" für den lieben Gott gehalten. Das ist die früheste religiöse Erfahrung, deren ich mich erinnern kann. – Eines Tages stand er vor unserem neuen Kaplan (Heinrich Faller) und stampfte mit seinem Stab auf den Boden der Sakristei, und jedes Mal kam aus der Kugel ein rasselndes Geräusch. Jemand hatte etwas in die Weltkugel getan. Infrage kamen natürlich nur die Messdiener. Denn nur die hatten ja Zutritt zur

Sakristei und konnten an den Schrank, in dem der „blaue David" seine Utensilien aufbewahrte. Alle beteuerten hoch und heilig, sie seien es nicht gewesen. Und der David stampfte voller Entrüstung mit seinem Hoheitszeichen auf den Boden und jedes Mal erklang das ihn empörende Rasseln in der Kugel. Kaplan Faller schraubte grinsend die Kugel auseinander und heraus fiel das Corpus delicti: Kieselsteinchen. Wenn der David gewusst hätte, dass nicht die Messdiener sondern der Kaplan selbst der Attentäter war! ... Für ihn gingen wir Buben durchs Feuer.

❄ ❄ ❄ ❄ ❄ ❄ ❄

Der Kaplan

Er kam 1938 als Neupriester in unsere Pfarrei. In der Messdienerstunde las er uns aus dem Buch die „Helden des Alkazar" vor. Darin war geschildert die heldenhafte Verteidigung der Zitadelle gegen die Roten im spanischen Bürgerkrieg. Auch sang er uns nicht nur fromme Lieder vor, sondern lustige, wie sie im „Kilometerstein" stehen, zum Beispiel „In Chinesien lebte einst ein kleines Wesien und in dieses war verliebet so ein Großmogul von Tibet." Und wir sagen mit Begeisterung: „Tschumei quenne denne, quenne denne, tschumei di tschumei da!" Oder die Parodie auf den Untergang Trojas: „Im Jahre elfhundertzwanzig ante Christum natum, da wollte es das unabänderliche Fatum, dass Troja von Griechen zerstöret war ..." Davon habe ich nur noch die Zeile behalten: „Wie sehr auch Laókoon schrie, die Dummen vermindern sich nie!" – Eines bleibt mir unvergesslich: das Exsultet, das er am Karsamstag nach der Feuerweihe mit seiner sonoren Stimme gesungen hat. Den ganzen Karsamstag ging mir die Melodie dieses einmalig schönen Gesangs durch den Kopf. Damals wurde ja die Osternachtsliturgie am frühen Karsamstagmorgen bei Tagesanbruch gefeiert. Erst Papst Pius XII. hat 1952 die Ostervigilfeier wieder auf die ursprüngliche Zeit, die heilige Osternacht verlegt.

Kaplan Heinrich Faller hat in seiner begeisternden Art uns in der Nazizeit religiös geprägt. Er starb am 16. April 1945 in der Ostsee als Sanitäter beim Untergang des Transportschiffes Goya, das Verwundete und vor der Sowjetarmee flüchtende Zivilisten aus Ostpreußen an Bord hatte.

Die Ohrfeige: Wir hatten noch einen zweiten Kaplan, mit dem war nicht zu spaßen. Eines Tages kam ich in die Sakristei. Einige Messdiener standen da herum, und ich trat hinzu. Da gab mir der Kaplan eine Ohrfeige, warum ich das Messbuch noch nicht zum Altar gebracht hätte. Tito ist wegen einer ungerechten Maulschelle, die er als Junge von einem Priester bekommen hatte, später Kommunist geworden. Gott sei Dank, hat die unverdiente Ohrfeige des Kaplans meinem Wunsch Priester zu werden nicht geschadet. Bei uns zuhause herrschte eine religiöse Atmosphäre, die nichts auf die Priester kommen ließ. Alle wussten, dass er nervös war. Als einer zu ihm in den Beichtstuhl kam und sagte, er wisse nicht, was er beichten solle, er habe keine Sünden, da sagte Kaplan L. zu ihm: „Geh'n sie in die Sakristei, und lassen sie sich vom Küster ein Podest geben. Da können sie sich als lebender Heiliger draufstellen."

❄ ❄ ❄ ❄ ❄ ❄ ❄

Der Fanatiker

Einer unserer Kapläne, den wir verehrten, war Kaplan Jakob Georgen (†1978). Er war passionierter Fotograph, entwickelte und vergrößerte seine Bilder, die er von uns Ministranten machte, selbst. Im Oktober 1935 kam es zum Eklat mit dem Kreisschulrat. Vor der Tür eines Klassenzimmers, in der Jakob Georgen Religionsunterricht zu erteilen hatte, war ein Schild angebracht, auf dem die Namen der Kinder veröffentlicht waren, die nicht dem Jungvolk beziehungsweise BDM angehörten: Sechs Buben alle katholisch, elf Mädchen bis auf eines alle katholisch. Der Kaplan sah darin einen Gewissenszwang und moralischen Druck auf die Kinder, denen er Religionsunterricht zu geben hatte und bat den Schulleiter darum, für die Zeit des Religionsunterrichtes das Schild zu entfernen. Der erklärte sich, außerstande, das zu entscheiden. Zufällig war gerade der Kreisschulrat da. Den holte der Rektor herbei, der sofort den Kaplan beschimpfte und ihm „bis auf Weiteres“ die Berechtigung zur Erteilung des Religionsunterrichtes an der Gonsenheimer Volksschule entzog (Quelle: Ludwig Hellriegel, Widerstehen und Verfolgung, Bd. I). Kaplan Georgen wurde auf eine andere Stelle außerhalb Rheinhessens versetzt.

Als Pfarrer von Klein-Krotzenburg (1950-1978) hat er im ganzen Dorf selber eine Lautsprecheranlage installiert, um die Bevölkerung anzusprechen. Vor einer Wahl hat er einen Aufruf zur Wahl erlassen: „Hier spricht der Staatsbürger Jakob Georgen ...“ Unter den Confratres hatte er den Namen „der Fanatiker“. Kaplan Georgen hat mich, als ich aufs Gymnasium kam, auf die Marianische Congregation aufmerksam gemacht, die noch während der Nazizeit existierte.

❄ ❄ ❄ ❄ ❄ ❄ ❄

Aus der Nazi-Zeit

Pfarrer Andreas Niklaus (†1964) wurde 1941 Pfarrer in Gonsenheim Sankt Stephan. Vorher war er seit 1936 Diözesanpräses der Jungmännervereine. Als Pius XI. 1937 die Enzyklika „Mit brennender Sorge“ erließ, in der die Naziideologie verurteilt wurde, vervielfältigte er im Auftrag des Bischofs das päpstliche Schreiben und organisierte den Kurierdienst an die Pfarrer in der Diözese mit Hilfe von Mitgliedern des Jungmännervereins. Es musste ja alles im Geheimen geschehen, damit die Nazis nicht vorzeitig davon erfuhren und die Verlesung von den Kanzeln verhindern konnten. Es gab Pfarrer, die das päpstliche Schreiben im Tabernakel aufbewahrten, damit es im Falle einer Hausdurchsuchung nicht in die Hände der Gestapo fiel. Pfarrer Niklaus bekam in diesem Zusammenhang „Besuch“ von drei Beamten der Geheimen Staatspolizei aus Frankfurt, die eine Durchsuchung seiner Wohnung vornahmen und Schriftstücke und

Akten beschlagnahmten. Er selbst wurde in das Polizei-Gefängnis nach Frankfurt gebracht und dort verhört. Man warf ihm Vervielfältigung und Verbreitung einer staatsfeindlichen Schrift vor. Auch wollte die Gestapo die Namen aller seiner Mithelfer wissen, die Pfarrer Niklaus nicht preisgab, so dass keiner von den jungen Leuten verhaftet wurde. Er selbst wurde nach 18 Wochen „Schutzhaft" nach Darmstadt in das Landgerichts-Gefängnis gebracht und dort vom Untersuchungsrichter ohne Anklage und ohne Urteil nach sieben Tagen entlassen. Bei Ausbruch des zweiten Weltkrieges wurde er Kriegspfarrer, aber wegen des politischen Prozesses als für die Wehrmacht ungeeignet entlassen (Quelle: Ludwig Hellriegel, Widerstehen und Verfolgung, Band I).

Pfarrer Niklaus hatte für den katholischen Sportverein DJK (Deutsche Jugendkraft) das Gelände des ehemaligen Forts-Gonsenheim erworben und mit den Jungmännern Sportplätze angelegt. An den Nachmittagen der Fronleichnamsfeste trafen sich dort auf dem Jugendwerk die Mainzer Katholiken zu einem Volksfest mit allen möglichen Darbietungen. Andreas Niklaus war ein Mann mit Humor. Kamen da zum Beispiel fromme Klatschbasen, die allerhand über die Leute erzählten, sagte er: „Mer soll's jo nit glaabe!" (Man soll es ja nicht glauben!) Eine Redewendung, die ungläubiges Erstaunen ausdrückte, aber in diesem Falle wörtlich gemeint war.

❄ ❄ ❄ ❄ ❄ ❄ ❄

Brisanter Hirtenbrief der Deutschen Bischofskonferenz

Prof. Dr. theol. Peter Tischleder (†1947), aus Dromersheim bei Bingen stammend, hatte in der Nazizeit für die Bischofskonferenz einen Hirtenbrief über die Zehn Gebote entworfen. Als der dann von den Kanzeln verlesen wurde, war sein Kommentar: „Sie habbe aus mein'm stolze Hahn e verrobbt Hinkel (gerupftes Huhn) gemacht." Das heißt die deutschen Bischöfe hatten die schärfsten Stellen und kritischen Anspielungen auf das Naziregime geglättet (Quelle: Geistl. Rat Heberer, der damals Pfarrer von Dromersheim war).

❄ ❄ ❄ ❄ ❄ ❄ ❄

Revidierte Bibel

An unserer Volksschule war ein Lehrer K., der zwar Religionsunterricht gab, aber ein erklärter Nazi war. Er ließ die Schüler alle Stellen in der Bibel durchstreichen, in denen vom auserwählten Volk der Juden oder von Israel die Rede war. Die Tragik war, dass seine Frau die Schwester eines katholischen Priesters gewesen ist, der als Sanitätsdienstgrad am 13. März 1945 im Saarland von polnischen Kriegsgefangenen umgebracht wurde.

Kindesmisshandlung: Beim Lehrer F. hatten wir Singen. Mit der Geige spielte er uns die Melodie vor. Ob der Anlass der Text des Volksliedes: „Alle Vögel sind schon da, ... Amsel, Drossel, Fink und Star und die ganze Vogelschar“ gewesen ist, dass wir unruhig wurden oder kicherten, weil darin der Name unseres Lehrers vorkam, weiß ich nicht mehr. Jedenfalls sprang er auf die erste Bankreihe und lief dann über die Bänke mit dem Geigenbogen auf unsere Köpfe hauend. Wir zogen die Köpfe ein und empfanden das nicht als Kindsmisshandlung, zumal in jeder Klasse vorn bei der Tafel ein Rohrstock lag, der nicht nur zum Zeigen diente, sondern auch dazu, bösen Buben das Kamisol zu verhauen. Draußen auf dem Schulhof sangen wir dann zu unserer Belustigung die Variante zu Hoffmann von Fallerslebens Text: „Amsel, Drossel, Fink und *Meise* und die ganze Vogelsch..se“ beziehungsweise „ ...machen alle Vogelsch..se.“ Vergessen waren längst die Bogenstreiche auf unseren Köpfen und Rücken

❄ ❄ ❄ ❄ ❄ ❄ ❄

Familiäres aus der Nazi-Zeit

In unserer ganzen Verwandtschaft und Freundeskreis gab es keine Nazis. Mein Vater hatte einen Freund, der etwas außerhalb des Ortes eine Gärtnerei besaß. Zu dem ging er Sonntagsnachmittags um zu politisieren. Während des Krieges hörten sie immer die deutschen Nachrichten von BBC London, die mit dem Motiv aus Beethovens Schicksalssymphonie angekündigt wurden. Dafür konnte man ins KZ kommen. Die Flugblätter, die von Flugzeugen der Alliierten abgeworfen wurden, sammelte der Vater, verschloss sie in einer Büchse und vergrub sie im Garten. Die waren dann auch sonntäglicher Gesprächsstoff. – Mit dem Vater durfte ich zur Männerwallfahrt nach Marienthal im Rheingau gehen. Dort war nachmittags eine feierliche Andacht. Der ganze Platz an der Kapelle war mit circa tausend Männern angefüllt. Sie sangen das Lied: „Christus allein, du sollst König sein". Mit zum Himmel erhobenen Händen erklang der Refrain: „Dir allein schwör ich die Liebe stark und rein, bis in den Tod die Treue!" Mir als Bub lief es heiß den Buckel herunter, so beeindruckt war ich.

Während der Kriegsjahre durften wir nur einmal im Monat einen Brief an unsere Schweizer Verwandten schreiben. Der wurde am Postschalter registriert und von einer Zensurstelle geöffnet und gelesen. Die Briefe unserer Verwandten trugen alle den Zensurstempel. Manche Zeilen darin waren mit Tusche gelöscht. Je länger der Krieg dauerte, sogar ausgeschnitten. Die Verwandten ahnten nicht, dass sie mit ihren kritischen Sätzen uns unter Umständen in Gefahr brachten. Als die Zivilbevölkerung der Stadt Basel zu Beginn des Frankreichfeldzuges evakuiert wurde, weil die Schweiz einen Einmarsch Hitlers befürchtete, hat eine Tante die Eier, die sie nicht mitnehmen konnte, in das Klosett geworfen, nur damit sie die Deutschen nicht bekommen sollten.

❄ ❄ ❄ ❄ ❄ ❄ ❄

Adam-Karillon-Gymnasium

Nur ein Teil der Lehrer, sicher weniger als die Hälfte, waren erklärte Nazis. An einem der jährlich stattfindenden Wandertage schlossen sich drei unserer Studienräte, alle Antinazis, zusammen und wanderten mit ihren Klassen nach Kiedrich im Rheingau. Dort besichtigten sie mit uns die gotische Kirche und Dr. Schmitt, „Stoppel" genannt, führte uns an eine der Kreuzwegstationen, auf der hoch zu Ross ein römischer Offizier mit Schnurbart als Kommandant der Hinrichtungsabteilung Jesu abgebildet war. „Betrachtet euch den einmal! Wer ist das?" Keiner erkannte den Mann auf dem Pferd. „Das ist der Bismarck!" Der Kreuzweg war zur Zeit des Kulturkampfes entstanden, und der Künstler hatte den deutschen Reichskanzler unter die Häscher Christi eingereiht.

Der Blechbuckel: Studienrat W. war zeitweilig unser Klassenlehrer. Er unterrichtete Mathematik und Englisch. An nationalsozialistischen Gedenktagen erschien er in der Uniform eines SA-Führers. In unserer Klasse war auch der Sohn des Leiters des Matthias-Grünewald-Verlages, der katholische Literatur verlegte. Dem rief er eines Tages vor der ganzen Klasse zu: „Knies, man kann auch braun statt schwarz drucken. Merk' dir das für später!" – Als er in den fünfziger Jahren in Worms im Krankenhaus lag, besuchte ihn Kaplan Wilhelm Heininger. Zu ihm sagte er: „Als mein ehemaliger Schüler sind sie mir willkommen (nicht als Kaplan)!" Am Ende des Gesprächs zitierte er in Latein: „Inter faeces et urinam ultor nascitur (Zwischen Scheiße und Pisse wird (uns) der Rächer geboren)!" So war er Anfang der fünfziger Jahre noch in seine Nazi-Ideologie verstrickt.

Der Netwa: Studienrat V. war unser Chemielehrer. Da er ständig sich selbst bestätigend „netwa" (nicht wahr!) sagte, hieß er der Netwa. „Wenn wir die Chemie nicht hätten, netwa, wären wir schon längst verhungert. Vater unser beten nützt nix, netwa!" Man kann sich die Genugtuung eines katholischen Mitschülers, der eine nichtarische Mutter hatte, vorstellen, der den Netwa in der Sankt Emmeranskirche 1944 vor einem Beichtstuhl anstehen sah.

Das Zebra: Studienrat Dr. Schorn hatte diesen schmückenden Beinamen wegen einer hellen Haarsträhne mitten im dunklen Haarschopf. Im Geschichtsbuch kamen die Jesuiten aus nazistischer Sicht schlecht weg. – In der nächsten Stunde brachte Dr. Schorn ein Buch mit, aus dem las er uns eine positive Darstellung des Jesuitenordens vor. Ein HJ-Führer in unserer Klasse protestierte frech. Daraufhin warf ihn das Zebra hinaus. Der Hitlerjunge beschwerte sich bei unserem Klassenlehrer, dem Blechbuckel. Aber es erfolgte nichts.

Der Muski: Zu den Lehrern unseres Gymnasiums: Buddha, Stoppel, Ihje, Bauch und Männlein gehörte auch Studienrat Dr. August Maier. Er gab Latein, Griechisch und Geschichte. Bei ihm herrschte strenge Disziplin. Im ersten Weltkrieg war er Offizier und war auch zu Beginn des zweiten Weltkrieges bis nach dem Frankreichfeldzug als Reserveoffizier zur Wehrmacht eingezogen worden. Als die Schüler des Jahrgangs 1926 zur Flak (Fliegerabwehrkanone) einberufen wurden, aber gleichzeitig noch zur Schule gehörten, fuhren die Lehrer hinaus zu den Flak-Stellungen am Stadtrand. Bei den Flakbatterien waren die Flakhelfer, so der offizielle Name, in Baracken untergebracht, wo auch der Unterricht stattfand. Dort warf eines Tages Dr. Maier das Geschichtsbuch an die Wand, daraus würde er nicht mehr unterrichten, da stünden Geschichtslügen drin. Obwohl auch da unter den Schülern HJ-Führer waren, hat ihn keiner angezeigt.

Als das fehlgeschlagene Attentat auf Hitler vom 20. Juni 1944 bekannt wurde, stürmte Dr. Maier in das Lehrerzimmer und rief: „Wenn er nur verreckt wäre, der Hund!“ Es hat ihn keiner der Kollegen angezeigt, obwohl auch der „Blechbuckel“ im Raum war. Vielleicht hat der aus Kollegialität geschwiegen, denn die beiden Söhne Dr. Maiers waren an der Front, und er hatte schon lange keine Nachricht mehr von ihnen. Nach 1945 wurde Dr. Maier Direktor des Rhabanus-Maurus-Gymnasiums. Auch kam er in das Priesterseminar, um den Alumnen die Griechischkenntnisse beizubringen.

❄ ❄ ❄ ❄ ❄ ❄ ❄

Etwas für Lateiner

Ein preußischer Kavallerie-Offizier nahm an einer katholischen Feldmesse teil. Nach dem Gottesdienst ging er zum Pfarrer und sagte: „Ausjezeichnet ihre Messe, Herr Pfarrer! Das gibt's bei uns Protestanten nicht, dass im Frühjahr auch noch die Pferde begrüßt werden!" Er hatte die Präfation mit den Ohren eines Kavalleristen gehört: Vere dignum et justum est (a)equm et salutare (Quelle: Helmut Rischert).

Ob es im Himmel auch etwas zu trinken gäbe, wollte eine fromme Hildegardmedizin-Anhängerin wissen. Der Pfarrer: „Selbstverständlich muss keiner Durst leiden!" Ja, ob es da auch Tee zu trinken gäbe? Auch das konnte der Pfarrer bestätigen, da gäbe es sogar dort den „Laudamus Te(e), den Benedicimus Te(e) und den Adoramus Te(e), den Glorificamus Te(e)." Nach Helmut Rischert wird Jahr 2050 Latein offizielle Sprache in der Europäischen Union, zumal nach dem heiligen Augustinus auch im Himmel Latein gesprochen werde.

Die Deklination: Bei Professor Dr. theol. Seiterich, dem späteren Erzbischof von Freiburg, sollte ein Student in Patrologie Examen ablegen und einen lateinischen Augustinustext erklären. Als der dazu nicht imstande war, sollte er den Text wenigstens übersetzen. Dabei blieb er an dem Wort ius hängen, dessen Bedeutung er nicht wusste. Seiterich war ein gütiger Mann und wollte dem Examenskandidaten helfen. „Dann deklinieren sie das Wort einmal." – Der fing an: „jus, jui, jo, jum, jo." Seiterich: „Jetzt fehlt nur noch der Vokativ: ojeh!" (Quelle: Helmut Rischert).

Salveandacht: An manchen Orten wurden die Muttergottesandachten wegen der darin gesungenen Antiphon des Salve Regina auch Salveandacht genannt. Ein ehemaliger Kanonier hörte das Wort Salve mit den Ohren des Artilleristen und sprach darum von der Artillerieandacht (Quelle: Helmut Rischert).

Karfreitagsbitte: Die Aufforderung bei den großen Fürbitten: „Flectámus genua! – Leváte!" Sollen in Bingen so verstanden worden sein: „Mer fahrn nach Genua! - Mer laafe!“ - (Quelle: Prof. Anton Brück).

Die Zukunft des Lateins: In Wien stand eine Dame vor einem Denkmal mit einer lateinischen Inschrift. Ein Herr, der im Studienhaus der SJM in Blindenmarkt Lateinunterricht erteilt, trat hinzu und übersetzte der Dame die Inschrift des Josephdenkmals. Die Dame bedankte sich und meinte: „Man müsste halt Latein können.“ Worauf der Übersetzer sagte: „Bis zum Jahr 2050 wird sowieso Latein die Amtssprache in der Europäischen Union sein!“ - „Ja, das habe ich auch schon gehört“ meinte die Dame. - Im Stehkaffee kam das Gespräch darauf, dass Helmut Rischert Latein unterrichtet. Was seine Gesprächspartnerin erstaunte. „Ja wissen Sie denn nicht, dass im Jahr 2050 Latein europäische Verkehrssprache wird?!“ - Die Dame schaute ein wenig verdutzt und überlegte: „Na ja, bis dort leb ich nicht mehr. Aber das werde ich meinen beiden Enkeln sagen, die haben schlechte Lateinnoten!“ (Quelle: Helmut Rischert).

Suum cuique: Im Mannheimer Gymnasium kam der Lateinlehrer übelgelaunt in die Klasse. Der Schüler, den er als ersten drannahm, sollte einen Text übersetzen und blieb hängen. „Haben Sie heute Morgen die Zeitung gelesen? Was steht da jeden Tag oben in der Kopfleiste?“ Der Schüler wusste es nicht. „Sie lesen anscheinend keine Zeitung, sonst wüssten Sie, dass da steht: Suum cuique! Was heißt denn das!?“ Der Schüler ganz verdattert: „Das Schwein quiekt.“ Für Nichtlateiner: „Jedem das Seine.“

Definition der Nonne: Nonne ist ein lateinisches Fragepartikel, das stets die Antwort „Ja“ erwartet.

Vinum bonus: Irgendwo war Bischof Albert Stohr eingeladen. Der kredenzte Wein mundete ihm nicht und er sagte zum Sekretär: „Vinum bonus“. Der antwortete: „Das ist nicht richtig.“ Denn es hätte heißen müssen „vinum bonum.“ Darauf der Bischof: „Merke Dir: Wie der Wein, so das Latein!“ (Quelle: Geistlicher Rat Leonhard Veith).

Mühsal des Brevierbeters: Vor der Brevierreform waren an Weihnachten die Matutin mit drei Nokturnen und sehr langen Psalmen, obendrein noch den drei Weihnachtsmessen und Vesperandacht für den Seelsorger schon ein anstrengender Dienst. Dafür war aber das Offizium am ersten Ostertag um so kürzer. So soll manchem frommen Beter beim weihnachtlichen Brevier der Stoßseufzer entschlüpft sein: „Utinam Christus semper surrexisset et numquam natus esset!" (Ach, wenn doch Christus immer auferstanden und niemals geboren wäre!) Auch berichtet die Fama, dass ein Pfarrer, der abends noch die meisten Horen zu beten hatte, zum Hymnus der Prim (Morgengebet) die Tischlampe angezündet mit den Worten: „Jam lucis orto sidere." - (Nun ist erwacht der Sonne Strahl).

Von Kardinal Richelieu wird überliefert, er habe als Minister des französischen Königs nur jeden zweiten Tag zum Brevier gegriffen, indem er vor 24 Uhr das Offizium des vergangen Tages und nach Mitternacht das des kommenden Tages gebetet habe. So sei es ihm gelungen, praktisch an zwei Tagen doch seiner Verpflichtung nachzukommen. Ob das auch „ad majorem Dei gloriam" gewesen ist?!

❄ ❄ ❄ ❄ ❄ ❄ ❄

Neo-Pharisäismus

Vom Freitagsgebot, wonach an diesem Tage Abstinenz von Fleischspeisen zu üben war, galt als Dispensgrund, wenn man an „fremdem Tisch" aß. Ein urbayrischer Geistlicher, der jeden Tag gewohnt war, seine Weißwurst zu essen, soll Freitags ins Gasthaus gegangen sein, um dort seine geliebte Weißwurst „am fremden Tisch" verzehren zu können. Im Zuge einer ersten Breviervereinfachung vor dem Konzil wurden die an manchen Tagen am Ende der Horen zu betenden Preces gestrichen. Als die Rede darauf kam, hörte ich einen bayrischen Pfarrer sagen: „Des G'franzel hab i schon immer ausgelossen."

Mein Chef in St.Pankratius in Bürgel klärte mich einmal auf, was Epikie sei. Laut Lexikon für Theologie und Kirche, Bd. 3 versteht man unter Epikie „die Nichtbeachtung eines menschlichen Gesetzes“ die dann erlaubt ist, „wenn die Gesetzeserfüllung im Einzelfall unsittlich oder unverhältnismäßig schwer würde, beziehungsweise wenn nach vernünftigem Ermessen der Gesetzgeber hier nicht verpflichten wollte.“ Pfarrer Adolf Hainz (†1976) erklärte das bedeutend einfacher: „Also, Epikie ist, wenn der Heilige Vater an unserer Stelle wäre, und so vernünftig wie wir wäre, würde er es genauso machen wie wir. Wenn er allerdings nicht so vernünftig ist wie wir, kann man nichts machen.“

Zu Kaiser Franz-Josephs Zeiten, kam der Fürst von Montenegro, nach Wien und sprach beim Kaiser vor mit der Bitte um Geld für sein Land. Franz-Joseph gewährte gnädigst die Bitte mit der ausdrücklichen Bedingung, dass das Geld gerecht verteilt würde. Wie im Balkan nicht unüblich, versorgte der Fürst seine Verwandten und Freunde damit. Die Sache kam dem Kaiser zu Ohren und als der Bittsteller ein Jahr darauf wieder nach Wien kam, machte ihm der Kaiser das zum Vorwurf. Doch der bestand darauf, er habe das Geld gerecht wie Gott verteilt, der ja auch gebe, dem der mehr hat.

Vom Heilig-Werden: Der Zisterzienserpater Bernhard Vosicky vom Stift Heiligenkreuz bei Wien gab in Kevelaer am Niederrhein Priesterexerzitien. Am Schluss kam ein älterer Priester, bedankte sich bei ihm und sagte, er wäre schon mehrmals drauf und dran gewesen, heilig zu werden, aber es sei leider immer wieder etwas dazwischen gekommen.

❄ ❄ ❄ ❄ ❄ ❄ ❄

Sterbetermin verschoben

Großvater Lammert war bettlägrig. und ich ging regelmäßig zu ihm, die Beichte zu hören und die Krankenkommunion zu bringen. Eines Tages, als wir alles, samt Krankensalbung, rite et recte erledigt hatten, meinte er: „So, jetzt könnt ich grad sterben." - „Großvater Lammert, wie kommen sie darauf? Das liegt doch nicht in unserer Hand!" - „Na ja, jetzt bin ich grad so schön vorbereitet." Er starb aber nicht. Als ich das Jahre später einem seiner Enkel, der inzwischen Priester geworden war, erzählte, sagte der: „Das ist noch gar nichts! Als es tatsächlich zum Sterben kam, wurde ich gerufen, ihm die heiligen Sterbesakramente zu spenden. Da sagte er auch: So, morgen sterbe ich." - „Großvater, wenn du morgen stirbst, ist am Freitag die Beerdigung, da kann ich nicht kommen, da habe ich fünf Stunden Religionsunterricht zu geben!" - „Gut, dann warte ich bis Montag." Als dann der andere Enkel kam, um sich zu verabschieden, sagte der Großvater: „Also, am Montag sterb' ich." - Der aber erwiederte: „Großvater, tu' mir das nicht an! Da ist Rosenmontag! Wenn du stirbst, kann ich nicht mit meiner Braut auf den Rosenmontagsball gehen!" - „Also gut, dann wart' ich bis Aschermittwoch." Wer am Aschermittwoch starb, war Großvater Lammert. Er hatte auf Wunsch seiner Enkel zweimal den Sterbetermin verschoben. - Großartig!

❄ ❄ ❄ ❄ ❄ ❄ ❄

Fröhliches Sterben

Pfarrer Karl Barth (†1968), war nach zweimaligem Gefängnis und 21 Monaten Konzentrationslager Dachau gesundheitlich so angeschlagen, dass er in der Seelsorge nicht mehr tätig sein konnte und dann zunächst als Assistent in der Bibliothek des Priesterseminars beschäftigt, aber im März 1953 krankheitshalber beurlaubt wurde. Die letzen Jahre seines Lebens verbrachte er im elterlichen Haus, wo seine beiden Schwestern ihn betreuten. Als es mit ihm zum Sterben kam, holten mich diese, damit ich ihm die heiligen Sterbesakramente spende. Aber er war geistig voll da. Als ich beim Beichtzuspruch eine Bemerkung machte, musste er so lachen, dass das Plumeau auf seinem Leib wackelte. Ohne meine Absicht hatte ich ihn, der immer so vergrämt war, noch einmal zum Lachen gebracht.

Dankbar gegen Gott, dass diesem Priester, dem so viel Übles im Leben passiert war, vor seinem Tod nochmals das Lachen gekommen war, fuhr ich dann innerlich recht getröstet und froh nach Haus.

❄ ❄ ❄ ❄ ❄ ❄ ❄

Die große Überraschung

Ein Jesuit, Professor für Dogmatik, lag am Sterben. Eines seiner letzten Worte war: „Jetzt kommt die große Überraschung!" Kein Wunder, da Paulus im 1. Korintherbrief schreibt: „Kein Auge hat es gesehen, kein Ohr gehört, keines Menschen Herz jemals empfunden, was Gott denen bereitet hat, die IHN lieben" (2,9).

❄ ❄ ❄ ❄ ❄ ❄ ❄

Grabreden

In Mombach trug man ein Mitglied des dortigen Schwimmvereins zu Grabe. Der Grabredner schloss mit dem Satz: „Und so rufen wir unserem Vereinskameraden nochmals zu: ein dreifaches Patsch nass! Patsch nass! Patsch nass!" Als die Ministranten lachten, konnte auch der Pfarrer das Lachen kaum unterdrücken (Quelle: Pfarrer August Pauly).

Eiskalte Brüder: So nannte sich ein Fastnachtsverein in Gonsenheim. Bei der Beerdigung eines Vereinsmitgliedes begann der Redner seinen Nachruf: „Tief erschüttert stehen die eiskalten Brüder am Grab ihres Kameraden." – (Quelle: Markus Becker).

❄ ❄ ❄ ❄ ❄ ❄ ❄

Wenn es auf den Himmel gepfiffen ist

Beim Besuch der ehmaligen Haushälterin eines früheren Domdekans im Sankt Rochusstift fragte ich: „Na Fräulein Sambach wie geht's denn?" „Herr Parrer, wann's im Himmel nit besser is wie do, is druff gepiffe!"

❄ ❄ ❄ ❄ ❄ ❄ ❄

Himmelsmotivation

Dipl. Ing. Otto Spengler, Professor an der Fachhochschule für Architektur, Spezialist für die Renovierung von Burgen, Schlössern und Kirchen, „Urgestein der Denkmalspflege" (Mainzer AZ) kam aus der Ukraine zurück, wo er nach der Wende Klöster bei den Renovierungsarbeiten beraten hatte. Voller Bewunderung angesichts der vielen jungen und hübschen Ordensfrauen, denen er dort begegnet war, rief er begeistert aus: „Ei, allein schon wegen der schönen Nonnen, rentiert es sich in den Himmel zu kommen! – Ich bin gespannt, wie der Reigen der seligen Jungfrauen einmal den „Ritter des päpstlichen Silvesterordens" hofieren wird."

Stress: Umtriebig und wie er war, sagte er manchmal in Stresssituationen: „Ich mache do herum wie en Brummdobbsch!" (Ein „Brummdobbich" ist ein Blechkreisel, der durch Herunterdrücken eines Quirlstabes in der Achse zum schnellen Drehen gebracht wird und einen summenden Ton erzeugt. Ein ehemals bei Kindern beliebtes Spielzeug.)

Gute Werke: In seinem ansehnlichen Weinkeller hatte er immer Flaschen aus klösterlichen oder kircheneigenen Weinbergen und guten Lagen auf Vorrat, die er gekauft hatte, „um ein gutes Werk zu tun." Ob für die Kirche oder für die Gurgel oder für beides mag dahingestellt bleiben. Vor Weihnachten ließ er immer von einem Zimmermeister aus dem Hunsrück Tannenbäume kommen. Er lud dann Freunde und gute Bekannte ein, sich einen Christbaum abzuholen. Dazu versammelte er sie zunächst am offenen Kaminfeuer, wo er dann den ersten Akt des wahrhaft guten Werkes seiner großen Christbaumaktion als „Nachtlager von Granada" bei Büchsenwurst und Wein startete (Quelle: Markus Becker).

Pfarrvisitation: Im Archiv notierte ein Dekan im 18. Jahrhundert als Ergebnis der Pfarrvisitation in Gallenbach: „Wenn der Pfarrer so gut predigen würde wie er Mist fährt, wäre alles in bester Ordnung."

❄ ❄ ❄ ❄ ❄ ❄ ❄

Schlagfertig

An der Generalvikarswohnung von Prälat Ludwig Hänlein schellte es. Fräulein Mathilde ging an die Sprechanlage. Heraustönte: „A...loch!" Sie konterte: „Host du kääns?!" (Quelle: Ludwig Heininger). - Eine Lehrerin aus der Dompfarrei unterrichtete an der Schule für Lernbehinderte. Eines Tages sagte einer der Schüler zu ihr: „Leck mich am A....!" Die aber konterte: „Eine Tafel Schokolade wäre mir lieber." - Im Binger Gymnasium gab es in den fünfziger Jahren einen Studienrat, Mitglied der Humanistischen Union, der es nicht unterlassen konnte, immer wieder während seines Unterrichtes Seitenhiebe gegen die Kirche und den Glauben auszuteilen. Eines Tages provozierte er mit der Bemerkung gläubige Schüler: „Zweitausend Jahre Christentum, und die Welt ist noch nicht besser geworden!" Da meldete sich einer meiner Pfadfinder: „Herr Studienrat können Sie mir das erklären: Seit die Welt besteht, gibt es Wasser, - und es laufen immer noch Leute mit ungewaschenen Hälsen herum!" Dieser Junge wurde später Professor für Wirtschaftswissenschaft an der Universität Mainz.

❄ ❄ ❄ ❄ ❄ ❄ ❄

Ostergelächter

In St. Quintin hatten wir eine Organistin, die Musiklehrerin an der Maria-Ward-Schule war. Sie hatte die Marotte, wenn nach ihrer Meinung die Leute zu langsam sangen, spielte sie mit der Orgel schneller. Und wenn die Leute nach ihrem Dafürhalten zu schnell sangen, hielt sie durch langsameres Spielen dagegen. In einer Osternachtfeier intonierte sie das dreifach zu steigernde Halleluja. Mein Konzelebrant Josef Huber, später Richter an der römischen Rota. und ich, wir sangen es gemeinsam und die Gläubigen wiederholten. Das nächste Halleluja sollte einen Ton höher angestimmt werden. Tini Reising, bekam die Modulation nicht hin. Sie war wieder auf der gleichen Tonlage wie zuvor. Da kribbelte es mich bereits im Bauch, dass ausgerechnet ihr, der Musiklehrerin, die sonst die Leute mit der Orgel so traktierte, das passierte. Wir stimmten an: „Hallehehehe!“ Es hatte mich übermannt. Ich konnte das Lachen nicht mehr halten. Das Mikrophon verstärkte das Lachen noch obendrein, und alle Gläubigen lachten auch. Frau Magg, die Gattin eines unserer Domküster, war auch im Gottesdienst und erzählte es ihrem Mann, der lang nach Mitternacht aus der Osterfeier im Dom heimkam. Sie berichtete mir am nächsten Tag: „Herr Pfarrer, wir haben beide auch nochmals im Bett darüber von Herzen gelacht.“

Risus paschalis: Da der Dom durch den letzten großen Bombenangriff am 28. Februar 1945 auch innen solche Schäden aufwies, dass auch 1946 darin noch keine Gottesdienste gehalten werden konnten, fanden sie in der Augustinerkirche des Priesterseminars statt. Damals wurde die Ostervigil noch am Karsamstagmorgen gefeiert. Es gehörte zum Amt des Domdekans, diesen Gottesdienst zu halten. Der damalige Domdekan Joseph Schneider (†1949) hatte eine Zahnprothese, die er in Ermangelung eins Haftmittels mit dem Gummiring eines Bierflaschenverschlusses (so behaupteten jedenfalls Alumnen) am Gaumen anheftete. Bei der Taufwasserweihe musste um die ins Taufbecken eingetauchte Osterkerze der griechische Buchstabe Psi dreimal gehaucht werden. Eine Handlung, die das Herabsteigen des Heiligen Geistes in das Taufwasser symbolisierte. Dabei fiel das Gebiss heraus und wäre ums Haar in das Taufbecken geplumpst. Der hochwürdigste Zelebrant konnte es gerade noch auffangen. Was zur Erheiterung der umstehenden Seminaristen beitrug. Aber das war nur das Vorspiel dessen, was dann später beim Hochamt passierte. Beim Anstimmen des dreifachen Halleluja löste sich das Gebiss vom Gaumen, und Domdekan Schneider versuchte, es mit der Zunge immer wieder nach oben zu drücken. Das Halleluja erklang dann so: Allele-lelu-lu-luja! Wir standen im Chorgestühl der Seminarkirche, unsere fromme Andacht war dahin, wir sangen lachend das antwortende Allelu-hu-hu-ja.

Zu den Osterbräuchen des Mittelalters gehörte der „risus paschalis", das Ostergelächter. Der Prediger versuchte von der Kanzel her die Hörer durch fromme Scherze zum Lachen zu bringen. Der Teufel sollte dadurch ausgelacht werden. Dieser „risus paschalis" erwachte in der Seminarkirche beim ersten Ostergottesdienst nach den schlimmen Kriegsjahren von neuem.

❄ ❄ ❄ ❄ ❄ ❄ ❄

Feiertagsteufel

Man konnte drauf wetten, dass an Festtagen irgend etwas in der Kirche oder beim Gottesdienst schief ging. Entweder brannte die Birne eines Scheinwerfers durch oder eine Altarkerze fackelte ab oder die Orgel hatte einen Heuler, das heißt ein Ton blieb hängen. So passierte es an einem Dreifaltigkeitssonntag in Sankt Quintin, dass schon beim Einschalten der Orgel in allen Registern ein Heuler drin war. Im Messgewand und mit einem Schraubenzieher ausgerüstet, ging ich hinten zur Orgel, schraubte die Verblendung ab, damit ich an der mechanischen Traktur die herausgesprungene Ventilklappe wieder in die Führung bringen konnte. Da kam mir zugute, dass ich als Seminarist oft den Orgelbauern bei der Renovation der barocken Seminarorgel zugeschaut hatte. – Solche unliebsamen Pannen und Zwischenfälle, die einem die Feiertagstimmung verderben konnten, nannten wir den „Feierdagsdeifel".

❄ ❄ ❄ ❄ ❄ ❄ ❄

Die große Sauerei

Prälat Ludwig Wolker (†1955) war von 1926 - 1939 Generalpräses des Katholischen Jungmännerverbandes und nach dem Krieg Leiter der bischöflichen Hauptstelle für Jugendarbeit. – „In seiner bahnbrechenden Jugendarbeit verband Wolker das Erbgut der Marianischen Kongregation mit den Grundsätzen der Jugendbewegung und den Bestrebungen der liturgischen Bewegung" (Lexikon f. Theologie und Kirche).

Er wurde zusammen mit Ottilie Mooshamer zu Vorträgen über die Jugendseelsorge in das Priesterseminar eingeladen. Dabei erzählte er auch unter anderem wie er zu einer Schallplattenaufnahme einer Ansprache an die katholische Jugend Deutschlands von Kardinalstaatssekretär Eugenio Pacelli, dem späteren Papst Pius XII. im Vatican war. Dort kam es nach der Aufnahme noch zu einem persönlichen Gespräch mit Kardinal Pacelli über die Situation der katholischen Jugend unter den Nazis. Wolker in seiner urbajuwarischen Art nannte es „eine große Sauerei". Pacelli in seiner vornehmen Art entgegnete darauf: „Ja, es sei eine missliche Sache!". Es hätte zu diplomatischen Verwicklungen kommen können, denn das Mikrophon mit den Aufnahmegeräten war noch nicht abgeschaltet.

❄ ❄ ❄ ❄ ❄ ❄ ❄

Moderne Kunst

Prälat Adam Ott (†1978) war in der Nazizeit Pfarrer von St. Ignaz in Mainz. Temperamentvoll wie er war, hat er beim Predigen nicht hinterm Berg gehalten, was die Nazis anging. Im August 1941 kam er in „Schutzhaft" und im Oktober ins Konzentrationslager nach Dachau. Nach seiner Befreiung 1945 wurde er Diözesanfrauenseelsorger und 1955 Päpstlicher Hausprälat. Als die Sankt Bonifatiuskirche wieder aufgebaut wurde. bekam sie auch einen modernen Kreuzweg. Prälat Ott besuchte einmal diese Kirche und als er herauskam, begegnete ihm eine Mainzerin. „Sage se 'mol Herr Parrer, was halte sie donn vun dem Kreizweg? Früher is mer beim Kreizweg uff die Knie gefalle, wonn mer den do drinn sieht, fällt mer uff de Hinnern!“

Die Ähnlichkeit: Mit dem Konveniat unseres Dekanates besuchten wir das Ketteler-Kolleg und besichtigten die neue Kapelle. Anstelle der Kniebänke waren Hocker im Halbrund aufgestellt. Das Allerheiligste war in einer mit roten Klinkersteinen von der übrigen Kapelle abgeteilten Zelle untergebracht. Angesichts dieser modernistischen kirchlichen unmöglichen Raumgestaltung rutschte Dekan Siepchen der folgende drastische Vergleich heraus: „Du, do drübe in Wiesbaden is e modernes Pissoir, des sieht genau so aus.“

❄ ❄ ❄ ❄ ❄ ❄ ❄

Sprechtücken

In der französischen Besatzungszeit nach dem ersten Weltkrieg feierte der französische Aumonier die heilige Messe für Angehörige der Besatzungsmacht und las das Weihnachtsevangelium auch in deutscher Sprache vor: „Und plötzlich war bei dem Engel eine große himmlische Haarscheer.“ – Bei der Einführung der deutschen Sprache im Zuge der Liturgiereform sang eines Sonntags der Diakon die Bitte des Aussätzigen im Evangelium wie folgt: „*Wenn du willst, kannst du mich*“ machte hier eine winzige Pause und fuhr fort „rein machen!“ (Quelle: Domkapellmeister Köllner). – Und im Evangelium von der Sünderin, die das Haus des Pharisäers mit einem Alabastergefäß betrat, um dort dem Herrn die Füße zu salben, soll „die Frau mit einem Alabaster*gesäß*“ hereingekommen sein (Quelle: Domkapellmeister Köllner). – In der österlichen Zeit standen die Beichtenden früher oft vor den Beichtstühlen in Schlange. Eine Alte kam nach Hause und berichtete: „Do sin die Leit schun in de Beichtstuhl gestürzt, do hat de Parrer noch nit des Staniol umgehabt.“

Schreibtücken: All unser Kinner schreibe sich mit S. Des Schorschje (Georg), des Schoosche (Jean), de Schambes (Johann Baptist) un des Schossefinche (Josephine). Nor unser Zofiche (Sophie) schreibt sich mit Z. – (Quelle: Christian Siepchen).

❄ ❄ ❄ ❄ ❄ ❄ ❄

Kurznamen

Die Religionslehrerin wollte den Kindern die richtigen Taufnamen beibringen. Sie fragte darum einen nach dem anderen nach seinem Namen. Der erste sagt: ich heiße Hans. Die Lehrerin: du heißt Johannes. Der zweite: Achim. Die Lehrerin: Joachim. Der dritte: Sepp. Die Lehrerin: Joseph. Da steht der vierte auf und sagt: „Jo-kurt"

❄ ❄ ❄ ❄ ❄ ❄ ❄

Prälaten-Unmut

In der Wallfahrtskirche Maria Vesperbild gab es einen Prälaten, der eine gepflegte Prälatenkleidung trug, von silbernen Schnallen an den Schuhen bis zum Birett mit roter Quaste. Bei einem feierlichen Hochamt mit Diakon und Subdiakon passierte das Malheur: Der Zeremoniar hatte das Prälatenbirett statt es zur Seite zu tragen an den Altarstufen liegen lassen. Als der Subdiakon das Messbuch zur anderen Altarseite trug und die Stufen hinunterstieg, trat er auf das Birett. Es krachte und die Pracht der Prälatenkopfbedeckung war dahin. „Unglücksrabe, das war mein Birett!" stöhnte der Prälat mit essiggurkensaurer Miene.

❄ ❄ ❄ ❄ ❄ ❄ ❄

Die gute Meinung

In Bürgel hatten wir ein altes Fräulein im Pfarrbüro. Eines Tages erzählte sie mir, dass sie in der Jugend mit ihrer Schwester einmal auf den Kirmesball gegangen sei. Als es 23 Uhr war, sagte sie zu ihrer Schwester, die gerne tanzte: „Lass uns nach Haus gehen." Sie selber machte sich nichts aus dem Tanzen. Doch die Schwester hatte noch nicht genug und entgegnete: „Kumm! Kumm! Mach die gut' Meinung, und bleib' noch ne Stund do!"

❄ ❄ ❄ ❄ ❄ ❄ ❄

Die Stunde der Laien

In der Vierzehnnothelfer-Kapelle zu Gonsenheim haben die Bauersleute sonntags um ein Uhr längst vor dem Konzil selber die Andacht ohne einen Geistlichen gehalten. Einer betete die Nothelferlitanei vor. Die kannte er schon auswendig. „Heiliger Achatius" rief er den Heiligen an. „Bitte für uns!" antworteten jeweils die anderen anwesenden Männer. „Heiliger Vitus" - „Bitt für uns!" „Heiliger Pantaleon" - „Bitt für uns!" - „Heiliger Aegidius" - „Bitt für uns!" und so weiter. Doch eines Sonntags passierte es. „Heiliger" - „Heiliger" - Der Name fiel ihm nicht ein. „Heiliger - Heiliger - Loss en haasche (heißen) wie er will!" -„Bitte für uns" kam es im Chor. - Damals schon spöttelte man: von 1 bis 3 Uhr sei die Stunde der Laien, weil da alle Pfarrer schliefen. - Im Pullacher Jesuiten-Kolleg war ein Faktotum an der Pforte. Wenn ein Telephonanruf in der Mittagspause kam, antwortete er: „Tut mir leid, ich kann sie jetzt nicht verbinden, die Herren haben jetzt Pflichtschlaf."

❄ ❄ ❄ ❄ ❄ ❄ ❄

Das Vierzehnnothelferlied

Jedem der Heiligen war eine Strophe gewidmet in kräftiger barocker Sprache. Wir Kinder kannten nur den Refrain auswendig: „Herr, gib uns den Segen, deiner lieben Heil'gen wegen, die bei dir in Gnaden steh'n und vom Fuße deines Thrones durch die Liebe deines Sohnes dort im Himmel für uns fleh'n." Die zweite Strophe zum heiligen Georg, die kannten wir auch noch: „Heil'ger Georg, starker Ritter, sei uns Schutz und Gnadenbitter für die ganze Christenheit, hilf dem Christenheere siegen, lass im Kampf es nicht erliegen, wenn es für den Glauben streit't!" Am Gedenktag eines der Vierzehnnothelfer wurde jeweils nach der Einleitungsstrophe: „O ihr auserwählten Seelen" auch die des betreffenden Tagesheiligen gesungen, zum Beispiel „Margaretha schließ den Rachen des verfluchten Höllendrachen ..."

Aber wir Buben schmetterten, auch wenn die heilige Katharina oder Barbara oder Margaretha dran war, fröhlich „Heil'ger Georg, starker Ritter" ehe wir merkten, dass ja ein anderer Heiliger dran war. Eine der Strophen bekam im Krieg, als das Fleisch rationiert war und die Bauern anmelden mussten, wenn sie ein Schwein schlachteten und Fleisch davon abliefern mussten, besondere Bedeutung. Wer nicht anmeldete, schlachtete „schwarz" und wurde bestraft. Einer unserer Metzger kam sogar ins Gefängnis, weil er „schwarz" geschlachtet hatte. Der heilige Blasius wurde als Patron der Schwarzschlächter angerufen. Warum? Seine Strophe lautete: „Bringe dort vom Himmelsrande Segen unsrem Vaterlande, Blasius, du Wundermann! Jede Seuche lass verschwinden, die zur Strafe unsrer Sünden Vieh und Menschen schaden kann!" Im Gonsenheimer Dialekt konnte man allerdings heraushören „jedes Säuchen lass verschwinden."

❄ ❄ ❄ ❄ ❄ ❄ ❄

Menschliches Allzumenschliches

Die verbotene Fronleichnamsprozession: Als in der Nazizeit in einem rheinhessischen Dorf der Bürgermeister zum Pfarrer kam, um ihm mitzuteilen, dass die Regierung wegen der Fliegergefahr die Prozession untersagt habe, antwortete der Pfarrherr: „Philipp, morje geht die Prozession! Und wenn du dich in den Weg stellst, haach (hau') ich dir grad de Herrgott uff's Hirn!"

Pfaffenschwabenheim: Eines Tages kam die Rede auf das rheinhessische Dorf Pfaffenschwabenheim. Da meinte einer meiner Pfarrgemeinderäte: „Herr Parrer, Paffeschwobenum: beese Leit, aber gute Katholike!"

Pfarrer Wolfs Rat: Er war als guter Redner bekannt. Ein Mitbruder, der aus irgendeinem Anlass eine Rede zu halten hatte, fragte bei ihm an, ob er ihm nicht die Rede entwerfen könne. Wolfs mitbrüderlicher Rat: „Wann du was halte willst, halt dein Maul!"

Zwischeneruf: Zu einer sozialdemokratischen Versammlung war Wolf gegangen, um zu hören, was der Redner sagen würde. Als der die Zentrumspartei angriff. da rief Wolf dazwischen: „Wenn sie gelesen hätten, was gestern in der Frankfurter Zeitung stand, wären sie jetzt ganz ruhig!" Sein Nebenmann fragte ihn, was denn da drin gestanden habe. Wolf: „Ich weiß es auch nicht." Es war reine Taktik von ihm, den Redner zu verunsichern. – Die obigen Episoden sind mir ohne den Vornamen in Erinnerung geblieben. Sie kommen am ehesten für Geistlichen Rat Franz Josef Wolf (†1942) infrage, der in der Nazizeit zu drei Monaten Gefängnis und Geldstrafe verurteilt wurde und Unterrichtsverbot bekam.

Decorum clericale: Als einmal im Mariahilfstift das Große Gebet gefeiert wurde, kam der eingeladene Beichtvater Geistl. Rat Alois Tille (†2006), zur Schlussstunde zu spät. Man hatte vergessen, ihn mit dem Auto abzuholen. Kurz vor 18 Uhr hielt die Oberin den Perpendikel der Sakristeiuhr an, damit die Uhr nicht schlagen konnte. Als dann der Geistliche Rat kam und angekleidet war, gab die Oberin dem Uhrpendel einen Schubs, und die Uhr schlug sechs. Niemand hatte merken können, dass sich der Priester verspätet hatte. Das decorum clericale war gewahrt. Dieselbe Oberin gab mir immer bei der Verabschiedung mit auf den Weg: „Bleiben sie katholisch!" Was ernst gemeint war. Meine jedesmalige Antwort: „Mutter Oberin, es fällt mir zwar schwer, aber ich gebe mir Mühe."

Der Durcharbeiter: Irgendwo in einer bischöflichen Behörde ging ein Angestellter ins Nachbarbüro, um seinen Kollegen zum Mittagstisch abzuholen. Er traf ihn an, den Kopf auf den verschränkten Armen auf dem Schreibtisch ruhend. Als er ihn weckte, es sei Zeit zum Mittagessen zu gehen, gab der zurück: „Ich arbeite heute durch!" (Quelle: Helmut Rischert, Dipl. Archivar FH).

Der Festprediger: In einer Pfarrei der Diözese Mainz kam ein Festprediger nicht ans Ende. Nach 50 Minuten zog der Pfarrer die Glocke an der Sakristeitüre. Daraufhin predigte der Wortgewaltige nochmals zehn Minuten weiter. Nach dem Gottesdienst sagte er zum Pfarrer: „Ich dank' dir vielmals, dass du geschellt hast. Die Leit' war'n nachher viel andächtiger!"

Adenauerwahl: Montags nach einer Wahl, bei der Konrad Adenauer eine knappe Mehrheit gewonnen hatte, saßen die Pfarrer des Dekanates der Stadt Mainz beim Konveniat beisammen und waren in euphorischer Stimmung über das Wahlergebnis. Da stand der Dekan Leo Becker auf und sagte: „Brüder, wenn es anders ausgegangen wäre, säßen wir jetzt beisammen, würden die Köpfe hängen lassen und sagen, da müsse mir uns halt an unsern Herrgott halte!"

Eile mit Weile: Die Kirchenglocken läuteten schon zum Sonnt agsgottesdienst."Turms" (Pfadfindername) Großmutter stand noch am Herd. Sie hatte Sauerkraut aufgestellt. Sie wollte zur Heiligen Messe nicht zu spät kommen. Schnell die Handtasche her und das Gebet- und Gesangbuch, und dann noch den geräucherten Speck in den Topf. Hurtig zur Küche hinaus zur Kirche. Als sie vor Beginn des Gottesdienstes in die Handtasche greift, um das Gesangbuch herauszuholen, findet sie das Stück Speck darin. Das „Magnificat" schmorte derweilen zuhause im Sauerkraut. (Quelle: Helmut Rischert).

Vaterglück: Eines Sonntagmorgens kommt nach dem Hochamt ein Kolpingsohn und berichtet mir, wie er den Tag des Herrn begonnen hat. Seine Frau war in der Frühmesse, und er hütete zuhause derweilen die noch kleinen Kinder. „Moin Jüngster, der scheißt wie en Reiher. Der ganze Kerl war bekleckert bis ins Genick nauf. Do hab ich en grad genumme und unner de Wasserkran gehalle, mit vollem Strahl voll dorch die Kimme, hinne." – Vaterglück!

Ökumenisches: Der Seminarist Otto Filtzinger arbeitete in den Semesterferien im Opelwerk in Rüsselsheim. Nach den Ferien berichtete er von seinen Erlebnissen unter anderem: Als einer der Arbeiter erfuhr, dass Otto im Priesterseminar sei, meinte er: „Seitdem die Welt existiert gibt's katholisch und evangelisch. Erst seitdem der Jesus Christus komme ist, is des Durcheinander in der Welt!"

Stoßseufzer: Jedes Mal, wenn ihm die Nazis in den Sinn kamen, war die Reaktion eines alten Priesters: „s'is en Jammer!" Bei der heiligen Messe assistierte ihm sein Neffe, ein Kaplan. Eines Tages, als der Priester diesen Stoßseufzer wieder losließ, empörte sich der Kaplan: „Onkel, hör' endlich auf, der größte Haufe Scheißdreck stinkt sich e'mol aus!" Was beides nicht in den Rubriken stand.

Liturgische Zumutung: In Münster gab es einen Kapuziner, Professor für Altes Testament. Als eine Lesung aus dem Hohenlied im Messformular anstand, winkte er den Ministranten herbei und sagte: „Diesen alttestamentlichen Hintertreppenroman lese ich nicht." Sprach's und ging zum Graduale über.

Die große Enttäuschung: An den Pfarrer des Winzer- und Obstbauerndorfes Gau-Algesheim war der Ruf ins Mainzer Domkapitel ergangen. Er war sich unschlüssig, ob er seine geliebten und an ihm hängenden Pfarrkinder – wie er meinte – verlassen solle oder ob er die Würde eines Domkapitulars annehmen sollte. Darum wollte er sich mit dem Adjunkt der Gemeinde beraten. Im Gespräch beim Gang durch die Gemarkung unterbreitete er seine Bedenken dem Mann seines Vertrauens. Der gab die ernüchternde Antwort: „Herr Parrer, geh'n se ruhig nach Meenz. Mer krie'n widder en annern!"

Im Dom wird nicht mehr geküsst: Domdekan Jakob May (†1943) war auch päpstlicher Protonotar. Als solcher durfte er einen Ring tragen und mit Mitra pontifizieren, allerdings ohne Bischofsstab. Bei diesen feierlichen Ämtern gehörte es zum Ritus, dass beim Überreichen von Messkännchen und dergleichen jeweils auch der Ring des Zelebranten geküsst wurde. Als schon vor dem Konzil ministrierende Alumnen diese liturgischen Küsse haben ausfallen lassen, kam er nach einem solchen Gottesdienst in die Sakristei und rief empört: „Im Dom wird nicht mehr geküsst!"

Der Kaiser von China: Kurz nachdem er Papst geworden war, rief Johannes Paul II. einen erkrankten polnischen Bischof in einem Schweizer Sanatorium an. Er ließ sich nicht die telephonische Verbindung durch irgendeinen vatikanischen Mitarbeiter herstellen, sondern wählte selbst direkt die Nummer in der Schweiz an. Eine Ordensschwester nahm den Hörer ab und es kam aus der Muschel: „Hier ist der Papst." Prompt sagte die Ordensfrau: „Wenn du der Papst bist, dann bin ich der Kaiser von China!"

Gesegnetes Alter: Regelmäßig besuchte ich eine Hundertjährige. Zwei ledige Töchter, die beide über siebzig waren, betreuten sie und beteiligten sich an der Unterhaltung. Eines Tages fuhr sie die alte Dame an: „Jetzt seid ihr 'mal still, jetzt rede ich mit dem Herrn Pfarrer!" - Ein Confrater erzählte mir, dass er eine 104-jährige gefragt hat, wie es ihr ginge. „Ach wissen sie, man merkt schon, dass man keine hundert mehr ist!" - Im Radio Österreich wurde eine 90-jährige jüdische Autorin gefragt, was sie sich denn für die Zukunft noch wünsche. „Was soll man sich mit neunzig Jahren noch wünschen, als ins Paradies zu kommen!" war die Antwort.

Das Aspergil: Früher wurde vor jedem Sonntagshochamt das Weihwasser ausgeteilt. Während der Priester durch den Mittelgang der Kirche schritt und die Gläubigen mit Weihwasser besprengte, sang eine Schola die Antiphon „Aspérges me, Domine", den Vers aus dem Bußpsalm 51,9 „Besprenge mich, Herr, mit Hysop und ich bin rein, wasche mich und ich bin weißer als der Schnee." Das Instrument mit dem das Weihwasser ausgeteilt wurde, hieß darum Aspergíll, ein Stil an dessen oberen Ende sich ein Metallknopf mit

Löchelchen befand. Innen drin war ein kleiner Schwamm, der beim Eintauchen in den Weihwasserkessel das geweihte Wasser aufsog. Wenn der Priester durch die Reihen schritt, schwenkte er das Aspergill kräftig über die Köpfe der Gläubigen, so dass das Weihwasser herausspritzte. In manchen Kirchen bestand der Kopf des Aspergills aus Borsten, was die Assoziation einer Klobürste hervorrief. Irgendwo passierte es, dass der Pfarrer den Weihwasserwedel so kräftig schwang, dass der Kopf davonflog. Verdutzt und verärgert über das Missgeschick warf er auch noch den Stil hinterher.

Der Sprengmeister: In den sechziger Jahren des vorigen Jahrhunderts kam bei den Nachrichten, dass ein Pfarrer in Bayern seine Kirche in die Luft gesprengt habe. Der Grund: er wollte seine Kirche erweitern. Die Kirche stand unter Denkmalschutz, und er kam mit der staatlichen Denkmalpflege nicht übereins. Da er im Krieg bei den Pionieren war, löste er das Problem mit Sprengstoff und sprengte seine Kirche in die Luft. Die Meldung habe ich damals selbst im Radio gehört.

Kreative Pastoral: Ein Pfarrer wollte seiner Gemeinde beibringen, die Fürbitten nicht gedankenlos mitzubeten. Darum fügte er eines Sonntags folgende Fürbitte ein: „Dass du uns die Waschkraft des „Weißen Riesen“ (Waschmittelmarke) erhalten wollest!“ Prompt kam auch diesmal wieder die Antwort: „Wir bitten dich erhöre uns.“ (Quelle: Helmut Rischert). – In einem Dorf Niederbayerns traf man sich Sonntags vor der Kirche. Wenn der Gottesdienst begann, begaben sich die Männer auf die Empore, einige aber gingen statt dessen in das gegenüberliegende Wirtshaus zum Frühschoppen. Eines Sonntags zog der Pfarrer mit den Messdienern nach dem Evangelium mit Leuchtern und Weihrauch hinüber in das Lokal und las den basserstaunten Kumpanen das Evangelium vor. „Da auch ihr das Evangelium hören sollt und nicht in die Kirche kommt, komme ich zu euch!“ Der Erfolg blieb nicht aus. Der Wirt hielt fortan während des Sonntagsgottesdienstes sein Lokal geschlossen (Quelle: Helmut Rischert).

Durch die Predigt angesprochen: Ein Kapuziner predigte anscheinend so zu Herzen gehend, dass ein altes Frauchen unter der Kanzel Tränen vergoss. Der Pater sprach sie nachher an: was sie denn in seiner Predigt so bewegt habe. „Ach, wisse'se, Herr Pater, sie habe' genau so e' Bärtche wie mei Geiß, die die letzt Woch verreckt is." – Im Elsass kam während der Predigt ein Fraueli herein, als der Pfarrer, der seiner Gemeinde wegen verschiedener Laster ins Gewissen redete und ausrief: „Wo kommt das alte Laster her!?" Da rief sie zur Kanzel hinauf: „Vo Guggeheim, Herr Pfarrer!" (Quelle: Adolf Schöttli).

❄ ❄ ❄ ❄ ❄ ❄ ❄

Preißjes Siska

Sie war eine resolute Frau. unsere Großmutter. Erst im Studium kam ich dahinter, dass sie noch Ausdrücke der Kulturkampfzeit gebrauchte. Sie sprach zum Beispiel von „Piusköpp" und „Bloköpp", damit waren Katholiken beziehungsweise Protestanten gemeint. Von sich selber sagte sie: „Eich sein ultramontan!" Aus einer Medaille Papst Pius X. hatte sie sich eine Brosche machen lassen, die sie auf ihrem schwarzen Sonntagskleid trug. Wenn der Name von Adolf Hitler fiel, spuckte sie aus. Als jemand sagte. „Frau Becker, der Führer..." wurde sie fuchtig und konterte: „Fiehrer!? Eich brauch' kaan Fiehrer! Ich halle mich mit 'em heilige Paulus an dem, der mich stärkt! Eich brauch` kaan Fiehrer!" Ihre Söhne warnten: „Halt' doi Maul, du kimmst noch nach Osthofen!" Dort befand sich schon zu Beginn der Nazizeit zwischen Mainz und Worms ein Konzentrationslager.

Vor dem Ortsgericht: Sonntagsnachmittags pflegte die Großmutter in ihrer Sonntagsmontur mit der goldenen Brosche Pius des X. bei gutem Wetter am offenen Fenster der guten Stube zu sitzen. Eines Tages kam ein junger Mann vorbei und erkundigte sich, wo in dieser Straße eine Familie Hähner wohne. „Die gibt's in unserer Gass nit", meinte die Großmutter. Als der junge Mann darauf bestand und schilderte, diese Familie habe mehrere Töchter, ging der Großmutter ein Licht auf. „Natürlich, sie meene 's Milchbrütches (Milchbrötchens), die wohne drei Heiser weiter!" Der junge Mann war der Verehrer einer der Töchter und die künftige Schwiegermutter war sehr empört, dass man sie mit dem Spitznamen benannte, denn der junge Mann sei „ein vornehmer Herr, ein Sänger". Sie verklagte die Großmutter beim Ortsgericht. Die Großmutter erschien dort von einem ihrer Söhne begleitet und wurde zu einer Buße von fünf Reichsmark verurteilt, die sie wegen Beleidigung an die Familie Hähner zahlen musste. Am Schluss der Verhandlung erklärte der sie begleitende Sohn: „Also, die Sach' ist erledigt. Mir bleibe's Preißjes – und Ihr's Milchbrütches!"

Provozierender Gesang: Meine Cousine Susi, sang als Teenager gern damalige Schlager zum Beispiel „Ich tanze mit dir in den Himmel hinein, in den siebenten Himmel der Liebe", besonders wenn sie zum Hoftor hereinkam. Um die Oma zu provozieren schmetterte sie den damaligen Sara-Leander-Schlager „Kann denn Liebe Sünde sein!?" Als die Oma das hörte, entrüstete sie sich: „Hältste mer doi Maul mit dene Sailierer (Saulieder)!" Zu deren Mutter sagte sie kummervoll: „Anna, was host du nor fer Kinner!? Was soll aus dene nor wer`n!?" Nun, meine Cousine Susi Stein wurde Jahrzehnte später (ihr Bräutigam war im Krieg in Frankreich gefallen) meine Haushälterin. Da ich die für Hausfrauen sicher schlimme Angewohnheit hatte, wenn ich in der Stadt unterwegs einen guten Freund oder alten Bekannten traf, den unangemeldet zum Mittagessen mitzubringen, hatte sie über dem Herd in der Küche ein Handtuch angebracht, worauf stand: „Fünf sind geladen, zehn sind gekommen, gieß Wasser in die Suppe, heiß alle willkommen!"

In der Küche der Großmutter dagegen hingen zwei Wandteller. Auf dem einen stand: „Von Brot allein kann man nicht leben, es muss auch Wurst und Schinken geben." Auf dem anderen war zu lesen: „In der allergrößten Not, schmeckt die Wurst auch ohne Brot."

Enkel bei der Oma: Die Großmutter besaß auch eine große illustrierte Bibel mit farbigen Fugel-Bildern, die wir immer wieder betrachten durften Ebenso faszinierend für uns war ihr großes Buch der Heiligenleben wegen der Stahlstiche von Wundern der Heiligen. – Auch sang uns die Großmutter manchmal Lieder vor. Wer vermutet, nur fromme Lieder, irrt. Wenn eines der Enkelkinder weinte, sang sie ihm: „Ei, wo bleibt moi Josepche, Josepche so lang? Ei, es steht uff de Kasseler Brick, hot die Hos mit Kordel g'flickt ..."

An eines der Lieder erinnere ich mich heute noch, das uns viel Freude machte: „Moi Fraa is en Deifel, ich mach mer nix draus..." Darin schildert ein Ehemann die Querelen, die ihm sein zänkisches Weib bereitet. In der Schlussstrophe bittet der Mann den Himmelspförtner, Sankt Petrus: „Und wenn sie einst stirbt, dann lass' sie nicht 'rein, sonst wird selbst im Himmel kein Friede mehr sein!" Braucht sich einer zu wundern, dass wir immer wieder die Großmutter gebeten haben: „Sing uns doch noch emol des Lied: Moi Fraa is en Deifel!" – „Wo man singt, da lass dich nieder! Böse Menschen haben keine Lieder!"

In froher Runde bei Familienfesten war es Brauch, dass gesungen wurde. Da wurde Onkel Jean immer gebeten, die Ballade von Carl Löwe „Die Uhr" zu singen: „Ich trage wo ich gehe stets eine Uhr bei mir." Darin werden die Stationen des Lebensweges besungen. Die Schlussstrophe vom Sterben endet:„Sieh, Meister, ich hab nichts verbrochen, sie blieb von selber steh'n." Da wurden die Erwachsenen besinnlich. Wir Kinder dagegen freuten uns, wenn der Henne-Vadder das Liedlein sang: „Wenn ich einst stirb, stirb, stirb, soll'n mich sechs Jungfern tragen, die sollen Saiten schlagen: immer fidel, immer fidel!"

Aus alten Zeiten: Interessant war für uns auch, wenn die Großmutter von Früher erzählte, so zum Beispiel von ihrem Bruder Franz. Der scheint eine Kämpfernatur gewesen zu sein, hatte er doch schon als Schüler Auseinandersetzungen mit seinen liberalen Professoren im Gymnasium. Der „Franz-Unkel" war für uns

Kinder ein Begriff, da er Missionar bei den „Schwarzen in Afrika" und bei den Indianern in Paraguay gewesen ist. Schon als Schüler trainierte er für die afrikanische Kost. Dazu brachte er Würmer, Schnecken und Käfer mit nach Hause, die er in Mutters Pfanne gebraten und auch verzehrt hat. Als Steyler Missionar wurde P. Franz Müller (*1868 †1947) in die deutsche Kolonie 1895 nach Togo geschickt In der Togomission hat er sich für Recht und Freiheit der Eingeborenen eingesetzt und war aus der deutschen Kolonie (1907) ausgewiesen worden. Der Ordensgründer, der selige Pater Arnold Jansen, schickte ihn darum 1908 nach Paraguay, wo er die Indianermission aufbauen sollte.

Von den unglaublichen Zuständen und unvorstellbaren Schwierigkeiten, mit denen er dort zu tun hatte, berichtet Juan Bockwinkel in: „Steyler Indianermission in Paraguay 1910-1925. Ein Brief an seinen Provinzial P. Lichius offenbart etwas von der Glaubenshaltung von P. Franz Müller: „Bei der Missionsarbeit kommt es auf den Geist an. Er muss etwas vom Martyrergeist der Katakomben, der Urkirche haben. Hier im Urwald umgibt den Missionar allerlei Lebensgefahr. Er muss stets auf den plötzlichen Heimgang gefasst sein. Mancherlei Verzicht auf Bequemlichkeit, dann Mühen und Entbehrungen, die nur im Glauben zufrieden hingenommen werden können: Das ist ein Martyrium der Pflichterfüllung." Ein Kapitel in der Geschichte der „Steyler Indianermission in Paraguay 1910-1925" trägt die bezeichnende Überschrift: „Helden unter dem Kreuz des Südens."

Die Tragik: Weil die Ordensleitung auf Grund der gemachten Erfahrungen die Errichtung dieser Mission als Fehlentscheidung erkannte, wurde die Aufhebung der Missionsstation beschlossen und P. Müller die Abwicklung übertragen. Die Patres, Brüder und Missionsschwestern sollten anderswo eingesetzt werden, wo größere Missionierungschancen sich anboten. In beispielloser Demut und Gehorsam hat er diese bittere Pflicht erfüllt, die unter unsäglichen Mühsalen, gesundheitlichen (Malaria), menschlichen und materiellen Opfern errichtete Station wieder abzubauen. P. Franz Müller starb am 26. Mai 1947 in Buenos Aires. – (Quelle: Juan Bockwinkel, Steyler Indianermission in Paraguay).

❄ ❄ ❄ ❄ ❄ ❄ ❄

Theologie einer Marktfrau

Beim Sammeln für den Bau der St. Canisiuskirche besuchte meine Cousine auch die alte Korben. Im Gespräch mit dieser Marktfrau meinte diese: „Weißt du, ich halte mich immer an die Muttergottes. So e Mutter kann immer ebbes dische (besänftigen), die Mannsleit im Himmel sein mir zu strief (streng)."

❄ ❄ ❄ ❄ ❄ ❄ ❄

Außerordentliche Sterbebegleitung

In einem rheinhessischen Dorf lag ein Bauer todkrank danieder. Der Pfarrer legte ihm wiederholt nahe, zu beichten und die heiligen Sterbesakramente zu empfangen. Der Mann war dem Glauben abständig. Alles Bemühen um ihn blieb ohne Erfolg. Nochmals versuchte es der Pfarrer. Als der Sterbenskranke wiederum ablehnte, platzte dem Priester der Kragen. Beim Weggehen sagte er: „Do fahr halt dem Deifel ins A...loch enoi!" und schlug die Tür zu. Eine Viertelstunde später aber ließ der Bauer den Pfarrer schnell rufen und brachte dann doch seine Sache mit Gott in Ordnung.

❄ ❄ ❄ ❄ ❄ ❄ ❄

Selbstmordkandidat

Eines Sonntagsnachmittags läutete das Telephon. Es meldete sich die Polizei. Auf dem großen Gasometer der Ingelheimer Au stehe ganz oben einer, zum Sprung in den Tod bereit, ob ich bereit wäre mit dem zu reden. Das Polizeiauto brachte mich auf die Ingelheimer Au. Aus den Fenstern und auf den Balkonen der gegenüberliegenden Häuser schauten die Menschen gespannt zum Gaskessel hinauf. Feuerwehr und Polizei sperrte das Gelände ab. Ein Polizist wollte mir ein Megaphon in die Hand drücken, um damit zum Selbstmordkandidaten hinaufrufen zu könne. Ich lehnte ab, mit dem Megaphon bei Hunderten von Zuhörern ein Seelsorgegespräch zu führen. „Was wollen sie tun?" - „Ich muss da rauf!"

Der Schlüssel zur außen hinaufführenden eisernen Wendeltreppe fehlte. Also kletterte ich über das Gitter und stieg dann Stockwerk für Stockwerk die Treppe hinauf. Als ich beim zweitobersten Stockwerk um die Ecke bog, stand plötzlich der junge Mann vor mir, genauso erstaunt wie ich. Er war mir entgegengekommen. Als er mir gegenüberstand und mich in meiner Priesterkleidung sah, sagte er in aggressivem Ton: „Wissen Sie, was Sie sind?!" Ohne zu überlegen sagte ich spontan: „E' ganz groß Arschloch!" Das Wort gehört nicht zu meinem Sprachschatz, aber es wirkte. Darum bin ich mir nicht sicher, ob es Gedankenlesen oder ob es eine Eingebung von Oben war. Jedenfalls war der Bann gebrochen.

Nun fing er an zu reden: „Ich bin ein Feigling! Ich getraue mich nicht zu springen." Er käme nicht eher herunter, als bis die Leute von den Fenstern und Balkonen verschwunden seien. Also stieg ich wieder hinunter und die Polizei forderte per Megaphon die Menschen auf, die Fenster und Balkone zu verlassen. Sie verschwanden hinter ihren Fenstern. Daraufhin kam der junge Mann herunter, sprang aber dann vom untersten Stock ab ins Gebüsch und ward nicht mehr gesehen. In der Montagsausgabe der Mainzer AZ stand zu meinem Missfallen eine kurze Meldung des Selbstmordversuches auf dem Gaskessel der Stadtwerke. Denn solche Vorkommnisse führen gewöhnlich zu Nachahmungen.

Einige Tage danach traf ein, was ich befürchtet hatte. Nachts weckte mich das Telephon. Die Polizei meldete sich, es sei ein Mann auf dem Gerüst des Ostturmes. Der Haupt- und die Seitentürme des Ostchores waren damals wegen Restaurierungsarbeiten eingerüstet. Ich stand sofort auf und kleidete mich an. Aber als ich zum Ostchor des Domes kam, war schon einer der Feuerwehrleute hinaufgeklettert, um den Mann zum Herunterkommen zu bewegen.

Dombaumeister Schneider hat daraufhin die Führungen auf den Westturm des Domes, von dessen Brüstung man einen schönen Rundblick auf die Stadt hat, für die Zukunft gesperrt. Er meinte, ein Toter sei genug. Es war nämlich bei den Restaurierungsarbeiten an den Domtürmen ein Arbeiter abgestürzt.

❄ ❄ ❄ ❄ ❄ ❄ ❄

Beichtzuspruch

Eines Tages kam eine alte Frau in den Beichtstuhl und beklagte sich bei mir. Sie sei schwerhörig und habe den Beichtvater mehrmals nach der Buße gefragt. Da habe der gesagt: „Du daab Atzel, mach doi Ohre uff!"

❄ ❄ ❄ ❄ ❄ ❄ ❄

Kindermund

Opa Dang besucht mit seinem Enkel die Sankt Quintinskirche außerhalb des Gottesdienstes Da es Nachmittag ist, sind kaum Beter in der Kirche. Der Bub ist einige Zeit still und brav. Als es ihm offensichtlich dann doch langweilig wird, sagt er zu seinem Großvater, auf das rote ewige Licht zeigend, das die eucharistische Gegenwart des HERRN in den katholischen Kirchen und Kapellen anzeigt: „Gell Opa, wenn's grün wird, geh'n wir!" (Quelle: Annemarie Nothhelfer).

Die Domschweizer tragen in Mainz die traditionelle Uniform aus der napoleonischen Zeit: Gehrock mit Schärpe und Zweimaster. Sie führen die Prozession an beim feierlichen Ein- und Auszug der Geistlichen zum Gottesdienst. Eines Tages rief ein Kind angesichts des Domschweizers begeistert in die andachtsvolle Stille: „Oma, Oma, guck, en Fassenachter!" (Quelle: Annemarie Nothhelfer).

Beim Backen der Weihnachtstorte hört die Mutter zwischen Mehltüte, Rühr-Schüssel und Kuchenblech den kleinen dreijährigen „Bäcker" sagen: „Jesus, wir backen eine Torte zu deinem Geburtstag - aber wir essen auch davon." - (Quelle: Evangeliumsrundfunk).

Professor Dr. Ludwig Lenhart (†1964) stand auf der Domkanzel und predigte. Er hatte die komische Angewohnheit beim Sprechen das Gesicht zu verziehen. Da fragte der kleine Anton laut seinen Vater: „Papa, warum macht der Mann do obbe als so Fratze!?"

Im alten Katechismus stand, dass Leichenverbrennung für Katholiken verboten sei. Als ich den Kindern erklärte, weshalb das für Katholiken nicht gestattet sei, weil die Leichenverbrennung von den *Freigeistern* eingeführt wurde, um damit zu demonstrieren, dass mit dem Tode alles aus sei, es kein Weiterleben nach dem Tode gebe, da beugte sich die in der vordersten Reihe sitzende Enkelin des Binger SPD-Vorsitzenden zu ihrer Nachbarin und sagte: „Mein Opa lässt sich aach emol verbrennen. Des is e sauber Sach!"

Eltern kamen eines Tages, um ihre beiden Buben zur Frühkommunion anzumelden. Sie gehörten nicht zu meiner Pfarrei. Ich kannte sie nur vom Sehen her, weil sie regelmäßig sonntags in der 8-Uhr-Messe im Dom mit den beiden Buben unter der Chorette knieten. Sie sollten einmal mit den beiden vorbeikommen, damit ich sie prüfe. Also fragte ich den Jüngsten, der noch nicht in die Schule ging: „Max, weißt du, was eine Sünde ist?" Antwort: „Wenn man zu der Mutti A-loch sagt!"

Bei einer Schulprüfung fragte der Pfarrer die Kinder, warum denn die Firmlinge auf der Stirne mit Öl gesalbt würden. Ein Bub antwortete: „Dass der Deibel (Teufel) abglitscht!" (Quelle: Msgr. Leonhard Veith).

Piraterie: Der Pfarrer hatte im Beichtunterricht auch von schweren Sünden gesprochen und als Beispiel aus der Geschichte, als der Kirchenstaat noch an das Mittelländische Meer grenzte und der Papst Schiffe besaß, erwähnt, dass damals die Piraterie mit der schwersten Kirchenstrafe belegt war, die nur vom Großpönitentiar aufgehoben werden konnte. Der Maxel hatte nur mit halbem Ohr zugehört. Doch beichtete er am Samstag, er habe in päpstlichen Gewässern Piraterie getrieben. Das kam dem Beichtvater spanisch vor und er fragte, was der Maxel denn da angestellt habe. Ei, sie seien Messdiener und nach dem Gottesdienst würden immer noch einige alte Frauen in der Kirche bleiben, die würden sie dann mit Weihwasser von hinten bespritzen.

Was Lieschen vom Himmel hält: Der Kaplan fragte im Religionsunterricht, wer in den Himmel wolle. Alle streckten den Finger, außer Lieschen. „Warum denn du nicht?!" – „Da ist es so langweilig. Da muss man den ganzen Tag an der Wand stehen und Halleluja singen."

Das Eichhörnchen: Berliner Kinder waren in den Ferien zur Erholung in einem Heim auf dem Land untergebracht, das von Ordensfrauen geleitet wurde. Die Schwestern versuchten, die Kinder auch religiös etwas aufzuforsten. Beim Ratespiel beschrieb die Schwester etwas, was einen roten Schwanz hat und auf den Bäumen von Ast zu Ast springt. „Was ist das?" Da meldete sich ein Kleiner: „So wie ick den Laden hier kenne: das liebe Jesulein!" (Quelle: Norbert Laubstein).

Die dritte Konfession: In der Mainzer Eisgrubschule fragte mich kurz nach Schuljahrsbeginn der Rektor, ob ich schon die dritte Konfession kenne. Der Lehrer in der ersten Klasse habe die Kinder nach der Religion gefragt. Einer wusste es nicht. „Bist du katholisch?" –„Nä!"- „Bist du evangelisch?" – „Nä!"- „Ja, was bist denn?"- „Meenzer!"

Warum wir bei der Predigt sitzen: In der Katechese hatte der Pfadfinderführer den Wölflingen auch die Riten der heiligen Messe erklärt. Um zu sehen, was hängen geblieben war, stellte er unter anderem schriftliche Fragen: Warum sitzen wir bei der Predigt? Einer der Pfadfinderbuben schrieb: „Wir sitzen bei der Prettich, weil wir müd sind."

Das Knorzemichelchen: Anlässlich einer Trauung traf ich im Dom einen alten Herrn, der, wie sich beim Gespräch herausstellte, vor über fünfzig Jahren unser Lehrer im ersten Schuljahr war. Am nächsten Tag rief er mich an: „Herr Pfarrer, ich hab' das Büchelchen gefunden, wo die Namen von damals drinstehen. In eurer Klasse war auch das Knorze-Michelchen. Können Sie sich noch daran erinnern, wie ich euch das Gedichtchen von den fünf kleinen Hühnerchen beibrachte, die einen Regenwurm fanden?" Ich hatte es längst vergessen.

Das Michelchen konnte das Gedichtchen nicht aufsagen. Junglehrer Lehn wollte in seinem pädagogischen Enthusiasmus ihm doch wenigstens auch ein kleines Erfolgserlebnis vermitteln. „Also, Michel, dann erzähl' mir, wie das war." - „Ei, do war'n emol finf Hinkelcher, die habbe en Regeworm gefunne. Un do gab's Streit." - „Gut, Michel! Und weiter?" - „Ei, do is der Worm derweil widder in soi Loch verschwunne." Das Gedichtchen endete damit, dass der Friede wiederhergestellt war. Die Schlussstrophe lautete: „Da hatten die fünf Hühnerchen einander wieder lieb. „Die sollte der Michel wenigstens aufsagen." Und Michel: „Da hatten die fünf Hühnerchen?" - „Hundsforze, Herr Lehrer!"

Kinderlieder: Zuhause hatten wir im Mai einen mit vielen Blumen geschmückten Maialtar. Abends sangen wir vor dem Zubettgehen auch das Lied: „Meerstern ich dich grüße." Was konnten wir uns unter einem Meerstern vorstellen? Jedenfalls sangen wir eine eigene Fassung: „Fürchterlich dich grüßen, o Maria hilf!"

Engel mit Larven: Unsere Mutter ging als Kind in Basel in die Sonntagsschule. Dort lernten sie auch religiöse Kinderlieder singen, unter anderem das Liedchen „Im Himmel, im Himmel, wie ist es da schön." Unter den Schönheiten des Himmels hieß es darin auch: „Und Engel mit Harfen, die spielen ihm vor". Klein-Emmi aber sang: „Und Engel mit Larven, die spielen ihm vor." Von Harfen hatte sie keine Vorstellung, wohl aber von der Basler Faasnacht her kamen in ihrem Wortschatz Larven vor. Darüber mag der Himmel gelächelt haben.

Ordensberuf: Eine Mutter brachte ihren Sohn zum Kapuzinerkloster und meinte, er könne Kapuziner werden. Der Guardian fragt, wieso sie meine, der Junge sei dafür geeignet. „Mit der Arbeit hot er 's nit lieb, aber bete tut er wie de Deifel!"

❄ ❄ ❄ ❄ ❄ ❄ ❄

Gereimtes und Ungereimtes

Eines Tages kam unsere Großmutter aus der Stadt zurück und berichtete, sie habe an einem Laternenpfahl einen Zettel gesehen, worauf geschrieben stand: „O tempora, o mores, die Welt ist bald kapores, was gibt's doch fer e Zores!" – O was für Zeiten, o was für Sitten, die Welt ist bald kaputt, was gibt's doch für ein Gesindel!

„Wann eiern Bankert unsern Bankert noch emol Bankert schennt, schennt unsern Bankert eiern Bankert solang Bankert, bis eiern Bankert unsern Bankert nit mehr Bankert schennt!" (schennen = schimpfen) – (Bankert ist in Mainz ein vulgäres Schimpfwort. Denn ein Bankert ist ein auf der Bank gezeugtes, illegitimes Kind). – Aber „moi Bankertche" ist in der Mainzer Umgangssprache ein Kosewort.

❄ ❄ ❄ ❄ ❄ ❄ ❄

Emanzen-Lied

Meinen Ohren habe ich nicht getraut, als im Mainzer Dom Delegierte des katholischen deutschen Frauenbundes zum Fest Christi Himmelfahrt als Eingangslied sangen: „Fallt aus der Rolle ihr Frauen...." Darüber dürfte der Himmel kaum gelacht haben. Jedenfalls habe ich den Text in der Fastnachtssitzung der Pfarrei des folgendes Jahres parodiert und auf die Melodie „Brüder zur Freiheit zur Sonne" singen lassen. Da hatten wenigstens die Narren etwas zum Lachen.

❄ ❄ ❄ ❄ ❄ ❄ ❄

Rund um Gnadenkapellen

Pater Lorenz SJM traf sich mit seiner Mutter und Schwester an der Gnadenkapelle in Altötting. Während sie freudig ob des Wiedersehens mit einander plaudern, kommt da eine alte Frau mit dem Fahrrad daher und sagt ihnen: „Dass ihr mir nit die jungen Geistlichen verführt!"

In der Altöttinger Kapelle hatte ein Priester auf einem der wenigen freien Plätze sich zum stillen Verweilen hingesetzt. Da kam eine ältere Frau und scheuchte ihn auf: „Das ist mein Platz. Ich bin eine eingeschriebene Sühneseele."

Pfarrer Gerhard Körner machte mit seiner rheinhessischen Frauengruppe eine Fahrt nach dem Marienheiligtum Schönstatt. Nach dem Aussteigen aus dem Bus wies der Pfarrer von einem höher gelegenen Aussichtspunkt mit erläuternden Worten auf die Gnadenkapelle. „Auf, hinnunner un Gnad geholt!" rief eine bewegte Teilnehmerin aus.

❄ ❄ ❄ ❄ ❄ ❄ ❄

Volksweisheit

Bei der ersten Mondlandung meinte eine alte Mainzerin: „In der Bibel steht: Macht eich die Erde untertan. Vum Mond hot ER nix gesagt!"

Aus Baden: „Manche esse gern Käs', andere gehe lieber in die Kirch."

Der alte Dapper aus der Engelgasse in Gonsenheim gab öfters von sich: „Wo ich bin, do is nix. Un überall konn ich nit soi."

Wenn die alte Schiffmacherin ein Problem hatte, das nicht zu lösen war, pflegte sie zu sagen: „Was konnste do mache? Höchstens nix." Oder: „Was konnste von eme alte Ochs anners erwarte? Höchstens e Stück zäh' Rindfläsch!"

„Ein Musiker: drei Narren!“, pflegte Domkapellmeister Köllner zu sagen, wenn es Probleme mit Musikerkollegen gab. – „Es geht de Mensche wie de Leit“: (Gonsenheimer Redewendung für: es geht jedem so, – beziehungsweise das kann jedem passieren.) – Variante: „Wo Mensche sin, sin Leit!“

❄ ❄ ❄ ❄ ❄ ❄ ❄

Meenzer Fassenacht

Für die alten Mainzer galten als die höchsten Feiertage Rosenmontag und Fronleichnam. Wieso Fronleichnam? „Ei, do geht aach en Zug.“ – Auch im Mainzer Priesterseminar gab es die „hochheilige“ Tradition einer Fastnachtssitzung. Stoff genug für Büttenreden und Lieder lieferten die Vorkommnisse im Studienbetrieb, nebst den Kathederblüten der Professoren. So erinnere ich mich, dass wir die legendäre „Familie Knorzel“ auftreten ließen. Mit einem Leiterwägelchen, beladen mit Hausrat und dem Karlchen, zogen wir in das Refektorium ein unter dem Gesang „Knorzels ziehe widder aus, bums fallera, bums fallera!“

Selbstverständlich wurde auch in der Dom- und St. Quintinspfarrei und in Sankt Ignaz Fassenacht gefeiert. Allerdings nicht mit einer Fastnachtsmesse, sondern mit einer närrischen Sitzung, wobei auch der Pfarrer der Pfarrei mit einer Büttenrede seinen Beitrag leisten musste.

❄ ❄ ❄ ❄ ❄ ❄ ❄

Mainzer Urfassung der Ode „An die Freude“

Freude, schöner Götterfunke,
Tochter im Delirium!
Hoste'n gute Woi getrunke,
kimmste nimmer drumherum,
als ze singe frohe Lieder,
sei's alläăns un aach se zweit:
Penner, Schnapser, Dippelbrüder,
's geht de Mensche wie die Leit!

Wann de lang genug gesunge,
werd doi Kehl bald dorstig soi,
is dir ebbes nit gelunge,
immer gibt's en Grund for'n Woi.
Aach zum Gleichmut doiner Seele
nach so manchem Knies und Streit
derf de Halbe dir nit fehle,
's geht die Mensche wie de Leit!

Seid umschlunge Millione,
Narrhallése aller Welt!
Kees mit Musik, Hering ohne,
Rollmöps un zum Schluss kää Geld,
all des dun mir froh genieße,
habbe Spass an unsrer Freid,
losse's Lebe uns versüße,
's geht de Mensche wie de Leit!

❄ ❄ ❄ ❄ ❄ ❄ ❄

Der „Talmud" des Mainzer Domkapitels

Dass wir heute noch wissen, was das Domkapitel in seinen wöchentlichen Sitzungen vom Jahre 1450 angefangen bis 1818 verhandelt und besprochen hat, verdanken wir den 86 noch vorhandenen Protokollbänden, die als „Talmud" gekennzeichnet sind. Wie es zu diesem Titel kam, wer ihn erfunden hat, ist unbekannt. Jedenfalls erscheint er am Kopfe sämtlicher Protokollbände, allerdings in der Mainzer Aussprache mit weichem „D" geschrieben Dalmud. Vermutlich kam es zu dieser Bezeichnung, weil christlicherseits der jüdische Talmud als Geheimbuch angesehen wurde.

Die Kapitelssekretäre, die das Protokollbuch schrieben, wurden nämlich vereidigt, dass sie „nie und an niemanden die Beschlüsse zum Nachteil des Erzbischofs, des Kapitels und der Mainzer Kirche offenbaren werde(n)“. Die Sitzungen wurden in den Räumen des heutigen Dommuseums abgehalten. Auf der Tagesordnung standen nicht nur gewichtige Themen wie Wirtschaftsfragen, Türkensteuern, oder Königs- und Kaiserbesuche in Mainz. Als Kaiser Karl V. 1520 zum ersten Mal in Mainz eintraf, wurde jedem, der ihn begleitenden Kurfürsten „alter Gewohnheit gemäß“ ein Ohm Wein in Kannen oder Flaschen und ein Malter Gerste zu Broten gegeben. „Die Besprechung galt dann nicht bloß dem üblichen Empfangszeremoniell, sondern auch der Straßereinigung“ (Veit).Mit der Sauberkeit der Straße scheint es nicht zum besten bestellt gewesen zu sein. „Der tägliche Schweinetrieb scheint Ungeheuerliches zurückgelassen zu haben“ (Veit).

Aber auch andere Dinge standen zur Beratung. Zwei Jungdomherren scheinen einmal der nächtliche Schrecken der braven Bürgerschaft gewesen zu sein, „bis der Stadtschultheiß, des Treibens müde, sich ihrer bemächtigte und den jungen Herren ein Denkzettel verabfolgt wurde, den sie selbst als „enormiter“ und als gar nicht im Einklang mit ihrem Verhalten, das ‚honeste‘ gewesen sei, bezeichneten.“

In den Sitzungen scheint es manches Mal hoch her gegangen zu sein, so dass der vorsitzende Prälat Ruhe gebieten musste: „die Herren sullen sitzen (bleiben) und die vota gütlich sagen und geben, jeder nach der Reihe und sull keiner den andern irren.“ So gab es zum Bespiel wegen des Weinzapfs Kompetenzstreitigkeiten. „Jeder glaubte das Recht zu haben, als erster den Wisch an seinem Keller auszustecken, der die Mainzer verlocken sollte, ihre durstigen Gurgeln zu schwenken.“ – Heute ist es ja im Rheingau noch Brauch, dass am Haus von Weinbauern ein *Strohwisch*, das ist ein Bund Stroh an einem Stecken, anzeigt, dass man hier Wein direkt beim Erzeuger kaufen kann. – An Schwenkmaterial hatte es damals keine Not. Im Jahre 1504 sollen die Mainzer sogar den Kalk statt mit Wasser mit Wein gelöscht haben.

Und so bitte ich den Leser, mit mir die Domgasse aufzusuchen und sich dort das Idyll vorzustellen, dass diese Gasse (das kalte

Loch genannt) mit dem gewaltigen „domkapitelschen Keller zum kalten Loch" unter dem Kapitelhause (heute Dommuseum) für Altmainz dargestellt haben mag. Da saß in der Tiefe der sogenannte ‚Kistensitzer' des hohen Domkapitels, der zapfte, bediente und die Gelder vereinnahmte und, wo nötig dem hochwürdigen Klerus sowie der ehrsamen Bürgerschaft aus der Tiefe an die frische Luft hinaufhalf.

Wanderer! Der du an dieser Stätte vorbeigehst, gedenke der guten Jahrgänge, die hier einmal lagerten. Diese Mainzer „Weinstraße", die belebte und wärmte, kannte jeder Mainzer Bub. – In der Erinnerung ist sie nur noch „das kalte Loch" (Ludwig Andreas Veit, Der „Talmud des erzstiftischen Mainzer Domkapitels" in: FestgabeDomkapitular Professor Georg Lenhart, Mainz 1939).

❄ ❄ ❄ ❄ ❄ ❄ ❄

II. Teil

Aus dem Schatten der Dom- und Kirchtürme

Ernste Episoden, Predigten, Artikel, Vorträge, Briefe

Ein-Geständnis

Beim Schreiben der heiteren Anekdoten kam mir der Gedanke: „Was soll der ganze "Kokolores" angesichts der nicht mehr zu leugnenden Krisen in Kirche und Welt." – Vor einem halben Jahrhundert hätte man jeden für verrückt erklärt, der es für möglich gehalten hätte, dass wir jemals in solche Situationen geraten würden. Der Leser trifft im zweiten Teil des Buches auf ernste Episoden, auf Auseinandersetzungen mit dem Zeitgeschehen der letzten fünfzig Jahre und kritische Stellungnahmen zu gesellschaftlichen Entwicklungen.

Um die "Schweigespirale" nicht zu verstärken, werden Meinungen geäußert, die der momentanen "political correctness" unverblümt widersprechen. Der so gepriesene "Fortschritt" ist ja nur "der Übergang von Situationen, deren Nachteile man kennt, zu Situationen, deren Nachteile man noch nicht kennt" (Arnold Gehlen †1976).

Auch die innerkirchlichen Vorgänge und die Entwicklungen der nachkonziliaren Epoche sind nicht nur nach Weihrauch duftend, sondern zunehmend von "Pulverdampf" geschwängert. Nach der "Schleifung der Bastionen" (Hans Urs von Balthasar) ging es mir darum, das in die Stadt Gottes eingeschleuste "Trojanische Pferd" (Dietrich von Hildebrand) zu enttarnen.

Mit faulen Kompromissen kann man die Gefährdungen einer "Epoche des Teufels" (Anton Böhm) nicht bestehen, schon gar nicht als "Lack-Affe" modischer Trends. – Bewusst habe ich auf kritische Stimmen der 60er und 70er Jahre zurückgegriffen, um den Nachgeborenen zu zeigen, dass man schon damals voraussehen konnte, wohin die sich anbahnende Entwicklung führt.

Der Auftrag Christi lautet auch heute nicht: „Macht euch Liebkind bei den Leuten!" – „Sondern macht zu Jüngern alle Menschen und lehret sie alles befolgen, was ich euch geboten habe." So zu lesen bei "Matthäus am Letzten" (28,20). – Deshalb kann es nie und nimmer darum gehen, wie die unter Kaiser Domitian abgerichteten Papageien im Circus Maximus das Ave Caesar des Zeitgeistes zu plärren.

Drum habe ich einem starken inneren Impuls folgend diesen zweiten Teil des Buche verfasst, in dem es zwar nichts zu Lachen, wohl aber umso mehr zum Nachdenken gibt.

Das Rad im Mainzer Wappen
Ursprung und Bedeutung

Dr. Wilhelm Jung, Diözesankonservator und Direktor des Dommuseums klärte mich auf, dass das Mainzer Rad im Stadtwappen nicht wie die Legende erzählt auf den Bischof Willigis zurückgeht, sondern aus einem Christus-Symbol entstanden ist. Im Volksmund wird das Christusmonogramm PX genannt. Doch es besteht aus den beiden Anfangsbuchstaben des in griechischen Schriftzeichen X = Chi und P = Rho geschriebenen Wortes *Christos.* Im Mainzer Rad ergeben diese beiden Buchstaben ineinander geschrieben die Radspeichen dadurch dass der Bogen beim P = Rho weggelassen ist ... Die Radfelgen sind eigentlich ein stilisierter Kranz. Nach seinem Sieg an der Milvischen Brücke, den er im Zeichen des Christengottes errungen hatte, ließ Konstantin an der Spitze des Längsschaftes der kaiserlichen Standarte dieses Christuszeichen mit einem Siegeskranz, das Labarum, anbringen.

Doch geht dem voraus ein judenchristliches Symbol, das man im Mosaikboden der Verkündigungsbasilika in Nazareth gefunden hat. Dort ist ein ✛ (Zeichen für einen Stern) und ein griechisches P (Rho) ineinander geschrieben. Gerhard Kroll in seinem Buch "Auf den Spuren Jesu" bringt auf der Seite 91 die Abbildung. Dort ist als Erkenntnis der jüngsten Forschung zu lesen, dass, „die Anfänge des sogenannten Konstantinischen Christusmonogramms im judenchristlichen Symbolismus beheimatet sind.“ Zu den Ursymbolen gehört das Zeichen des Sterns ✳. Die Beziehung zur Weissagung Bileams (Num 24,17) liegt nahe. So fügte man dem Stern das griechische P (Rho) hinzu, das den Zahlenwert von 100 hat. Das weist auf Abraham hin, der den „Sohn der Verheißung" als Hundertjähriger bekommen hat. Die vier Strahlen des Sterns wurden als griechisches X = Chi gedeutet. So entstand das bekannte Chi-Rho, die Anfangsbuchstaben des griechischen Wortes Christos = der Gesalbte = der Messias. Auf dem Fußbodenmosaik der byzantinischen Basilika in Nazareth ist das Christusmonogramm mit einem Siegeskranz umgeben. So lässt sich die Entwicklung des Mainzer Rades bis in die älteste Zeit des Christentums zurückverfolgen.

Zeitgeschichte im Spiegel von Predigten

Stalin ist tot!

Predigt vom 8. März 1953

Die Schlagzeilen der Zeitungen berichteten es als Sensation. Die Artikelschreiber widmeten ihm Nachrufe. Die Kommentatoren äußerten ihre Vermutungen und stellten Prognosen. Man hat den Tod dieses Mannes unter politischen, geschichtlichen, wirtschaftlichen und noch anderen Gesichtspunkten betrachtet. Wir als Christen wollen nicht vergessen ihn auch unter den Gesichtspunkten des Glaubens zu sehen.

Der Sieger des zweiten Weltkrieges und der Sieger auf den Konferenzen von Jalta (Februar 1945) und Potsdam (Juli/August 1945) ist nun selbst besiegt. – Der Mann, vor dem die Welt den Atem anhielt, ihm blieb selbst der Atem stehen. Er ist nun tot! Denn ein anderer hat den längerem Atem gehabt: GOTT! – Er, der mächtige Stalin, auf dessen Befehl hin so viele Menschen abtreten mussten, der Herr über Leben und Tod von Millionen war, nun ist er selber auf den Wink des Herren über Lebende und Tote abgetreten. Der mächtigste Mann der Erde, nun steht er vor dem allmächtigen Richter, der fordert: „Gib Rechenschaft von deinen Taten!"

Er, der den Geist, die Seele, Gott, die Freiheit auf Grund seiner Weltanschauung geleugnet hat, – es ist wie eine Ironie – muss sich nun verantworten, weil es einen Gott, die unsterbliche Seele, die Freiheit gibt. Nun steht er im Spannungsfeld der Gerechtigkeit und Barmherzigkeit Gottes! Wie geht es aus?! Das Weltgericht wird uns darüber einmal Auskunft geben.

Auch für Stalin ist Christus gekreuzigt worden! Auch von ihm gilt: „Es ist im Himmel mehr Freude über einen Sünder, der Buße tut, als über 99 Gerechte, die der Buße nicht bedürfen (Lk 15,7)! Das ist der Grund, warum Papst Pius XII. für ihn gebetet hat.

Der Tod dieses Mannes, dessen Lebensweg durch ein Priesterseminar führte (das orthodoxe Seminar in Tiflis), zeigt den bitteren Ernst, dass ein Mensch seine Berufung zum Höchsten verlieren kann, dass er vom Mitstreiter Christi zum Gegenspieler Christi werden kann. In uns allen steckt diese Möglichkeit. Es ist eine Mahnung für uns, die Berufung Gottes nicht zu verspielen. – Wir dürfen uns nicht damit abfinden und getrost zur Ruhe setzen, dass Gott sich eines Gegners entledigt hat. Unsere Aufgabe ist es, jetzt durch verdoppelten Einsatz für das Reich Gottes auszugleichen zu versuchen, was dieser Mann geschadet hat, die Breschen zu schließen, die er in das Reich Christi geschlagen hat. Können wir das? – Wir haben doch nicht die Macht und die Position eines Stalin!

Es gibt auf der Welt nicht nur die Macht des Kriegspotentials oder der Menschenmassen, sondern es gibt noch eine andere Macht, – die genauso wirklich ist und die man ernst nehmen muss, die Macht der Gnade! Allerdings lässt die Weltmacht Gnade sich nicht einsetzen auf dem Wege der Diktatur. Ihr Gesetz ist die Freiheit. Sie lässt sich auch nicht steigern mit dem Blut und Schweiß geknechteter Menschen, sondern die Gnade wächst nur durch Gebet und freiwillige Opfer.

Es liegt an uns, der Macht der Bosheit die Übermacht der göttlichen Gnade entgegenzustellen. Nutzen wir die Chance, die uns gegeben ist, zum Beispiel durch die Fastenopfer. Der Sinn der Fastenopfer ist ja freiwilliger Verzicht. So können wir zum Beispiel auf eine Stunde Schlaf verzichten und am Dienstagmorgen zur Jugendmesse kommen. Solche Opfer gilt es in die Waagschale Gottes zu werfen. So wächst die Macht der Gnade. Vergleiche die angesetzte Bittandacht für Russland. Wir müssen es schaffen: Je höher unser Einsatz, umso größer die Macht der Gnade!

Die Welt ist kein hoffnungsloser Fall für das Reich Gottes. Gerade heute erinnert uns der Papstkrönungstag an die Verheißung Christi: „Du bist Petrus, der Fels, und auf diesen Felsen werde ich meine Kirche bauen, und die Pforten der Hölle werden sie nicht überwältigen!" (Mt 16,18). Stalin ist tot. Christus aber lebt! – (Bingen 3. Fastensonntag und Papstkrönungstag).

Zum Tod von Papst Pius XII.
Predigt vom 12. Oktober 1958

Pius XII. ist tot. – Die Leitartikel der Zeitungen, Rundfunkkommentare und Nachrufe aus aller Welt lassen erkennen, was er für unsere Zeit bedeutet hat. Einer der mächtigen Männer dieser Erde bekannte: „Die Welt ist ärmer geworden" (Eisenhower).

An diesem Papst ist es uns deutlich sichtbar geworden, was Christus wollte, wenn er seiner Kirche seinen Stellvertreter zum Oberhirten gab. Nicht nur wir Katholiken, nein, auch die Andersgläubigen und sogar die Ungläubigen haben durch die Person, das Leben und das Wirken dieses Papstes eine Ahnung davon bekommen, was das Petrusamt in der Kirche für die Menschheit bedeutet.

Als am Freitag die Überführung des toten Papstes von Castelgandolfo nach Rom im Radio übertragen wurde, da bin ich an einen anderen Leichenzug erinnert worden, der vor rund 80 Jahren sich durch die Straßen der ewigen Stadt bewegte und bei dem es nicht so feierlich zuging.

Damals trug man auch einen Papst zur letzten Ruhestätte, ebenfalls einen Pius, und zwar den IX. – Aber anstelle der Karabinieri und der römischen Polizei im Jahre 1958 bei Pius XII. gab ein kirchenfeindlicher Pöbel damals dem toten Papst auf seine Weise das Geleit. Und auf der Tiberbrücke vor der Engelsburg sollte sogar der Sarg mit dem Toten in den Fluss geworfen werden. König Viktor Emmanuel II. hatte eben diesem Pius den Kirchenstaat abgenommen, die Freimaurer regierten das neu gebildete Königreich Italien, das Papsttum war auf dem Tiefpunkt seiner irdischen Macht angelangt.

Aber mit jenem Pius IX., der da bei Nacht und Nebel unter den Schmährufen und Steinwürfen einer aufgehetzten Meute zu Grabe getragen wurde, beginnt die geistige Macht der Päpste mehr und mehr zu erstarken. Denn Pius IX. war es, der 1854 das Dogma von der unbefleckten Empfängnis Mariens und 1870 auf dem vatikanischen Konzil den Glaubenssatz von der Unfehlbarkeit des Papstes in Glaubens- und Sittenlehren aller Welt verkündete. Und auf dieser geistigen Grundlage konnten seine Nachfolger weiterbauen. Die "Gefangenen des Vatikan" - wie man die Römischen Päpste seit der Zeit nannte - ein Leo XIII., ein Pius X., ein Benedikt XV., ein Pius XI. haben in äußerster irdischer Ohnmacht dem Papsttum dennoch eine geistige und moralische Macht errungen, wie sie in Höchstform ein Pius XII. verkörpert hat.

Auch wenn Stalin auf der Konferenz von Jalta (wenn ich mich recht erinnere) auf den Vorschlag des amerikanischen Präsidenten Roosevelt, man möge doch einmal die Meinung des Papstes bezüglich der Nachkriegspläne der Siegermächte hören, spöttisch gefragt haben soll: „Wie viele Divisionen hat denn der Papst?!“ Das Papsttum steht heute da als die größte geistige und moralische Macht der Welt! Und das ist auch der Persönlichkeit eines Pius XII. zu verdanken.

Wer eine Ahnung hat von der 2000-jährigen Geschichte der Päpste, weiß, dass das nicht zu allen Zeiten so gewesen ist, und den mutet die Warnung des heiligen Apostels Petrus (1Petr. 5,2-4) fast prophetisch an. Er mahnt alle Hirten der Kirche: „Weidet die Herde Gottes nicht aus schnöder Gewinnsucht, seid nicht wie Herrscher über die euch Anvertrauten!“ - Papstgestalten aus dem dunklen X. Jahrhundert tauchen in der Erinnerung auf und Renaissancefürsten auf der Kathedra Petri erscheinen vor unserem Auge, die nicht immer "Vorbilder für die Herde Christi" waren.

Unserer Zeit aber hat Gott einen Papst geschenkt, der die Herde Christi nach Gottes Willen, aus innerer Hingabe weidete und in so hohem Maße "Vorbild für die Herde" war, wie selten einer. Wenn man die Geschichte der Päpste sozusagen als eine ständige Wiederholung der Lebensschicksale des ersten Papstes auffassen darf, wo die dunklen und die großen Stunden des heiligen Petrus einander ablösen, dann haben wir das Papsttum in der Gestalt eines Pius XII. auf dem Berge Tabor, im Glanze der Verklärung Christi erleben dürfen! Und wir wollen Gott dafür danken, dass wir in einer so außergewöhnlichen Zeit einem solch außergewöhnlichen Oberhirten folgen durften.

Pius XII. wird in die Geschichte eingehen als wahrer "Pastor angelicus", wirklich als "engelgleicher Hirte". Nun, da der Tod ihm die Tiara nahm, wollen wir beten, dass ihm Christus, "der oberste Hirte erscheine" und er aus Seinen Händen „empfange die Krone der ewigen Herrlichkeit!“ (1. Petr. 5,4).

Beim Sterben Papst Johannes XXIII.

Pfingstpredigt 1963

„Euer Herz werde nicht traurig und zage nicht!“ (Joh 14,27). Die verhaltene Stimmung des Pfingstevangeliums steht in einem gewissen Kontrast zur heutigen Lesung aus der Apostelgeschichte. Der mitreißende Bericht der Apostelgeschichte über das Pfingstfest: Sturmesbrausen, Feuerflammen, Sprachenwunder, sichtbare Zeichen der Großtaten Gottes lassen für gewöhnlich den Evangelienabschnitt aus den Abschiedsreden des Herrn in den Hintergrund treten. Aber gerade am hohen Pfingstfest offenbart uns heutigen Christen dieses Evangelium seine frohe Botschaft, da der Herr den Heiligen Geist verheißt als Tröster und Beistand.

Wir erleben in diesen Tagen den Abschied des Vaters der Christenheit. Stündlich erwarten wir die Nachricht vom Heimgang des

Papstes, Johannes XXIII., der das Konzil einberufen hat. Es liegt etwas von der Abschiedsstimmung dieses Evangeliums über dem heutigen Pfingstfest. Aber gerade das öffnet uns das Herz für die frohe Botschaft, die es uns zu künden hat.

Immer wieder tauchte in den letzten Tagen bei Gesprächen die besorgte Frage auf: „Was wird wohl werden, wenn der Papst stirbt?“ Darauf gibt es nur eine Antwort, die Antwort des Herrn im heutigen Evangelium: „Euer Herz werde nicht traurig und zage nicht!“ Denn auch uns ist in dieser Abschiedsstunde, die die Kirche erlebt, da der Stellvertreter Christi stirbt, als Beistand und Tröster verheißen: der Heilige Geist!

Meine lieben Katholiken! Ich erinnere Euch daran: Damals, als Papst Pius XII. starb, haben wir uns auch gefragt: „Was wird nun werden? Wer soll die Nachfolge dieses überragenden Mannes antreten? Wer wird das geistige Erbe dieses großen Papstes, das er der Kirche hinterlässt, verwalten können!?“

Das Andenken eines so großen Mannes kann nicht dadurch geschmälert werden, wenn die Gassenhunde sein Denkmal ankläffen und es mit ihrem Unrat besudeln. – Anspielung auf Rolf Hochhuths Bühnenstück "Der Stellvertreter". Denn dieser Autor hat wie keiner den charakterfesten Papst Pius XII. verleumderisch geschmäht und sein Ansehen vor der Welt herabgesetzt. – Damals als diese überragende, untadelige Persönlichkeit Pius XII. von Gott abberufen wurde, haben wir uns ähnlich wie heute gefragt: „Was wird werden!?“

Nun, Pius XII. hat einen würdigen Nachfolger gefunden, das heißt Gottes Heiliger Geist hat uns in Johannes XXIII. einen würdigen Nachfolger für den großen Pacelli-Papst erweckt. Das gibt uns Trost und Zuversicht auch in der heutigen Situation. Der Heilige Geist, der die Kirche leitet seit jenem ersten Pfingstfest, der Heilige Geist, der damals aus einem "Simon, dem Sohn des Jonas" einen Petrus erweckte und der aus einem feigen Verleugner Jesu einen

Zeugen Christi machte, wird auch uns einen würdigen Nachfolger für den Roncalli-Papst erwecken. Das ist echter Trost aus dem Glauben, den uns das Pfingstfest schenkt.

Es mag innerhalb und außerhalb der Kirche nicht wenige Menschen geben, die in diesen Tagen, da der Papst im Sterben liegt, besorgt fragen: Was wird aus dem so hoffnungsvoll begonnen Wirken gerade für die Einigung der Christenheit werden? Sicher gab und gibt es Stunden in der Kirche so wie damals beim Abschied des Herrn das Wort des Propheten (Zach 13,7) gesagt werden kann: „Ich will den Hirten schlagen und die Herde wird sich zerstreuen" (Mk 14,27).

Aber gerade das erste Pfingstfest, wie es in der Lesung aus der Apostelgeschichte geschildert wird, zeigt uns doch, dass nicht Persönlichkeiten, sondern der Heilige Geist es ist, der die Menschen aus allen Völkern und Nationen zusammenführt. Vertrauen wir auch in Zukunft auf die völkerverbindende, sammelnde und einigende Kraft des Heiligen Geistes.

Meine lieben Christen! Die Zeitungen meldeten dieser Tage, die kommenden Pfingstfeiertage seien überschattet von der Todeskrankheit des Papstes. Wir dagegen, die wir das heutige Festagsevangelium hören, müssen uns sagen: Nein! Umgekehrt, das Pfingstfest überstrahlt mit dem Trost des Heiligen Geistes das Sterben des Papstes! Denn so spricht der HERR: „Euer Herz sei nicht traurig und zage nicht!"(Joh 14,27). „Ich lasse Euch nicht als Waisen zurück" (Joh 14,18). (Papst Johannes XXIII. ist am 3. 6. 1963 gestorben.)

Das Konzil liefert Schlagzeilen
Predigt vom 17. November 1963

Wer das Konzil nur anhand der Schlagzeilen der Tageszeitung verfolgt, muss den Eindruck gewinnen, als ob die Bischöfe in Rom zusammengekommen seien, um einen Machtkampf innerhalb der Kirche auszutragen. Manchem Katholiken wird eine solche Selbstdarstellung der "streitenden Kirche" zum Ärgernis und zur Glaubensbelastung. Schuld daran ist nicht nur die auf Sensationen erpichte Presse, die da bestimmte Vorkommnisse einseitig darstellt und hochspielt, schuld daran, dass unsere gutgläubigen Laien an diesen tatsächlich vorhandenen Meinungsverschiedenheiten Ärgernis nehmen, sind auch wir Seelsorger, weil wir in der Glaubensverkündigung fast immer nur die göttliche Seite der Kirche herausgestellt haben und die menschliche Seite der Kirche gewöhnlich übergangen wurde.

Wir haben immer nur vom Wirken des Heiligen Geistes, besonders bei den Konzilien gesprochen, die Beteiligung der Menschen aber, den Anteil des Menschlichen und Allzumenschlichen in der Kirche verschwiegen, oft aus falscher Rücksichtnahme auf die Gläubigen. Wir haben es den Gegnern überlassen, diese Dinge gegen die Kirche auszuschlachten, statt aufzuzeigen, wie der Heilige Geist auch im Menschlichen in der Kirche wirkt. Denn trotz dem Allzumenschlichen in der Kirche wird die Verheißung Christi bestätigt: „Ich bin bei euch alle Tage bis zum Ende der Welt“ (Mt 28,20).

Auf dem berühmten Konzil von Ephesus (431) haben sich die verschiedenen Richtungen unter den Bischöfen zunächst gegenseitig exkommuniziert, so dass der Kaiser Theodosius II. von Konstantinopel eingegriffen hat, um für Ordnung zu sorgen. Trotzdem hat die entscheidende Glaubenslehre von der wahren Gottheit und Menschheit Jesu Christi gesiegt.

Die von Vertretern der päpstlichen Unfehlbarkeit auf dem ersten Vatikanischen Konzil angewandten Methoden waren nicht immer fair, und Bischof von Ketteler hat unter den Intrigen eines Kardinals Manning gelitten. Und doch haben beide, Ketteler und Manning wesentlichen Anteil am Ergebnis des Konzils. Manning hat durch blindwütigen Einsatz die Unfehlbarkeitsfrage vorangetrieben. Ketteler hat durch seine Opposition gegen die Übertreibungen zur glaubensmäßigen Vertiefung und theologischen Abgrenzung der Unfehlbarkeit des päpstlichen Lehramtes Entscheidendes beigetragen. Das ist ein Musterbeispiel, wie Gottes Geist auch auf krummen Zeilen gerade schreibt.

Der Tribut, den das Konzil an das Menschliche und Allzumenschliche zu zahlen hatte, war damals genauso wie heute der Schlagzeilen wert. Aber, dass trotz all dem am Ende der Heilige Geist der Wahrheit des Glaubens zum Durchbruch verhalf, das gibt uns nun auch für dieses II. Vatikanische Konzil die Zuversicht.

Die Schlagzeilen der nach Sensationen jagenden Presseleute erschüttern meinen Glauben an das Wirken das Heiligen Geistes auch auf diesem Konzil nicht. Was mich aber bedrückt, ist, dass die Aufrufe zu Gebet und Opfer für das Konzil beim Kirchenvolk ein so geringes Echo finden. Wenn man die Zahl derer sieht, die an den Werktagmessen oder Sonntagabendandachten teilnehmen, bekommt man Zweifel am Reformwillen der sogenannten "guten Katholiken".

An sich hätte es nahe gelegen, heute über den heiligen Martinus zu predigen. Es hat aber wenig Sinn den heilige Martinus zu verehren und dabei unsere Bischöfe auf dem Konzil im Stich zu lassen! Ob das nicht die heute notwendige Martinustat wäre, die Blöße, die sich manche Konzilsväter vor der Welt geben, mit dem Mantel unserer Gebete zu decken? Auch hier gilt das Wort Christi: „Was ihr dem Geringsten meiner Brüder getan habt, habt ihr mir getan!“ (Mt 25,40).

Brutaler Terrorismus
Predigt zum Jahresschluss 1977

Ein denkwürdiges Jahr geht zu Ende. Denkwürdig nicht nur wegen der Ereignisse im Terrorismus-Bereich (Entführung und Ermordung von Hans-Martin Schleyer durch Terroristen) oder - um ein positives Beispiel zu nennen - wegen der bis kurz vorher für unwahrscheinlich gehaltenen Friedensinitiative des ägyptischen Staatspräsidenten.

In dieses abgelaufene Jahr fielen auch zwei Gedenktage, über die es wert ist nachzudenken: Der 60. Jahrestag der Oktoberrevolution in Russland und der 60. Jahrestag der Erscheinungen der Gottesmutter Maria in Fatima (13. Mai - 13. Oktober 1917).

Mit dem Ausbruch der bolschewistischen Oktoberrevolution in Russland begann der Siegeszug des Marxismus-Leninismus in der Welt. Kein anderes System in der Geschichte der Menschheit verbreitete sich so schnell in alle Winkel der Erde. Heute lebt ein Drittel der Menschheit unter der roten Diktatur, während der Rest zum großen Teil kommunistisch infiltriert ist.

Nach Lenins eigenen Worten ist „diese Revolution in Russland nur eine Übergangsphase zur Errichtung der Weltrevolution, zur Herrschaft über die Erde." Am Ende seiner Erklärung über die Weltherrschaft bekannte Lenin in wenigen brutalen Sätzen, wie er zu dieser Weltherrschaft zu kommen gedenke: „Von nun an werden wir erbarmungslos mit allen sein. Wir werden alles zerstören und auf diesen Ruinen unseren Tempel errichten." - Nicht nur das russische Volk musste die Erbarmungslosigkeit des Kommunismus erleiden. Jedes Volk, das nach ihm unter seine Herrschaft geriet, musste seine erbarmungslose Brutalität erfahren, von den Völkern Osteuropas angefangen bis hin zu Vietnam, Kambodscha, Angola, Guinea.

Im 7. Kapitel des Buches Daniel schaut der Prophet, wie aus dem Meer der Weltgeschichte vier Tiere aufsteigen, unter anderen ein Bär, dem aus dem Maul noch drei Rippen herausgucken. Eine Stimme ertönt: „Auf! Friss viel Fleisch!" (Dan 7,5). Ich kenne keine bessere Symbolik für Lenins Ankündigung „von nun an werden wir erbarmungslos mit allen sein. Wir werden alles zerstören ...". Der Geist unserer Terroristen ist Geist vom Geiste Lenins!

Lenin spricht vom "Tempel", den er mit seinen Genossen auf den Ruinen errichten wolle. Es ist bemerkenswert, dass er nicht von einer neuen, "Unserer Welt" - wie es im kommunistischen Manifest zu lesen ist - spricht, sondern dass er einen religiösen Begriff gebraucht. Es geht ihm um den Gegensatz zum Tempel der Religion und all jener religiösen Werte, auf denen die Moral und die seitherige Gesellschaftsordnung beruhen. Diese sind seit Jahrtausenden von den Menschen anerkannt und bewahrt und haben letztlich im Lebendigen Gott ihren höchsten Garanten.

Lenins Doktrin erwies sich als die Quelle, aus der - wie Pius XI. es formulierte - „mit teuflischer Folgerichtigkeit all die Ungeheuerlichkeiten des Kommunismus" entspringen, vor allem, die theoretische und praktische Verneinung Gottes und die Kriegserklärung an den Gottesglauben. Das ist bis zur Stunde so geblieben. (Vergleiche: Kourdakov, "Vergib mir Natascha".)

Lenin bezeichnete sich als "persönlicher Feind Gottes". Nicht weniger deutlich waren die Erklärungen seiner Mitarbeiter. Durch den Terror des marxistischen "Evangeliums" sind nach 1945 mehr Menschen umgekommen als durch den Naziterror und den zweiten Weltkrieg zusammen. Auch unsere Terroristen - das hören zwar manche Politiker nicht gern - haben ihre geistige Heimat im Marxismus.

Bereits am 13. Juli 1917 - also schon Monate vor der bolschewistischen Revolution - hatte die Gottesmutter in Fatima erklärt: „Ich bin gekommen, die Gläubigen zu mahnen, ihr Leben zu ändern und Gott, der so sehr beleidigt wird, nicht mehr durch Sünde zu betrüben, den Rosenkranz zu beten, sich zu bessern und Buße zu tun für die Sünden. Wenn man auf meine Wünsche hört, wird Russland sich bekehren, und es wird Friede sein. Wenn nicht, wird es seine Irrlehren über die ganze Welt verbreiten und wird Kriege und Verfolgungen der Kirche heraufbeschwören. Der Heilige Vater wird viel zu leiden haben, verschiedene Nationen werden vernichtet werden. Am Ende wird mein Unbeflecktes Herz triumphieren."

Fatima ist für manche ein Reizwort, aber die Fakten sprechen für sich, nämlich für die Echtheit von Fatima. "Unsere liebe Frau von Fatima" hat das Russlandproblem zu einer Gewissensfrage für jeden Einzelnen gemacht. Ihre Offenbarungen vor sechzig Jahren haben nichts an Aktualität verloren. Sie hat uns gelehrt, dass der Friede der Welt schließlich von der Bekehrung Russlands abhängt. Die Bekehrung Russlands aber hängt von unserer eigenen Bekehrung ab. Nicht die Taten unserer Vorfahren machen uns schuldig, sondern unsere gegenwärtige Entchristlichung. Die Botschaft von Fatima ist nur eine zeitgemäße Wiederholung von Wahrheiten, die ganz vom Geist des Evangeliums geprägt sind. Fatima lehrt uns, dass wir den tiefsten Grund unseres Unglücks nicht in sozial ungerechten Zuständen oder in politischen oder wirtschaftlichen Schwierigkeiten zu suchen haben, sondern in unserem eigenen Herzen! Das Angesicht der Welt wird das gleiche bleiben, solange wir selbst uns nicht ändern.

„Wir müssen den Kommunismus nicht fürchten, weil er Gott bekämpft, sondern weil wir Gott vergessen, – nicht weil er Stärke bekundet in seinem Hass, sondern weil wir schwach sind in unserer Gottes- und Nächstenliebe, nicht weil er die Christen verfolgt und tötet, sondern weil wir nicht als Christen leben ..." (Pater Werenfried van Straaten).

In die große Gewissenserforschung am Ende dieses Jahres müssen wir auch einbeziehen, inwieweit wir selber beitragen das geistige Klima des Terrorismus in unserem Land zu ermöglichen.

✧) Zum Beispiel mit dem Motto: „Unsere Kinder sollen es einmal besser haben als wir" – statt, sie sollen besser sein als wir. Die Folgen in der Erziehung sind: Verwöhnung und Wohlstandsverwahrlosung; Züchtung von Ansprüchen statt Heranbildung von Plichtbewusstsein.

✧) Wir müssen uns fragen, inwieweit wir den Trend zur Konsumgesellschaft mitgemacht oder ihm Vorschub geleistet haben. Gibt es noch in unserem praktischen Leben den freiwilligen Verzicht um höherer Beweggründe willen? Oder ist auch bei uns – obwohl wir uns Christen nennen – die Steigerung der Lust höchstes Ziel!?

✧) Haben wir nicht auch die Brutalisierung der Medien mit zu verantworten, weil wir uns zwar entrüsten, aber nicht dagegen protestieren? Der Weg zur Brutalisierung der Herzen führt auch über die Brutalisierung der Sprache!

✧) Haben wir nicht auch - obwohl wir Christen sind - die öffentliche Pornographie gefördert zum Beispiel durch den Kauf von Illustrierten mit entsprechenden Bildern!? - Zur Strategie der Gesellschaftsveränderer gehört das Zerbrechen sexueller Tabus, um die sogenannte bürgerliche Moral und damit die Fundamente unserer Gesellschaft zu unterminieren und zu zerstören.

✧) Vor einigen Wochen hat ein evangelischer Theologe im Kreis von Politikern erklärt: der Terrorismus sei Bestandteil einer Gesellschaft ohne Gott! Wenn das stimmt, dann können wir den Terrorismus in unserem Land nur loswerden durch die Rückkehr zu Gott! Das verlangt das Aufgeben falscher Emanzipationsbestrebungen. Denn Religion kommt von religare, das heißt "rückbinden", nämlich Bindung an Gott. In der Sowjetunion, einem Land, in dem der Staatsterrorismus herrscht, haben das die Menschen klar erkannt (Brief orthodoxer Christen an den Parteikongress).

Hier appellieren Menschen auch an uns, Menschen, die im Feuerofen des marxistischen Staates aushalten müssen! Sie appellieren auch an uns unter Berufung auf die Botschaft von Fatima.!

Am Anfang dieser Predigt hörten wir das Wort Jesu: „Meint ihr, diese Galiläer (die beim Massaker umgekommen waren, das Pilatus unter den Pilgern auf dem Tempelplatz hatte anrichten lassen) seien größere Sünder gewesen als ihr ... ?“ (Lk 13,1-9) - Hat das russische Volk größere Schuld auf sich geladen als andere Völker Europas? Wohl kaum. „Wenn ihr euch nicht bekehrt, wird es euch nicht besser ergehen“ ... (Lk 13,5). - Müssen wir alle erst auch durch dieses Meer von Blut und Tränen? Reicht es nicht, wenn ein Teil unseres Volkes bereits dem kommunistischen Staatsterror ausgesetzt ist?! Sind die drüben in der DDR vielleicht größere Sünder als wir? Sicher nicht!

Das Gleichnis vom Feigenbaum im Evangelium ist Mahnung auch für uns. Gott hat uns eine Frist gesetzt, auf dass wir Früchte der Bekehrung bringen. Im Gleichnis sagt der Gärtner zum Besitzer: „Lass ihn noch ein Jahr stehen, vielleicht bringt er Früchte. Wenn nicht, magst du ihn umhauen!“ (Lk 13,9). – Dann: Gnad uns Gott!

Die Versuchungen Christi

Predigt zum ersten Fastensonntag 1981

In seiner Legende vom "Großinquisitor" schreibt der russische Dichter Dostojewski: „In diesen drei Fragen des Versuchers an Christus sei gleichsam die ganze weitere Geschichte des Menschengeschlechtes zu einem Ganzen zusammengefasst und vorhergesagt“.

Schon der erste Vers des Evangeliums macht stutzig: „Er wurde vom Geist in die Wüste geführt, um vom Teufel versucht zu werden.“ Das zeigt, die Versuchung Jesu ist keine Panne, sondern im Heilsplan Gottes vorgesehen. "Christus ist versucht worden nicht um Seinetwillen, sondern um unseretwillen: die Versuchungen sind ein Teil des Heils- und Erlösungswerkes" (Theodor Haecker). Das, worum es bei der jeweiligen Versuchung eigentlich geht, ist erkennbar aus den Antworten, mit denen Jesus den Versucher zurückweist.

Wenn Christus die Brotversuchung abweist mit dem Zitat: „Der Mensch lebt nicht vom Brot allein, sondern von jedem Wort, das aus Gottes Mund kommt“ (Dtn 8,3), so zeigt das, dass es in der ersten Versuchung letztlich um die Nicht-Beachtung des Wortes Gottes geht. Aus Gottes Mund kommen die Offenbarung, die Gebote und die Verheißungen Gottes.

„Mach, dass aus diesen Steinen Brot wird.“ – "Brot" ist hier im umfassenden Sinn all das, wovon der Mensch irdisch lebt, nicht nur Essen und Trinken, sondern modern gesprochen, alles, was zur Zivilisation gehört, Konsum, auch geistiger Konsum, auch Kultur. Dem gegenüber macht Jesus mit dem Zitat aus der Heiligen Schrift klar: All das genügt nicht für das Leben des Menschen. Er isst und trinkt und hurt - das muss auf dem Hintergrund der AIDS-Diskussion auch gesagt sein - sich zu Tode, wenn er nicht annimmt, „was aus dem Munde Gottes kommt“. - Dort wo der Mensch nur vom Brot allein unter Ausschluss dessen, was aus dem Munde Gottes kommt, zu leben versucht, verspielt er nicht nur sein ewiges Heil, sondern er ruiniert auch sein irdisches Leben.

Bei der zweiten Versuchung, der Versuchung zum Sprung von der Tempelzinne, zeigt die Antwort Jesu wiederum mit einem Bibelzitat, worum es eigentlich geht: „Du sollst den Herrn, deinen Gott nicht auf die Probe stellen“ (Dtn 6.16). Nicht der Mensch stellt Gott auf die Probe, sondern Gott stellt den Menschen auf die Probe! - Wo der Mensch das versucht, stellt er die Ordnung auf den Kopf. Es wäre Vermessenheit, sich bewusst in gefährliche Situationen zu begeben oder sie zu provozieren mit der Erwartung, Gott habe gefälligst seine Engel aufzubieten, damit einem nichts passiert. „Wer die Gefahr liebt, kommt darin um!“ Das Sprichwort ist bekannt. Auch wer sich unnötig in geistliche Gefahr begibt, darf nicht denken, dass Gott helfen werde.

Wer als Christ meint, er könne die Warnungen der Heiligen Schrift vor der Gefahr zur Sünde in den Wind schlagen, er brauche kein Einüben zur Selbstüberwindung: die Askese - und er könne unbefangen mit den Trieben des Menschen als etwas ganz Natürlichem umgehen, ohne zu bedenken, dass die menschliche Natur erbsündig angeschlagen ist, und jeder infolgedessen in seiner Sittlichkeit gefährdet ist, der gleicht einem, der aus dem Flugzeug ohne Fallschirm abspringt. Biblisch formuliert: der fällt auf die zweite Versuchung auf der Tempelzinne herein: „Stürze dich hinab, denn Gott hat ja seinen Engeln geboten, dass sie dich auf den Händen tragen.“ Das Teuflische bei dieser Versuchung auf der Tempelzinne ist, dass sie sogar noch mit einem Bibelzitat, das heißt theologisch begründet wird.

Es gibt moderne Beispiele dafür, wie Versuchungen in theologischer Verkleidung daherkommen, zum Beispiel "Theologie der Revolution", "Theologie der Befreiung", in denen der Klassenkampf in marxistischen Ideen theologisch verbrämt werden. Sogar eine "feministische Theologie" wurde geschaffen.

Das Raffinierte bei all dem ist, dass da unter Umständen berechtigte Anliegen oder Gesichtspunkte aufgegriffen, aber dann verabsolutiert werden, wodurch das Ganze zur Häresie degeneriert, die den katholischen Glauben zersetzt.

Dostojeweski hat in seiner Legende vom Großinquisitor geschrieben: „Wenn man alle Weisen versammeln würde, alle Gottesgelehrten und Philosophen zusammengerufen hätte, um diese Fragen »auszudenken und zu formulieren, alle Weisheit der Erde« hätte dazu nicht ausgereicht, was an Kraft und Tiefe diesen Worten gleichkäme, die der böse Geist in der Wüste dem Herrn vorgetragen hat." Schon allein daran könne man erkennen, »dass man es nicht mit einem menschlichen vergänglichen Verstand zu tun habe, sondern mit dem furchtbaren und klugen Geist, dem Geist der Selbstvernichtung und des Nichtseins.«"

Papst Paul VI. sprach einmal im Zusammenhang mit den nachkonziliaren Wirren von der "Selbstzerstörung der Kirche". In der Versuchung auf der Tempelzinne ist das schon vorabgebildet: „Stürze dich hinab," du brauchst kein Fangnetz wie die Artisten. – „Denn Gott hat ja seinen Engeln geboten, dich auf den Händen zu tragen" (Ps 91,11).

Ein Beispiel dafür habe ich mir aufgehoben, einen Artikel aus der Saarbrücker Zeitung. – Mit der Balkenüberschrift „Auf Dogmen ist keine Verlass" wird da berichtet von einer Tagung der katholischen Akademie in Bayern: Auch im Glauben Mut zum Neuen. Der 33-jährige Professor Dr. Walter Kasper, Dogmatiker in Münster sprach auf einer Tagung über "Dogma und Glaube". – „Kasper nahm eine beachtliche Demontage am Dogmengebäude vor, indem er es zunächst auf seine Geschichtlichkeit abklopfte. Immer mehr schlug der junge Theologe vom äußeren Verputz der Glaubenszwingburg ab. Schließlich reduzierte Kasper die Dogmatik auf die unterste Stufe des christlichen Urglaubens: auf die Lehre von der Dreifaltigkeit Gottes. Das Apostolische Glaubensbekenntnis, das die auch theologisch umstrittene Auferstehung und Himmelfahrt Christi umfasst, fand in dieser Minimalforderung schon keinen Platz mehr. Nicht die Vorsicht, sondere das Gewagteste sei heute das Sicherste."

Das ist die Aufforderung zum Sprung von der Tempelzinne! Entsprechend diesen Ratschlägen des damals 33-jährigen jungen Professors für Dogmatik haben nicht wenige ohne das Fangnetz der katholischen Dogmen den Sprung von der Tempelzinne gewagt und sich nicht nur selbst in ihrem Glauben zu Tode gestürzt, sondern auch noch andere mit hinab gerissen.

Noch etwas fällt auf. Der Satan argumentiert bei den beiden ersten Versuchungen damit: „Wenn du der Sohn Gottes bist", das heißt der Versucher gibt vor, dass das, was er da vorschlägt, durchaus dem Wesen des Sohnes Gottes gemäß sei. Wir können somit davon ausgehen, dass dort, wo Menschen versucht werden, er dementsprechend mit dem Menschsein argumentieren wird. Also, wenn du ein Mensch bist, dann gehört das zu deinem Menschsein, dass du dich so und so verhältst, das bist du dir als Mensch schuldig. Der Satan gibt sich immer als Menschenfreund, schon im Paradies, obwohl er von Christus als "Menschenmörder von Anfang an" (Joh 8,44) bezeichnet wird.

So wurde zum Beispiel die Euthanasie in der Nazizeit als ein Akt der Humanität gegenüber unheilbar Kranken hingestellt. Die Judenvernichtung wurde von den Nazis ebenfalls als eine Wohltat für die Menschheit erklärt. Auch in der Diskussion um die "Sterbehilfe" (Euthanasie) tauchen heute immer humanitäre Argumente auf. Dabei ist es wahrhaft human einem Menschen beim Sterben beizustehen, aber nicht ihm zum Sterben zu verhelfen. Das eine ist Nächstenliebe, das andere ist Mord. Auch die Abtreibung wird heutzutage als humanitäre Hilfe für Schwangere ausgegeben – allerdings auf Kosten des Lebens des ungeborenen Kindes. So wie es zur Taktik des Teufels gehörte, an das Gottes-Sohn-Sein Jesu zu appellieren, so gehört es zur teuflischen Taktik gegenüber dem Menschen, sich auf dessen Menschsein zu berufen. Auch die Emanzipationsbewegung begründet ja ihre Ideen mit der Selbstverwirklichung und Selbstentfaltung des Menschen. Der teuflische Pferdefuß dabei ist, dass außer Acht gelassen wird, dass die Selbstverwirklichung ihr Grenze findet am Recht des Anderen, am Anspruch der Kinder und des Ehepartners und vor allem am Anspruch Gottes an den Menschen! Im Evangelium lesen wir nicht: „Wer mein Jünger sein will", der verwirkliche sich selbst, sondern: „der verleugne sich selbst" (Mt 16,24).

In der dritten Versuchung lässt der Teufel die Maske fallen. Er gibt sich aus als der, der er ist, als "der Fürst dieser Welt" (Joh 12,31) Und er zeigt, was er zu bieten hat: "alle Reiche dieser Welt und ihre Herrlichkeit". – Und er bietet tatsächlich an, was er zu bieten hat: „Dies alles will ich dir geben!" Unter der einen Bedingung: „Wenn du niederfällst und mich anbetest!"

Die Antwort Christi offenbart uns auch hier wieder das Wesen dieser letzten Versuchung: „Es steht geschrieben: Den Herrn, deinen Gott sollst du anbeten und ihm allein dienen!" (Dt 6,13). Darum geht es im Letzten in der Weltgeschichte: um die Anbetung. Die Frage ist nur, wem sie geleistet wird, dem Satan oder Gott?! Hierauf gibt es nur das Entweder-Oder! – Da hilft kein Kompromiss und keine Berufung auf den "Pluralismus". Die Heiligen, die den Sinn Christi hatten, wussten darum, viele Menschen heute aber anscheinend nicht. Die einzig richtige Antwort ist hier nicht das "Sowohl-als-auch", sondern die Antwort Christi: „Weiche Satan!"

Die Versexualisierung der Öffentlichkeit

Predigt vom 22. Februar 1987

Predigt zu 1 Kor 3,16-20: „Wisst ihr nicht, dass ihr der Tempel Gottes seid, und dass der Geist Gottes in euch wohnt? Wenn jemand den Tempel Gottes zugrunde richtet, den wird Gott zugrunde richten. Denn der Tempel Gottes ist heilig, und der seid ihr. Keiner täusche sich selbst: wenn sich einer von euch für weise hält in dieser Welt, soll er zum Toren werden, um weise zu werden. Denn die Weisheit dieser Welt ist Torheit vor Gott! Es steht doch geschrieben: „Der die Weisen in ihrer Schlauheit fängt", und wieder: „Der Herr kennt der Weisen Gedanken: nichtig sind sie."

Wenn ich in den Briefen des Apostels Paulus lese, kommt es mir vor, als ob da einer mit dem schweren Klöppel eine Glocke voll zum Klingen bringt, während wir Prediger so wie mit dem Fingerknöchel an den Rand der Glocke pochen und ihr nur leise Töne entlocken.

Nehmen wir nur einmal aus der heutigen Sonntagslesung den Vers „Die Weisheit dieser Welt ist Torheit vor Gott" (1 Kor 3,19). Wenn einer kommt und behauptet, das, was er vertrete, sei die neueste Erkenntnis der Wissenschaft, kriechen wir Christen gewöhnlich schon in die Mäuselöcher, weil wir ja nicht als dumm erscheinen möchten. Vergleiche dagegen den Apostel: „Wenn unter euch einer meint, er sei weise in dieser Welt, dann werde er töricht, um weise zu werden" (1 Kor 3,18). Begründung: „Denn die Weisheit dieser Welt ist Torheit vor Gott." Wir erleben das zur Zeit an einem ganz offenkundigen Beispiel: der öffentlichen Diskussion darüber, wie die Lustseuche AIDS einzudämmen sei, die ja unbestritten eine Folge der sexuellen Revolution und der Libertinage auf diesem Gebiet ist.

In zwölf Universitätsstädten wurde kürzlich eine Untersuchung über das Sexualleben der Studenten und Studentinnen durchgeführt. Es ergab sich, dass 86% der Studenten und 91% der Studentinnen mehr oder weniger regelmäßig Geschlechtsverkehr haben, und zwar die Hälfte der Studierenden mit mehreren, manche mit zehn oder zwanzig wechselnden Partnern.

(Kardinal Joseph Höffner, Hirtenbrief zum Familiensonntag 1987, veröffentlicht in ZEITFRAGEN Nr. 38, Presseamt des Erzbistums Köln.) In einer Fußnote wird verwiesen auf Ulrich Clement, "Sexualität im sozialen Wandel", Stuttgart 1986. Ferner auf Werner Ross: "Der Tod der Erotik. Versuch einer Bilanz der sexuellen Revolution." Graz-Wien-Köln 1986. – In diesen Büchern werden die für die Ausbreitung einer solchen Seuche entsprechenden Voraussetzungen belegt.

Seit Jahren hat man Schamhaftigkeit und Keuschheit lächerlich gemacht und als verklemmt hingestellt. Man hat der Schamlosigkeit und Unsittlichkeit Tür und Tor geöffnet als man die Pornographie freigab. Hat man die staatlichen Gesetze vor circa 15 Jahren den Perversitäten einer Gruppe von anormalen und bedauernswerten Menschen angepasst und damit die Wege dafür geebnet, dass heute das Anormale als normal und das Normale als anormal gilt, dass Laster als Tugend und Tugend als Verklemmung hingestellt wird?

Selbst im kirchlichen Bereich wurde man auf diesem Gebiet kleinlaut und hat weitgehend verschwiegen, dass „wer so etwas tut, das Reich Gottes nicht erben wird" (Gal 5,21; Eph 5,3-5).

Vergleiche Deutsche Katechese für Jugendliche: „Macht Sex und habt ein gutes Gewissen" (Der schwarze Brief, – Sonderblatt Nr. 7/87).

Nun, da wir mit den Folgen der sexuellen Libertinage konfrontiert werden, wagt man nicht, den Fehler einzugestehen und zur Umkehr aufzurufen. Angesichts der tödlichen Lustseuche fällt den Politikern nichts Besseres ein, als sich für die Propagierung von Gummiartikeln stark zu machen und vorzuschlagen, sie schon an den Schulen für 12-jährige auszugeben. All das entspricht dem materialistischen und marxistischen Menschenbild, dass man meint, mit mechanischen Mitteln Schutz vor einer Seuche bieten zu sollen, wo es doch gälte, den eigentlichen Herd, die moralische Verseuchung unseres Volkes zu bekämpfen.

Im Gegenteil, man ist ängstlich darum besorgt, ja nichts von diesen fragwürdigen "Errungenschaften" der Sex-Revolution preisgeben zu müssen. - Gestern abend kam bei den Nachrichten: Eine Partei aus dem benachbarter Bundesland fordert einen - wörtlich - "Schwulenbeauftragten" im Landtag der sich für deren Belange einsetzen soll. All das zeigt doch, dass man trotz der tödlichen Gefahr dabei ist, den "Genuss ohne Reue" auch weiterhin mit allen Mitteln zu garantieren.

Thomas von Aquin hätte eine solche Einstellung "prudentia carnalis" genannt: die Gerissenheit des Fleisches! Doch diese Art von Weisheit dieser Welt ist Torheit vor Gott!

Wir Christen müssen angesichts solcher Weltweisheit den Mut aufbringen, in den Augen der Welt töricht zu erscheinen, um vor Gott weise zu sein. - In der gegenwärtigen Situation heißt das, Schamhaftigkeit und Keuschheit als christliche Tugenden bewusst wieder herauszustellen, und anstatt des Sexualkundeunterrichts die Erziehung zur Schamhaftigkeit und Keuschheit in der Schule für unsere Kinder zu fordern. - (Vergleiche Brief von Dr. med. Siegfried Ernst, Ulm, l. Vorsitzender der Europäischen Ärzteaktion, an den baden-württembergischen Kultusminister Prof. Dr. Hahn. Deutsche Tagespost 4./5.7.86)

Die gegenwärtige AIDS-Diskussion ist ja nur ein Beispiel dafür, wie Weltweisheit und Weisheit vor Gott miteinander im Clinch liegen. Es geht ja auch um die übrigen christlichen Tugenden wie Ehrlichkeit, Wahrhaftigkeit, Treue und Glauben, Versöhnungsbereitschaft. Wer die Bergpredigt liest und zu Herzen nimmt, muss sich bei den unter Weltmenschen geläufigen Praktiken und Verhaltensweisen für dumm vorkommen. - Vergessen wir nicht: das letzte Urteil fällt einmal nicht die Welt sondern Gott! Von IHM heißt es in der Schrift: „ER fängt die Schlauen in ihrer eigenen Gerissenheit“ (Job 5,13).

Ich höre den Einwand: Die Leute, die das angehe, die säßen nicht unter meinen Zuhörern. Mag sein. Aber ich weiß auch um die Verunsicherung derer, die noch glauben und christlich leben wollen.

Denen muss ich sonntags das Rückgrat stärken, damit sie draußen nicht feige kuschen, sondern den Mund aufmachen. Denn wer heutzutage schweigt, trägt dazu bei, dass andere, die ähnlich denken wie er, sich auch nicht getrauen, für ihre Überzeugung einzustehen. So verstärkt sich die "Schweigespirale"! - Und es entsteht am Schluss der Eindruck, alle Welt sei einer bestimmten Ansicht. - Nur noch ein "armer Irrer", der den Anschluss an die heutige Zeit verpasst hat, habe solche Ansichten, wie sie die christlich Moral vertritt. - Vergessen wir darum doch nicht, dass Mut zum Bekenntnis des Glaubens gehört und zum Auftrag des Laien in der Welt. Denn das Bekenntnis des Glaubens verlangt auch heute von uns das Bekenntnis zur christlichen Moral und zur christlichen Lebensweise.

Lernen wir vom Apostel Paulus mit dem wuchtigen Klöppel die große, schwere Glocke des Evangeliums zu läuten, statt nur zaghaft mit den Knöcheln daran zu pochen. Denn „Der Herr kennt die Überlegungen der Gescheiten; sie sind nur Luftgespinnste“ (Ps 93,11).

Reaktion eines Redakteurs der Wiesbadener AZ Dr. Hermann Schreiber zur Predigt.

Mainz - Gonsenheim am 25. Februar 1987

Lieber Guido, da ich es mir seit Jahren angewöhnt habe, sonntags vormittags früh in der Redaktion zu sein, weil dies der einzige Zeitpunkt ist, an dem keine Hektik herrscht, ist es mir auch liebe Gewohnheit geworden, die Frühmesse im Dom zu besuchen. Ich tue es besonders gern, weil ich Dich dort predigen höre. Und das ist auch der Anlass, warum ich Dir heute schreibe.

Ich bin sehr angetan davon, wie Du in Deinen letzten Predigten, auf das Thema "Aids" eingegangen bist. Es wird so viel darüber geredet und geschrieben, doch der theologische Hintergrund wird dabei nur selten angesprochen. Und ich finde, dass Du genau den richtigen Ton gefunden hast, das dazu zu sagen, was ein gläubiger

Christ davon halten sollte. Deswegen hat mir auch gefallen, dass Du am letzten Sonntag darauf hingewiesen hast. Du wolltest denen, die Dich hören, in dieser Frage den Rücken stärken. - Vielleicht entdeckst Du mich gelegentlich einmal im hinteren Kirchenschiff, wo ich an den drei letzten Pfeilern nach dem Kreuzgang zu meinen Stammplatz habe. Vielleicht rümpfst Du auch die Nase, weil ich nicht selten zu spät komme und dann auch mitunter schon vor dem letzten Segen verschwinde, weil die sonntägliche Arbeit ruft.

Sei in alter Freundschaft herzlich gegrüßt von Deinem Studienfreund und Landsmann Hermann Schreiber.

Die Entziehung der kirchlichen Lehrbefugnis von Prof. Dr. Uta Ranke-Heinemann

Liebe Brüder und Schwestern im Herrn!

Sie haben in den letzten Tagen den Fall der Essener Theologie-Professorin mitbekommen, welche die Glaubenswahrheit von der jungfräulichen Empfängnis Jesu von Maria der Jungfrau bestreitet. Schon vor 10 Jahren wies der neu ernannte Münchener Erzbischof Joseph Ratzinger darauf hin, „dass die Jungfrauengeburt ... als reale Tatsache der Geschichte, aufs schärfste bestritten und heute auch von katholischen Theologen weithin aufgegeben wird“ (Joseph Ratzinger, "Die Tochter Zion").

Darum möchte ich anlässlich des Entzugs der kirchlichen Lehrbefugnis von Frau Prof. Dr. Uta Ranke-Heinemann einige Gesichtspunkte darlegen, die Ihnen helfen können, die Problematik besser zu verstehen und einer eventuellen Glaubensverunsicherung vorzubeugen.

Zunächst ist mir aufgefallen, dass in der Berichterstattung der Medien zwei Dogmen zum Teil verwechselt beziehungsweise durcheinandergeworfen wurden: Einmal das Dogma von der "Unbefleckten Empfängnis Mariens", ein Glaubensgeheimnis, das wir am 8. Dezember feiern. Es besagt, dass Maria vom ersten Augenblick ihrer Existenz an, da sie selber im Mutterschoß auf natürliche Weise durch väterliche Zeugung empfangen wurde, durch Gottes besondere Gnade frei von der Erbschuld blieb. – Und zum anderen das Dogma von der "Jungfräulichen Empfängnis Mariens", das wir am 25. März feiern. Und dieses besagt, dass das Christuskind nicht auf natürliche Weise, nicht durch väterliche Zeugung empfangen wurde, sondern wie es Matthäus 1,18 ausdrücklich heißt: „durch das Wirken des Heiligen Geistes". Das heißt, dass der heilige Joseph nicht der leibliche Vater Jesu ist. Denn Jesus wurde, wie es Lukas 3,23 bezeugt, nur "für den Sohn Josephs gehalten".

Sowohl der Stammbaum Jesu bei Matthäus 1,1-16 als auch der bei Lukas 3,24-38 weisen Joseph als den gesetzlichen Vater, aber nicht als den leiblichen Vater Jesu aus. Beide Evangelisten bezeugen unabhängig voneinander die Tatsache der vaterlosen Empfängnis Jesu als ein vom Heiligen Geist gewirktes Wunder.

Die Essener Theologie-Professorin – und vor ihr schon andere Theologen – behauptet, das sei nur eine zeit- und umweltbedingte Vorstellung der heidenchristlichen Kirche in nachapostolischer Zeit. Denn heidnische Mythen berichteten, dass außergewöhnliche Menschen ihren Ursprung dem Verkehr der Götter mit jungfräulichen Müttern verdankten. Und diese Vorstellung habe man im heidenchristlichen Milieu auf Jesus angewandt, um auf diese Weise „den schöpferischen Neuansatz in der Heilsgeschichte auszusagen, der mit Jesus von Nazareth anhebe" (Uta Ranke-Heinemann).

So sei es später zum Glauben an die leibliche Jungfräulichkeit Mariens bei der Empfängnis Jesu gekommen. – Wir Heutigen dagegen müssten uns von diesem zeitbedingten Vorstellungsmodell lösen und könnten „die neutestamentlichen Berichte bei Matthäus und Lukas, innerhalb derer die Jungfrauengeburt ausgesagt wird, durchaus als Bildersprache" auslegen (Uta Ranke-Heinmann).

Nach Ansicht namhafter Exegeten gehen die Kindheitsgeschichten bei Matthäus und Lukas auf Quellen zurück, die den Evangelisten vorgegeben waren und nicht aus heidenchristlichem Milieu, sondern judenchristlicher Umwelt stammen. Aufgrund der Sprache und der Sprachrhytmik und der Weise der Darstellung schließen Fachleute auf den jüdischen Ursprung dieser Texte (Vergleiche Gaechter "Maria im Erdenleben", - Schürmann "Herders theologischer Kommentar, Lukasevangelium", - Gaechter "Matthäus-Evangelium").

Bereits im l. Jahrhundert gab es eine judenchristliche Sekte, die Ebioniten, die unter anderem die ewige Gottessohnschaft (Präexistenz) Jesu und auch die Jungfrauengeburt leugneten. Die haben sogar das Matthäus Evangelium umgearbeitet, damit es für ihre Glaubensansichten passte. Die Briefe des heiligen Paulus haben sie als die eines Apostaten abgelehnt. - Im 2. Jahrhundert gab es einen griechischen Philosophen Kelsos der eine Streitschrift gegen die Christen verfasste. Aus der Gegenschrift des christlichen Schriftstellers Origines erfahren wir, dass dieser Kelsos ebenfalls den Glauben der Christen an die Jungfrauengeburt angriff und behauptete, Jesus sei das uneheliche Kind Mariens von einem römischen Legionär gewesen. Sogar den Namen des Legionärs will er von einem jüdischen Gewährsmann erfahren haben. Beide Beispiele zeigen, dass man die Aussagen der Evangelisten über die jungfräuliche Empfängnis Jesu nicht bildlich, sondern wörtlich genommen hat. Es wäre für Origines ein Leichtes gewesen, den Vorwurf des Kelsos zu entkräften, wenn er darauf hingewiesen hätte, dass das ja nur bildlich zu verstehen sei. Aber er stellt sich voll und ganz hinter die Aussagen der Evangelisten: "empfangen vom Heiligen Geist" im eigentlichen Sinn.

Gegenüber allen Versuchen, die Jungfrauengeburt zu leugnen, hat die Kirche im Lauf der Jahrhunderte stets daran als einer Glaubenstatsache festgehalten. (Vergleiche Neuner-Roos "Der Glaube der Kirche"). Es gibt auch für heutige Theologen kein Zurück hinter das Dogma von der jungfräulichen Empfängnis Jesu vom Heiligen Geist. Das Lehramt der Kirche hat darüber zu wachen, dass dieser Glaubensinhalt nicht umgedeutet wird, während die Formulierungen noch als Worthülsen beibehalten werden. – Die erwähnte Essener Theologie-Professorin hat ja erklärt: „Ich bekenne mich zum Glaubensbekenntnis der Kirche (Nicaeno-Constantinopolitanum und Apostolicum) und damit empfangen durch den Heiligen Geist, geboren von der Jungfrau Maria ... Doch können nach meiner persönlichen Überzeugung die neutestamentlichen Berichte bei Matthäus und Lukas, innerhalb derer die Jungfrauengeburt ausgesagt wird, durchaus als Bildersprache ausgelegt werden und müssen nicht im Sinn eines modernen Begriffs von Historie streng historisch und in einem engeren biologischen Sinn verstanden werden." Das heißt sie war bereit, die Formulierung des Credo zu akzeptieren, aber ihr einen anderen Sinn zu unterschieben. Mit dieser Methode kann man alle Glaubenswahrheiten unterlaufen und auflösen, einschließlich der Auferstehung Christi. Wie es ja auch tatsächlich geschieht, indem man erklärt, Auferstehung bedeute nicht, dass Christus leiblich von den Toten auferstanden sei, sondern Auferstehung bedeute, „die Sache Christi geht weiter". Während der Sinn des Glaubensbekenntnisses von der Auferstehung Christi doch der ist: die Person Christi lebt weiter! Selbst den Gottesglauben kann man auf diese Weise umdeuten. "Gott" sei nur "eine bestimmte Art der Mitmenschlichkeit" (Heinz Zahrnt).

Kardinal Joseph Ratzinger hat schon in seinem vor 10 Jahren erschienenen Büchlein, "Die Tochter Zion" darauf aufmerksam gemacht, dass es bei der Frage um die Jungfrauengeburt, eigentlich gar nicht so sehr um die historische Frage geht, ob Maria Christus vom Heiligen Geist auf jungfräuliche Weise empfangen hat, sondern um letztlich zwei verschiedene „Vorstellungen vom Verhältnis Gottes zu seiner Welt. – Die Vorstellung, dass das weltlich ganz Unwahrscheinliche auch das für Gott Unmögliche sei". Darin stecke die stille Voraussetzung, dass Gott die Geschichte nicht erreichen und nicht in sie eingreifen könne, – dass Gott die Naturgesetze nicht durchbrechen kann. „Wenn man den Voraussetzungen und Konsequenzen des Ganzen nachgeht“, handelt es sich hierbei nicht - wie ein Journalist neulich einmal schrieb - um einen „Nebenkampfplatz“, sondern „letztlich um die Frage aller Fragen: Wer oder was ist Gott?“ (Josef Ratzinger).

Der Glaube der Kirche von der Geburt Jesu aus der Jungfrau Maria „ist nicht irgendein idyllischer Andachtswinkel im Gefüge neutestamentlichen Glaubens, nicht eine kleine Privatkapelle zweier Evangelisten“ für fromme Seelen, die man im Zuge der Modernisierung der Kirche abreißen könnte. Es geht dabei letztlich um die Gottesfrage. Auch der Glaubenssatz „empfangen vom Heiligen Geist, geboren aus Maria der Jungfrau“ bezeugt den Glauben an den Gott der Bibel, den Gott, „der allein Wunder tut“ (Ps 72,18), den „Gott, bei dem kein Ding unmöglich ist“ (Lk 1,37).

Der Glaube an das Dogma "Empfangen vom Heiligen Geist" ist der Glaube an die Souveränität und Freiheit Gottes, zu tun und zu wirken, was ER will, wie ER will und wann ER will. Auf dieser Souveränität und Freiheit Gottes beruht letztlich auch unsere christliche Freiheit und christliche Hoffnung (Vergleiche Ratzinger). - [Predigt vom 21. Juni 1987].

Gezählt - Gewogen - Geteilt
Predigt zum Jahresabschluss 1989

Die übergeschichtliche Wahrheit dieser Lesung aus dem Buch Daniel, 5. Kapitel vom Nachtmahl König Balthasars ist durch die Ereignisse der letzten Wochen des zu Ende gehenden Jahres erneut bestätigt worden.

"Mene - Tekel - Peres" so deutet der Prophet Daniel die geheimnisvollen Schriftzeichen an der Wand des königlichen Speisesaals. ... „Gezählt hat Gott die Tage deiner Herrschaft und macht ihr ein

Ende. ... Gewogen wurdest du auf der Waage und wardst zu leicht befunden. Geteilt wird dein Reich und den Medern und Persern gegeben." All das trifft ja nicht nur für das babylonische Reich zu, sondern wie die Geschichte zeigt auf alle Reiche dieser Welt.

Mene - Gezählt waren auch die Tage der Pharaonen, der Meder und Perser, - gezählt auch die Tage des Imperium Romanum, auch die Tage des Heiligen Römischen Reiches deutscher Nation, auch die Tage der Herrschaft Napoleons. Und das "1000-jährige Reich" Hitlers hat nur ganze 12 Jahre gedauert. - Sollte es darum dem roten Imperium unter Hammer und Sichel und seinen Satelliten anders ergehen?

Anfang Oktober 1989 erklärte noch Erich Honecker in Gegenwart Gorbatschows: „Die Berliner Mauer wird noch in 100 Jahren ihre Gültigkeit behalten ..." - Wer hätte damals damit gerechnet, dass noch vor Ablauf von 100 Tagen die Steine dieser Berliner Mauer von der staatseigenen Handelsgesellschaft devisenbringend verscherbelt würden!

Gezählt hatte Gott auch die Tage der Herrschaft Honneckers und machte ihnen ein Ende. Im Jahre 1961 begann die Verbreitung des Fernsehens in der Sowjetunion. Der damals mächtigste Mann der UdSSR Nikita Chruschtschow zeigte sich vor dem Bildschirm mit der stolzen Behauptung: „Im Jahre 1981 werde ich euch im Fernsehen den letzten Christen präsentieren!" Drei Jahre später verschwand er von der politischen Bühne und geriet in Vergessenheit. Keine drei Jahrzehnte nach jener hochmütigen gottlosen "Prophezeiung" steigt die Zahl der Christen in der Sowjetunion wie in keinem anderen Land der westlichen Welt.

Und fast auf den Tag genau 72 Jahre nach dem Beginn der bolschewistischen Revolution wurden im sowjetischen Fernsehen die Bilder übertragen, wie der erste Mann der UdSSR Gorbatschow dem Papst in Rom, dem Stellvertreter Christi auf Erden, seine diplomatische Aufwartung machte.

Als auf der Potsdamer Konferenz 1945 die Siegermächte über das Schicksal Deutschlands entschieden, machte einer der Vertreter der Alliierten die Bemerkung, was wohl Papst Pius XII. dazu sage.

Stalin quittierte das mit der ironischen Gegenfrage: „Wie viele Divisionen hat der Papst!?“ Wo der letzte Christ innerhalb von 20 Jahren im Fernsehen vorgeführt werden sollte, dort wurde statt dessen in der Heiligen Nacht 1989 die Mitternachtsmesse des Papstes aus Rom in der gesamten Sowjetunion übertragen.

1917 hatte die Gottesmutter in Fatima den 3 Hirtenkindern vorausgesagt, dass Russland seine Irrtümer über die ganze Welt ausbreiten werde, aber auch dass Russland sich bekehren würde. - Wenn nicht alles täuscht, sind wir in die Zeit eingetreten, da das in Erfüllung geht.

Am 13. Oktober dieses Jahres wurde zum ersten Mal seit der bolschewistischen Revolution in der Hauptkirche des Kreml, in der Mariae-Entschlafungs-Kathedrale die "göttliche Liturgie" gefeiert. - Beachten Sie: Am 13. Oktober 1917 fand in Fatima die letzte Erscheinung der Gottesmutter und das von Ihr angekündigte große Sonnenwunder statt, dessen Zeugen circa siebzigtausend Menschen wurden.

Und ausgerechnet an einem 13. Oktober wird zum ersten Mal wieder in dieser zum Museum degradierten Muttergotteskirche im Zentrum der roten Weltmacht die Heilige Messe, die "göttliche Liturgie" gefeiert! Zufall oder himmlische Regie?

„Mene“ lautete das Zeichen an der Wand beim Nachtmahl Balthasars. Und Daniel deutete es: „Gezählt hat Gott die Tage deiner Herrschaft und macht ihnen ein Ende“. - Gezählt sind bei Gott auch die Tage der atheistischen Herrschaft über die Völker Osteuropas und es wird ihr ein Ende gemacht.

"Tekel" - „Gewogen wurdest du und zu leicht befunden!“ - Sind wir uns bewusst. dass wir an einer geschichtlichen Wende stehen, bei der Ideen und Ideologien gewogen und zu leicht befunden wer-

den? In diesem Jahr 1989 wurden die Gedenkfeiern an die Französische Revolution veranstaltet. "Freiheit. Gleichheit. Brüderlichkeit" sind von der Wurzel her urchristliche Ideale, aber in der geistigen Entwicklung Europas haben sie sich vom religiösen Mutterboden, das heißt der Bindung an Gott emanzipiert.

An die Stelle der Religio, der Rückbindung an Gott, ist die Autonomie des Menschen getreten, des Menschen, der sich selbst zum Maß macht, sich selbst das Gesetz gibt und nicht mehr bereit ist, sich das Gesetz in den Geboten von Gott geben zu lassen. Siehe Hans Graf Huyn: „Ihr werdet sein wie Gott. Der Irrtum des modernen Menschen von der französischen Revolution bis heute."

Was wir in Ost und West heute erleben, ist das Debakel des autonomen Menschen, der sich anmaßt, wie Gott zu sein. Dostojewski hatte schon die Frage der Rebellion des autonomen Menschen gegen Gott aufgezeigt: „Wenn die Menschen auch die Tempel niederreißen und die Erde mit Blut überschwemmen, schließlich werden sie merken, dass sie doch nur schwächliche Rebellen sind, die ihre eigene Rebellion nicht aushalten."

Auch Friedrich Nietzsche, der Prophet des Übermenschen, hatte vorausgesehen, dass „das größte ... Ereignis, dass Gott tot ist, ... bereits beginnt, seine ersten Schatten über Europa zu werfen." Er war sich darüber klar, dass „nachdem dieser Glaube untergraben ist, nunmehr einfallen muss – alles was auf ihn gebaut, angelehnt, in ihn hineingewachsen war: zum Beispiel unsere ganze europäische Moral."

In den Konzentrationslagern des Archipel Gulag und der Nazis und ihrer Gaskammern hat sich die Idee des autonomen Menschen selber ad absurdum geführt. Humanität ohne Bindung an Gott pervertiert zur Bestialität. Auch in unseren Tagen wird eine Humanität ohne Gott „gewogen und zu leicht befunden".

Wir sind in den letzten Wochen Zeitzeugen spektakulärer Ereignisse im Ostblock geworden. Da drüben brach nicht nur der Kommunismus als politisches System zusammen, sondern auch die diesem System zugrundeliegende Ideologie marxistischer Weltanschauung, des atheistischen dialektischen Materialismus, der im Grunde die perverse Ausgeburt der Ideen ist, die seit über 200 Jahren in europäischen Köpfen ausgesponnen wurden.

Wir sind heute Zeugen, dass der Aufstand des Menschen gegen Gott, der in der Revolution von 1789 seinen ersten Ausbruch erfuhr und in der Oktoberrevolution von 1917 zu einem großen Durchbruch kam, in sich selbst zusammensackt, nachdem er eine Riesenspur von Blut, Tränen und Abermillionen Leichen hinter sich gelassen hat.

Werden wir es im Westen begreifen, dass das, was da zur Zeit im Osten läuft auch ein *Mene- Tekel* für uns ist? – In unseren Medien werden die Vorgänge im Ostblock als ein "Sieg der Freiheit" dargestellt. Aber was kommt dann, wenn die Menschen die Freiheit von der Diktatur erlangt haben?

Dann stellt sich die nicht minder wichtige Frage nach der "Freiheit wofür"! Wäre es nur die Freiheit für den Konsum, die Freiheit des Sich-Aus-Lebens? Wäre es nur die bindungslose Freiheit, in welche die Befreiten jetzt hineinschlittern, und nicht auch und vor allem die Freiheit für Gott, dann wären sie am Ende doch wieder die Betrogenen und Belogenen. An der geschichtlichen Wende, an der wir stehen, werden nicht nur politische Systeme gewogen, sondern auch die geistigen Ideen der letzten 200 Jahre: gewogen und zu leicht befunden!

"Peres" – „Geteilt wird dein Reich und den Persern und den Medern übergeben". (Dan 5,2)

Die Aktualität dieses prophetischen Wortes aufzuzeigen, kann ich mir ersparen. Tagtäglich liefern uns die Medien die Meldungen über den Zerfall des Ostblocks frei Haus. Selbst die Partei, die den Internationalismus und die Einheit der Arbeiterklasse auf ihr Panier geschrieben hatte, ist dabei, an der Nationalitätenfrage zu zerbrechen. Von Führungsrolle und Weltherrschaft ist keine Rede mehr. Angesichts der atemberaubenden Geschwindigkeit dieser Entwicklungen bewahrheitet sich erneut das zweieinhalb jahrtausende alte

Psalmwort: „Was toben die Völker, was machen vergebliche Pläne die Nationen? Die Könige der Erde stehen auf, die Großen der Erde rotten sich zusammen gegen den Herrn und seinen Gesalbten." – „Doch der im Himmel thront. Er lacht. Es spottet ihrer der Herr" (Ps 2). Es gehört zum Spott Gottes, dass diese geschichtliche Wende ausgerechnet vom ersten Mann an der Spitze der Sowjetmacht in Gang gebracht wurde!

Karl Marx hatte das Absterben der Religion vorausgesagt. Nun, nach 70 Jahren Staats-Atheismus, stellt sich heraus: nicht die Religion stirbt ab, sondern der Kommunismus stirbt ab. Und in Osteuropa erleben wir die Wiedergeburt des Christentums! – Wenn Gott einst den Heiden Cyrus als Werkzeug benutzte, um dem Volk Israel nach 70 Jahren babylonischer Gefangenschaft die Freiheit und die Rückkehr zu schenken, warum soll Gott nicht auch den "Mann mit dem bezwingenden Lächeln und den eisernen Zähnen", als den ihn Gromyko vorstellte, für seine Pläne benutzen? Gorbatschow, der stolz ist, ein Kommunist zu sein, ist auch nur ein Werkzeug in der Hand des Allerhöchsten.

Wir alle sind Zeugen, wie auch am Imperium der roten Zaren nun das Mene-Tekel-Peres sich zu erfüllen beginnt: „Gezählt sind die Tage deiner Herrschaft, gewogen wurdest du und zu leicht befunden, geteilt wird dein Reich." – Wir haben allen Grund. Gott heute Abend auf den Knien zu danken, dass wir das noch erleben durften!

Viele von uns verfolgen mit innerer Genugtuung, was da drüben vor sich geht. Aber das Mene-Tekel-Peres gilt auch uns. Es trifft auf jeden einzelnen von uns zu ! – Auch das wollen wir am letzten Abend dieses Jahres bedenken!

Gezählt sind auch unsere Tage. Keiner von uns weiß. ob er den nächsten Silvesterabend noch erlebt. – Fragen Sie sich: Was würde ich tun, wenn ich wüsste, dass ich nur noch 100 Tage lebe, oder dass ich nur noch 24 Stunden zu leben habe?

„Es ist dem Menschen bestimmt, einmal zu sterben und darauf folgt das Gericht“ (Hebr 9,27). Keiner ist davon ausgenommen! König Balthasar starb noch in der gleichen Nacht, da das Mene-Tekel-Peres an der Wand erschienen war, von Mörderhand (Dan 5,30).

Auf mittelalterlichen Darstellungen des Gerichts ist der heilige Erzengel Michael zu sehen mit der Waage, auf der die Seele des Menschen, seine Sünden und seine guten Taten gewogen werden.

Tekel: „Gewogen wirst du“, lautete die Deutung Daniels. Auch unser Leben, unser Tun und Lassen wird einmal gewogen werden.

Letzte Worte bedeutender Männer zeigen, dass in einem Rückblick das Leben nicht selten in einem anderen Licht erscheint und es selbst vor dem eigenen Urteil nicht bestehen kann. – Churchill vor seinem Tod: „Welch ein Narr bin ich gewesen!“ – Sartre am Ende seines Lebens: „Ich bin gescheitert.“ – Nietzsche, der den "Tod Gottes" proklamierte und die geistige "Sonnenfinsternis", die dieses Ereignis auslösen würde, voraussagte, starb in geistiger Umnachtung. In einem lichten Moment erklärte er noch: „Ich habe mich geirrt.“

Am letzten Abend dieses denkwürdigen Jahres wollen wir Besinnung halten, unser Tun und Lassen im Lichte der Gebote Gottes abwägen. Noch ist es Zeit, in sich zu gehen, zu bereuen und umzukehren und Gott um Vergebung zu bitten. Besser als das Eingeständnis Sartre's „Ich bin gescheitert“ ist das ehrliche Bekenntnis: „Vater, ich habe gesündigt“ ... und „Gott sei mir Sünder gnädig!“

Das Peres: "Geteilt" stand nicht nur an der Wand gegenüber der Tafel König Balthasars, es steht auch über unserem Leben. Denn geteilt wird alles, was Du hast. Nichts von dem, was Du Dein Eigen nennst, wird Dir bleiben.

Als Sultan Saladin, der das Heer der Kreuzfahrer bei den Hörnern von Hittim am See Genesareth vernichtend geschlagen hatte, ans Sterben kam, ließ er noch einmal seinen Bannerträger kommen. „Du hast mir in vielen Schlachten das Königsbanner vorausgetragen. Nun sollst du meinem Volk meine Totenfahne zeigen." – Wenig später ritt der Fähnrich durch die Straßen von Damaskus. In der Rechten eine Lanze, daran ein gewöhnliches Leinentuch als Fahne angebracht. Von Zeit zu Zeit hielt er sein Ross an und rief der Menge zu: „Seht der König des Morgenlandes stirbt, und es bleibt ihm nichts aus der Welt als dieses Leichentuch!"

Mene – Tekel – Peres: "Gezählt – gewogen – geteilt". – Das steht auch über dem letzten Abend dieses Jahres als Mahnung an uns alle:

„Wer ist hier, der vor Dir besteht?
Der Mensch, sein Tag, sein Werk vergeht:
Nur Du allein wirst bleiben,
Nur Gottes Jahr währt für und für.
drum kehre jeden Tag zu Dir!",
so heißt es in einem Jahresschlusslied (Gotteslob Nr. 157).

Wenn heute um Mitternacht die Glocken der Kirchen rund um den Erdball das neue Jahr einläuten, wird diesmal auch wieder eine Kirche dabei sein, deren Glocken zum letzten mal am 1. Januar 1917 erklungen sind: Die Basiliuskathedrale auf dem roten Platz in Moskau! Es ist ein Freiheitsgeläute für die Menschen in Russland und den Ländern des Ostblocks, das Freiheitsgeläute jener „Freiheit, zu der uns Christus befreit hat" (Gal 5,1). – Mögen heute Nacht die Glocken der Basiliuskathedrale nicht nur den Menschen in Moskau, sondern überall in der Welt von jener "Gleichheit" zeugen, deren Würde von Dem kommt, vor Dem es nicht mehr „Juden und Griechen, nicht Sklaven und Freie, nicht Mann und Frau" (Gal 3,28) gibt, weil alle durch den Glauben Kinder Gottes in Christus Jesus sind.

Wir wollen darum beten, dass die Glocken der Kathedrale auf dem Roten Platz, die eigentlich als Mariae-Schutz-Kirche errichtet wurde, nach 72 Jahren des Schweigens zum letzten Jahrzehnt des 2. Jahrtausends die Wende einläuten zur wahren Brüderlichkeit unter den Menschen und Völkern, jener Brüderlichkeit, die uns jener geschenkt hat, der als der Sohn Gottes an Weihnachten einer von uns und aller Menschen Bruder geworden ist: Jesus Christus, der Derselbe ist, gestern, heute und in Ewigkeit! (Hebr. 13,8). – Amen, ja Amen!

Geboren ist uns der Herr

Predigt in der Christmette 1982

Es war Heiligabend 1946 in einem Kriegsgefangenenlager in Russland. Todmüde von der schweren Bergewerksarbeit haben sich die meisten der deutschen Kriegsgefangenen auf die Pritsche gelegt, um im Schlaf ihr Elend zu vergessen. Nur ein paar Unentwegte versuchen Weihnachten zu feiern. Da wird plötzlich die Türe aufgerissen und das gefürchtete Kommando erschallt: „Das ganze Lager antreten!" Von den Wachttürmen suchen Scheinwerfer die in Reih und Glied stehenden, frierenden Gestalten ab. Wache und Kommandant, in Mantel und Pelz gehüllt, treten vor. Ein Dolmetscher wird zum Lagerkommandanten gerufen und übersetzt Satz für Satz: „Kriegsgefangene! In eurer Heimat wird heute von Reaktionären ein Fest gefeiert, das zwei Tage dauert. In der Sowjetunion hat man dazu keine Zeit. Da wird gearbeitet zum Wohle der Proletarier der Welt, damit für sie bald die Stunde der Befreiung schlage. Darum singt jetzt zum Zeichen eurer Verbundenheit mit allen Werktätigen die Internationale." Der Dolmetscher stimmt an: „Wacht auf, Verdammte dieser Erde ..." Und tausend Gefangene schweigen. Im Hintergrund aber beginnt einer ein anderes Lied, einige singen mit, zaghaft erst: „Stille Nacht, heilige Nacht..." Dann aber stimmen alle die vor Kälte schlotternden Gestalten voll und kräftig mit ein. Die erste Strophe ist beendet. Der Dolmetscher wiederholt gerade den Schluss der Internationale: „Völker höret die Signale..." Da erklingt wie ein Trutzlied die zweite Strophe: „Stille Nacht ... Hirten erst kund gemacht durch der Engel Halleluja tönt es laut von fern und nah.“ Wie ein Glaubensbekenntnis hallt es durch den dreifachen Stacheldrahtzaun hinaus in die endlose russische Steppe: „Christ der Retter ist da!“ Dann herrscht atemlose Stille. Der sowjetische Kommandant richtet an den Dolmetsche eine Frage. Der antwortet: „Das war die Internationale nach deutscher Melodie.“ (Quelle: Abbé Pierre Lefevre).

Das deutsche Weihnachtslied der Kriegsgefangenen an jenem Heiligabend 1946 schlug nicht nur die Brücke über Tausende von Kilometern zur fernen Heimat. Das „Christ der Retter ist da“ schlug auch die Brücke über Jahrtausende zu den Hirtenfeldern von Bethlehem. Das himmlische Licht, das in der Nacht von Bethlehem aufstrahlte, leuchtete auch in die Finsternis und Kälte der Überreste einer geschlagenen Armee und eines besiegten Volkes.

Das "Gloria in excelsis Deo et in terra pax hominibus", das "Ehre sei Gott in der Höhe und Friede den Menschen auf Erden", das Lied der Engel in der Heiligen Nacht ist umwerfender und mitreißender als alle Revolutionsgesänge. Denn es verkündet: Gott bekennt sich zu uns Menschen trotz der Sünden. Gott will es mit uns zu tun haben trotz unserer Schuld. Gott will mit uns sein, so sehr, dass ER einer von uns geworden ist, ohne aufzuhören der zu sein, der ER von Ewigkeit her war! Diese Tatsache ist für nicht wenige ein Ärgernis. Die einen stoßen sich daran, dass Gott sich so sehr herablässt. Darum meinen sie, Gott sei nur scheinbar Mensch geworden. Denen gegenüber erklärt das Johannesevangelium ganz massiv im Prolog: „Das Wort ist Fleisch geworden“ (Joh 1,14). Andere nehmen Anstoß daran, dass er Gott bleibt, obwohl Er Mensch wurde. Sie möchten Christus seiner göttlichen Würde entkleiden, sein wahres Gottsein abstreiten, weil ihr Verstand sich auflehnt, anzuerkennen, was er nicht fassen kann und nicht in den Griff bekommen kann.

Unweit Moskau liegt ein kleines Dorf Iljinsk. Im russisch-orthodoxen Kirchlein am Dorfplatz sieht man sonntags beim Gottesdienst oft in einer Ecke einen alten Mann der heiligen Handlung ergriffen folgen. Und wenn die "göttliche Liturgie" zu Ende ist, verlässt er als einer der ersten allein das Gotteshaus, keiner beachtet ihn weiter. In Iljinsk taucht er nur ein paar Wochen im Jahr auf. Sonst lebt er in Moskau. Aber auch dort besucht er regelmäßig die Kirche in Mytischtsch. Auch hier verlässt er allein die Kirche und verschwindet in den Straße mit möglichst raschen Schritten. An einer Haltestelle wartet der 82-jährige auf die Straßenbahn. Vor zwanzig Jahren konnte man diesen Mann in den Luxuslimousinen fahren sehen, die den höchsten Repräsentanten der sowjetischen Staates und den führenden Parteifunktionären vorbehalten sind. Zu Stalins Zeiten war er dessen Favorit und engster Mitarbeiter: Georgi Maximowitsch Malenkow, von 1946-1955 Ministerpräsident der Sowjetunion, von Chruchtschow entmachtet, wurde er vor zwanzig Jahren wegen seiner Beteiligung an den Verbrechen Stalins aus der Partei ausgestoßen. Inzwischen hat die Gnade Gottes ihn eingeholt, so wie einst Saulus, der vor Damaskus vom Licht Christi getroffen zu Boden stürzte. Auch für Malenkow, der maßgeblich an der Liquidierung von Millionen unschuldiger Menschen unter Stalin beteiligt war, gilt nun: „nicht weil wir Werke Vollbracht hätten, die uns gerecht machen konnten, sondern aufgrund seines Erbarmens, hat Gott uns gerettet“ (Tit 3,4). Für nicht wenige mag das ein Ärgernis darstellen, vor allem für diejenigen, die ihr Verhältnis zu Gott nach Leistung und Anspruch verstehen. Die zweite Lesung der Christmette gibt uns die Antwort: „Erschienen ist die Gnade Gottes, um alle Menschen zu retten. Sie erzieht uns von der Gottlosigkeit und den irdischen Begierden uns loszusagen und besonnen, gerecht und fromm in dieser Welt zu leben und auf die selige Erfüllung unserer Hoffnung zu warten: auf das Erscheinen der Herrlichkeit unseres großen Gottes und Retters Christus Jesus“ (Tit 2,13). So hält die Kirche in dieser Heiligen Nacht nicht nur Rückschau, sondern auch Ausschau. Darum bekennt sie im Credo nicht nur das „incarnatus est et homo factus est“, sondern auch das „iterum venturus est cum gloria“. Christus hat Fleisch angenommen und ist Mensch geworden ... und „Er wird wiederkommen in Herrlichkeit.“ Denn der, dessen Geburt wir feiern ist der Gleiche, der da einst "kommen wird in Macht und Herrlichkeit"(Mt 24,30). Wenn ER dereinst sein „Wacht auf, Verdammte dieser Erde“ ruft, werden allen die Töne ihrer Revolutionslieder im Halse stecken bleiben. Und sein „Kommt her ihr Gesegneten meines Vaters...“ (Mt 25,34) wird über den Abgründen der Weltgeschichte das nie verhallende Echo wecken: „Christ der Retter ist da!“

Die apokalyptische Frau

Predigt vom 15. August 1993

"Ein großes Zeichen erschien am Himmel". – Ähnlich wie an einem Bildschirm Schriftzeichen und Symbole aufleuchten, so schaut Johannes, der Seher auf Patmos am Himmel, auf dem Bildschirm Gottes ein großes Zeichen: die sternenbekränzte Frau und den feuerroten Drachen.

Die Zeitgenossen des Sehers konnten diese Zeichen entschlüsseln weil sie in ihrer Kultur und Religion geläufig waren, wir heute tun uns schwer damit. Die Frau ist Sinnbild des Gottesvolkes Israels als auch der Kirche. Verschiedener Meinung sind die Erforscher der Heiligen Schrift, ob ursprünglich auch Maria, als Mutter des Messias-Kindes schon mit gemeint war. Die Kirchenväter sahen jedenfalls im Zeichen der apokalyptischen Frau auch Maria. Und die Kirche tut es ebenso, wenn sie am Fest der in den Himmel mit Leib und Seele aufgenommenen Gottesmutter diesen Text aus Offb 12 verkünden lässt.

Maria ist das große uns von Gott gegebene Zeichen der Endzeit. Der Apostel Paulus schreibt im Galater-Brief: „Als die Fülle der Zeit gekommen war, sandte Gott seinen Sohn, geboren von einer Frau“ (4,4). Die "Fülle der Zeit", die "Vollendung der Zeit", die Endzeit ist der ganze Zeitraum zwischen der Ankunft Jesu Christi damals und seiner Wiederkunft am Ende der Welt.

Während dieser Zeit tobt der Kampf des "auf die Erde gestürzten Drachen" (Apk 12,9) "gegen die Frau, die den Sohn geboren hatte" „mit großer Wut, weil er weiß, dass seine Zeit kurz ist“. Und der „Zorn über die Frau“, der er nichts anhaben kann, macht sich Luft, indem „er hingeht und Krieg führt mit den übrigen Kindern der Frau, die den Geboten Gottes gehorchen und am Zeugnis für Jesus festhalten“ (12,17). – Eigentlich brauchen wir uns gar nicht zu wundern darüber, wie es in der Welt zugeht und dass es nicht aufwärts und besser geht. Im Gegenteil wäre es erstaunlich, wenn die Weltgeschichte nicht solche apokalyptische Züge hätte.

Doch in allen apokalyptischen Ereignissen, für die der feuerrote Drache, die alte Schlange, die Teufel und Satan heißt, letztlich als Urheber angezeigt ist, gibt es auch noch das große Hoffnung verheißende "Zeichen am Himmel": die sternengekrönte, mit der Sonne bekleidete Frau, den Mond zu ihren Füßen.

Ich erinnere mich noch an die Zeit, als 1950 das Dogma von der leiblichen Aufnahme Mariens in den Himmel feierlich verkündet wurde. Es gab damals bereits innerhalb der Kirche in manchen Kreisen verhaltene kritische Stimmen, die fragten, ob ein neues Mariendogma angebracht sei und ob es nicht das ökumenische Klima störe. Damals hat P. Eduard Haups SJ in Vorträgen und Predigten dazu Stellung genommen. Er sähe in der Dogmatisierung dieser Glaubenswahrheit eine von Gottes Vorsehung getroffene Vorsorge. Denn es könnten Zeiten heraufziehen, in denen nur noch der Aufblick zur mit Leib und Seele in den Himmel aufgenommenen Gottesmutter die Menschen vor der Verzweiflung bewahren würde. – Fünf Jahre nach dem 2. Weltkrieg konnte man sich das schwer vorstellen, schien doch nun alles aufwärts zu gehen. Undenkbar war es, dass wir 20 Jahre später den Terror im eigenen Land haben würden und für den Rest des Jahrhunderts Kriege an allen Ecken und Enden der Erde.

Das Penicillin hat seinen Siegeszug rund um den Erdball angetreten und versprach die Ausrottung aller Seuchen. – Wer konnte erahnen, dass wir bereits im letzten Jahrzehnt unseres Jahrhunderts mit der Aids-Seuche konfrontiert würden, die bis zum Jahr zweitausend viele Millionen von Menschen hinwegraffen würde?

Kaum eine Zeit ist so gekennzeichnet von Kriegen, Seuchen und Hungersnöten und Naturkatastrophen, den apokalyptischen Plagen, wie die unsere. Im Jahre 1950 konnte ein Papst bei der Verkündigung eines Dogmas noch - von wenigen abgesehen - mit der einmütigen Zustimmung der Gesamtkirche rechnen. Keine 25 Jahre später löste eine päpstliche Enzyklika zur Frage der Würde und der Weitergabe des Lebens, in der die künstliche Empfängnisverhütung als mit dem Gesetz Gottes unvereinbar erklärt wurde, ein regelrechtes Erdbeben in der Kirche aus, und seitdem hat das Rumoren in der Kirche nicht mehr aufgehört. Inzwischen erleben wir, wie Grunddogmen des Glaubens von Leuten, die sich für katholisch ausgeben, öffentlich in Frage gestellt, ja bestritten werden.

Dem"Vater der Lüge" (Joh 8,44), dem Diabolos, was übersetzt Durcheinanderwerfer bedeutet, ist der Einbruch in die Kirche vollauf gelungen. Und nun wütet er mächtig auch innerhalb ihrer Mauern, „gegen die Kinder der Frau, die an den Geboten Gottes und am Zeugnis für Jesus festhalten" (Apk 12,17). - In dieser Situation äußerer und innerer Bedrängnisse ist Maria als die apokalyptische Frau das Zeichen der Verheißung und der Hoffnung auf Rettung. In der Geheimen Offenbarung wird sie, das Urbild der Kirche, auf Adlerflügeln getragen und in die Wüste, einem Ort der Zuflucht, gebracht und vor dem Drachen gerettet. Es ist das wie eine Illustration zum Wort Jesu: „Die Pforten der Hölle werden sie nicht besiegen" (Mt 16,18).

Mit "der Sonne bekleidet" und von Sternen gekrönt, erscheint Maria im Glanz der Herrlichkeit Gottes als Himmlische Königin. Und sie erinnert so an Jesu Verheißung im Abendmahlsaal: „Euch, die ihr in meinen Prüfungen ausgeharrt habt, vermache ich das Reich ... , ihr sollt in meinem Reich auf Thronen sitzen und die 12 Stämme Israels richten (Lk 22,30). In der Geste des Siegers, den Fuß auf der Mondsichel, dem Zeichen der Vergänglichkeit, so schauen wir Maria. Nicht von ungefähr rufen wir sie an als die "Siegerin in allen Schlachten Gottes".

All das ruft der heutige Festtag in Erinnerung. Denn das hat Gott an Maria der Gottesmutter verwirklicht. Sie ist sein Werk und seine Großtat. - Während in den Visionen der Apokalypse die "Verehrer des Tieres und der Hure Babylons weinen und wehklagen, sich ängstigen und von Entsetze gepackt werden", dürfen wir schon das Siegeslied anstimmen: „Jetzt ist er da der rettende Sieg, die Macht und die Herrschaft unseres Gottes und die Vollmacht seines Christus ... Darum jubelt ihr Himmel und alle die darin wohnen ...“.

Und voll Freude singen wir zur Ehre unserer himmelischen Königin: „Du unsere Hoffnung sei gegrüßt! Salve, salve Regina!“

Die Bedeutung des Priesterbildes
Predigt vom 4. Oktober 2002

Zur Zeit als ich noch Pfarrer einer Gemeinde war, wurden an alle Pfarrer und Gemeinderäte vom Bischöflichen Ordinariat Unterlagen verschickt über eine "Bedarfsdeckung für die pastoralen Dienste" (1978). Darin wurden wir dann auch gefragt: „Welche Initiativen schlagen Sie in den Gemeinden vor, um den Priesternachwuchs zu fördern?“

Sollten wir vielleicht eine Tombola veranstalten zur Weckung von Priesterberufen? Oder eine Werbekampagne starten für Priesternachwuchs? Man kann das Priestertum nicht vermarkten wie eine Zigarettenmarke oder ein Whisky-Sorte, wie ein Waschmittel oder ein Automodell. Aber es gibt sicher Dinge, die den Priesternachwuchs fördern oder hemmen. Mit entscheidend ist wohl die religiös-geistliche Atmosphäre in einer Familie.

Bei Papst Johannes-Paul I. Albino Luciani hat sicher nicht die antiklerikale Einstellung seines sozialistischen Vaters dazu beigetragen, dass sein Sohn Priester wurde. Im Geist des Klassenkampfes wachsen fanatische und verbissene Typen heran, aber nicht Menschen von solch strahlender Fröhlichkeit und gewinnender Herzlichkeit wie wir sie an Papst Johannes-Paul I. erlebt haben. Wohl aber hat die Erziehung durch die fromme, echt katholische Mutter den Menschen und Priester Albino Luciani geprägt. Was die Berufung zum Priestertum fördern oder hemmen kann, sind weniger irgendwelche Aktionen als vielmehr die geistliche Atmosphäre einer Pfarrei. – Unser Neupriester Pater Markus hatte dafür in seiner Familie und seiner Pfarrei günstige Voraussetzungen.

Die Feier seiner Heimatprimiz ist Grund für seine Familie und Heimatpfarrei und auch für ihn selbst Gott zu danken. Wenn die ganze Pfarrei an diesem Fest teilnimmt, dann, damit durch den Dank so vieler die Gnade anschwelle und desto mehr zur Verherrlichung Gottes diene. Der Primiztag eines Neupriesters gibt auch Anlass, uns darauf zu besinnen, was es denn mit dem priesterlichen Amt auf sich hat.

„Nicht ihr habt mich erwählt, sondern ich habe euch erwählt" sagt Jesus in seinen Abschiedsreden (Joh 15,16). – Priester wird man nicht durch menschliche Wahl. Man kann nicht Priester werden so wie man sich einen Beruf aussucht. Es kann einer auch nicht zum Priester werden so wie sonst einer in der Politik durch demokratische Wahl beauftragt wird. „Ich habe euch erwählt", so sagt Jeus zu den Aposteln. Es hat auch keiner einen Anspruch darauf, Priester zu werden, schon gar nicht die Priesterweihe sich zu ertrotzen, erst recht nicht durch eine ungültige Weihezeremonie von Frauen auf einem Donauschiff, wie neulich geschehen ist.

In seinem hohepriesterlichen Gebet betet Christus: „Vater, so wie du mich in die Welt gesandt hast, so habe auch ich sie in die Welt gesandt" (Joh 17,18). Wer als Priester im Glauben daran getragen wird, der hat kein verunsichertes Rollenbewusstsein. Paulus eröffnet seinen Brief an die Galater mit dem Satz: „Paulus, Apostel Jesu Christi, nicht von Menschen gesandt oder durch Vermittlung eines Menschen dazu gemacht, sondern durch Jesus Christus und Gott den Vater..." Hier schreibt kein in seinem Beruf oder Amt Verunsicherter. Da spricht aber auch nicht die Arroganz eines überzogenen Selbstbewusstseins, wohl aber einer, der sich wie die Propheten Israels als Gottgesandter wusste. Unter ähnlichem Auftrag steht der Priester. Auch er ist erwählt und gesandt, nicht von Menschen, sondern von Jesus Christus und Gott dem Vater. Eben weil er Gesandter Jesu Christi ist, steht er im Dienst eines Höheren.

Als Botschafter Gottes hat der Priester nicht seine eigenen Ideen und Geistblitze unter die Menschen zu bringen, sondern den Glauben, das Evangelium Jesu Christi, und zwar unverfälscht und unverkürzt, ob „gelegen oder ungelegen" (2Tim 4,2). Der Maßstab für die Verkündigung ist nicht der Beifall oder das Missfallen der Zuhörer, sondern die Treue zur überlieferten Botschaft.

„Ich ermahne und beschwöre euch, ich, der Gefangene im Herrn", schreibt Paulus eindringlich im Epheserbrief (4,1). Der Apostel appelliert an die Gemeinde von Ephesus nicht wie ein Funktionär, der Hunderttausende von Mitgliedern vertritt oder einer, der das Ansehen seines Standes zur Geltung zu bringen sucht. Nein, Paulus appelliert als der "Gefangene im Herrn". Das gibt nicht nur seine äußere Situation an, in der sich Paulus gerade befindet. Er schreibt den Epheserbrief im Gefängnis. „Ich der Gefangene im Herrn", das deutet auch die innere Situation des Apostels an. Er ist nicht nur ein um des Herrn willen Gefangener. Er ist auch als Apostel, der vom Herrn selbst Gefangen- Genommene! Damals, als er auszog, um in Damaskus die Jünger Jesu gefangen zu nehmen, damals hat ihn Christus gefangen genommen. „Saulus, Saulus, warum verfolgst du mich? - Ich bin Jesus, den du verfolgst. Steh auf, geh in die Stadt, dort wird man dir sagen, was du tun sollst" (Apg 9,6). So wurde Saulus aus einem Verfolger Jesu ein Apostel Christi. Er ist im doppelten Sinne der "Gefangene im Herrn". Das macht seine

Autorität aus, mit der er vor seine Christen tritt, dass er ein Gefangener um des Herrn willen ist, aber auch ein vor Herrn Gefangener.

Unter diesem Gesichtspunkt ist auch der Ritus der Priesterweihe, der Amtsübertragung in der Kirche, zu sehen. Die Diakonenweihe, Priester- und Bischofsweihe geschehen seit Apostelzeiten unter Gebet und Handauflegung. Auf den Sklavenmärkten der Antike wurde der Kauf getätigt, indem der Käufer dem Sklaven die Hand auflegte zum Zeichen dafür, dass er ihn nun in seinen Besitz und Dienst nehme. "Sklave Jesu Christi" so nennt sich Paulus in mehreren seiner Briefe. Er ist es geworden unter dramatischen Umständen, damals vor Damaskus. Das macht seine Autorität aus, dass er von Christus in Dienst genommen wurde. Das aber macht auch heute noch - wie der Gestus der Handauflegung bei der heiligen Weihe andeutet - die Autorität des kirchlichen Amtsträgers aus: der "Sklave Christi", der Gefangene im Herrn zu sein. Die äußere Autorität des übernommenen Amtes wird mit voller Glaubwürdigkeit nur in dem Maße zur Geltung kommen, als ein Mensch sich innerlich von Christus gefangen nehmen lässt.

Das ist das Maß, welches die Gläubigen an uns anlegen dürfen und das wir selber an uns anlegen müssen: Sind wir Menschen, die sich vom Herrn haben gefangen nehmen lassen? Oder sind wir Gefangene unserer Zeit, gefangen vor irgendwelchen Tagesparolen, gefangen von geistigen Modeströmungen, gefangen von Lieblingsideen, gefangen von Leidenschaften und dergleichen? Konnten Sie jemals bei Fernsehauftritten von Startheologen erleben, was von der Pfingstpredigt des Petrus berichtet wird: „Es traf sie mitten ins Herz“ (Apg 2,37). Aber wenn der Pfarrer von Ars, der heilige Johannes Vianney, auf der Kanzel stand oder im Beichtstuhl saß, da ist es immer wieder passiert, es traf die Menschen mitten ins Herz. Man spricht heutzutage vom Image des Priesters, das verbessert werden müsse. Image ist ein Fachausdruck aus der Werbung, und kommt vom lateinischen imago, Bild. Image das ist der Eindruck, den etwas machen muss, damit eine Sache oder eine Person werbewirksam ist. Nun, das Image des Pfarrers von Ars, der in seiner zerschlissenen Soutane daher kam und der einmal in der Woche sich seine Pellkartoffeln für die ganze Woche gekocht hat, das kann keine Priesterbildkommission aufpolieren. Aber Hunderttausend sind aus ganz Frankreich bei ihm zur Beichte gegangen aus allen Bevölkerungsschichten. Nicht weil er auf der Höhe seiner Zeit gewesen wäre, sondern weil die Menschen spürten, das ist ein von Christus Erwählter, einer, der sich vom Herrn gefangen nehmen ließ. Er zog nicht aus, um die Welt und die Gesellschaft zu verändern. Sondern hat schlicht und einfach als "Gefangener im Herrn", als "Sklave Jesu Christi" in seinem Dorf gewirkt. Johannes Vianney hat die Menschen zu Christus bekehrt nicht mit genialen Einfällen, brillanten Reden oder liturgischen Modeschöpfungen, sondern mit Seeleneifer, Gebet und persönlicher Buße. Weil er sich selber zu Christus bekehren ließ mit seltener Radikalität, das machte seine Wirkung aus.

Nicht verschwiegen soll werden, dass es zu allen Zeiten auch Priester- und Bischofsskandale gibt. Im Zeitalter der Medien erfahren wir davon aus allen Weltgegenden. Solche negativen Beispiele, in den Medien hochgespielt, sollen und können den Eindruck erwecken, dass man meinen könnte, der Priesterberuf sei ein "Auslaufmodell". Dazu noch die Bemerkung eines hochrangigen Politikers: „Wir bekämpfen die Kirche nicht. Aber wir machen eine solche Politik, dass die Kirche überflüssig wird!" (Gerhard Schröder). – Steht der Priester somit heute auf verlorenem Posten? Solange er sich an Christus hält, nie und nimmer! Solange er treu zum Papst steht, solange er sich an den unverfälschten Glauben der Kirche hält, solange er sich am Beispiel der Heiligen orientiert, solange behält er sicheren, die Zeiten überdauernden Boden unter den Füßen. – Chesterton, der englische Schriftsteller und Verfasser der Kriminalgeschichten vom Pater Brown, hat einmal darauf hingewiesen, dass man schon mehrmals den Eindruck hatte, dass die Kirche vor die Hunde gehe. „Aber was kaputtging, war noch immer der Hund!"

Wir haben allen Grund zu unseren Priestern zu stehen. Der Tag der Heimatprimiz von Pater Markus Christoph soll uns darin wieder bestärken und uns auch anspornen für die Priester zu beten. Und um gute Priester zu bitten, dass sie ihr Amt immer tiefer aus der Sicht des Glaubens verstehen und das echte Priesterbild ihnen Vorbild ist, das die Heilige Schrift und die Dokumente der Kirche und das lebendige Zeugnis der Heiligen uns vermitteln. - Darum betet für uns Priester, damit unser Sinnen und Trachten weniger darauf ausgehe, "auf der Höhe der Zeit" zu sein, sondern dass wir immer mehr danach streben, "auf die Höhe Christi" (Eph 4,3) zu gelangen. Lasset uns auch beten für alle jungen Menschen, auf die der Funke der Erwählung Christi überspringt, damit er in ihnen zündet und zur Flamme wird, die den Brüdern und Schwestern leuchtet! - [Predigt zur Vorbereitung der Heimatprimiz von P. Christoph SJM in Weichenberg - 4.10.2002]

Requiem für Pater Andreas Hönisch SJM
Predigt vom 1. Februar 2008

Lenke, Du Christus,
Die Seelen durch dieses Gewoge mit dem Kreuz,
Dem Mast und dem segelgeschmückten Querholz,
Bis Deine starke Hand uns nach den Stürmen der Zeiten
Sicher vor Anker legt im Hafen des ewigen Lebens.
(Venantius Fortunatus, † um 600)

Hochwürdigster Herr Bischof,
Liebe Mitbrüder der Diener Jesu und Mariens,
Brüder und Schwestern im Herrn!

Am frühen Morgen des Festes der Bekehrung des heiligen Apostels Paulus hat die starke Hand des Herrn nach den Stürmen der Zeiten die Seele von Pater Andreas Hönisch sicher vor Anker gehen lassen im Hafen des ewigen Lebens. – Anstelle der Pfadfinder-Kote erwartet ihn nun "ein nicht von Menschenhand errichtetes ewiges Haus im Himmel" (2 Kor 5,1).

Manches im Wesen und Leben des verstorbenen Priesters Andreas Hönisch gemahnt an den Apostel Paulus: Sein rastloser apostolischer Einsatz. Ständig war er unterwegs zu Pfadfindergruppen, Elternabenden, Vorträgen, Sühnenächten, Singekreisproben und so weiter. Durchschnittlich legte er wöchentlich über tausend Kilometer im Auto zurück. Ein Zigeunerleben im Dienste dessen, der ihn zum Priester berufen hatte. Was ihn vor allem antrieb, war die Sorge um die Jugend, die in den vergangenen vier Jahrzehnten dem Sog unchristlichen Lebensstils und unkirchlicher Ideen ausgesetzt war.

Die Gründung der Katholischen Pfadfinderschaft Europas (KPE) zusammen mit Günther Walter entsprang nicht der Profilierungssucht zweier jungendbewegter Männer, sondern war notwendige Alternative zu den in den Trend des Zeitgeistes abgerutschten katholischen Jugendverbänden. Die 68er Kulturrevolution hatte – leider – auch die kirchliche Jugendarbeit erfasst und übte zunehmend ihre zersetzende Wirkung aus auf die christliche Moral und auf überlieferte gesunde und bewährte Erziehungsprinzipien. Denn „die Freiheit, zu der uns Christus berufen hat“ (Gal 5,13), war und ist etwas anders als die der jungen marxistischen Revoluzzer, die gegen den "Muff von tausend Jahren unter Professorentalaren" angetreten sind.

Schon Paulus mußte im Galaterbrief (5,19-21) warnend mahnen „nehmt die Freiheit nicht zum Vorwand für das Fleisch“. Was im Gefolge der Parolen der 68er daherkam, deckte sich weitgehend mit dem Lasterkatalog, wovon der Apostel gesagt hatte, dass „wer so etwas tut, das Reich Gottes nicht erben wird“. Doch nicht nur Paulus, auch der 1. Petrusbrief mahnt die Urchristenheit: „Handelt als Freie, aber nicht als solche, welche die Freiheit als Deckmantel für Schlechtes gebrauchen“ (1 Petr 2,16).

Papst Paul VI. seiner Zeit hat nicht nur festgestellt, dass „der Rauch Satans in die Kirche eingedrungen“ sei, sondern hat, wie es seinem Amt entsprach, in der Enzyklika "Humanae Vitae" die kirchliche Lehre über Ehe und Familie und die christliche Sicht der Sexualität gegen libertinistische Auffassungen, die auch in der Kirche sich breit machten, verteidigt. – Doch dem Papst schlug eine Sturzwelle der Empörung in den Medien entgegen. Er wurde sogar innerkirchlich verspottet und von den damals verantwortlichen Hirten im Stich gelassen. Dies geschah mit der Königsteiner und Maria-Troster Erklärung der Deutschen beziehungsweise Österreichischen Bischofskonferenz. Und er wurde dazu noch auf der Würzburger Synode schmählich verraten. Zur Ehrenrettung der Österreichischen Bischöfe muss gesagt werden, dass sie später die Maria-Troster Erklärung korrigiert haben. Es gehörte Mut dazu, – damals und in den kommenden Jahren bis heute – innerhalb der Kirche in Deutschland die päpstliche Lehre zu vertreten.

Wer immer gegen den Playboystil und die Verhütungsmentalität, die Porno- und Abtreibungsgesellschaft antrat, stand auf einsamem Posten. Darum musste sich die KPE, die auf der kirchlichen Linie lag, vorkommen wie das "Fähnlein der 7 Aufrechten". Überall wurde sie von den Diözesanjugendämtern bekämpft und von "katholischen" Jugendverbänden schwer angefeindet.

Es gehörte Mut dazu, immer wieder vor einer hessischen Abtreibungsklinik Gebetswachen zu halten. Man kann und muss das Wirken von Pater Hönisch nur verstehen auf dem Zeithintergrund, dem "Gewoge" in und außerhalb der Kirche in den vergangenen vierzig Jahren. Auch die ihm Wohlgesonnenen haben ihn nicht immer verstanden und gefragt: „Muss das sein, diese ständige innerkirchliche Konfrontation in Artikeln und Vorträgen?“

Pater Hönisch war von Natur aus kein "Streithansel", aber er fühlte sich verpflichtet, die aus seiner Sicht gefährlichen Tendenzen und glaubensschädlichen Vorgänge anzuprangern. Er hielt es für unverantwortlich, die "Schweigespirale" zu verstärken. Der Freimut ist eine christliche Tugend, die der Apostel mehr als einmal in seinen Briefen erwähnt. In Epheserbrief (6,19) schreibt Paulus: „Betet für mich, dass Gott mir das rechte Wort schenkt, wenn es gilt, den Mund aufzumachen, um das Geheimnis des Evangeliums zu verkünden.“ Das Geheimnis des Evangeliums ist „Christus, der Gekreuzigte, für die Juden ein empörendes Ärgernis, für die Heiden eine Torheit“ (1Kor 1,23). - Und seinen Schüler Timotheus beschwört Paulus: „Verkünde das Wort, tritt auf, sei es gelegen oder ungelegen, weise zurecht, ermahne in unermüdlicher und geduldiger Belehrung! Denn es wird eine Zeit kommen, da man die gesunde Lehre nicht erträgt ...“ (2Tim 4,2). Von Antonius, dem Wüstenvater, ist das Wort überliefert: „Es kommt eine Zeit, in der die Leute närrisch werden. Und wenn sie einen sehen, der kein Narr ist, dann stehen sie gegen ihn auf und sagen: Du bist verrückt!“ (B. Miller, "Weisung der Väter") - Wo die Verantwortlichen in der Kirche gemäß einem Wort des Propheten Isaias „stummen Hunden“ glichen, die nicht zu bellen vermochten, hielt sich Pater Hönisch verpflichtet, zu bellen, weil „die Hirten zu schlafen“ schienen.

Einer seiner Kritikpunkte war, dass die kirchlich Verantwortlichen den schulischen Sexualkundeunterricht nicht nur schweigend hinnahmen, sondern durch kirchliche Schulämter deckten, und Eltern, die sich dagegen wehrten, im Regen stehen ließen. - Nicht nur aus Pater Hönischs persönlicher Sicht, sondern nach dem kompetenteren Urteil von Psychologen und Pädagogen leistet dieser Unterricht der Verführung zur Unzucht Vorschub.

Pater Hönischs Kritik an den sittlichen Zuständen der hessischen Schule, an der er Religionslehrer war, hat zu seiner Abberufung durch das diözesane Schulamt geführt. Dabei ging es Pater Hönisch in der Frage des Sexualkundeunterrichtes und des Abtreibung-Beratungsscheines weniger darum die schlafenden Hirten zu wecken, als darum, den verunsicherten einfachen Gläubigen Wegweisung zu geben und den Rücken zu stärken gemäß einem Wort des heilige Bernhard von Clairveaux, wenn die Hirten schwiegen oder falsche Wege führten, müssten die Schafe zu blöken anfangen. – In zwei deutschen Diözesen bekam Pater Hönisch Predigtverbot. Sein seliggesprochener Ordensbruder Pater Rupert Mayer hatte auf das Predigtverbot der Nazis trotzig reagiert: „Ich predige weiter!" – Pater Hönisch hat sich im Gehorsam gegenüber der kirchlichen Autorität an das Predigtverbot gehalten.

Unter der Überschrift "Pater Andreas Hönisch tot" brachte die Münchener Kirchenzeitung (5/2008) folgende Meldung: „Der Ordensgründer Andreas Hönisch ist 77-jährig in der Zentrale seiner Gemeinschaft, der "Servi Jesu et Mariae" bei Sankt Pölten gestorben. – Diese hatte der umstrittene Pater 1988 in Mussenhausen (Bistum Augsburg) nach seinem Ausschluss aus dem Jesuitenorden gegründet, und bereits 1976 die "Katholische Pfadfinderschaft Europas". – Was steckt hinter dem Ordensausschluss, den seine Gegner immer wieder ins Feld führen: "Was wollt ihr denn, der Hönisch wurde ja aus dem Jesuitenorden rausgeworfen!"

Von seinem Ordensgeneral in Rom hatte er einen Brief bekommen, in dem er für sein Apostolat unter den Jugendlichen belobigt wurde. Aber von seinem zuständigen Ordensprovinzial wurde er aus der Jugendarbeit abberufen. Man bot ihm an die Stelle als Seelsorger in einem Altenheim oder als Schiffskaplan auf der "Kap Anamur"! Letzteres hätte ihn sicher gereizt. In seinem Gewissenskonflikt wandte er sich an einen römischen Kardinal. Es wurde ihm bedeutet, es sei unverantwortlich, die Jugendarbeit in der KPE aufzugeben.

Im Pfadfindertum sah Pater Hönisch ein Erziehungsprogramm, das junge Menschen im natürlichen Bereich herausfordert, die Abenteuerlust im guten Sinn befriedigt. Durch den Singe- und Instrumentalkreis ging es ihm darum, die musischen Anlagen zu fördern, den Geschmack an klassischer Musik zu vermitteln, um so die jungen Menschen immun zu machen gegen die dekadente Rock- und Discomusik. Pater Hönisch sah darin auch eine seelsorgerische Aufgabe, in jugendlichen Gemütern das Gespür für das Schöne zu wecken, gerade auch durch geistliche Musik das Herz für

Gott den Urquell aller Schönheit zu öffnen. Der alljährliche Bundessingewettstreit sollte immer wieder Ansporn sein und Kreativität auf den verschiedenen Altersstufen wecken. Die Früchte dieser Jugendarbeit sind unübersehbar: zahlreiche geistliche Berufungen zum Priestertum und Ordensberufe unter den Mädchen, nicht zu verschweigen sind die aus der KPE hervorgegangenen christlichen Ehen und Familien, die durch ihre Kinderfreudigkeit auffallen. Fundament für all das war die Anleitung zu einer gesunden Frömmigkeitspraxis, fernab von Bigotterie und Frömmelei. Denn Pater Hönisch ging es um ein echtes Katholischsein, zu dem die Religiosität als das Natürlichste von der Welt dazu gehört. – „Die Freude an Gott ist eure Kraft" (Nehemia 8,10) hatte der Priester Esdras den aus dem babylonischen Exil Heimgekehrten zugerufen, die ob der übermenschlich erscheinenden Aufgabe des Wiederaufbaus Jerusalems und des Tempels, vor allem der geistlichen Wiedererweckung der jüdischen Religion verzagten. – Zur Freude am Herrn, am katholischen Glauben, an der Kirche wollte Pater Hönisch die jungen Menschen mitreißen.

Wie kam es zur Gründung der Diener Jesu und Mariens (SJM)? Die Zeitungsnotiz der Münchner Kirchenzeitung könnte den Eindruck erwecken, als ob sein Ausschluss aus dem Jesuitenorden der Anlass zur Gründung der SJM gewesen sei. Es waren Seminaristen aus der KPE, die in deutschen Priesterseminarien wegen ihrer Treue zur überlieferten katholischen Glaubenspraxis in arge Bedrängnis kamen, die den Rosenkranz beteten, liturgischen Experimenten in der Feier der heiligen Messe abhold waren, sich nicht fragwürdigen gruppendynamischen Prozessen unterwerfen wollten. Die haben sich an Pater Hönisch als ihren Bundeskuraten gewandt mit dem Ansinnen, doch eine Ordensgemeinschaft zu gründen, in der sie den unverkürzten und unverfälschten katholischen Glauben leben und Priester werden konnten.

Pater Hönisch fühlte sich nicht zum Ordensgründer berufen, zumal sein Herz auch weiterhin am Jesuitenorden hing. Im 1. Timotheusbrief schreibt Paulus: „Timotheus, bewahre was dir anvertraut ist, halte dich fern von dem gottlosen Geschwätz und den falschen Lehren der sogenannten Erkenntnis! Nicht wenige die sich darauf eingelassen haben sind vom Weg des Glaubens abgekommen." Den angehenden Priesteramtskandidaten ging es darum, ihren katholischen Glauben, den sie im Elternhaus und in der KPE vermittelt bekommen hatten, nicht zum Ausverkauf auf dem Jahrmarkt fragwürdiger modernistischer Ideen preiszugeben. – Auch wollten sie ihre katholische Frömmigkeitspraxis wie zum Beispiel Herz-Jesu-Verehrung, Verehrung des Unbefleckten Herzens Mariens und Rosenkranzgebet, wie es von der Gottesmutter in Fatima zur Abwehr künftiger politischer Katastrophen gewünscht wurde, nicht der Diktatur innerkirchlicher Meinungsmacher unterwerfen und von ihnen unterdrücken lassen. So kam es zur Gründung der SJM, der Diener Jesu und Mariens.

Der Redaktion der Münchener Kirchenzeitung dürfte die zweiseitige Pressemitteilung der Ordensleitung zum Tod ihres Generaloberen und Gründers vorgelegen haben beziehungsweise im Internet abrufbar gewesen sein. Darin ist zu lesen: „1988 erfolgte mit dem Wohlwollen von Kardinal Ratzinger und der Schirmherrschaft von Bischof Joseph Stimpfle und Bischof Don Emanuel Pestana (Brasilien) die Gründung der Gemeinschaft der Diener Jesu und Mariens (SJM) als katholische Ordensgemeinschaft päpstlichen Rechts. Die Spiritualität der neuen Gemeinschaft war die bewährte Spiritualität des heiligen Ignatius von Loyola. Neben zahlreichen verschiedenen Seelsorgearbeiten sollte vor allem die Jugendarbeit Schwerpunkt ihres Wirkens sein. – „Am 16. Juli 1994 wurde die SJM als Kongregation päpstlichen Rechtes anerkannt und Pater Andreas Hönisch zum ersten Generaloberen bestimmt. Dieses Amt hat er bis zu seinem Hinscheiden ausgeübt." Soweit das Zitat aus der Presseerklärung.

Umstritten ist Pater Hönisch auch in traditionalistischen Kreisen. und zwar deswegen, weil er die Liturgie-Reform nicht in Bausch und Bogen ablehnte. Er betete das neue Brevier, weil er die gelungene Auswahl der Väter-Lesungen darin schätzte. – Was man ihm von den verschiedensten Seiten ankreidete, je nach Standpunkt, ist die Feier der heiligen Messe sowohl in der alten als auch der neuen Form, sei es lateinisch sei es deutsch. Gemäß ihren Statuten feiert der Orden der SJM die heilige Eucharistie sowohl gemäß dem nachkonziliaren Messbuch Papst Pauls VI. als auch nach dem vorkonziliaren Missale von 1962. Zwei Beweggründe sind dafür maßgebend:

1. Die Liebe zur Kirche, die uns die Feier der heiligen Eucharistie in der Form des neuen Messbuches zu treuen Händen anvertraut hat, und die vom Papst bis zum jüngsten Priester weltweit so zelebriert wird.

2. Die Liebe zu den Gläubigen, sowohl denen, die sich der traditionellen Messe verbunden fühlen, als auch zu denen, die in der nach dem II. Vatikanischen Konzil geschaffenen Form der heiligen Messe herangewachsen sind. „Um allen alles zu werden", darum feiern die Priester der SJM die heilige Eucharistie in der Form, die der jeweiligen seelsorgerischen Situation angemessen beziehungsweise erfordert ist. Darum werden auch in der SJM sowohl der gregorianische Choral als auch das deutsche Kirchenlied gepflegt. Das Motto des heiligen Ignatius "Omnia ad majorem Dei gloriam", "Alles zu größeren Ehre Gottes", galt für Pater Hönisch besonders auch für die Kirchenmusik. Die Musikalität war eines der ihm von Gott geschenkten Talente. Als passionierter Orgelspieler liebte er besonders Johann Sebastian Bachs Kompositionen. Ja, es war sein Wunsch, ihn im Himmel zu sehen.'

Wundern Sie sich aber nicht, wenn an Pater Hönischs Grab auch das von Klampfen, Mandolinen und Geigen begleitete Lied ertönt:

"Es will das Licht des Tages scheiden, Nacht bricht still herein.
Ach könnt doch auch des Herzens Leiden schon vergangen sein.
Ave Maria, Ave Maria, Ave, Ave Maria !
Ich leg mein Flehen dir zu Füßen, trag's vor Gottes Thron,
Und lass', Madonna, lass' dich grüßen, mit dem frommen Ton.
Es will das Licht des Lebens scheiden, Todesnacht bricht an.

Die Seele will die Schwingen breiten, Ewigkeit fängt an.
Ich leg', Maria, in deine Hände letztes heißes Flehn.
Erbitte mir ein gläubig Ende, selig Aufersteh'n."

Es ist das Winnetou-Lied von Karl May, der auch zu denen gehört, die Pater Hönisch im Himmel zu treffen wünschte! Soweit war die Spannweite von Johann Sebastian Bach bis Karl May, (dessen Bände er sämtlich gelesen hat) - die er, der Umstrittene, in sich trug und ausgehalten hat.

Nun, da er alle Spannungen, die Höhen und Tiefen seines Lebens hinter sich hat, dürfen wir wohl das Wort des heiligen Paulus auf ihn anwenden: Er hat "den guten Kampf gekämpft, den Lauf vollendet, die Treue gehalten". Der Herr möge ihm den "Siegeskranz der Gerechtigkeit" bereithalten. - Und so wollen wir beten: „Christus, lenke Du die Seelen durch dieses Gewoge unserer Tage mit dem Kreuz, dem Mast mit dem segelgeschmückten Querholz, bis Deine starke Hand uns nach den Stürmen der Zeiten sicher vor Anker gehen lässt, im Hafen des ewigen Lebens!“ Amen.

(Predigt gehalten auf dem Sonntagberg/Niederösterreich).

Getsemani

Betrachtung zur Heiligen Stunde

Das verstockte Herz: Im Halbdunkel der Getsemani-Kirche am Fuße des Ölbergs zu Jerusalem schimmert in der Apsis über dem Hochaltar ein Fresco, auf dem ein Engel dem im Gebet ringenden Herrn im Ölgarten den Kelch hinhält, während am unteren Bildrand die Jünger schlafen. Und in der Seitenkapelle sind über dem Sakramentsaltar die Verhaftung Jesu und der Judaskuss dargestellt. In ähnlicher Weise haben die Künstler zu allen Zeiten das Geschehen im Garten von Getsemani uns vor Augen gemalt.

Was sie aber im Bild nicht zum Ausdruck bringen konnten, war das innere Geschehen, das Seelenleiden Jesu. Gewöhnlich konzentrieren wir uns, wenn wir das Ölbergleiden Jesu betrachten, auf seine Todesangst. „Es ergriff IHN Angst und Traurigkeit", schreibt Matthäus (26,37). Und Markus formuliert: „Es ergriff IHN Furcht und Angst" (14,33). Doch wenn wir uns nur vorstellen, was den Herrn mit Furcht und Bangen erfüllte, sei die pure Angst vor dem Leiden und Sterben gewesen, dürfte dies nicht alles sein, was Jesus in diesen Stunden durchmachte.

Die Evangelisten überliefern uns Jesu Wort: „Meine Seele ist zu Tode betrübt" (Mt 26,38). "Zu Tode betrübt", darunter verbirgt sich mehr als nur Todesangst. Damit ist eine abgrundtiefe Traurigkeit ausgesprochen. Und wir sollten uns fragen, worüber der Herr denn so todtraurig war. Es gibt in den Evangelien noch andere Stellen, an denen berichtet wird, dass Jesus traurig war. So zum Beispiel über das "verstockte Herz" (Mk 3,5) der Pharisäer. Als Jesus von Bethanien aus über den Ölberg ritt und der Stadt Jerusalem ansichtig wurde, „weinte ER über sie" (Lk 19,41), weil er voraussah, was der heiligen Stadt bevorsteht, „da sie die Zeit der Gnade nicht erkannt hat"(Lk 19,44). Was ist es aber, was den Herrn im Garten von Getsemani „bis zum Tode betrübt?"

Romano Guardini schreibt in seinem Christusbuch "Der Herr": „Hier kommt man nur mit dem Glauben weiter, der durch die Offenbarung belehrt ist, aber mit dem lebendigen Glauben, nicht bloß einem Entgegennehmen und Festhalten. In dieses Geheimnis treten wir nur ein, wenn wir sehen und an uns heranlassen, dass sein Inhalt unsere Sünde ist. Die Menschensünde, aber in dem sich verwirklichend, was wir getan haben heute und gestern und je mit all unserer täglichen Auflehnung und Trägheit, Unlauterkeit und Bosheit; mit all dem Bösen, das der Bezeichnung entgeht, das in den Wurzeln sitzt, die Richtung und Haltung unseres Daseins durchdringt. So viel verstehen wir, was hier geschieht, als wir verstehen, dass hier unsere Sünde zu Ende gelebt wird. Ebenso wie wir erst dann, wenn wir uns in die Furchtbarkeit dieser Stunde hineingeben, verstehen, was Sünde heißt. So viel verstehen wir Christus, als wir die Sünde verstehen; So viel aber wird unsere Sünde klar, als wir das miterleben, was ER hier durchlebt."

Jesus wusste, „was im Menschen ist" (Joh 2,25). Er kannte seine nächste Umgebung besser als die sich selber. Noch am Abend zuvor spricht ER offen davon, dass einer aus dem Kreis der Zwölf IHN verraten wird, und dass Petrus IHN verleugnen wird, und dass alle seine Jünger in dieser Nacht an IHM irre werden und zu Fall kommen (Mk 14,26). Als Judas den Abendmahlsaal verlässt, weist Johannes eigens darauf hin, „es war Nacht" (Joh 13,30). Es war Nacht nicht nur äußerlich. „Jetzt ist eure Stunde und die Macht der Finsternis" (Lk 22,53), sagt Jesus zu denen, die zu seiner Verhaftung gekommen sind.

Im Ölberggeschehen zeigt sich die Macht der Finsternis nicht nur an Jesus - über den sie letztlich keine Macht hat -, sondern vor allem auch an seinen Jüngern, von denen es heißt, „da flohen alle seine Jünger" (Mt 26,56). Hatte sie der Herr umsonst gemahnt: „Wachet und betet, damit ihr nicht in Versuchung fallet" (Mt 26,41)? Er weiß darum, dass „der Geist willig, aber das Fleisch schwach ist" (Mt 26,42), ja, dass der Satan in einen Menschen fahren kann wie in Judas (Joh 13,27). Schon nach Seiner eucharistischen Rede in der Synagoge von Kafarnaum sagte er: „Habe ich nicht zwölf erwählt? Und doch ist einer von euch ein Teufel" (Joh 6,70). Wenn das schon im engsten Kreis um Jesus so ist, wie viel mehr erst dann im weiteren Umfeld und darüber hinaus!

Die ganze Verlorenheit der Menschheit überfällt den Herrn in dieser Stunde. Der Kelch, der IHM zu trinken bevorsteht, enthält die ganze Sündhaftigkeit der Menschen und den ekelerregenden Abschaum der Menschheitsgeschichte. Alles bäumt sich in IHM dagegen auf, von dem selbst die Dämonen ausrufen: „Du bist der Heilige Gottes" (Mk 1,24). Und trotzdem spricht ER: „Vater, wenn es möglich ist, lass diesen Kelch an mir vorübergehen; aber nicht, wie ich will, sondern wie Du willst!" (Mt 26,29). Und ein zweites Mal: „Mein Vater, wenn dieser Kelch nicht an mir vorübergehen kann, ohne dass ich ihn trinke, so geschehe dein Wille!" (Mt 26,42). Und noch ein „drittes Mal mit den gleichen Worten."

Was den Kelch so widerlich macht, ist ja nicht nur die sündige Vergangenheit der Menschheitsgeschichte, sondern dass ER diesen Kelch trinken soll, der auch die sündige Zukunft, einschließlich der künftigen Geschichte der Kirche enthält, mit all den Schwächen, Sünden und Ungeheuerlichkeiten derer, denen ER als Vermächtnis sein Gebot hinterlassen hat: „Liebet einander, so wie ich euch geliebt habe!" (Joh 13,34). Den intellektuellen Dünkel christlicher Irrlehrer, die mit ihren sehr ausgeklügelten Ideen meinen, in einer zeitgemäßen Auslegung dem Evangeliums auf die Sprünge helfen zu sollen, - die Sinnlichkeiten derer, die, obwohl sie den neuen Menschen in der Taufe angezogen haben, immer wieder zurückfallen, - die Eigenwilligkeiten derer, die in den evangelischen Räten den Gehorsam gelobt haben, - die Eitelkeiten kirchlicher „Würdenträger", - den Missbrauch der Autorität durch kirchliche Obere.

Welcher Schauer muss das Herz Jesu überlaufen haben angesichts der Szene, da ein Papst einem ostkirchlichen Patriarchen, der gekommen war um dem Stellvertreter Christi auf Erden zu huldigen, seinen Fuß auf den Nacken stellte! Und all die Skandale von Ordensleuten, Priestern und Bischöfen bis in unsere Tage. Sind sie weniger peinlich als der Kuss des Judas? „Dreiunddreißig Jahre Jesus - 2000 Jahre Judas!" hat ein Kirchenhasser seiner Skandalchronik der Kirche den Titel gegeben.

In seinem oben genannten Buch schreibt Romano Guardini unter anderem über Judas: „Wir tun aber gut, wenn wir von Judas reden, den Blick nicht nur bei ihm allein zu lassen. Judas hat den Verrat vollendet. War er aber der einzige, der in dessen Reichweite kam? Was hat denn Petrus getan? ... Nein, in Judas ist mit nackter Schrecklichkeit herausgekommen, was überall um Jesus herum als Möglichkeit lebte. Im Grunde hat keiner von ihnen viel Ursache, sich über Judas zu erbeben. Auch wir haben keine. Wir wollen uns das sehr eindringlich klar machen. Der Verrat an Gott ist uns allen furchtbar nahe. Wir haben wenig Veranlassung, über den "Verräter" zu sprechen, vielleicht noch mit Entrüstung. Uns selbst enthüllt Judas. In dem Maß versteht man ihn christlich, als man ihn aus den bösen Möglichkeiten des eigenen Herzens heraus versteht und Gott bittet, er möge den Verrat, in den wir immer wieder gleiten, nicht sich verfestigen lassen. Denn dass der Verrat sich verfestigt, dass er vom Herzen Besitz nimmt und dieses Herz keinen Weg mehr in die lebendige Reue findet, – das ist Judas!“ (Romano Guardini).

Briefe

Brief zum Exorzismus

Sehr geehrter Herr Professor,

zu Ihrem Artikel in der "Mainzer Allgemeine Zeitung" vom 23.4.78 "Der Teufelsspuk, eine gefährliche Verirrung" muss ich Ihnen doch noch schreiben. Einmal aus Fairness, weil ich sofort danach in der Sonntagspredigt kurz darauf zu sprechen kam und gesagt habe, dass das nicht die Lehre der katholischen Kirche sei. Zum anderen wegen der Pflicht zu "correctio fraterna", die ich Ihnen gegenüber empfinde, da Sie in der Pfarrei wohnen.

Engel und Teufel sind nicht nur "Namen von helfenden und zerstörenden Mächten des Lebens", sie sind keine apersonalen Mächte, wie Sie in Ihrem Artikel den Eindruck erwecken. Denn in der Glaubenswelt und Glaubensverkündigung der Kirche handelt es sich dabei um personale geistige Wesen. Wenn Sie meinen, dass sie in den klassischen Glaubensbekenntnissen der Kirche nicht eigens erwähnt würden, so muss ich das für die Engel zumindest für das Credo der Heiligen Messe bestreiten. Dort heißt es: des "Schöpfers des Himmels und der Erde, des Sichtbaren und des Unsichtbaren". Das ist noch immer als Hinweis auf die Engel verstanden worden.

Das Konzil zu Nicaea folgt hier nur der neutestamentlichen Tradition, denn die "Mächte und Gewalten" - in positiver Bedeutung: Engel, in negativer Bedeutung: Teufel - "haben schon innerhalb des apostolischen Glaubens der Urkirche einen gesicherten Ort" (Schlier, Mächte u. Gewalten im NT, Quaestiones disputatae). - Dass solche "Mächte" innerhalb der Schriften des NT "vielfach im Rahmen solcher Überlieferungen" stehen, scheint mir von so erheblichem Gewicht zu sein, dass wir heute nicht so tun können, als ob die Existenz dieser Wesen für unseren Glauben belanglos wäre. Denn sie waren schon formuliert und wurden als maßgebliche Fixierungen des Glaubens der Urgemeinde weitergegeben. Selbst, wenn die sogenannte wissenschaftliche Exegese die Personalität solcher Wesen mit ihrer zur Zeit als Non-plus-ultra angesehenen historisch-kritischen Methode nicht feststellen könnte, so haben wir immerhin noch das ordentliche Lehramt der Kirche, um diesem Mangel für die Glaubenslehre und Glaubensverkündigung abzuhelfen. Heinrich Schlier kommt in seiner erwähnten Studie auch als Exeget zum Ergebnis, dass es sich um "Wesen von Intelligenz und Wille" handelt, dass die dämonischen Mächte nach dem Neuen Testament "eine Art personaler Wesen" seien.

Papst Pius XII. hat 1950 in "Humani generis" in Abwehr irriger Auffassungen über die Engel erklärt, dass sie "Geschöpfe mit Persönlichkeitscharakter" sind, was dann analog nach kirchlicher Auffassung auch für die Teufel und Dämonen gilt. Papst Paul VI. hat in seinem "Credo des Gottesvolkes" 1968 ebenfalls "gegen die modernen Fehlmeinungen, wie sie vor, während und nach dem II. Vatikanischen Konzil auftauchten, verkündet: „Wir glauben an den einen Gott, den Vater, den Sohn und den Heiligen Geist, den Schöpfer der sichtbaren Dinge, wie es diese Welt ist, auf der wir unser flüchtiges Leben führen, als auch der unsichtbaren Dinge, wie es die reinen Geister sind, die wir auch Engel nennen, und Schöpfer der unsterblichen Geistseele in einem jeden Menschen.“ – Speziell anlässlich des "Falles Klingenberg" hat Kardinal Höffner am 28. 4. 78 im Pressedienst des Sekretariates der Deutschen Bischofskonferenz erklärt: „Die Kirche lehrt in ununterbrochener Tradition, dass Gott unsichtbare Wesen mit Erkenntnis und Willen geschaffen hat. Einige wandten sich aus freier Entscheidung gegen Gott als Urheber alles Guten und wurden böse. Die Kirche ist ferner der Überzeugung, dass diese bösen Geister auch einen unheilvollen Einfluss auf die Welt und den Menschen auszuüben versuchen. Diese Einwirkung hat viele Formen. Eine dieser Formen kann die Besessenheit sein“ (3.5.78). Mit diesen offiziellen kirchlichen Erklärungen lässt sich Ihr Artikel nicht in Übereinstimmung bringen. Darum habe ich auf der Kanzel in Gegenwart des Herrn Domdekan, der die Messe zelebrierte, im Dom gesagt, „wenn zum Beispiel gestern in der AZ ein Theologieprofessor geschrieben hat, dass Engel und Teufel nur bildhafte Vorstellungen seien, so ist das nicht der Glaube der Kirche, wie er in den Texten der Liturgie zum Ausdruck kommt.“ Ihre Behauptung, der Exorzismus sei „kein Befehl an den Teufel, sondern ein Gebet an Gott im Namen der Kirche“, stimmt mit dem Zeugnis des NT (Apg 16,18) und der Exorzismuspraxis der Kirche nicht überein.

Falls Sie mit den "kritisch gereinigten Gebetsformularen, die weiterer Reinigung bedürfen", die Gebete im neuen Taufritus meinen, so stellen diese Gebete im Grunde keinen Exorzismus mehr dar, weil ihnen der Zahn gezogen worden ist: der Befehl im Namen Jesu Christi. Wer im Namen Jesu dem Teufel gebietet, zwingt damit noch lange nicht "Gott etwas ab", sondern übt nur im Auftrag Jesu, die Vollmacht aus, die der Herr seinen Jüngern gegeben hat. Ihr Artikel scheint mir nur ein Beispiel mehr dafür zu sein, wohin es führt, wenn liturgische Kommissionen und Bischöfe vor aufklärerischen und rationalistischen Theologen zurückweichen, beziehungsweise vor der sogenannten öffentlichen Meinung kuschen. Sie persönlich distanzieren sich zwar – wenn ich das recht verstanden habe – von einer "rationalistischen Theologie, die mit historisch-kritischen Methoden alle mythischen und legendären Redeweisen und Deutungen bekämpft", andererseits geben Sie ihr gegenüber auch insoweit klein bei, dass Sie nicht mehr die volle kirchliche Glaubenslehre zu vertreten wagen. Studenten allerdings berichten, was Sie in Ihrem Artikel veröffentlicht hätten, sei noch zahm, im Vergleich zu dem, was Sie in Ihren Vorlesungen von sich gäben. Sie sollen unter anderem auch gesagt haben, "das mit der Jungfrauengeburt", das könnten sich Ihre Zuhörer "abschminken". – Wenn das stimmen sollte, muss ich mich allerdings fragen, ob dann Ihr Artikel vielleicht Ihre vollständige Meinung gar nicht wiedergibt mit Rücksicht auf "die Künstler, Kinder und die verzweifelten Jugendlichen" und die noch frommen Gläubigen, denen es "in der theologischen Welt dieser Wissenschaft und Kirche sonst zu kalt" würde.

Wenn Sie in der AZ "Engel und Teufel" als "mythische Benennung" gelten lassen und noch zugestehen, „wir sollten die bildhafte Vorstellung von Engeln und Teufeln nicht aus unseren Liedern und Gebeten und Gesprächen verbannen, dann ist das Ihre private Meinung, die sich nicht mehr mit der offiziellen Glaubenslehre der katholischen Kirche deckt. Das ist bedauerlich. Aber wenn Sie mit dieser Ihrer Privatmeinung als Professor der Theologie, als katholischer Priester und Ordensmann an die Öffentlichkeit treten, dann ist das für nicht wenige einfache Gläubige ein schweres Ärgernis.

Lieber Herr Professor, wie wollen Sie das verantworten, als akademischer Lehrer künftige Religionslehrer und Priester auf solche Weise dem Glauben der katholischen Kirche zu entfremden!?

In diesen Tagen des Pfingstfestes wünsche und erbitte ich Ihnen besonders die Gaben des Heiligen Geistes

Ihr Guido Becker - Mainz, 13. Mai 1978

Brief zur Homosexualität

Blindenmarkt, Karfreitag/Karsamstag, 21/22.03.2008

Lieber Charles!

Diesen Brief sollte und wollte ich schon lange schreiben, habe es aber immer wieder hinausgeschoben. Doch heute am Karfreitag, da Christus für uns Sünder am Kreuz gestorben ist, - auch für die Schwulen und Lesben, will ich es nicht weiter hinausschieben, zumal am 25. Januar unser Ordensgeneral plötzlich und unerwartet an Herzversagen verstorben ist. Und der war fünf Jahre jünger als ich. Wer weiß darum, wie lange ich noch leben werde? Durch

Schweigen will ich mich nicht mitschuldig machen. Denn in der Heiligen Schrift steht die Mahnung: „Wenn ich zu einem, der sich schuldig gemacht hat, sage: „Du musst sterben!, und du ihn nicht warnst und nicht redest, um den Schuldigen von seinem schuldhaften Weg abzubringen, damit er am Leben bleibt, dann wird der Schuldige seiner Sünde wegen sterben; von dir aber fordere ich Rechenschaft für sein Blut. Wenn du aber den Schuldigen warnst und er sich von seiner Schuld und seinem schuldhaften Weg nicht abwendet, dann wird er wegen seiner Sünde sterben; du aber hast dein Leben gerettet" (Ezechiel 3,18+19).

Es wäre, darum schlimm für Dich und mich, wenn wir diese Warnung nicht beherzigen würden. Auch wenn es der Schwulen-Lobby inzwischen gelungen ist, die öffentliche Meinung auf ihre Seite zu ziehen und alle Welt glauben zu machen, das wäre die normalste Sache, dass einer eben homosexuell lebt. Das ändert nichts daran, dass diese Lebensweise "contra naturam" und gegen Gottes Gebot verstößt. Die Heilige Schrift, Altes Testament wie Neues Testament, bezeugt das an mehreren Stellen.

Im AT ist die Katastrophe vom Untergang von Sodom und Gomorrha im Zusammenhang mit dieser Sünde überliefert. Vergleiche. Gen 19. Kapitel. Der Apostel Paulus zählt in seinem Lasterkatalog die Unzucht an erster Stelle zu den Sünden, die vom Reich Gottes ausschließen (Gal 3,19-21). Im Römerbrief (Röm 1,18-32) geht Paulus ausführlich auf dieses Problem ein. – Natürlich gibt es heute Leute, auch Theologen und Geistliche, die so tun, als ob das mit dem christlichen Glauben und der Moral vereinbar wäre. Sie verleugnen die gottgegebene Lebensordnung. Der Mensch kann die Naturordnung und das gottgegebene Sittengesetz nicht preisgeben, ohne die verheerenden Folgen – über kurz oder lang – tragen zu müssen.

Wir bekommen ja zur Zeit diese Lektion erteilt am Beispiel der sogenannten "demographischen Entwicklung " der europäischen Völker. In der "Sex-Revolution" der sechziger Jahre hat man, dank der Erfindung der Anti-Baby-Pille, die Lust vom Sinn und dem natürlichen Zweck der Sexualität getrennt. Schon damals haben Ärzte in der "Ulmer Denkschrift" auf die voraussehbaren Folgen warnend hingewiesen: Zunahme der Promiskuität, der Geschlechtskrankheiten, Abtreibungen, Ehescheidungen, Zusammenbruch der Sozialsysteme und dergleichen. Inzwischen rechnen ja die Statistiker uns vor, dass es 30 Jahre nach 12 Uhr ist, was das Bevölkerungswachstum betrifft, auf dem unser Sozialsystem (Generationenvertrag) beruht.

Nicht nur das: Die 68er Revolution, eine Kulturrevolution mit weitreichenden Folgen für die Zivilisation der europäischen Gesellschaft, war in Wahrheit auch eine Sexrevolution. "Die Soziologen J.D. Unwin, Oxford (Sex and Culture) und Pitrim Sorokin (The American Sex Revolution) sind bei der Durchforschung des Auf- und Abstiegs menschlicher Kulturen zu dem Ergebnis gekommen, dass eine enge Beziehung zwischen straffer Ordnung des sexuellen Verhaltens und dem schöpferischen Aufstieg einer Gesellschaft besteht. Ohne "Triebopfer" ließ sich das, was wir Kultur und Zivilisation nennen, nicht aufbauen und entwickeln" (Dr. med. Siegfried Ernst, "Das größte Wunder ist Mensch – Eine Antwort auf die sexuelle Konter-Evolution").

"Unwin hat 80 sogenannte "uncivilized societies " untersucht und die Hochkulturen der Babylonier, Sumerer, Griechen. Römer und Angelsachsen, um dem Zusammenhang von "Sexualität und Kultur" auf die Spur zu kommen. In groben Zügen sind die Ergebnisse, zu denen er kam: 1. Je strenger die Sexualnormen, um so höher das gesellschaftliche Niveau, je freier die Sexualnormen um so niedriger. – 2. Nur wenn in einer Gesellschaft die Frauen voreheliche Keuschheit bewahren, gibt es Gottesverehrung. – 3. Wo unbegrenzte voreheliche sexuelle Freiheit gewährt wird, gibt es weder Gottesverehrung noch Ahnenverehrung, sondern ausschließlich Natur- und Tierverehrung. Unwin spricht von zoistischen Gesellschaften. (Zoon bedeutet Tier). Der Wandlungsprozess von einer Stufe zur anderen dauert drei Generationen. Das heißt: Wenn eine Gesellschaft drei Generationen lang völlige sexuelle Freiheit vor der Ehe gewährt, dann sinkt sie auf die unterste Stufe. Unwin wörtlich: „Die Begrenzung der sexuellen Triebbefriedigung muss als die Ursache des kulturellen Fortschritts betrachtet werden.“ (Gabriele Kuby). – Unwin gesteht: „Hätte ich erkennen können, wie sehr ich meine persönliche Philosophie als Ergebnis dieser Studie ändern musste, hätte ich sie vielleicht gar nicht begonnen“ (Zitiert in G. Kuby: "Die Sehnsucht einer Konvertitin nach heiligen Priestern").

Als Papst Paul VI. in seiner Enzyklika "Humanae vitae" (1968) "Über die rechte Ordnung der Weitergabe des menschlichen Lebens" auf die ernsten Folgen der Loslösung der Sexualität von der Weitergabe des Lebens hinwies und die sittliche Unerlaubtheit der Antibaby-Pille unterstrich, schlug ihm eine Welle der Empörung, ja des Hasses, außerhalb und innerhalb der Kirche entgegen. Die deutsche Bischofskonferenz ist dem Papst mit der "Königsteiner Erklärung" in den Rücken gefallen. Heute muss man diese Enzyklika geradezu als prophetisch ansehen, wenn man die Folgen der "sexuellen KonterEvolution" betrachtet.

Damals schrieb der Publizist Hans-Georg von Studnitz: in seinem Buch "Ist Gott Mitläufer?" unter der Überschrift "Hat der Papst sein Konto überzogen?": „Paul VI., der sich standhaft weigerte, Gott zum Mitläufer der sexuellen Befreiung zu proklamieren, hat sein Konto nicht überzogen, sondern bewiesen, dass er es in Ordnung zu halten versteht. Er hat die Prärogative der Schöpfung gegen eine Menschheit verteidigt, in der Geilheit Weisheit zu verdrängen droht.“

Der Mensch kann eben die gottgegebene Naturordnung und das Sittengesetz nicht seiner Willkür preisgeben, ohne die verheerenden Auswirkungen – über kurz oder lang – tragen zu müssen (Dtn 28 und 30,15-20). Das trifft nicht nur für den Umweltschutz zu, sondern auch für die Lebensart und die Sitten des Menschen. Siehe G.J.M. van den Aardweg: "Das Drama des gewöhnlichen Homosexuellen".

Es geht mir in diesem Brief nicht nur um Dein diesseitiges Leben, sondern um Dein jenseitiges Schicksal, Dein ewiges Heil. Bewusster und willentlicher Verstoß gegen Gottes Lebensordnung oder Gebote, ist Sünde, und führt in der Konsequenz zu dem, was die Bibel nennt den "zweiten Tod" (Offb 21,8). Das ist der unwiderrufliche Ausschluss von der beseligenden Schau Gottes, vom ewigen Leben bei Gott. In ihrer Bildersprache spricht die Bibel vom "Feuersee" (Offb 20,15) und in seinen Gleichnissen spricht Jesus vom "brennenden Feuer" (Mt 13,42.50), vom "ewigen Feuer" (Mt 18,8), vom "Feuer der Hölle" (Mt 18,9). Diese Worte Jesu werden noch weiter verstärkt durch die Ausdrücke: „Hinauswurf in die äußerste Finsternis", wo "Heulen und Zähneknirschen" herrscht (Mt 22,13). Das alles weist auf ewige Verzweiflung hin.

Bei Moses hört sich das so an: „Heute lege ich dir vor Leben und Glück, den Tod und das Unglück.“ (Dt 30,15) "Leben und Tod lege ich dir vor, Segen und Fluch. Wähle also das Leben!" (Dt 30,18).

Nicht um Dich zu verurteilen schreibe ich diesen Brief, sondern um Dich auf die Konsequenzen eines Lebens gegen die Gebote Gottes hinzuweisen, die nicht selten schon im diesseitigen Desaster zu Tage treten. Er soll Dich zur Umkehr aufrufen, zur Versöhnung mit Gott einladen. Bei Paulus liest sich das so: „Die Liebe Christi drängt uns, da wir erkannt haben: Einer ist für alle gestorben, also sind alle gestorben, damit die Lebenden nicht mehr für sich leben, sondern für den, der für sie starb und auferweckt wurde ... Wir sind Gesandte an Christi Statt, und Gott ist es, der durch uns mahnt: Lasst euch mit Gott versöhnen!“ (2 Kor 5,14-20). – Denn auch für Dich ist Homosexualität kein unabwendbares Schicksal, sondern es besteht die Möglichkeit der Umkehr, wenn Du willst. – Die Entscheidung für oder dagegen kann Dir niemand abnehmen. Jedenfalls bete ich täglich für Dich. – Vergleiche auch die beiliegenden Literaturangaben.

Zum Schluss: Als man Jesus mit einer Ehebrecherin konfrontierte, nach dem Gesetz wäre sie gesteinigt worden, sagte der HERR: „Ich will dich nicht verurteilen. Geh und sündige nicht mehr!" (Joh 8,1-11).

Mit herzlichen Ostergrüßen

[Literatur: Homosexualität verstehen (Video) - Homosexualität und die Chance der Veränderung (Video) zu beziehen bei: Deutsches Institut für Jugend und Gesellschaft, Postfach 1220 D 64382 Reichelsheim Fax: 06164-9308-30 - Tel: 064382-9308-211 - Dann: G.J.M. van den Aardweg: "Das Drama des gewöhnlichen Homosexuellen", Analyse und Therapie - Hänssler Verlag 3. Auflage 1995 ISBN 3-7751-0983-8 - Und: G.J.M. van den Aardweg, "Selbsttherapie von Homosexualität" - Hänssler Verlag 2. Auflage 1999 - ISBN 3-7751-2469-1 - Ferner: Dr. med. Siegfried Ernst, "Das größte Wunder ist der Mensch", Antwort auf die sexuelle Konter-Evolution Martin-Verlag Walter Berger Buxheim 1974 ISBN 3-7865-0000-2].

Aus dem Leben Wilhelm Emmanuels von Ketteler

Das Kölner Ereignis

Nach dem Staatsexamen (1833) und Militärdienst beim 11. Husarenregiment (1834/35), den er als eine "Zwangsjacke" bezeichnet und als Unteroffizier beendet, tritt Ketteler in den preußischen Verwaltungsdienst. Als die preußische Regierung den Kölner Erzbischof Clemens August Freiherr von Droste zu Vischering in Festungshaft in Minden setzt, verlässt Ketteler den Staatsdienst (1838). Der Anlass war die Weigerung des Erzbischofs entgegen der staatlichen Auflage bei Mischehen die kirchliche Trauung vorzunehmen, auch wenn die katholische Kindererziehung nicht zugestanden wird.

An seinen Bruder Wilderich schreibt er: „Da ich einem Staate, der die Aufopferung meines Gewissens fordert, nicht dienen will, so bin ich auf den geistlichen Stand durch Fingerzeig aller Umstände hingewiesen und doch kann ich den erforderlichen Entschluss nicht fassen und bin weit davon entfernt.“ Ketteler begibt sich nach München, wo sich um den Professor für Allgemeine Geschichte und Literatur Johann Joseph von Görres (1778-1848), einem vielseitigen Schriftsteller und Laientheologen, ein Kreis von katholischen Persönlichkeiten gebildet hatte, die sich für die Freiheit der Kirche vom Staatskirchentum des fürstlichen Absolutismus einsetzten ("Katholische Bewegung").

Auf der Fahrt dorthin geht er Morgens um fünf Uhr in den Kölner Dom, wo er sich mehrere Stunden aufhält. Sein Eindruck in einem Brief an seinen Bruder Wilderich: „Die Erhabenheit und Größe des Baues, finde ich, ist ein Mittel, um sich leicht zum Unendlichen, Ewigen zu erheben. Man ahnt, für wen solche Formen allein geschaffen werden konnten, und wird ihm näher gebracht. ... Als ich dort die erste Messe hörte, da schien mir alles Zeitliche so klein und niedrig und jedes zeitliche Opfer so unbedeutend, dass ich selbst freudig und ohne Kummer meines Scheidens von Euch gedenke." – Die einzige Störung war die Idee, ob nicht der Priester am Altar ein Hermesianer war. Prof. Georg Hermes, Philosoph und Theologe, hatte in der Auseinandersetzung mit Kant seinen erkenntnistheoretischen Psychologismus entworfen und seine Schriften waren wegen der Unvereinbarkeit seiner Grundposition mit dem katholischen Glauben von Gregor XVI. und Pius IX. auf den Index gesetzt worden.

Eine Predigt gegen den Rosenkranz und ihre Folgen

Auf der Weiterfahrt nach München besuchte Ketteler einen Freund der Familie, August Seydell aus Stettin. Als Leutnant bei den Lützowschen Jägern kämpfte er in der Schlacht bei Leipzig, konvertierte 1822 von der evangelischen zur katholischen Kirche, wurde Priester und wirkte von 1831-1850 als Vikar in der St. Barbara Kirche zu Koblenz. Als der dortige Kaplan gegen das Rosenkranzgebet predigt, hält Seydell als Konvertit eine Katechese für den Rosenkranz. Woraufhin er vom Trierer Generalvikariat gerügt wird, weil er Durcheinander in der Pfarrei mache. Die Reaktion von Ketteler war: „Man könnte gerade Lust bekommen, Geistlicher zu werden, um in die kirchlichen Auseinandersetzungen einzugreifen." – In dieser Einstellung fährt er nach München, wo er sich dem Kreis um Joseph Görres anschließt. In München begegnet Ketteler auch dem Mann, der ihm die Entscheidung über die Zukunft abnehmen sollte: dem Bischof von Eichstätt, Karl August von Reisach, dem späteren Erzbischof von München und späteren Kurienkardinal.

Im Februar 1841 trifft er sich wieder mit Reisach in Münster, der in ihm bereits den künftigen Priester sah, und sich mit ihm lediglich über Ort und Art seiner Ausbildung unterhielt. Nach kurzem Aufenthalt im Eichstätter Priesterseminar (Herbst 1841), siedelte Ketteler zum Wintersemester 1841/42 wieder nach München über, wo er gemeinsam mit seinem jüngeren Bruder Richard, dem ehemaligen Husarenleutnant, bis 1843 Theologie studierte. Nach dem Sommersemester 1843 ging er ins Priesterseminar nach Münster, wo er seine pastoraltheologische Ausbildung für die Seelsorge erhielt Am 1. Juni 1844 Priesterweihe in Münster.

Kettelers Rolle beim ersten Vatikanischen Konzil

Bischof von Ketteler gehörte auf dem ersten Vaticanum zu den Konzilsvätern, die eine Dogmatisierung der Unfehlbarkeit des Papstes zum damaligen Zeitpunkt nicht für opportun hielten. Ketteler hat nie an der päpstlichen Unfehlbarkeit gezweifelt. „Die allgemeine Ansicht fast aller Katholiken ist es, dass, wenn der Papst über Glaubenssachen für die ganze Kirche eine feierliche Entscheidung gibt, diese nicht irrig sein könne. Dieser Ansicht schließen wir uns entschieden an“, sagte er in einer Predigt 1868. Die meisten deutschen Bischöfe waren der gleichen Auffassung. Ketteler bejahte die päpstliche Unfehlbarkeit in Sachen der Glaubens und Sittenlehre der katholischen Kirche, aber er wollte, dass die Autorität des Papstes im Zusammenhang mit den Rechten der Bischöfe vom Konzil gelehrt und definiert werde. Was ja dann das zweite Vatikanische Konzil auch in der Konstitution über die Kirche, *Lumen* gentium, im Abschnitt über die Kollegialität der Bischöfe nachgeholt hat. Ketteler gehört auf dem ersten Vatikanischen Konzil zu den führenden Köpfen der die Dogmatisierung der Unfehlbarkeit ablehnenden Minderheit. Butler/Lang schildert in "Das I. Vatikanische Konzil" die dramatischen Vorgänge bei dieser Kirchenversammlung. An Franz Moufang den Regens und Professor des Mainzer Priesterseminars schrieb Ketteler am 18. März 1870: „Die Frage der Unfehlbarkeit bleibt freilich immer noch wie ein spitzes Schwert über unserem Haupte hängen. Wenn ich den Baum nach den Früchten beurteilen soll, so kann ich mich bisher unmöglich davon überzeugen, dass mein Urteil, welches ich von Anfang an gehegt habe, dass nämlich das Aufwerfen dieser Frage ein Unglück sei, richtig gewesen ist. Ich beklage es mehr und mehr. Nicht bloß die Wirkungen, die das Aufwerfen dieser Frage in der Welt im allgemeinen gehabt, sondern noch mehr die Wirkungen, die sie hier in Rom gehabt, scheinen mir traurig und jammervoll. Hier in Rom ist's wahrhaftig ekelig. Die besten und frömmsten Menschen werden dadurch so verblendet, dass ihnen Verleumdung, Ehrabschneidung pp. wie eine verdienstliche Handlung vorkommen. Jeder, der nicht unbedingt für die Erklärung der Unfehlbarkeit ist, ist seines guten Rufes und seines ehrlichen Namens nicht mehr sicher. Selbst wenn ich auch über die Opportunität irren sollte, so weiß ich wenigstens das Eine, dass die Art, wie die Deklaration hier von Prälaten, Ordensleuten und Weibsbildern betrieben wird, so leidenschaftlich, so ungerecht und so unwürdig ist, wie ich nie etwas ähnliches gesehen habe. Vielleicht geht auch über dieses ganze Getriebe plötzlich die Sonne auf oder besser, vielleicht zeigt uns die liebe Heiland sein verklärtes leuchtendes Gesicht."

Vor der entscheidenden Schlussabstimmung schrieb er einen Brief an Papst Pius IX. und erbat abreisen zu dürfen, um nicht mit „Non placet" stimmen zu müssen, versicherte aber, dass er sich den Entscheidungen des Konzils unterwerfe, als wenn er mit *Placet* gestimmt hätte.

Am Tag nach der Abreise der Minderheit erfolgten die entscheidenden Beschlüsse des Konzils, wonach der Papst die ganze Fülle der höchsten, ordentlichen und unmittelbaren Leitungsgewalt über die gesamte Kirche, über alle Bischöfe und Gläubigen besitzt nicht nur in Sachen des Glaubens und der Sitten, sondern auch der Disziplin und der Regierung. Das ist es, was man unter dem Primat des Papstes versteht. Die Definition der Unfehlbarkeit, die sehr oft falsch ausgelegt wird, als ob sie das persönliche Verhalten des Papstes, sein moralisches Tun und Lassen oder jede seiner Amtshandlungen betreffe, soll hier im Wortlaut stehen: „Wenn der römische Papst von seinem Lehrstuhl aus (*ex cathedra*) spricht, das heißt in Ausübung seines Amtes als Hirt und Lehrer aller Christen, kraft seiner höchsten apostolischen Vollmacht endgültig entscheidet, dass eine Lehre über den Glauben oder Sitten von der ganzen Kirche festzuhalten sei, so besitzt er kraft göttlichen Beistandes, der ihm im heiligen Petrus verheißen ist, jene Unfehlbarkeit, mit welcher der göttliche Erlöser seine Kirche bei endgültigen Entscheidungen in Glaubens- und Sittenlehren ausgestattet wissen wollte. Diese Entscheidungen des römischen Papstes sind daher aus sich und nicht auf Grund der Zustimmung der Kirche unabänderlich."

In einem gemeinsamen Hirtenwort vom 15. September 1870 haben die deutschen Bischöfe den Gläubigen die Entscheidung des Konzils dargelegt und obwohl die meisten von ihnen der Konzilsminderheit angehörten, ihre Annahme des Dogmas erklärt. Auch Bischof Ketteler hat diesen Hirtenbrief mitunterschrieben.

Quelle: L. Lenhart, Moufang und das Vaticanum, Festschrift für Albert Stohr, in Jahrbuch für das Bistum Mainz 1960.

Ein mystisches Erlebnis im Leben Kettelers

In der Zeit, da Freiherr von Ketteler noch Weltmann mit ehrgeizigen Plänen war, saß er eines Abends allein im tiefdämmrigen Zimmer und überließ sich seinen Träumen und Zukunftsplänen. Was dann geschah, ob im Wachzustand oder im Traum, er sah klar und deutlich den Heiland, wie er auf sein heiligstes Herz zeigte, vor ihm eine Ordensfrau mit erhobenen Händen betend und hörte die Worte: „Sie betet ohne Unterlass für dich!" Ketteler sah die Gestalt der Beterin, ihre ärmliche Ordenstracht, ihre schwieligen Hände. Ihre Gesichtszüge prägten sich tief in seiner Erinnerung ein. Jedenfalls war Ketteler von diesem Erlebnis tief erschüttert und beschloss von da an, sich ganz Gott und seinem Dienst zu weihen. Damals war Ketteler dreißig Jahre alt. Viele Jahre später feierte Bischof Ketteler in einem Frauenkloster die heilige Messe. Beim Kommunionausteilen kniete als Letzte eine Ordensfrau vor ihm, deren Gesichtszüge so unverwechselbar denen glichen, die sich ihm eingeprägt hatten.

Nach dem Frühstück bittet er die Oberin, dass ihm sämtliche Schwestern des Hauses vorgestellt würden. Als die Schwestern alle versammelt sind, ging sein forschender Blick über die Schar, doch fand er die Gesuchte nicht darunter. Leise fragt er die Oberin, ob das alle Schwestern seien. Diese überschaut die ganze Schwesternschar und sagte zum Bischof, sie habe alle rufen lassen, aber es fehle tatsächlich noch eine, die den Schweinestall besorge. In ihrem Eifer vergesse sie manchmal andere Dinge. Ketteler bestand darauf, dass die geholt würde. Als die Schwester eintrifft, fragt der Bischof: sie: „Kennen Sie mich?" „Ich habe Bischöfliche Gnaden noch nie gesehen." Im folgenden Gespräch unter vier Augen fragt der Bischof: „Haben Sie einmal gebetet oder gute Werke für mich aufgeopfert?" – „Es ist mir nicht bewusst, da ich von Eurer Bischöflichen Gnaden noch nie etwas gehört habe." Ketteler fragt weiter, welche Andacht die Schwester am liebsten und häufigsten pflege. „Die Andacht zum Heiligsten Herzen Jesu." – „Sie haben anscheinend eine schwere Arbeit im Kloster", fuhr der Bischof fort. „O nein, Bischöfliche Gnaden, aber – ich kann nicht leugnen, dass sie mir zuwider ist." – „Und was tun sie dann, wenn Ihnen solche Anfechtungen kommen?" „Ich habe mir angewöhnt, alle Dinge, die mir Überwindung kosten, aus Liebe zum göttlichen Herzen Jesu erst recht gern und eifrig anzupacken. Ich opfere das dann auf für eine arme Seele, die es auf dieser Welt besonders braucht. Ich habe es dem lieben Gott überlassen, wem Er dafür gnädig sein will. und will es nicht wissen. Auch die Stunde der Anbetung vor dem heiligsten Sakrament, jeden Abend von 8 bis 9 Uhr, opfere ich in dieser Meinung auf." „Und wie kommen Sie auf diesen Gedanken, all ihre Verdienste für eine ganz unbekannte Seele aufzuopfern?" – „Das ist mir immer so in den Sinn gekommen, als ich noch in der Welt draußen war. Als ich in der Schule war, lehrte uns unser Herr Pfarrer, dass und wie man für seine Angehörigen beten und seine Verdienste aufopfern solle. Und außerdem meinte er, solle man auch für andere, die in Gefahr sind, ihr Seelenheil zu verlieren, viel beten. Da aber Gott allein wisse, wer dessen besonders bedarf, so sei auch das Beste, dass man seine Verdienste dem heiligsten Herzen Jesu zur Verfügung stelle, damit ER sie demjenigen zugute kommen lasse, für den seine Allwissenheit und Weisheit es für gut fände. So habe ich es gemacht und immer gedacht, Gott werde die rechte Seele schon finden."

„Wie alt sind Sie" – „Dreiunddreißig Jahre, Bischöfliche Gnaden." Der Bischof hielt einen Moment betroffen inne. Dann fragte er: „Wann sind sie geboren?" Die Schwester nannte den Tag. Den Lippen des Bischofs entfuhr ein Ausruf. Ihr Geburtstag war der Tag seines Bekehrungserlebnisses. An jenem Tag hatte er sie in der abendlichen Dämmerstunde genau so vor sich gesehen, wie sie jetzt vor ihm stand. „Und wissen Sie gar nicht, ob Ihr Gebet und Opfer einen Erfolg gehabt hat?" „Nein, Bischöfliche Gnaden." – „Und wünschen Sie es nicht zu wissen?" – „Der liebe Gott weiß es, wenn etwas Gutes geschieht, und das ist genug", war die schlichte Antwort. Bischof Ketteler war erschüttert. „So fahren Sie in Gottes Namen fort mit diesem Ihrem Werk." Mit tiefer Bewegung und Ergriffenheit erhob der Bischof seine Hände zum Himmel und sprach: „So segne ich Sie in all der Kraft und Vollmacht, die ein Bischof zum Segnen hat. Ich segne Ihre Seele, ich segne Ihre Hände und deren Arbeit, segne Ihr Beten und Opfern, Ihr Überwinden und Gehorchen, ich segne Sie ganz besonders für Ihre letzte Stunde und bitte Gott, dass Er Ihnen mit all seinem Trost beistehen möge. Das gebe Gott der Vater und der Sohn und der Heilige Geist." – „Amen" sprach die einfache Laienschwester ruhig, erhob sich und ging hinaus.

(Diese Episode war mir bekannt. Doch habe ich sie erst in der österreichischen Zeitschrift "Der 13." vom Februar 1999 unter dem Titel "Das Geheimnis eines Bischofs" so ausführlich geschildert vorgefunden. Um die Rahmenerzählung gekürzt und leicht überarbeitet ist die Geschichte hier wiedergegeben. Und ich empfehle das Beispiel dieser schlichten Ordensfrau allen Eltern, die Kummer haben um ihre Kinder, die aus dem Ruder laufen, und allen Großeltern, die in Sorge sind um die so ganz anderen Wege ihrer Enkel, als diejenigen, zu denen sie ihre Kinder erzogen haben.)

Gottes Heilsgeschichte mit den Juden Judenmission?

Der Gott unserer Väter

Im Gespräch mit der Samariterin am Jakobsbrunnen hören wir das Wort "das Heil kommt von den Juden" (Joh 4,22) aus dem Munde Jesu. In der momentanen Auseinandersetzung um die "Judenmission" und die "Karfreitagsfürbitte" ist es angebracht, dem Verhältnis Kirche und Juden nachzugehen.

An vielen Stellen des Neuen Testamentes begegnen wir der Formulierung "der Gott unserer Väter" (Apg 3,13; 5,30; 22,14) im Zusammenhang mit der zentralen Aussage von der Auferstehung Christi.

Was ist das für ein Gott, "der Gott der Väter"? Stephanus, zitiert in seiner Rede die Stimme, die Moses aus dem brennenden Dornbusch hörte: „Ich bin der Gott deines Vaters, der Gott Abrahams, der Gott Isaaks, der Gott Jakobs“ (Apg 7,32 und Ex 3,6). Das also ist der Gott der Väter. Der Gott, der dem Moses sich offenbart hat, ist der Gott der Patriarchen des Volkes Israel. Es ist der Gott, der in der Geschichte des auserwählten Volkes wunderbar gehandelt hat. Es ist der Gott, der seine Verheißungen und Drohungen an den Vorfahren sowohl in der Wüste als auch an Israel im gelobten Land und im babylonischen Exil wahr machte.

Der Gott der Väter ist der Gott Israels, der Gott des Bundes. Vergleiche den Lobgesang des Zacharias Lk 1,68, den die Kirche täglich in der Laudes beten lässt. In seiner Rede in der Synagoge zu Antiochien führt Paulus an Hand der Geschichte Israels aus, dass der Gott der Väter seine Verheißung an Jesus erfüllt hat. Vom

Gott der Väter singt Maria im Magnifikat: "Angenommen hat ER sich Israels, seines Knechtes, und denkt an sein Erbarmen, das Er unseren Vätern verheißen hat, Abraham und seinen Nachkommen auf ewig" (Lk 1,54).

Dieser Gott der Väter ist es, der „Großes getan hat," an Maria (Lk 1,49), indem ER „herabgeschaut hat auf die Niedrigkeit seines Magd" (Vers 48). Der „die Mächtigen vom Thron stürzt und die Niedrigen erhöht" (52). Es ist der gleiche Gott, der so auch an den Vätern handelte, indem ER den Abraham erwählte; dem Fremdling das Land Kanaan zu eigen gab; Moses, den Verfemten, berief und zum Führer seines Volkes machte; Isaak und Jakob, die Spätgeborenen zu Erstgeborenen machte und zu Erben der Verheißung. Entsprechend dieser Art zu handeln, Mächtige zu stürzen und Niedrige zu erhöhen, „hat der Gott der Väter (auch) Jesus auferweckt" (Apg 5,30) und den „Stein, den die Bauleute verwarfen" (Apg 4,11, Ps 118,22) zum Eckstein gemacht (Vergleiche auch 1Petr 2,4).

In der Auferweckung Jesu von den Toten erweist sich Gott auch durch die Art seines Handelns, als der Gott der Väter, indem ER an Jesus, dem Gekreuzigten so wie an den Vätern handelte, und den Erniedrigten erhöhte (Phil 2,8-11). Das scheint ein Grundgesetz des Handelns des Gottes der Väter zu sein, die Mächtigen zu stürzen und die Niedrigen zu erhöhen. Es wird darin etwas von der Souveränität Gottes offenbar, der sich selbst als "der Mächtige" erweist, der "Großes tut" und als der, der "Erbarmen übt" (Lk 1,49-55).

Der Gott der Väter bleibt sich treu in seinem Tun. Darum bleibt Gott auch seinem Bund treu, den ER mit den Vätern geschlossen hat. ER bleibt seinen Verheißungen treu, die ER den Vätern gegeben hat. ER ist und bleibt der Gott Israels. Alles, was ER tut, geschieht nicht zuletzt wie der greise Simeon es besungen hat, „zur Verherrlichung seines Volkes Israel" (Lk 2,32). So singt es die Kirche heute noch Abend für Abend in der Komplet. Doch dieser Gott der Väter "bereitet sein Heil" über Israel hinaus "für alle Völker" (Lk 2,31), wie es schon bei Jesaja angekündigt ist (Jes 40,5; 52,10).

"Gott hat sein Volk nicht verstoßen" (Röm 11,2)

Der "Gott der Väter" ist derjenige, von dem Abraham glaubte, dass Er "die Toten lebendig macht und das, was nicht ist, ins Dasein ruft" (Röm 4,17). Darum liegt aus der Sicht des Apostels Paulus die Auferweckung Jesu ganz auf der Linie der Erwartung der Väter, ist Erfüllung der Verheißungen an die Väter (Apg 13,32; 17,2). Auch in den Predigten des Apostels Petrus an Pfingsten (Apg 2,39) und nach der Heilung des Gelähmten im Tempel (Apg 3,18-26) begegnen wir dieser apostolischen Verkündigung von Anfang an: „Für euch zuerst hat Gott seinen Knecht auferweckt und gesandt, euch zu segnen“ (Gen 12,3; 22,18).

Wir Christen sind uns gewöhnlich kaum bewusst, dass Gott in der Erhöhung seines Sohnes zunächst an Israel handelte. Israel ist nach wie vor - auch nach der Auslieferung Jesu an die Römer zur Kreuzigung durch die Führer des Volkes - das vor allen anderen Völkern erwählte, der Erstgeborene unter allen (Röm 1,16; 11,1; 11,5.7+29). Vor dem Hohen Rat bezeugen es die Apostel: „Gott hat IHN zu seiner Rechten als Fürst und Heiland erhöht, um Israel die Bekehrung und Vergebung der Sünden zu schenken“ (Apg 5,21). - Gott ist getreu, er hebt die Vorrechte Israels nicht auf. ER steht zu seinem den Vätern gegebenen Wort (Röm 3,3). Paulus widmet die Kapitel 9-11 des Römerbriefes diesem Thema. Die Verheißungen Gottes an sein auserwähltes Volk sind "keineswegs hinfällig" (Röm 9,6) geworden. Nach wie vor besitzt Israel seine geistlichen Vorzüge (Röm 9,4-6).

"Das Heil kommt von den Juden" (Joh 4,22)

1. Jesus, der Heiland der Welt, ist Jude. Der Evangelist Matthäus beginnt sein Evangelium mit dem „Stammbaum Jesu Christi, des Sohnes Davids, des Sohnes Abrahams“ (Mt 1,1). Ebenso betont Paulus im Römerbrief (Röm 1,3; 9,5). die leibliche Abstammung Jesu aus dem Volk der Juden. Seiner menschlichen Natur nach ge-

hört Jesus, der Sohn Gottes, Israel an (Apg 13,23; 2Tim 2,8). Das Erlöserblut Christi, das "Blut des (neuen) Bundes" (Mt 26,28; Mk 14,24; Lk 22,20; 1Kor 11,25) ist jüdisches Blut! Die Jungfrau Maria aus Nazareth, die Mutter Jesu, war Jüdin. Die Apostel waren Juden.

Das, was wir das "Alte Testament" bezeichnen, sind die Heiligen Schriften Israels. Das war die Bibel Jesu und der Urkirche. In manchen Ausgaben des Neuen Testamentes sind die alttestamentlichen Zitate durch Kursivdruck kenntlich gemacht und am Rand die jeweilige Stelle im AT angegeben. Sind wir Christen uns dessen bewusst, was wir nach Gottes Heilsplan alles Israel verdanken?

2. Die christliche Liturgie ist aus dem jüdischen Gottesdienst erwachsen. Sie trägt heute noch Merkmale ihrer jüdischen Wurzeln. (Vergleiche Louis Bouyer, Von der jüdischen zur christlichen Liturgie, in Internationale katholische Zeitschrift Communio 6/1978). Der Wortgottesdienst der Heiligen Messe, vor allem der Wortgottesdienst der heiligen Osternacht hat unverkennbar Züge des synagogalen Gottesdienstes, der aus Lesungen dem "Gesetz und den Propheten" (Apg 13,14), Psalmen und Gebeten bestand. – Unser "Amen", mit dem wir unsere Gebete bekräftigen, das "Hosanna" im Sanctus der heiligen Messe ist jüdischen Ursprungs, auch das "von Ewigkeit zu Ewigkeit" ist eine rabbinische Gebetsformel (Theolog. Wörterbuch zum NT Bd I Seite 207, Zeile 17).

Wer von den Brevierbetern ahnt, dass der Vers mit dem er sein Stundengebet eröffnet, gleichlautend dem ist, mit dem der fromme Jude dreimal am Tag das "Achtzehngebet" beginnt? "O Herr, öffne meine Lippen, und mein Mund verkünde dein Lob" (Ps 51, 15). (Vergleiche Sachs, Gebete der Israeliten, "Sinai" Tel Aviv 1965; ebenso R. Mayer, Der babylonische Talmud, München 1963). Selbst unser Christusmonogramm ist ursprünglich ein judenchristliches Symbol. (Vergleiche Kroll, Auf den Spuren Jesu). "Wie die Urgemeinde in Jerusalem noch ganz im Schatten des Tempels lebte, so blieben auch die Judenchristen in ihrem heimatlichen Milieu dem Gesetz der Väter und den Überlieferungen der Alten verbunden. Sie mieden den Bilderkult und drückten ihre theologischen Vorstellungen in Zeichen und Symbolen aus. ... Zu den Ursymbolen gehört das Zeichen ✳ des Sternes. Die Beziehung zur Weissagung Bileams liegt nahe: „Ein Stern geht auf aus Jakob“ (Num 24,17). So fügte man dem Stern ein griechisches Rho = P ein, das Geheimzeichen für Jesus, den Sohn der Verheißung. Das griechische Rho hat den Zahlwert 100 und weist auf Abraham hin, der als Hundertjähriger den "Sohn der Verheißung" erhielt. Später verselbständigte sich das Rho und die übrigen vier Strahlen des Sterns wurden dann als Chi = X interpretiert. Es entstand das bekannte Chi-Rho (XP), die Anfangsbuchstaben des griechischen Wortes Christos, der Gesalbte, der Messias." (Gehard Kroll, Auf den Spuren Jesu, 8. Auflage S. 125 Abbildung 5). Wir haben hier ein Beispiel von Inkulturation von Jüdischem in die griechisch-römischen Kultur.

3. Das jüdische Paschamahl ist nach dem Zeugnis der Synoptiker der äußere Rahmen gewesen, in dem Jesus mit den Zwölf das letzte Mahl vor seinem Leiden und Sterben gehalten hat (Mt 26,17-19 und 26-28; Mk 14,12 und 22-24; Lk 22,8 und 14-20). Die Evangelisten berichten, dass Jesus danksagend das Brot und den Kelch genommen habe und die Worte der heiligen Wandlung "das ist mein Leib" beziehungsweise "das ist mein Blut" gesprochen habe. Für danksagen verwenden sie die griechischen Worte eulogésas und synonym eucharistésas. Das eulogésas ist die Übersetzung für die hebräischen berachót, die jüdischen Segensgebete, die jeweils mit den Worten beginnen „Gepriesen bist du Herr, König des Alls. ...“ Und zum Beispiel vor dem Gebrauch des Brotes: ... „der du das Brot lässest aus der Erde hervorgehen“ oder vor dem Wein: ... „der du die Frucht des Weinstocks schaffst.“ (Theol. Wörterbuch z. NT Bd II und Bd IX)

Beispiele solcher "berachót" zu allen möglichen selbst profansten Gelegenheiten bringt Robert Aaron in seinem Buch "Die verborgenen Jahre Jesu". In den Gebeten zur Gabenbereitung der Eucharistiefeier in der forma ordinaria sind die Lobpreisungen wieder in die römische Liturgie aufgenommen, natürlich auf die Heilige

Messe angepasst. Zu fragen wäre allerdings, warum die deutsche Übersetzung "wir bringen vor dein Angesicht" lautet, statt wie es im lateinischen Text heißt "offerimus", das ist "wir opfern"?

Kirche ist von ihrem Ursprung her Judenkirche

Wenn Jesus, "seiner Gewohnheit gemäß, am Sabbat in die Synagoge ging" (Lk 4,18), braucht sich niemand zu wundern, dass auch die Apostel noch nach Pfingsten am Tempelgottesdienst teilnahmen.

Vergleiche dazu Apg 2,46; 3,1. - Die Apostelgeschichte berichtet, dass die urchristliche Gemeinde in der Halle Salomos zusammenkam (Apg 3,11 und 5,12), wo sich Synagogen befanden. Es geschah kein radikaler Bruch zwischen den zum Glauben gekommenen ersten Christen und den übrigen Juden. Selbst Paulus nimmt noch nach Jahren als Missionar unter den Heiden an jüdischen religiösen Bräuchen im Tempel teil (Apg 21,18-26). Ja, er berichtet, dass er dort beim Gebet eine Christusvision hatte, in der ihm aufgetragen wurde zu den Heiden zu gehen. (Apg 22,17) und nach wie vor wallfahrtet er zum Tempel in Jerusalem (Apg 24,11). Auch viele Priester kamen zum Glauben.

All diese Menschen waren Juden, die ihre religiösen Lebensweise und Frömmigkeitsformen nicht einfach über Bord warfen, sondern mit dem christlichen Glauben verbanden (Apg 2,46). - Wie sehr beides anfänglich zusammen gehörte, zeigt sich darin, dass das Judenchristentum sich als "Weg" beziehungsweise als "neuer Weg" (Apg 18,25; 19,9; 22,4; 24,22) verstanden hat. So wie es innerhalb des Judentums die Pharisäer, die Saduzzäer und Esséner waren. Jedoch betrachteten sich die Christusgläubigen als "Weg der Wahrheit" (2Petr 2,2). Von Außenstehenden wurden die Christen anfangs als jüdische Sekte (Apg 24,14; 28,22) "die Nazoräersekte" (Apg 24,5) betrachtet. (Theologisches Wörterbuch zum NT Bd III).

Jerusalem - nicht Rom - ist die "Mutter der Kirche". So steht es im Triumphbogen der Grabeskirche, der Anástasis, wie die Griechen sie nennen. Und Irenäos bezeichnet die Kirche von Jerusalem als "die Mitte der Welt" (Vergleiche Lektionar zum Stundenbuch II/3 S.263)

Die Urkirche war die Gemeinschaft der Gläubigen in Jerusalem. Es waren Juden, die durch die Predigt der Apostel sich dem Kreis der Jesusjünger anschlossen. Davon berichten die ersten Kapitel der Apostelgeschichte. (Apostelgeschichte, Kapitel 2 bis 8).

Die Kirche ist zunächst Erwählung Israels (Apg 13,23.32.46). Den Heiden, das heißt den Nichtjuden, wurde erst nachträglich "die Tür zum Glauben aufgetan" (Apg 14,27). Das mussten die Apostel erst durch die Erfahrung lernen. So zum Beispiel Petrus in seinem Erlebnis mit dem römischen Hauptmann Kornelius in Caesarea. (Apg 10)

Sie haben den Messias gefunden

Auch wenn das für heutige jüdische Ohren ein "horribile dictum" ist: Das Heil kommt nach wie vor *auch* zu den Juden.

Das Neue Testament bezeugt an vielen Stellen der Evangelien, der Apostelgeschichte und den Briefen des Apostels Paulus, wie jüdische Menschen damals zu Jesus als dem Messias gefunden haben. Nach Pfingsten wuchs die kleine Schar der Urgemeinde in Jerusalem innerhalb kurzer Zeit durch das Zeugnis der Apostel von 120 Personen (Apg 1,15) auf dreitausend (Apg 2,41), und bald darauf auf fünftausend männliche Mitglieder (Apg 4,4), darunter auch "viele Priester".

Das 19. und 20. Jahrhundert weist eine Reihe innerkirchlich bedeutender Konvertiten auf, die vom Judentum zum Christentum kamen. Prof. Dr. theol. Ferdinand Holböck hat eine Reihe solcher Judenkonvertiten bekannt gemacht unter dem Buchtitel "Wir haben den Messias gefunden!" (ISBN 3-7171-0901-4). Daraus soll das Brüderpaar Theodor Maria und Alphons Maria Ratisbonne hier vorgestellt werden. Warum gerade diese? Beide haben durch Maria, die einzigartige "Tochter Zion", zur katholischen Kirche gefunden und deswegen den Namen "Maria" in ihren Namen eingefügt.

Gebrüder Theodor und Alphons Ratisbonne

Die Ratisbonnes wuchsen in einer reichen liberalen jüdischen Bankiersfamilie in Straßburg auf. Theodor bekennt von sich, dass er durch die Lektüre Rousseaus, Lokes, Voltaires und anderer Philosophen "wenn schon nicht zum offenen Gottesleugner - so doch im höchsten Maß zum Skeptiker geworden" sei. Durch den Umgang mit "Männern, die als gelehrt galten" die seine Ungläubigkeit noch mehr verstärkten, "vermehrten diese durch ihren Sarkasmus die Abneigung und die Vorurteile, die man seit (seiner) Kindheit gegen das Christentum" ihm eingeflößt hatte. In einem Augenblick tiefster innerer Not und Bitterkeit rief er einmal aus:

„O Gott, wenn du wirklich existierst, lass mich doch die Wahrheit erkennen, und im voraus schwör' ich dir, ihr mein Leben zu weihen!“ Durch den Straßburger Philosophieprofessor E. M. Bautain (†1867), der selber durch das Studium der heiligen Schrift eine radikale Wende zum Glauben hinter sich hatte, wurde seine Seele für Jesus Christus gewonnen. In dieser seelischen Entwicklung ging ihm die Bedeutung der Marienverehrung immer mehr auf. Von seiner Taufe am 14. April 1827, einem Karsamstag, schreibt er: „Ich ging vom Judentum zum Christentum über, von der Synagoge zur Kirche, von Moses zu Jesus Christus. Ja, es war das wahre Leben, das mich durchdrang, als das Taufwasser über meine Stirne floss. ... Mein Glück, nun der großen christlichen Familie angehören zu dürfen war so groß, dass ich mich nur ganz schwer zurückhalten konnte, um es nicht allen, denen ich nach der Taufe begegnete, laut zu verkünden." Seinem Vater gegenüber bekannte er: „ ... mein Glaube ist es, der mich nun dazu drängt, allen Annehmlichkeiten des bisherigen Lebens zu entsagen, um mich ganz der Wiedergeburt meiner jüdischen Brüder zu widmen.“

Nach seiner Priesterweihe (1830) wirkte er zunächst zum Leidwesen seiner jüdischen Verwandten in Straßburg. Im Jahre 1840 ging Theodor Ratisbonne nach Paris zu dem berühmten Abbé Charles Desgenettes an der Kirche "Unserer Lieben Frau vom Sieg". Dieser machte durch die Weihe an das Unbefleckte Herz Mariä seine im Vergnügungsviertel daniederliegende Pfarrei und die Verbreitung der "Wundertätigen Medaille" und die Gründung der "Bruderschaft vom heiligsten Herzen Mariä“ zu einer weltweit ausstrahlenden Gnadenstätte. Hier nahm Theodor Ratisbonne seinen Lieblingsplan auf, "an der geistigen Wiedergeburt der Juden zu arbeiten". Dort betete und arbeitete nun Theodor Ratisbonne "für die Bekehrung seiner jüdischen Volksgenossen vor allem auch seines von glühendem Hass gegen die katholische Kirche erfüllten Bruders Alphons." Sein Beten und Opfern führte schon bald zu dem wunderbaren Erlebnis, welches am 30. Januar 1830 in der Kirche "St. Andrea delle fratte" in Rom die Wende im Leben seines Bruders brachte.

Die Bekehrung von Alphons Maria Ratisbonne

Von sich schreibt in einem Brief der jüngere Bruder Alphons: „Ich begann meine Studien auf dem Gymnasium zu Straßburg, wo ich noch größere Fortschritte in der Verderbnis des Herzens als in geistiger Ausbildung machte. Um das Jahr 1827, ich war damals etwa 15 Jahre alt, wurde meine Familie von einem harten Schlag getroffen. Mein Bruder Theodor, auf den man große Hoffnungen gesetzt hatte, war Christ geworden und bald darauf, ... trotz der großen Betrübnis, die er verursacht hatte, noch weiter gegangen, er wurde Priester und begann in derselben Stadt unter den Augen meiner untröstlichen Familie seine priesterliche Tätigkeit. ... Die Konversion meines Bruders, die ich als eine unerklärliche Tollheit und Dummheit betrachtete, ließ mich an den Fanatismus der Katholiken glauben und dagegen ganz große Abscheu empfinden."

Über das religiöse Milieu seiner Familie schreibt er: „Ich war Jude nur dem Namen nach, ich glaubte nicht einmal an Gott, öffnete auch nie ein religiöses Buch. Im Hause meines Onkels, (in dessen Bankgeschäft er nach dem Jurastudium und Anwaltstätigkeit er eingetreten war), so wenig wie bei meinen Brüdern und Schwestern wurde je auch nur die geringste Vorschrift des Judentums befolgt.“ (Holböck, S. 37).

Nach der Verlobung mit der Nichte - sie war erst 16 Jahre alt - beschloss man, die Hochzeit noch hinauszuschieben. Er sollte um die Zeit zu überbrücken, eine Vergnügungsreise unternehmen. Dabei kam er am Neujahrstag 1842 in Neapel zufällig in eine katholische Kirche, wo eine heilige Messe gefeiert wurde. An eine Säule gelehnt, schien sein Herz sich ihm zu öffnen und er betete, unbekümmert, was um ihn herum vor sich ging, auf seine Weise für seine lebenden und verstorbenen Angehörigen und den Beistand Gottes für seine Pläne zur Verbesserung des Loses der Juden. Ein tiefer Friede erfüllt ihn auf einmal und er hatte den Eindruck, als ob eine Stimmer ihm sagte: „Dein Gebet wird erhört."

In Rom traf er zufällig einen ehemaligen Schulkameraden, den protestantischen Baron Gustav de Bussierre. Es kam zu einem Treffen mit dessen Bruder Theodor de Bussierre, der 1837 katholisch geworden war. Davon berichtet Alphons Ratisbonne: „Ich betrachtete Baron Theodor de Bussierre als einen Frömmler im schlimmen Sinn und war froh, ihn im Gespräch wegen der Lage der römischen Juden (im Gettho) verhöhnen zu können." Das Gespräch geriet auf religiöses Gebiet und Alphons Ratisbonne brachte mit ironischen Bemerkungen allerlei Anschuldigungen gegen die katholische Kirche vor, die er gehört oder gelesen hatte.

Die Probe mit der "Wundertätigen Medaille"

Da lud ihn Baron Theodor de Bussierre zu einem Experiment ein. Und gab ihm die "wundertätige Medaille" unserer Lieben Frau, die er um den Hals gehängt tragen solle. Ratisbonne fand das kindisch, aber willigte spaßeshalber ein mit dem Hintergedanken, eine köstliche Episode für den katholischen Aberglauben in seinem Reisetagebuch bringen zu können. Allerdings verlangte der Gastgeber auch noch, morgens und abends das bekannte "Memoráre" - „Gedenke o gütigste Jungfrau Maria, von Ewigkeit her ist es unerhört worden, dass einer, der zu dir seine Zuflucht genommen, deine Hilfe angerufen, um deine Fürsprache gebeten, von dir sei verlassen worden ..." herzusagen. Nach einigem Hin und Her wegen dieser dummen Zumutung willigte Alphons Ratisbonne ein. Am ersten Abend vergaß er es. Am nächsten Morgen fiel es ihm ein und verfolgten ihn die Worte wie die Melodie einer Arie, die man nicht los wird. Am 20. Januar 1842 ging er mit dem Baron nochmals durch die Straßen Roms. Während der Baron in der Kirche "Sant'Andrea delle fratte" wegen einer Requiemsmesse etwas vereinbaren wollte, sollte Alphons im Gotteshaus solange warten. Als der Baron zurückkam, fand er ihn vollkommen verstört in einer Seitenkapelle auf den Knien liegend. Er hob ihn auf und wollte wissen, was passiert sei. Doch vermochte Alphons vor Aufregung kein Wort hervorzubringen. Er zog nur die "wundertätige Medaille" hervor und küsste sie unter Tränen.

Alles, was er später zu berichten wusste, war, dass er sich in der Kirche vor der Schutzengelkapelle plötzlich auf den Knien liegend befunden habe. Und die Himmelskönigin, so wie sie auf der Medaille abgebildet war, im Glanz ihrer himmlischen Schönheit gesehen habe. Er habe das himmlische Licht nicht ertragen können, trotz dreimaliger Versuche, die Mutter der Barmherzigkeit anzuschauen. Er rief aus: „O mein Gott, ich der ich noch vor einer halben Stunde gelästert hatte, ich, der ich einen so tödlichen Hass gegen die katholische Kirche gehegt hatte! Alle, die mich kennen, wissen doch, dass ich - menschlich gesprochen - die zwingendsten Gründe hätte, Jude zu bleiben, denn meine Familie ist jüdisch, meine Braut ist Jüdin, mein Onkel (dessen Bank er erben sollte) ist Jude. ... Wenn ich nun Katholik werde, opfere ich alle meine bisherigen Interessen und Zukunftspläne, die ich auf Erden habe, und dennoch muss ich den großen Schritt tun ..." (F. Holböck, Wir haben den Messias gefunden). In Anbetracht dessen, was Alphons Ratisbonne erlebt und der wunderbaren Umwandlung, die mit ihm geschehen war, wurde er ohne den sonst vorgeschriebenen Katechismusunterricht schon am 31. Januar 1842 getauft. Er trat in den Jesuitenorden ein, studierte Theologie und empfing am 24. September 1848 in Laval die Priesterweihe.

Alphons drängte seinen Bruder Theodor, etwas für arme jüdische Kinder zu unternehmen, deren Eltern aus Osteuropa und Nordafrika nach Frankreich eingewandert waren und eine christliche Erziehung für ihre Kinder wünschten. Der war selber seit seiner Bekehrung von den Verheißungen in der Heiligen Schrift vor allem im Römerbrief erfüllt, wonach Gott sein Volk nicht verworfen hat. Nur „auf einem Teil Israels liege Verstockung, bis die Heiden in voller Zahl das Heil erlangt haben, dann wird ganz Israel gerettet werden“ (Röm 11,25).

Alphons arbeitete zusammen mit seinem Bruder fortan in Paris und drängte ihn immer mehr, dass das große Unternehmen zur Rettung der Juden von Paris aus auch in das Heilige Land des Judentums, nach Jerusalem verpflanzt werde. Es wurde auf dem Gelände der Ruinen der Burg Antonia 1862 ein Haus gebaut für Waisenkinder, die von den von Theodor gegründeten "Schwestern Unserer Lieben Frau von Sion" betreut wurden. Im Jahre 1868 konnte daneben die Kirche des Ecce-Homo-Bogens eingeweiht werden. Eine Ausbildungs- und Lehrwerkstätte für Buben wurde ebenfalls in Jerusalem 1878 errichtet. Auch das Haus in Ain Karim, dem Ort der Begegnung von Maria und Elisabeth "Sankt Johann im Gebirge" unweit Jerusalems, hat Alphons Ratisbonne als Erholungsheim für erkrankte Schwestern erworben und ausgebaut. Es dient heute noch Pilgergruppen als Rast- und Bewirtungsstätte.

Während Theodor weiterhin von Paris aus für die Ausbreitung der Sionsschwestern wirkte und seeleneifrig für die Bekehrung der Sünder auch unter den Juden bis zu seinem Tod am 10. Januar 1884 arbeitete, widmete sich Alphons in Jerusalem der Bekehrung der Juden, wo er am 6. Mai 1884 vom irdischen ins himmlische Jerusalem heimgegangen ist. Auf seinem Grabstein in Ain Karim steht, wie er verfügt hatte, nur "Pére Marie". Seine Deutung: „Das erste Wort sagt, dass ich ein Sünder war, das zweite aber spricht von der Barmherzigkeit Marias gegen mich.“

Gebet für die Bekehrung der Juden und deren Evangelisierung

Vertreter des Judentums protestierten gegen die Aufwertung der vorkonziliaren Judenfürbitte im Karfreitagsgottesdienst in der forma extraordinaria durch das "Motu Proprio Summorum Pontificum vom 7. Juli 2007. Am 5. Februar 2008 gab der Vatican folgende Neuformulierung von Papst Benedikt XVI. bekannt:

„Lasset uns beten für die Juden, auf dass Gott, unser Herr, ihre Herzen erleuchte, damit sie Jesus Christus erkennen, den Retter aller Menschen. Lasset uns beten! Beuget die Knie! - Erhebet Euch! - Allmächtiger ewiger Gott, Du willst, dass alle Menschen gerettet werden und zur Erkenntnis der Wahrheit gelangen. Gewähre gnädig, dass beim Eintritt der Fülle aller Völker in Deine Kirche ganz Israel gerettet wird. Durch Christus unseren Herrn. Amen!"

Im "Achtzehngebet" beim jüdischen Gottesdienst wurde durch den Sanhedrin in Jabne nach der Zerstörung Jerusalems auch der Spruch gegen die Ketzer eingefügt: „Den Abtrünnigen sei keine Hoffnung, die freche Herrschaft (der Römer) nimm schnell hinweg in unseren Tagen. Die Nazarener und die Ketzer mögen in einem Augenblick verschwinden, sie sollen aus dem Buch des Lebens gelöscht werden und nicht mitsamt den Bewährten aufgeschrieben werden. Gelobt seist du, Herr, der die Frechen beugt!" Die Kirche dagegen betet im Karfreitagsgebet nicht gegen sondern für die Juden. Was ist dagegen einzuwenden? Wer will es ihr verargen?

Was die Evangelisierung der Juden betrifft, so entspricht das dem Auftrag Jesu vor seiner Himmelfahrt: „Gehet zu allen Völkern und macht alle Menschen zu meinen Jüngern. Tauft sie auf den Namen des Vaters und des Sohnes und des Heiligen Geistes, und lehret sie alles befolgen, was ich euch geboten habe" (Mt 28,19). Diesem Auftrag gemäß haben die Apostel zuerst den Juden das Evangelium verkündet, und dann auch den Nichtjuden. Die Apostelgeschichte bezeugt das von der ersten bis zur letzten Seite. Dieser Missionsbefehl gilt auch für alle späteren Generationen. Die Kirche würde ihren Auftrag, sie würde sich selbst verleugnen, ja sie hätte ihre Existenzberechtigung verloren, wenn sie aus Rücksichtnahme auf heutige - aus der Geschichte verständlichen - Empfindlichkeiten die Evangelisierung der Juden preisgäbe. Was etwas anderes ist als die Zwangsbekehrung jüdischer Menschen im Mittelalter. „Wehe mir, wenn ich das Evangelium nicht verkündigte", (1 Kor 9,16) schreibt Paulus. Das gilt auch heute noch.

(Artikel für "Der Ruf des Königs" 2011)

Glaube im Sturm der Zeit
Attacken auf die Kirche

Die Mainzer Republik
Kinder der Revolution

Von Papst Johannes XXIII. wird die Episode überliefert, dass er auf die Frage, was er denn mit dem Konzil beabsichtige, das Fenster geöffnet habe. Dazu machte er die Bemerkung: „damit frische Luft hereinkommt." - Aber sein Nachfolger hat festgestellt, dass „der Rauch Satans" in die Kirche eingedrungen sei.

Die Geschichte der Mainzer Republik (1792/1793) zeigt, wie auch Kirchenmänner vom jeweiligen Zeitgeist infiziert werden, eben "Kinder ihrer Zeit" sind. Und die Mahnung des Apostels Paulus zu allen Zeiten - auch heute - akut ist: „Gleicht euch nicht dieser Welt an, sondern wandelt euch und erneuert euer Denken, damit ihr prüfen und erkennen könnt, was der Wille Gottes ist: was ihm gefällt, was gut und vollkommen ist" (Röm 12,2). Das zeigt das folgende geschichtliche Ereignis.

Im Zuge der französischen Revolution und der französischen Besetzung 1792/1793 gewannen auch die freiheitlichen und demokratischen Ideen im Kurfürstentum Mainz an Boden. Sie wurden verständlicher Weise gefördert durch die Vertreter der Besatzungsmacht. Der ideologische Untergrund war schon bereitet durch die Aufklärung, die in kirchlichen Kreisen Anhänger gefunden hatte. Geistliche benutzten ihre Autorität, um die Gläubigen im Sinne von "Freiheit und Gleichheit" zu beeinflussen. So hielt der Kasteler Kaplan Martin Arensberger eine "geistliche Rede" am Kirchweihfest 1792, in der er auch erklärte, "dass die französische Konstitution mit der christlichen Religion vollkommen übereinstimme und nichts enthielte, was dem Gewissenszwang im Geringsten entgegen sei." (Franz Dumont, Die Mainzer-Republik 1792/1793).

Der "patriotische" Pfarrer von Nackenheim Carl Melchior Arand hatte die Franzosen im Oktober freudig begrüßt und „seine Gemeinde durch ausgesprochen politische Predigten zur Errichtung eines Freiheitsbaumes am 15. November 1792 veranlasst." Jakobinische Publizisten widmeten sich in revolutionären Flugschriften dem Thema Religion und legten dar, dass sich die "Fränkische Konstitution" nicht nur mit dem Christentum vereinbaren lasse, sondern mit ihm identisch sei. Der Wöllsteiner Kaplan Münch behauptete sogar, „nur der Revolutionär sei ein guter Christ." Die Mainzer Jakobiner strebten "eine *religion civile* im Sinne Rousseaus an, die im Staate integriert war und ihn legitimierte. "Freiheit und Gleichheit erschienen als religiöse Postulate, und Christus wurde als der erste Demokrat gefeiert." In Mainz wurden Priester führende Vertreter der Revolution. Felix Anton Blau bezweifelte als Theologieprofessor die Tradition als Glaubensquelle und bestritt die päpstliche Unfehlbarkeit. Er gehörte zur Führungsgruppe des Jakobinerklubs.

Unter den Mainzer Jakobinern herrschte "*eine gewisse kapitalistische Mentalität vor, die in der Betonung des Leistungsprinzips, des Zusammenhangs von Produktivität und Profit sowie vom Glauben an ein Wachstum der Wirtschaft in der neuen Gesellschaft zum Ausdruck kam.*" Fortschrittgläubigkeit kennzeichnete die Mainzer Klubisten.

Nach französischem Muster kam es auch in Mainz zum Kult der "Göttin der Vernunft" und man setzte nach Pariser Vorbild in der Sankt Peterskirche ein übelbeleumundetes Frauenzimmer als "Göttin der Vernunft" auf den Kreuzaltar. Der Schulmeister von Gau-Altenheim intonierte als Organist zur Aussetzung des Allerheiligsten Sakramentes die Marseillaise und verteilte in der Schule revolutionäres Propagandamaterial. Die "Aufklärung" der ländlichen Bevölkerung betrieben die Mainzer Jakobiner mit geradezu missionarischem Eifer. Äußeres Symbol war die Errichtung von Freiheitsbäumen. "Mit dem in Kurmainz auf den 18. November fallenden Kirchweihtag, bot sich eine gute Gelegenheit, die revolutionäre Symbolik einzuführen." Innerhalb einer Woche standen in Mainz, Gonsenheim, Bretzenheim, Mombach, Finthen, Drais, Zahlbach, Weisenau. Laubenheim, Nackenheim, Kastel, Kostheim, Ober- und Niederolm, Klein-Winternheim, Gau-Altenheim, Heidesheim, rund um Mainz Freiheitsbäume mit der Jakobinermütze an der Spitze. "Bis Ende Januar 1793 wurden in ungefähr fünfzig Orten Rheinhessens und der Pfalz solche revolutionären Symbole errichtet." – "In allen Fällen waren Gruppen einheimischer Revolutionsanhänger, die Initiatoren, bereit, sich öffentlich zu bekennen und die Mitbürger dafür zu gewinnen" (Dumont).

Der eigens von Straßburg nach Mainz gekommene Journalist Friedrich Christoph Cotta verfasste eigens für die amtliche Propaganda drei Schriften, in denen in einfacher Sprache die französischen Zustände als ideal dargestellt wurden. Die Besatzungsbehörde stellte Anfang Dezember 1792 dem Generalvikariat in Mainz "einige hundert Exemplare über die Vorteile der fränkischen Konstitution zu mit dem Befehl, sie im Gottesdienst verkünden zu lassen". Zwar suchte das Generalvikariat die Verlesung in Kirchen zu verhindern, aber Ende 1792 waren Cottas Schriften in fast allen Dörfern des französischen Besatzungsgebietes bekannt gemacht worden. "Vollzugsmeldungen" liegen vor aus Gonsenheim, Dromersheim, Heidesheim sowie 14 Rheingauer Orten. Die französische Administration versuchte, die Kirche für ihre Zwecke einzuspannen, wie wir es ja im 20. Jahrhundert auch in den kommunistischen Staaten durch die "Pacem in terris"-Bewegung, "Christen für den Sozialismus" erlebten und bis dato in China mit der "patriotischen Kirche" erfahren.

"Auffallend war der große Anteil von Männern, die bislang recht hohe Positionen in Staat, Kirche und Wissenschaft bekleidet hatten. Dabei spielten zwei Berufsgruppen eine besondere Rolle: die Intellektuellen und die Beamten. In der Führungsgruppe dominierten die

Professoren und Geistliche. ... Für sie war die angestrebte Revolution eine logische Konsequenz der Aufklärung." Sie waren Kinder ihrer Zeit und wollten es auch sein. Die Kokarde war ihr Parteiabzeichen.

Die Mainzer Republik war nur eine Episode in der über zweitausendjährigen Geschichte von Mainz. Sie fand ein Ende in der Eroberung 1793 durch die preußischen und österreichischen Truppen. Der Straßenname "Forster" erinnert noch an einen ihrer Akteure, und die Narrenkappe (rot-weiß-blau plus gelb, die Umkehrung der Tricolore) der Mainzer Karnevalisten dürfte eine letzte Erinnerung daran sein.

Das Spottkreuz auf dem Palatin

Bei Ausgrabungen auf dem Palatin-Hügel fand man 1868 die Überreste des Palastes des Septimius Severus aus dem 2/3. Jahrhundert. Auf einer Wand entdeckte man Kritzeleien. In den Verputz war eingeritzt ein Kreuz, daran eine Menschengestalt mit einem Eselskopf, davor ein Mensch, die Hand anbetend erhoben. Neben dran war in griechischer Sprache gekritzelt: Alexammenos betet Gott an! Offensichtlich haben hier römische Sklaven ihren christlichen Kameraden als "Eselskopfanbeter" verspottet. Als man einige Jahre später nochmals die Graffiti untersuchte, entdeckte man im Nebenraum an der Rückwand die Inschrift: Alexammenos fidelis (lateinisch): Alexammenos bleibt treu beziehungsweise gläubig! Hier hat also ein Christ dem Spott seiner Umgebung getrotzt. So taten es im 21. Jahrhundert auch die spanischen Christen in Madrid, indem sie Werbeflächen auf Bussen, die durch ihr Stadtviertel fuhren, mieteten für die Inschrift: „Doch es gibt einen Gott! Genieße das Leben mit Christus!“ – (August Schuchert, Kirchengeschichte Bd I).

Das Sterben eines Spötters und Religionsverächters

An der Tafel des Preußenkönigs Friedrich II., des "Alten Fritz", spöttelte Voltaire einmal: „Was mich angeht, so verkaufe ich meinen Platz im Himmel um einen Taler.“ Da erhob sich der biedere Bürgermeister von Cleve und rief ihm über den Tisch zu: „Herr Voltaire, hier sind wir in Preußen, und da kauft niemand etwas, ohne vorher zu prüfen, ob der Verkäufer auch Eigentümer und Besitzer des Gegenstandes ist. Können Sie uns den Nachweis bringen, dass Sie den Platz im Himmel rechtmäßig besitzen, dann kaufe ich Ihnen den Platz für zehntausend Taler ab.“

Am 25. Februar 1758 schrieb Voltaire an seinen Gesinnungsgenossen D'Alembert: „In zwanzig Jahren wird der liebe Gott Feierabend haben.“ Genau 20 Jahre später, Ende Februar 1778, befiel Voltaire ein erster Blutsturz. Voll Schreck ließ er einen Geistlichen rufen; kaum aber hatte er sich ein wenig erholt, als er spottete, er habe es nur zum Scherz getan. Ein neuer Blutsturz. Diesmal kam kein Priester, dafür sorgten seine "Freunde". - Er sollte sterben, so hatte er selbst einmal gewünscht, „ohne Sakrament, glücklich wie ein Hund“. Nur war er alles andere als glücklich. Er wälzte sich bald jammernd, bald lästernd auf seinem Bett: „Ich bin verlassen von Gott und den Menschen.“

Dazwischen knirschte er mit halberstickter Stimme den Namen Jesus Christus. Endlich wimmerte er nach einem Geistlichen. Die Freunde setzten eisigen Widerstand entgegen. Nun kam das Ende. Er stöhnte entsetzt: „Ich fühle eine Hand, die mich packt und zum Richterstuhl Gotte zerrt. ... Ich sehe die Hölle, deckt sie doch zu!“ Unter furchtbaren Gotteslästerungen biss er sich in den Arm. Es folgte ein letzter, entsetzlicher Schrei, Blut und Unrat drang aus Mund und Nase, Voltaire war tot. Von seinem Tod wurde überliefert: "Furiis agitatus subiit.", das heißt: "Von Furien gepeitscht, starb er." - Ein Augenzeuge, der später in sich ging, erklärte: „Könnte der Teufel sterben, er würde nicht anders enden.“ Sein Arzt aber schrieb: „Ich wünschte, dass alle jene, die durch Voltaires Schriften verführt wurden, Augenzeugen seines entsetzlichen Todes gewesen wären." (Quelle: Koch, Homiletisches Quellenwerk Bd II)

„Das gegenwärtige Zeitalter ist wahnsinnig. Es ist besessen von einem Gefühl der Ortlosigkeit, einem Verlust an persönlicher Identität, einem Wechsel zwischen Sentimentalität und Wut, was man bei einem einzelnen Patienten als Wahnsinn bezeichnen könnte. Es ist das wissenschaftlich fortgeschrittenste, wildeste, demokratischste, inhumanste, sentimentalste, mörderischste Jahrhundert der Menschheitsgeschichte." (Walker Percy: "Ach, Sie sind katholisch?")

Was in keinem Geschichtsbuch steht

Im Jahre 1531 kam es zwischen den Schweizer Urkantonen, welche die Reformation Zwinglis nicht übernommen hatten, zum Krieg mit den Zürichern. Der Anlass war, dass die Reformierten den katholischen Kantonen die Zufuhr von Lebensmitteln abschnitten, „um sie zu nötigen, die Predigt des "Evangeliums" zuzulassen. In ihrer Not griffen die Katholiken zu den Waffen. In der Schlacht bei Kappel am 11. Oktober 1531 besiegten sie ihre Gegner vollständig. Zwingli und 24 andere Prediger fielen. Im Frieden verlangten die Sieger bloß, dass der katholische Kultus in den gemeinsamen Orten, wo er mit Gewalt unterdrückt worden war, wiederhergestellt werde." (Jakob Schmidt, Grundzüge der Kirchengeschichte. Mainz 1925). Was nicht in den Geschichtsbüchern steht, erzählte mir ein alter Bergbauer in Wiesenberg, Kanton Niedwalden. Ulrich Zwingli lag schwer verletzt danieder. Da kam ein Vorfahre des Berichtenden dazu und fragte ihn: „Uli wotsch biechte?" (Willst du beichten). Als der Reformator verneinte, gab er ihm den Todesstoß mit den Worten: „Do fahr zum Düfel!"

Bombenwarnung beim I. Vatikanischen Konzil

„Ich lese begierig die Geschichte dieser Prädestinierten“ schrieb der Schriftsteller Julien Green in sein Tagebuch, als er das Leben von Mirjam, der kleinen Araberin las. Sie stammte aus dem palästinensischen Dorf Abellin westlich von Nazareth, war die Tochter christlicher Eltern, die der mit Rom unierten melkitischen Kirche angehörten. In den Karmel von Pau (Südfrankreich) war sie eingetreten, nachdem sie von einem anderen Orden wegen ihrer sonderbaren mystischen Phänomene weggeschickt worden war. Mirjam Bauardy (1846-1878) besaß zehn außerordentliche Charismen, angefangen von Ekstasen, den Wundmalen, bis zu Schauungen und Prophezeiungen. 1869 ließ sie Papst Pius IX. dreimal die Warnung zukommen, die in der Nähe des Vatikans gelegene Kaserne sei unterminiert. Man nahm diese Warnung der kleinen Laienschwester aus Pau nicht ernst, bis am 23. Oktober die Kaserne Serristori am helllichten Tag in die Luft gesprengt wurde. Als sie jedoch während des 1. Vatikanischen Konzils wiederum vor einem drohenden großen Unheil warnte und sogar „mehrfach mit bemerkenswerter Genauigkeit die Stellen im Vatikan bezeichnet hat, wo drei Bomben gelegt waren", schenkte man dem mehr Aufmerksamkeit. So konnte diesmal eine Katastrophe verhindert werden. - (Brunot, "Licht vom Tabor, Mirjam - die kleine Araberin"). - Von Papst Johannes Paul II. wurde Schwester Maria vom gekreuzigten Jesus, so ihr Ordensname, am 13. November 1983 im Petersdom seliggesprochen.

Eklat bei einer Papstwahl

Als der Kardinal von Krakau nach dem Tode von Leo XIII. 1903 zum Konklave nach Rom fuhr, wurde er in Wien aus dem Zug heraus zum Kaiser Franz Joseph beordert. Krakau gehörte vor dem ersten Weltkrieg zu Österreich. Der Kaiser trug ihm auf, für den

Fall, dass Kardinal Rampolla gewählt werden sollte, das Veto der Österreichischen Regierung einzulegen. Damals besaß der Österreichische Kaiser noch ein Vetorecht bei der Papstwahl. Rampolla hatte die meiste Aussicht gewählt zu werden. In den ersten Wahlgängen hatte er auch die meisten Stimmen. Als der Erzbischof von Krakau sich erhob und im Namen des Kaisers erklärte, Wien werde die Wahl Rampollas nicht dulden, erhob sich ein Sturm der Entrüstung unter den Kardinälen. Man wies die Einmischung in die Papstwahl energisch zurück. Im nächsten Wahlgang hatte Rampolla die gleiche Stimmenzahl wie vorher. Doch dann nahm die Stimmenzahl zusehends ab zu Gunsten des Patriarchen von Venedig, Kardinal Joseph Sarto. Obwohl er bat, von seiner Wahl abzusehen, wurde er im siebten Wahlgang gewählt. Dabei hatte er schon die Rückfahrkarte nach Venedig in der Tasche, weil die billiger war.

Er nahm den Namen Pius X. an. "Alles in Christus erneuern" lautete sein Wahlspruch. In seiner Regierungszeit kam es zur Reform der Kurie, der Liturgie, des Kirchenrechtes, zur Gründung des Bibelinstitutes und zum Kampf gegen den Modernismus innerhalb der Kirche.

Gott lässt seiner nicht spotten

Die größte Zeitung Messinas brachte 1908 in der Ausgabe zum Heiligen Abend einen Leitartikel, in dem alles, was Christen am Weihnachtsfest heilig ist, geschmäht und verspottet wurde. Am Schluss des Artikels stand in fettgedruckten Buchstaben: „Geh, Jesulein, zeig uns doch, ob du existierst! Schick uns doch ein Erdbeben, wenn du kannst!“ Diese Gotteslästerung schlug man auch an Straßen und Plätzen an. Weder die Polizei, noch der Magistrat schritten dagegen ein.

Am 28. Dezember 1908, morgens um 6 Uhr 23 rissen drei gewaltige Erdstöße die Bewohner aus dem Schlaf. Eine Springflut hob draußen auf dem Meer große Schiffe in die Luft und schleuderte sie wie mit Titanenfaust kilometerweit wieder ins Wasser oder ans Land. Augenzeugen berichteten, dass nur ein einziges Haus das Beben überstanden hat. Brände brachen aus. Was das Beben noch nicht zerstört hatte, wurde durch die Explosion des großen Gaskessels vernichtet. 60.000 Menschen kamen bei dieser Katastrophe ums Leben. Beim Aufräumen des riesigen Trümmerfeldes konnte man noch da und dort an den Hausruinen die gotteslästerlichen Plakate sehen: „Lieb Jesulein, schick uns doch ein Erdbeben, wenn du kannst!" (Eismann/Wiggers, Vorlesebuch zum katholischen Katechismus).

Ohne Papst und ohne Gott

Als die Titanic auf Stapel lag, beschrifteten englische Werftarbeiter den Rumpf des künftigen Luxusdampfers mit der Parole: "Ohne Papst und Gott bauen wir dieses Boot!" - Auf seiner Jungfernfahrt nach Amerika schlitzte ein Eisberg unter der Wasseroberfläche den Rumpf in halber Länge auf. Das als "unsinkbare Königin der Meere" geltende Schiff versank innerhalb weniger Stunden am 15. April 1912 in den eiskalten Fluten des Nordatlantik. Zuletzt spielte noch das Salonorchester auf dem sinkenden Schiff den Choral "Näher mein Gott zu Dir!", bevor es über 1.600 Menschen mit in die Tiefe riss. Überlebende berichteten, dass zwei Priester an Bord, Pater Joseph Peruschitz vom Benediktinerkloster Scheyern und Pater Byles. den Todgeweihten beistanden, Beichten hörten, den Rosenkranz mit ihnen beteten, am Schluss die Generalabsolution erteilten.

„Viele von den 750 Geretteten", schreibt später eine Zeitung, „die von ihren Booten aus zusahen, wie das Schiff in den Wellen verschwand, erzählten, sie würden nie in ihrem Leben vergessen, wie die beiden Priester mit segnenden Händen inmitten einer betenden Schar untergingen."- Agnes Mac Goy gab zu Protokoll: „Man konnte nichts mehr sehen, aber man hörte weder Jammergeschrei noch Schreckensrufe. Nur die friedvollen Stimmen des Gebetes klangen herüber, als das Schiff unterging." – (Petra Preis, Der wahre Held auf der Titanic hieß Joseph Peruschitz).

Freimaurer

Im Jahre 1917 erlebte ein junger Theologiestudent aus Polen eine Demonstration der Freimaurer auf dem Petersplatz in Rom. Sie feierten ihr 200-jähriges Gründungsfest mit Parolen wie "Der Teufel wird den Vatikan regieren und der Papst ihm als Schweizergardist dienen."Als Reaktion darauf gründete Maximilian Kolbe zusammen mit sechs Franziskaner-Minoriten am 17. Oktober 1917 die "Militia Immaculatae" eine Kampftruppe der "Unbefleckten" (Gottesmutter). Ziel dieser geistigen Kampftruppe sollte es sein, auf die Fürsprache Mariens die Bekehrung von Sündern, Häretikern, Schismatikern und vor allem der Freimaurer zu erlangen. Äußeres Zeichen dieser frommen Vereinigung war die bekannte "Wundertätige Medaille" und ihre Waffe deren Verbreitung.

In konservativen Kreisen kursiert eine Zusammenstellung von Programmpunkten, die angeblich von den Freimaurern zum Ruin der katholischen Kirche festgelegt wurden, in der all die nachkonziliaren Änderungen innerhalb der Kirche aufgelistet sind. Auch werden Gerüchte verbreitet, wonach der oder jener Prälat oder Mitraträger Freimaurer sein sollen. Gewöhnlich wird die Mitgliedschaft dieser prominenten Geistlichen beim Lions Club oder Rotary Club mit Freimaurertum gleichgesetzt.

Allerdings sind diese Clubs von Hochgradfreimaurern gegründet, und von ihnen kontrollierte Vereinigungen. Aus ihnen "werden geeignet erscheinende Mitglieder als mögliche Brüder Maurer ausgewählt" (Norbert Homuth) Diese Clubs dienen der Freimaurerei dann zur Nachrichtenbeschaffung. Im Lexikon für Theologie und Kirche steht noch die Anmerkung, dass das Sacrum Offizium 1950 für Kleriker die Mitgliedschaft und die Teilnahme an deren Sitzungen verboten hat und Laien zur Vorsicht gemahnt wurden. In der dritten Auflage des Lexikons 1999 fehlt das Stichwort gänzlich!

Das Folgende jedoch ist kein Gerücht. Anlässlich des Romaufenthaltes einer Gruppe lateinamerikanischer Bischöfe fragte einer den Präfekten der Glaubenskongregation, ob es stimme, dass es innerhalb katholischer Institutionen Freimaurer gäbe. Als seine Eminenz bejahte, fragte der Bischof weiter, ob das auch für den Vatikan zutreffe? Da gab der Kardinal die sibyllinische Antwort: „Auch der Vatikan ist eine Institution."

Im Auftrag der deutschen Bischofskonferenz führte eine Gruppe der für die Nichtglaubenden zuständigen Kommission sechs Jahre lang (1974-1980) einen Dialog mit einer Delegation der Vereinigten Großlogen Deutschlands. Im Zuge der konziliaren Öffnung der Kirche zur Welt sollte geprüft werden, ob sich das Ritual und die Prinzipien der Freimaurerei mit den katholischen Auffassungen vereinbaren lassen. Der katholischen Kommission wurde Einblick in die drei untersten von 33 Graden der Freimaurerei gewährt. – Ergebnis: Am Schluss dieses sechsjährigen Dialoges haben selbst die Mitglieder der freimaurerischen Delegation eingestanden, dass sich das Freimaurertum mit dem katholischen Glauben nicht vereinbaren lasse. Das Ergebnis wurde protokolliert und auch von Seiten der Brüder Maurer unterschrieben.

Als die katholische Kommission die Unvereinbarkeit von katholischem Glauben und Freimaurerei veröffentlichte, kam Einspruch seitens der Freimaurer. Darauf hingewiesen, dass sie das doch mit unterschrieben hätten, wurde das dementiert. Mehrere maurerische Kommissionsmitglieder starben danach unter merkwürdigen Umständen. Eine Ehefrau eines dieser Freimaurer sagte, es sei lebensgefährlich dieser Kommission anzugehören. Der Leiter der katholischen Delegation fuhr damals nach Wien zu Kardinal König, der sich für den Brückenschlag zu den Freimaurern eingesetzt hatte. Als er die Ergebnisse der Gespräche mit den Freimaurern ihm vortrug, sagte der Kardinal: „Wenn wir die Freimaurerei nicht verböten, (er gebrauchte diese Form des Konjunktivs) wäre das ein großer Schaden für die Kirche.“

Der Ständige Rat der Deutschen Bischofskonferenz veröffentlichte dann am 28. April 1980 in einer ausführlichen Erklärung und Begründung die Unvereinbarkeit der gleichzeitigen Zugehörigkeit zur Kirche und zur Freimaurerei.

Vision der seligen Anna Katharina Emmerick (†1804)

Die "Seherin von Dülmen" schaute in einer Vision eine große Kathedrale, die zum Teil eine Ruine war. An einer Stelle bauten Männer die Kirche wieder auf, während an einer anderen Stelle Leute dabei waren, die Mauern einzureißen.

Bekehrung eines Hochgradfreimaurers durch Pater Pio

Rechtsanwalt Alberto Del Fante aus Bologna, Hochgradfreimaurer, dessen Frau war an einem Tumor erkrankt und dem Tode nahe. Der Fall war hoffnungslos. Von einer Freundin hatte sie von Pater Pio in San Giovanni Rotondo erfahren. Viele Menschen seien von ihm geheilt worden. Unter Tränen flehte sie ihren Mann an, doch zu Pater Pio zu fahren, um von ihm ihre Heilung zu erbitten. Zunächst blieb er hart und spottete sogar, wenn die Wissenschaft machtlos sei, da könne ein armer Klosterbruder erst recht nichts mehr ausrichten. Als er sie jedoch in ihrem erbärmlichen Zustand weinen sah, ließ er sich erweichen. „Also gut, ich gehe! Aber nicht weil ich daran glaube, sondern um mein Glück im Lottospiel zu versuchen.“ Er reiste nach San Giovanni Rotondo und stellte sich zum Beichten an, nicht um zu beichten, sondern um den Pater um ein kurzes Gespräch zu bitten. Pater Pio schrie ihn an: „Junger

Mann vergeuden Sie nicht meine Zeit! Wozu sind sie gekommen? Um Ihr Glück im Lottospiel zu versuchen? Wenn Sie beichten wollen, so knien Sie nieder, ansonsten lassen Sie mich die Beichte dieser armen Leute hören, die bereits warten!“ Alberto Del Fante war wie vom Blitz getroffen, da Pater Pio seine eigenen Worte wiederholte. Erschüttert von der Strenge des Paters kniete er sich hin. Völlig unvorbereitet, denn er hatte ja gar nicht vor, zu beichten, brachte er kein Wort heraus. Sobald er kniete, änderte Pater Pio seinen Ton, und wurde mild und väterlich. Indem er ihm Fragen stellte, enthüllter er ihm nach und nach alle Sünden seines seitherigen Lebens.

Gesenkten Kopfes hörte er die Fragen und konnte nur immer mit "Ja" antworten. Erstaunt und auch gerührt, erstarrte er immer mehr. Zum Schluss fragte ihn der Heilige, der offensichtlich die Gabe der Herzensschau besaß: „Hast Du keine weiteren Sünden mehr zu bekennen?“ Überzeugt, dass der ihm bereits alle Sünden gesagt hatte und Pater Pio ja sowieso sein Leben genau kannte, antwortete er: „Nein“. Mit unerwarteter Strenge fuhr ihn der Pater an: „Schämst Du Dich nicht?! Diese junge Frau, die Du vor kurzem nach Amerika abreisen ließest, hat einen Sohn geboren. Dieses Geschöpf ist Dein Fleisch und Blut. Und Du, Rabenvater, hast Mutter und Kind im Stich gelassen!“ Da brach er in Tränen aus und weinte bitterlich. Er konnte nicht mehr. Während er über die Kniebank gebeugt Tränen vergoss und sein Gesicht in den Händen verbarg, legte Pater Pio seinen Arm sanft auf seine Schultern und flüsterte ihm schluchzend ins Ohr: „Mein Sohn, Du hast mich mein kostbares Blut gekostet!“ Bei diesen Worten fühlte Alberto, als ob sein Herz wie von einer feinen Klinge in zwei Teile geschnitten wurde. Niedergebeugt weinte er. Ab und zu hob er sein tränenüberströmtes Gesicht und wiederholte immer wieder: „Padre, Vergebung, Vergebung, Vergebung!“ Und Pater Pio, der seinen Arm um seine Schultern gelegt hatte, zog ihn noch stärker an sich und begann mit ihm zu weinen. Plötzlich spürte Alberto, wie sich dieser unbeschreibliche innere Schmerz in unglaubliche Freude verwandelte. „Padre, ich gehöre Ihnen! Machen Sie mit mir, was Sie wollen!“ Und Pater

Pio wischte sich die Tränen ab und flüsterte ihm zu: „Unterstütze mich darin, den anderen zu helfen.“ Dann fügte er noch hinzu: „Grüße Deine Frau von mir!“ Als Alberto Del Fante zu Hause ankam, war seine Frau geheilt. (Quelle: Triumph des Herzens III 2011).

Missbrauchsskandale: Ein gefundenes Fressen für Kirchengegner

Im Jahr 2011 erschütterten die Veröffentlichungen von Missbrauchsfällen in der katholischen Kirche die breite Öffentlichkeit in ganz Deutschland. Die Medien brachten in kurzer Folge ständig neue Enthüllungen und hielten das Thema kräftig am Kochen. Diese Missbrauchsfälle, die leider passiert sind, wurden aus den letzten vierzig Jahren zusammengetragen und offensichtlich zur willkommenen Attacke gegen die Kirche benutzt.

Was die Öffentlichkeit nicht zur Kenntnis nahm: Laut Kriminalstatistik waren unter mehr als tausend Missbrauchsfällen nur fünf Geistliche betroffen. Die meisten Missbräuche geschehen aber im familiären Umfeld. Dass solche Vorkommnisse auch in außerkirchlichen Institutionen wie zum Beispiel Sportvereinen, Schulen, Wanderclubs und dergleichen sich ereignen, stand nicht im Brennpunkt der Berichterstattung und der Kommentare, sondern wurden von diesen Journalisten praktisch ausgeblendet. Man wollte die Kirche gezielt treffen. Diese immer wieder aufflackernde Medienkampagne erinnert mich an die Nazizeit, wo im "Stürmer", dem Kampfblatt der SA, solche Verfehlungen eines Geistlichen ausgeschlachtet wurden, um die Priester insgesamt als "Sittlichkeitsverbrecher" zu diffamieren.

Wen wundert es, dass man die Pädophiliefälle auch als Sturmbock gegen den heißumstrittenen Zölibat einsetzt. Doch ein erfahrener Psychotherapeut brachte es auf den Punkt: „Eher wird man durch eine Kuss schwanger als durch den Zölibat pädophil.“

Der Weg zur Heilung aus dieser Not zeigt uns das folgende Zeugnis. Als zwölfjähriger war Michael Schneider-Flagmeyer in einem evangelischen Internat missbraucht und misshandelt worden. Durch die Erfahrung der eucharistischen Gegenwart des Herrn in einer katholischen Dorfkirche, die er in seiner Not aufsuchte, fand seine verwundete Jungenseele Frieden, Geborgenheit und Trost.

Mit vierundzwanzig Jahren konvertierte er. In seinem Zeugnis "Warum ich katholisch wurde", schreibt er: „Diese Kirche hat mir zu einem doch noch gelungenen, erfüllten Leben verholfen. - Auch wenn Menschen in dieser Kirche gesündigt haben und heute immer noch sündigen, bin ich mir doch, eingedenk meiner eigenen Sünden bewusst, dass ER, der das Haupt der Kirche ist, diese römisch-katholische Kirche der Sünder jeden Tag zur Kirche der Heiligen macht und sie in den Sakramenten zurüstet als letztes Bollwerk, dem Geist und dem Fürsten dieser Welt zu widerstehen. Dieses Bewusstsein erfüllt mich mit großer Freude und Frieden. (Quelle "Der Fels" 12/2011)

Kirche und Welt im Zeitspiegel

Wie im alten Rom

Die Dekadenzerscheinungen in unserer modernen Gesellschaft sind unübersehbar. Professor Dr. Adam Gottron, sagte einmal im Gespräch, es gäbe drei Symptome einer untergehenden Kultur:

1. Die Überbetonung des Sports. - 2. Der Starkult. - 3. Die Versexualisierung der Öffentlichkeit. Daran seien schon die Ägypter, die Griechen und die Römer kaputt gegangen.

Anfang der 1970er Jahre erschien von Gustav Sichelschmidt ein Buch mit dem Titel: "Wie im alten Rom - Dekadenzerscheinungen damals und heute." Darin zeigt er anhand von römischen Schriftstellern die Parallelen auf "zum Antiken Rom" in der Zeit des Verfalls und vergleicht sie mit unserer heutigen Situation.

Zum Beispiel: "Juvenal mochte Grund genug haben, als er sich mit bitteren Worten über die "Sportweiber" seiner Zeit mokierte. Diese nahmen an den Jagden der Männer teil und gaben sich alle Mühe, wie Mervia, - den Spieß in der Hand und die Brust entblößt - die Eber Etruriens zu durchbohren. Es gab Frauen, die in Männerkleidung Wagenrennen mitmachten und sich für Fechten und Ringkämpfe begeisterten“ (Sichelschmidt).

In den USA standen schon 1970 etwa 34,5 Prozent der Frauen im Arbeitsprozess, obwohl sie Kinder unter achtzehn Jahren hatten. Auch die Frauen Roms drängten damals aus der tötenden Langeweile ihrer Häuslichkeit ins Berufsleben hinein. Jedoch, sie hatten für diesen naturwidrigen Lebensstil teuer zu zahlen. - Schon Hippokrates hatte bei Frauen, die es den Männern gleichtun wollten, ausgesprochene Männerkrankheiten festgestellt. - Und Seneca bemerkte dazu nüchtern: „Den Vorzug ihres Geschlechtes haben viele durch ein lasterhaftes Leben verwirkt, weil sie das "Weib" auszogen, sind sie zu männlichen Krankheiten verurteilt. Gleichwohl bescheinigt er ihnen, energischer als die Männer zu sein, und billigt ihnen den Ehrentitel eines starken Geschlechts zu." (Sichelschmidt).

"Der legendäre Verfall der Sitten in seiner Spätzeit hat der Stadt Rom für immer einen geradezu sprichwörtlichen Ruf eingetragen: "Zustände wie im alten Rom!" - In der Tat setzt ein radikaler Abbau des Schamgefühls, wie wir ihn jetzt erleben, einen fortgeschrittenen Stand moralischer Verlotterung voraus. - Eine solche Sexualisierung des öffentlichen Lebens gilt daher von jeher als Alarmzeichen für den bevorstehenden Zusammenbruch bewährter menschlicher Ordnungen" (Sichelschmidt).

"Wer macht sich Gedanken darüber, dass bisher der sittliche Verfall auch die politische und gesellschaftliche Anarchie nach sich zog?" - "Proporz unterzog die bildende Kunst einer unerbittlichen Kritik, da sie die Darstellung des Nackten nur um des sinnlichen Reizes willen über Gebühr forcierte." - "Quintilian, Seneca und Galén registrierten leidenschaftslos die einzelnen Etappen des fortschreitenden Sittenverfalls. - Tacitus beklagte die Verderbnis der Großstädte, in denen nervöse und überreizte junge Lebemänner ihre übersättigte Sinnlichkeit durch immer neue Perversitäten zu stimulieren versuchten. - Seneca vermerkte lakonisch und nicht ohne Bitterkeit das Anwachsen der homoerotischen Beziehungen und blickte bekümmert auf die Pagen, die bei den Festmählern, nur in durchsichtige Gaze bekleidet, bereitstanden, um sich von den Gästen missbrauchen zu lassen."

Sichelschmidt weist auch darauf hin, "dass in Spätzeiten neben der Sexualität auch die Brutalität, das Gesicht der Epoche prägt." Und er konstatiert, dass etwa die Hälfte aller Filme und ein großer Teil der Fernsehsendungen mit mehr oder weniger krassem Realismus Gewalttaten darstellen, die den "Gladiatorenkämpfen und Blutbädern der Römer um nichts nachstehen." Die Folge davon: Die "kaum noch zu steigernde Verrohung menschlicher Beziehungen" und "Aggressivität".

Dass in einem gesellschaftlichen Umfeld, in der "Sex und Crime" die geistige Atmosphäre schwängern, der Sinn für gottgeweihte Jungfräulichkeit und zölibatären Lebensstil auf totales Unverständnis stößt, braucht nicht zu verwundern. Aber dass Funktionäre in kirchlichen Verbänden mit ihren Forderungen, die Kirche müsse ihre Sexualmoral und ihr Verhältnis zur Homosexualität ändern, das auch nicht erkennen, das muss schon verwundern. Sollten sie nie in den Paulusbriefen gelesen haben, was der Apostel zur Homosexualität im Römerbrief (1,18-32) oder was er im 1. Korintherbrief im 7. Kapitel über Ehe und Jungfräulichkeit geschrieben hat? Was die Ehemänner im Umgang mit der Gattin betrifft, mahnt er:

„Dass jeder lernt, mit seiner Frau in heiliger und achtungsvoller Weise zu verkehren, nicht in leidenschaftlicher Begierde wie die Heiden, die Gott nicht kennen“ (1 Thess. 4,4).

Die Rotte Korachs
Damals und heute

Während des Wüstenzuges der Israeliten war es eine Gruppe von 254 Leuten, die eines Tages gegen Moses und Aaron den Aufstand probten. (4. Mos 16). Paulus schreibt im 1Kor 10 dazu, was damals auf dem Wüstenzug beim alttestamentlichen Gottesvolk passierte, sei ein warnendes Beispiel für uns, die Kirche. Das mit der Rotte Korachs ist ja nicht das einzige Beispiel in der Heiligen Schrift. Die Evangelisten überliefern uns aus dem Leben Jesu zum Beispiel den Zwischenfall beim ersten Auftreten Jesu in der Synagoge von Nazareth. Es beginnt alles so verheißungsvoll. Aber dann folgt der Umschwung bei den Zuhörern; sie treiben den Herrn aus seiner Heimatstadt hinaus und wollen ihn einen Berghang hinunterstürzen. (Mk 6,1-6). Wieso konnte es dazu kommen: Erst der Beifall und dann ein solcher Wutausbruch? Jesus entspricht nicht den Erwartungen seiner Landsleute. Das ist Prophetenlos zu allen Zeiten. Dass dann auch ein Papst Widerspruch und Protest erntet, wo er die Erwartungen seiner Zeitgenossen nicht erfüllt, wen braucht das zu wundern? Soll es dem Stellvertreter besser ergehen als dem Meister?

Das zeigt sich auch jetzt wieder bei der "Kölner Erklärung" der 163 katholischen Theologieprofessoren und Theologieprofessorinnen. Darin wirft man dem Papst vor, bei den neuen Bischofsernennungen in Österreich, der Schweiz und Deutschland traditionelle Rechte der Ortskirche nicht berücksichtigt zu haben. Was die wenigsten wissen, ist, dass der Papst laut Kirchenrecht in der ganzen

Welt die Bischöfe frei ernennt. Nur die Domkapitel der deutschsprachigen Länder haben ein Wahlrecht. – Außerdem wirft man Rom vor, dass es Einspruch erhebt bei der Bestellung von Theologieprofessoren. Das gehöre in die Zuständigkeit des jeweiligen Ortsbischofs. Durch die Verweigerung der kirchlichen Lehrerlaubnis werde das Selbstergänzungsrecht der Fakultäten und Hochschulen ausgehöhlt. Auch mache der Papst seine Lehramtskompetenz in unzulässiger Weise geltend in der Frage der Geburtenregelung. Das Gewissen sei "kein Erfüllungsgehilfe des päpstlichen Lehramtes".

Nicht weniges an diesen Vorwürfen erinnert an den sogenannten Febronianismus in der zweiten Hälfte des 18. Jahrhunderts, wonach die Regierungsgewalt in der Kirche von Christus der ganzen Kirche übertragen sei und in deren Namen von den Bischöfen ausgeübt werde. Der Papst sei der erste unter den Bischöfen als "primus inter pares". Er habe das Aufsichtsrecht und könne Entscheidungen für die Gesamtkirche erlassen, wenn die Bischöfe dazu nicht in der Lage seien. Man nennt diese starke Betonung des Bischofsamtes in der Kirche Episkopalismus. Unter dem Einfluss dieser Auffassung unternahmen 1786 die drei geistlichen Kurfürsten von Mainz, von Trier und Köln sowie der Fürsterzbischof von Salzburg in der sogenannten Emser Punktation den Versuch sich größere Unabhängigkeit von Rom zu verschaffen Aber die Suffraganbischöfe der diesen Metropoliten zugeordneten Diözesen zogen damals nicht mit, weil sie lieber unter der Autorität des Papstes stehen als von ihren Metropoliten abhängig sein wollten.

Dem damaligen Mainzer Weihbischof Johann Valentin Heimes wird nachgesagt, er habe eine von Rom weniger abhängige deutsche Nationalkirche unter Mainzer Führung angestrebt beziehungsweise eine mit mehr Kompetenzen ausgestattete Reichskirche. Weihbischof Heimes setzte sich auch für eine Lockerung des Zölibates ein, weil er dadurch eine Annäherung an die Protestanten erhoffte. Drei Jahre nach der Emser Punktation brach die Französische Revolution aus, in deren Gefolge dann die drei geistlichen Kurfürstentümer samt ihren Erzbischöfen hinweggefegt wurden. Welche Ironie der Geschichte!

Das I. Vatikanische Konzil hat 1870 den Jurisdiktionsprimat des Papstes, das heißt seiner Regierungsvollmacht über die Gesamtkirche als Dogma definiert und ebenso auch die Lehrunfehlbarkeit des Papstes in genau festgelegten Grenzen. Beim II. Vatikanischen Konzil wurde das Bischofsamt in seiner Bedeutung für die Ortskirche herausgestellt und die Mitverantwortung des Bischofskollegiums für die Gesamtkirche. Aber in allen Texten ist betont, dass "die Bischöfe ihr Amt unter der Autorität des Papstes und in Gemeinschaft mit ihm" ausüben. – Eine Reihe von Kompetenzen hat Rom nach dem II. Vatikanischen Konzil den Bischöfen und den Bischofskonferenzen überlassen. Das verlangt aber auch, dass die Bischöfe diese ihre Autorität wahrnehmen und durchsetzen, wenn irgendwo Missbräuche einreißen.

Wie viele Klagen wurden in den letzten Jahrzehnten laut über Missstände in der Liturgie, Infragestellungen, ja öffentliche Bestreitung von Glaubenswahrheiten durch Theologen und über Auflösungserscheinungen in der katholischen Morallehre. Der Geist der Welt beziehungsweise der Ungeist der Zeit schlug voll durch in das Schiff der Kirche und infizierte Theologen, Priester, Jugendseelsorger, Laientheologen und Religionslehrer und selbstverständlich auch Funktionäre kirchlicher Verbände. Diejenigen unter den Gläubigen, die den Glauben ernst nahmen, wurden verunsichert, ausgegrenzt und systematisch an den Rand gestellt. Sie haben sich sehr ernstlich gefragt, warum greifen denn die Bischöfe nicht ein, und wenn, dann selten und dazu noch unzureichend? Der frühere Präfekt der Glaubenskongregation Kardinal Seper, hat gesagt: „Die Krise der Kirche ist die Krise der Bischöfe." Das soll nicht heißen, dass die Bischöfe an allem schuld seien. Wohl aber kommt es in einer solchen Situation vor allem auf die Bischöfe an. Denn sie sind "die Wächter auf den Türmen". – Wer die Kirchengeschichte kennt, weiß, dass es immer wieder Epochen gibt, in denen nicht wenige B schöfe ihrer Aufgabe nicht gewachsen waren. Welch klägliche Rolle haben viele Bischöfe zur Zeit der Reformation oder am Vorabend der Französischen Revolution gespielt. Zwar hat nicht jeder Bischof das Format des heiligen Paulinus von Trier, der als einziger auf der Synode von Arls (353), als die Bischöfe unter dem Druck des arianischen Kaisers Konstantin den heiligen Athanasius, den Kämpfer für die Gottheit Christi, verurteilten, nicht zugestimmt hat. Oder, John Fisher war der einzige englische Bischof, der den sogenannten Suprematseid, wonach der König Heinrich VIII. zum obersten Herrn der Kirche von England erklärt wurde, nicht geleistet hat. Deswegen hat man ihn 1535 hingerichtet. Nicht wenige Leute riefen in den letzten Jahren nach dem Papst. Wenn die Bischöfe nicht oder nur unzulänglich reagierten, dann müsse der Papst als oberster Hirte in der Kirche eingreifen. Papst Paul VI. selber beklagte sich, dass der "Rauch Satans" in die Kirche eingedrungen sei. Er hat in apostolischen Lehrschreiben den katholischen Glauben dargelegt und Abweichungen zurechtgerückt. Nun versucht in Rom man dem Rechnung zu tragen, indem man bei Bischofsernennungen Kandidaten bevorzugt, von denen zu erwarten ist, dass sie Glaubenstreue mit Standfestigkeit und Durchsetzungsvermögen verbinden. Oder, wie im Kölner Fall, einen Bischof zur Wahl stellt, der sich auf schwierigem Posten bewährt hat. In Köln wurde das Ganze zur Affäre dadurch, dass verschiedene Umstände zusammentrafen.

Nach den Wahlvorschriften des kanonischen Rechtes gilt als gewählt, wer die einfache Mehrheit der gültigen Stimmen hat. In Köln aber war nach dem lokalen Wahlrecht, die qualifizierte Mehrheit notwendig. Die aber kam anscheinend für keinen der drei vom Papst präsentierten Kandidaten zustande. Interessierte Kreise spielten das im Verein mit den Medien hoch und heizten die Stimmung gegen den Papst an. Noch nie waren solche Wut- und Hassausbrüche gegen den Papst unter Katholiken zu erleben wie in diesem Zusammenhang. Man stelle sich vor, der Papst hätte dem Druck der veröffentlichten Meinung in den Medien nachgegeben und eine neue Kandidatenliste präsentiert.

Dann hätte man anderwärts das gleiche Spiel treiben können. Was im Rom des 10. Jahrhunderts die Adelsgeschlechter mit ihrem Einfluss auf die Papstwahlen waren. Das wären dann diejenigen bei uns gewesen, die es verstehen mit Hilfe der Medien die öffentliche Meinung in Bezug auf Bischofswahlen zu manipulieren und aufzuputschen.

Dass Rom Vorsorge trifft bei der Besetzung der theologischen Lehrstühle und unter gegebenen Umständen beim zuständigen Bischof gegen die Erteilung der kirchlichen Lehrerlaubnis interveniert, ist nach den Erfahrungen der letzten Jahre mit einer Reihe von Theologieprofessoren nur zu verständlich. Man denke nur an Küng, Pfürtner, Ranke-Heinemann und andere. Jede Firma legt schließlich wert auf verlässliche Mitarbeiter, die die Interessen des Unternehmens auch uneingeschränkt vertreten. Wie viel mehr muss die Kirche darauf achten, dass nicht nur wissenschaftliche Qualifikation, sondern Glaubenstreue und kirchliche Gesinnung einen künftigen Lehrer der Priester und Laientheologen auszeichnen. Wer kann dem Papst daraus einen Vorwurf machen, dass er sein oberstes Wächteramt in der Kirche gewissenhaft ausübt und auch seine Vollmacht einsetzt, wo er es für das Wohl der Kirche für erforderlich hält?

Alle berufen sich heute auf ihr Gewissen, wenn es darum geht, ihr von den Geboten Gottes und den überlieferten Normen der Kirche abweichendes Verhalten zu rechtfertigen. Wenn nun der Papst immer wieder auf bestimmte Punkte hinweist und die Moraltheologen auffordert, in einer permissiven Gesellschaft, die alles für erlaubt hält, was ihr beliebt, die aus den Geboten Gottes erwachsende kirchliche Morallehre ohne Abstriche und Zugeständnisse an den Zeitgeist zu vertreten und den heutigen Menschen darzulegen, dann gehört das zu den Pflichten seines obersten Lehramtes in der Kirche. Ihm vorzuhalten, das Gewissen sei „kein Erfüllungsgehilfe des päpstlichen Lehramtes“, diskriminiert das Lehramt des Papstes und untergräbt seine Autorität. Gerade Theologen müssten der Öffentlichkeit klar machen, dass das Gewissen keine subjektive Meinung darstellt, sondern dass es sich an vorgegebenen objektiven sittlichen Normen zu orientieren hat.

In einer Zeit der Auflösung der Moral in der Öffentlichkeit, ja bis in den Raum der Kirche hinein, hätte man von Theologieprofessoren eine qualifiziertere Aussage erwarten müssen. Gerade das aber zeigt, wie berechtigt es ist, dass Rom darauf achtet, mit welchen Leuten die theologischen Lehrstühle besetzt werden.

Die ganze "Kölner Erklärung" macht letztlich dem Papst den Vorwurf, dass er "hinter das Konzil zurück" wolle. Da Erzbischof Lefebvre dem Papst das Gegenteil anlastet, nämlich dass er auf den Konzilsaussagen bestehe, entkräften sich die beiden Vorwürfe gegenseitig. Der Papst dürfte in seiner Einstellung zum Konzil richtig liegen. Nicht der Papst will hinter das Konzil zurück, sondern (wenn man manche Vorwürfe seiner Kritiker betrachtet) diese fallen um 200 Jahre zurück in die Zeit des Febronius (Pseudonym für den Trierer Weihbischof Nikolaus von Hontheim) und der Emser Punktation.

Was sollen wir tun in der gegenwärtigen Krisensituation der Kirche?

1. Es gilt in der Wertschätzung dieses Papstes sich nicht erschüttern zu lassen. Es geht im Letzten gar nicht um den Papst, im Grunde wollen die Kritiker des Papstes eine andere Kirche.

2. In der Treue zur Kirche, trotz aller ihrer menschlichen Schwächen und Mängel, zu verharren!

3. Den Mund weit aufmachen zur Verteidigung des Heiligen Vaters. Und wer dazu fähig ist, soll, wenn in den Medien der Papst angegriffen wird Leser- oder Hörerbriefe an die betreffenden Redaktionen schreiben, kurz und sachlich.

4. Nicht zuletzt gilt es, die Waffe des Gebetes für den Heiligen Vater und die Kirche einzusetzen. Mehr denn je müssen wir den Beistand des Heiligen Geistes für den Papst erflehen, damit er mit

Klugheit und Festigkeit seine Entscheidungen treffe. Auch die lautstarken Kontestatoren wollen wir in unseren Gebeten nicht vergessen, damit sie zur Einsicht kommen.

5. Vor allem wollen wir den Heiligen Vater dem Schutz der Gottesmutter anempfehlen, der Königin der Apostel und Propheten und der Siegerin in allen Schlachten Gottes.

Dann dürfen wir darauf hoffen, dass Gott auch in unseren Tagen sein Wort an unserem Papst wahrmacht, das ER zu Jeremias gesprochen hat: „Zum Propheten für die Völker habe ich dich bestimmt. Deshalb gürte dich, tritt vor sie hin und verkünde ihnen alles, was ich dir auftrage! Erschrick nicht vor ihnen, ich selbst mache dich heute zu einer Festung ... zu einer eisernen Säule und ehernen Mauer. ... Mögen sie dich bekämpfen, sie werden dich nicht bezwingen. Denn ich bin mit dir!“ (Jer 4).

Die Hintergründe der 68er-Kulturrevolution und ihre Auswirkungen
Die Frankfurter Schule und ihre „Kritische Theorie“

Die Namen stammen von Max Horkheimer. Es handelt sich dabei um einen revisionistischen Marxismus, „einen Marxismus der feinen Leute“ (Golo Mann), der Intellektuellen. Es geht den Vertretern der „Kritischen Theorie“ um die Veränderung der bestehenden Gesellschaft durch „kritisches Verhalten“.

Die Väter der Frankfurter Schule Max Horkheimer, Theodor W. Adorno, Herbert Marcuse, Jürgen Habermas und deren frühe Mitstreiter, der Sexualtheoretiker und Sexualpolitiker Wilhelm Reich, der evangelische Theologe Paul Tillich, die Psychoanalytiker Erich Fromm und Alexander Mitscherlich und viele andere hatten als geistige Großväter Karl Marx und Sigmund Freud. Sie waren geistige Urenkel von Jean-Jaques Rousseau und der Französischen Revolution (1783), sie sind, wie man auf Rheinhessisch sagt: "Geschwister Ferkel vun aaner Mugg" (von einer Muttersau).

„Der marxistische Appell ‚Proletarier aller Länder, vereinigt euch!' lautet in der neomarxistischen Version ‚Intellektuelle aller Institutionen, emanzipiert euch!'" (Rudolf Willeke, Hintergründe der 68er-Kulturrevolution). Die gesamte Programmatik der Frankfurter Schule zielt auf den Umbau des Menschen, seiner Psyche, seines Denkens und Strebens und Lebens. Es geht ihr um den totalen „Umbau der Institutionen, die das menschliche Bewusstsein und Verhalten prägen", um die „Umwälzung der gesamten Kultur und Zivilisation". Die Studentenrevolte von 1968 war eine regelrechte Revolution.

Die "Theologie der Revolution", die "Befreiungstheologie", die "Politische Theologie und die Theologie des Feminismus" sind Nachgeburten der "Kritischen Theorie" im pseudoreligiösen Gewand.

Zum Programm der Frankfurter gehört auch die sexuelle Revolution., durch die Wilhelm Reich und Marcuse (1966) den Intellektuellen die "Erlösung" verheißen hatten.

Die ministeriellen Richtlinien für die Sexualerziehung in den Schulen (ab 1972) und die grundlegende Veränderung des deutschen Sexualstrafrechtes (ab 1976) sind erste Schritte des "Marsches durch die Institutionen". Gustav Heinemann, einer der Organisatoren der "bekennenden Kirche" in der Nazizeit, unter Konrad Adenauer Innenminister, verließ wegen der Wiederbewaffnung der Bundesrepublik 1950 die Bundesregierung und 1952 die CDU, trat in die SPD ein, betrieb als Justizminister eine Revision des Strafrechts und hatte als Bundespräsident (1969-1974) anscheinend keine Gewissensbedenken das Gesetz zur Freigabe der Pornographie und der Abtreibung zu unterschreiben.

Nachdem über zwanzig prominente Damen in der Illustrierten "Der Stern" öffentlich erklärten "Ich habe abgetrieben" und einer emanzipatorischen Kampagne von Feministinnen "Mein Bauch gehört mir", wurde der Strafrechtsparagraph 218 abgeändert, und der dem Grundgesetz widersprechenden Abtreibung gesetzlich Straffreiheit zugebilligt. Die öffentliche Meinung wurde weichgeklopft mit gefälschten Zahlen über die illegal erfolgten Abtreibungen. Zugleich wurde gesprochen von verblutenden Frauen infolge der durch "Engelmacherinnen" auf dem Küchentisch durchgeführten Eingriffen. Diese medienwirksame Taktik, wurde in den USA seit 1968 von der Bewegung NARAL für die Legalisierung der Abtreibung angewandt. Der ehemalige Abtreibungsmediziner Prof. Dr. med. Bernard N. Nathanson; der sich für 75.000 Abtreibungen persönlich verantwortlich bekennt, hat in einem Vortrag anlässlich der irischen Verfassungsänderung in Dublin diese Taktik ausführlich beschrieben. „Wir wussten .., dass, wenn wir die Situation genügend dramatisieren, wir genug Sympathie erwecken würden, um unser Programm der Legalisierung der Abtreibung zu verkaufen. Wir taten darum folgendes: Wir fälschten die Zahl der illegalen Abtreibungen, die jährlich in den USA gemacht wurden. Wir wussten, dass die Gesamtzahl der illegalen Abtreibungen in den USA jährlich etwa 100.000 betrug. Die Anzahl, die wir wiederholt an die Öffentlichkeit und an die Medien weitergaben, war eine Million. Wir wussten, ebenfalls, dass die Zahl der Frauen, die in den USA jährlich bei illegalen Abtreibungen starben zwischen 200 und 250 lag. Die Anzahl, die wir beständig wiederholten und an die Medien weitergaben war 10.000. – Wenn man die große Lüge oft genug wiederholt, wird man die Öffentlichkeit überzeugen, wie unser ‚Freund' Herr Hitler in Deutschland bewiesen hat." (Nathanson in "Wähle das Leben" S.20 veröffentlicht von STIFTUNG JA ZUM LEBEN Postfach CH 8730 Uznach/Schweiz)

Das alles trägt die Handschrift des "Vaters der Lüge" und "Menschenmörders von Anbeginn", als welchen Jesus in Joh 8,44 den Teufel charakterisiert.

Inzwischen ist der "Marsch durch die Institutionen" längst bis ins oberste deutsche Gericht gelangt, wie die Äußerung eines Verfassungsrichters zeigt, der den menschlichen Fötus nur als "ein himbeerähnliches Zellklümpchen" bezeichnete.

Mit der gesetzlichen Gleichstellung der homosexuellen Beziehungen mit den heterosexuellen Ehepaaren im BGB (1999), „setzte sich die Erfolgsserie der Frankfurter gegen die bürgerliche Gesellschaft christlicher Prägung durch. Das tiefgehend gewandelte Rechts- und Sittlichkeitsbewusstsein der Deutschen – massenhafte Abtreibungen, verbreitete Kinderschändung, Pornographie in allen Medien und ‚Verschweinung der Gesellschaft'" (Willeke) gehen auf das Konto der Frankfurter Schule.

Die Schaffung des "neuen" sozialistischen Menschen erfolgt in der Kindertagesstätte, in der Ganztagsschule, im gruppendynamischen Labor oder in der peer-group. Der homo communicativus findet seine Ich-Identität nicht mehr in der Geborgenheit seiner Familie bei Vater und Mutter, sondern „verdankt sich ganz dem gesellschaftlichen Kollektiv, er ist alles durch die Gesellschaft und alles für die Gesellschaft" (Willeke). Im Nationalsozialismus lautete das so: „Der Einzelne ist nichts, das Volk ist alles."

Die anti-autoritäre Erziehung (Marcuse), ebenso das Lustprinzip gegen das Leistungsprinzip ist die Erziehungsdevise der Frankfurter. „Horkheimer hat ganz im Gegensatz zu unseren gegenwärtigen Familienpolitikern erkannt, dass die Familie Kern der bürgerlichen Gesellschaft, die Mitte des Christentums und der Kultur darstellt". (Willeke S.14) Dem entsprechend erklärte vor Jahren ein SPD-Politiker: „Wir wollen die Lufthoheit über die Kinderbetten". Erkennen christliche Politiker nicht, vor welchen Wagen sie sich haben spannen lassen mit dem Aufgreifen all der inzwischcn zu Parteizielen erhobenen Forderungen nach Kindertagesstätten und Ganztagsschulen und dem bereits eingeführten Sexualkunde- unterricht? Auch kirchliche Stellen haben das anscheinend ebenfalls nicht gerafft.

Halloween – magischer Spaß oder Spiel mit dem Feuer?

Als Buben höhlten wir Runkelrüben aus, schnitten Augen, eine Nase und einen Mund mit Zähnen heraus, stellten eine brennende Kerze hinein und zogen damit im Oktober oder November, wenn es schon früh dunkel wurde, im Dorf herum. Wir hatten unseren Spaß an den im Finstern schimmernden, gespenstisch aussehenden, fratzenhaften, selbstgeschnitzten, primitiven Lampions. War es ein Ersatz für den in unserem Dorf nicht üblichen Sankt Martinsumzug? Erst Jahrzehnte nach dem Krieg wurde der in vielen Pfarreien unserer Gegend wiederbelebt. Oder war dieser Brauch noch ein Relikt aus heidnischer Vorzeit? Jedenfalls hatten wir von Halloween keine Ahnung.

Denn erst seit vier oder fünf Jahren ist dieser Brauch auch bei uns in Deutschland zu beobachten. Wie vieles andere ist Halloween anfangs der 90er Jahre aus den USA zu uns übergeschwappt. Der Golfkrieg verhalf diesem Spektakel auch bei uns zum Durchbruch. Als infolge des Golfkrieges 1991 das Faschingsgeschäft zusammenbrach, suchte eine amerikanische Firma, die ins deutsche Karnevalsgeschäft eingestiegen war, ein zweites Standbein und die Manager kamen auf die Idee, dafür Halloween einzusetzen, um den Umsatzrückgang auszugleichen. Die Spekulation mit dem zweiten Standbein ging recht gut auf. Andere Firmen sprangen auf diesen gewinnbringenden Zug, indem sie sich gegenseitig mit allen möglichen Halloween-Artikeln überboten.

Das reichhaltige Angebot des Halloween-Geschäftes war vielfältig Es ging über Disco-Musik, Hexen- und Koboldmasken, dämonischen Kostümierungen, Teufelsfratzen und Totenschädel bis hin zum Halloween-Food. Eine Kölner Schule bot per Internet für die 4. Klasse Halloween als fächerübergreifendes Unterrichts-Projekt an. Im Programm standen: Gruselspiele. – *Der Tod geht um*. – Grusel-Kreuzworträtsel. – Simondus und Keratina zaubern. – Wer wird

Halloween-Königin? – Und als Höhepunkt eine Halloweenfeier. In Kindergärten und Schulen wird Halloween inzwischen als aktuelles Thema aufgegriffen, „um sich unverkrampft dem schwierigen Thema Tod zu nähern".

Was ist der Ursprung von Halloween: Irische Einwanderer in die USA brachten ihre heimatlichen Bräuche, unter anderem auch Halloween, in die Neue Welt. In Irland hatte sich diese heidnische keltische Tradition auch nach der Christianisierung gehalten. Der Name Halloween ist eine Wortverstümmelung von "All Hallows Eve", das heißt: Vorabend von Allerheiligen.

An diesem Termin feierten die Kelten und Angelsachsen das Ende des Sommers und den Anfang des Winters. Ursprünglich, in heidnischer Zeit, war es das Fest des keltischen Totengottes Samhain, der anstelle des Sonnengottes Beleus, nun die Herrschaft antrat. An Samhains Fest war es den Seelen der im Vorjahr Verstorbenen gestattet, für kurze Zeit in ihre ehemaligen Wohnungen zurück zu kehren. Die heidnischen „Kelten glaubten, dass am Vorabend des Samhain-Festes die Toten in der Nacht umhergingen, in die Häuser kamen und sich an die Feuerstelle setzten. Dafür stellten sie ihnen Nahrung hin. Dieser Brauch hielt sich bis in unser Jahrhundert" (G. Lesch).

Allerdings wurden die Totengeister nicht als friedlich gesinnte Wesen angesehen, sondern auch für dämonische Gespenster gehalten. Durch große Feuer, die man im Freien entzündete, sollten die umherschweifenden Geister, Hexen und Kobolde vertrieben werden. Im Zuge der Christianisierung hat die Kirche ursprünglich heidnische Feste durch christliche Feste ersetzt und so überwunden. Bekanntestes Beispiel dürfte das Weihnachtsfest sein, wo man auf den Termin des in Rom gefeierten Sonnengottes, das Fest der Geburt Christi legte. Ehemals heidnische Heiligtümer wandelte man in christliche Kirchen um. Berühmtes Beispiel ist das Pantheon in Rom, das den heidnischen Göttern gewidmet war und nun zum Heiligtum der Gottesmutter und der heiligen Märtyrer geweiht wurde.

Anscheinend erleben wir nun den umgekehrten Vorgang! Da der christliche Glaube in Europa an Kraft verliert und schwindet, kehren die alten heidnischen Götter zurück und mit ihnen nehmen christlich "getaufte" Bräuche wieder ihren früheren heidnischen Charakter an. Hexen, Vampire, Drachen, Kobolde und Geisterspuk feiern in der Vorstellungswelt der "christlichen" Neuheiden wieder fröhliche Urständ. Aber so lustig, wie sich das unter Umständen nach außen gibt, ist das gar nicht, wenn man den religionsgeschichtlichen Hintergrund beachtet.

Vom römischen Schriftsteller Caesar († 44 v. Chr) wissen wir, dass die Kelten Menschenopfer darbrachten, um ihre Götter gnädig zu stimmen. Der römische Historiker und Schriftsteller Plinius († 79 n. Chr.) berichtet, dass bei den Kelten das Verzehren des Fleisches des Geopferten als heilsame Medizin galt. Nach Pausanias, einem griechischen Schriftsteller (180 n. Chr.), aßen die Kelten in Gallien das Fleisch von Kindern und tranken ihr Blut und von den irischen Kelten weiß Salinos zu berichten, dass sie sich „mit dem Blut von Erschlagenen das Gesicht waschen und es trinken“. Berichte über Kannibalismus gingen auch bei uns vor einiger Zeit durch die Medien. Im Fernsehen wurde vor Jahren ein Film über den Satanskult in England gezeigt. "Der Regisseur John Carpenter fing mit dem Horrorfilm 'Halloween' das Unheimliche dieser besonderen Nacht ein." (G. Lesch). Die Lust am Horror, an der Schändung von Heiligtümern und Grabstätten, Zerstörungswut und Kult des Abscheulichen trägt die Handschrift dessen, den Jesus als den „Menschenmörder von Anbeginn" (Joh 8,44) charakterisiert.

Nur harmloser Spaß?: Hinter Halloween stecken mehr als ausgehöhlte Kürbisse, grausige Masken und makabre Verkleidungen. In den USA ist die Nacht zum 1. November schon lange ein Fest zum Gänsehaut kriegen für die ganze Familie. Mittlerweile ist Halloween auch bei uns zulande für Kinder etwas, wo man mit der Lust am Gruseligen spielt. Für Jugendliche und selbst für Erwachsene bietet es Anlass zum Feiern einer prickelnden Party mit viel Horror und viel Spaß am Schaurigen und Okkulten. Aber sind Geister nur spaßige Witzfiguren und magische Spiele, nur einfach eine Weise der Unterhaltung im derzeitigen Trend nach immer ausgefalleneren Sensationen? Ist all das nur ein harmloser Jux? Im Oktober 2003 brachte der ERF (Evangeliumsrundfunk Wetzlar) zwei Fernsehsendungen über Halloween, in denen eine Studentin der Soziologie über ihre okkulten Erfahrungen berichtete. Was bei Halloween-Parties zunächst als Ulk und magischer Spaß aufgefasst wird, erweist sich oft im Nachhinein als Spiel mit dem Feuer. Nämlich dann, wenn es dabei zu okkulten Experimenten kommt, die als "Gesellschaftspiele" angeboten werden, wie zum Beispiel Tischrücken, Gläserrücken, Pendeln, Kartenlegen und dergleichen. Das gilt vor allem, wenn Partygäste aus dem satanistischen Milieu dabei ihre magischen Rituale praktizieren. Das Gefährliche dabei ist, dass die Teilnehmer aus Neugierde und Lust am Nervenkitzel darauf eingehen, ohne sich der Langzeitfolgen bewusst zu sein. Wer die Dämonen ruft, wird die Geister, die er rief, so schnell nicht wieder los.

Nicht nur die Erfahrungen dieser Studentin in der ERF-Fernsehsendung, auch die Berichte von Seelsorgern, die mit Menschen zu tun haben, die unter Beschwerden leiden, die weder medizinisch noch psychiatrisch zu erklären sind, zeigen, dass okkulte Praktiken – auch spaßeshalber vorgenommen – ein Spiel mit dem Feuer sind. – Don Gabriele Amorth, seit 1986 offiziell von der Kirche für die Stadt Rom eingesetzter Exorzist, berichtet von seinen ungewöhnlichen Erfahrungen auf diesem Gebiet in seinen Büchern. Zwölf Millionen Italiener suchen Hilfe bei Magiern und Kartenlegern oder nehmen an spiritistischen Sitzungen und Satanskulten teil. Aber: „Wer bei Magiern oder der Magie verfallenen Kartenlegern verkehrt, geht mit diesen Personen eine Bindung ein und durch sie mit dem Teufel. Dies gilt ebenfalls für all jene, die Zauberei betreiben, an spiritistischen Sitzungen teilnehmen, sich dem Okkultismus hingeben oder der Esoterik, und die ihr Tun und Lassen in unbesonnener Weise vom Pendel oder Horoskop abhängig machen. Manchmal ist die Art der Bindung heimtückischer, da sie unbewusst ist. Man gibt bereits den kleinen Finger, wenn man aus Neugier oder aus Leichtsinn handelt. Man wohnt einer satanistischen Versammlung bei, und man lässt ein Glas oder ein Geldstück sprechen. Man will den Magier spielen, so wie man den Zauberkünstler spielen würde, indem man eines der zahlreichen im Handel erhältlichen Handbücher studiert oder an den von gewissen Fernsehsendern ausgestrahlten Kursen teilnimmt." (G. Amorth, Neue Berichte eines Exorzisten). Don Gabriele Amorth berichtet den Fall eines sechzehnjährigen Mädchens, bei dem es ihm nicht gelang, die Ursache bestimmter Anzeichen von Negativität herauszufinden, das dadurch an seinem Weiterstudium gehindert wurde, auch sonst nichts mehr unternahm und die Eltern zur Verzweiflung brachte. Er konnte nicht ermitteln, ob das Mädchen an etwas Gefährlichem teilgenommen hatte. Zufällig kam er auf den Gedanken, zu fragen, ob es Karten lege und daraus die Zukunft zu erraten suche. „Gelingt es dir immer oder fast immer, richtig zu erraten?“ Das Mädchen bejahte. Auf die Frage, ob es glaube, dass ihr diese Fähigkeit von Gott gegeben sei, wusste es nicht mehr, was es antworten sollte. „Es ist möglich, dass man so auf arglose Weise eine Bindung mit dem Teufel eingeht“ (Amoth).

Okkulte Praktiken öffnen den Dämonen die Tür für ihre menschenfeindlichen Einflüsse. Aufgrund gewisser Erfahrungen warnt Amorth davor, Personen, die sich der Magie hingegeben, Hexerei betrieben oder Verwünschungen ausgesprochen haben, zu trauen, selbst wenn es sich um engste Familienangehörige handle. Man solle einen Bogen um sie machen. Auch wenn die Bekehrung solcher Personen möglich sei, lägen starke Bindungen an den Satan vor. Es sei nicht seine Absicht, zu verurteilen, er wolle nur auf Grund von vielen schmerzlichen Erfahrungen praktische Verhaltensanweisungen geben. – Die Schweizerische Evangelische Allianz befürchtet, dass Halloween immer mehr „zur Begegnung mit dem Okkulten einlade und empfahl deswegen bekannten Firmen, auf die Vermarktung des Halloween-Themas zu verzichten.“

Als die Kirche heidnische Feste, Orte und Bräuche christianisierte, ihnen eine christliche Deutung und christlichen Inhalt gab, überwand sie deren heidnische Bedeutung und füllte sie aus der Kraft des Glaubens mit christlichem Gehalt. Heute, da der Glaube weithin verdunstet, sind wir in einer entgegen gesetzten Position. Da ist Halloween eher Einstieg in den Okkultismus als in das Fest Allerheiligen. Es gelang ja noch nicht einmal, den Gottesbezug oder den Verweis auf die christlichen Wurzeln des Abendlandes in der europäischen Verfassung unterzubringen. Was wir derzeit erleben, ist die Rückkehr des Heidentums. Da gilt es, gegen den Strom zu schwimmen. Wer meint, sich von dieser Strömung tragen lassen zu können, um das rettende Ufer zu erreichen, wird als Treibholz in den Strudel hinabgerissen und geht unter. Es ist eine Illusion zu glauben, man könne den Teufel mit Beelzebub austreiben. Auch da gilt das Sprichwort: „Wenn man dem Teufel den kleinen Finger gibt, nimmt er die ganze Hand." Es ist pastoral geradezu kontraproduktiv, neuheidnische Feste mitzufeiern und altheidnische Bräuche zu übernehmen. Nur wer nicht mitmacht, wird gefragt nach dem Grund seines Glaubens und kann davon Zeugnis geben.

Was ist zu tun?: Es gilt, Seelsorger, Erzieher, Eltern, das Personal von Kindergärten, aufzuklären über den unchristlichen Hintergrund von Halloween und für die Alternative, das St. Martinsfest, zu gewinnen. Das braucht natürlich Überzeugungsarbeit Dazu muss man selber genügend informiert sein. Darum seien folgende Informationshilfen angegeben:

1. Gotthardt Lesch, "Halloween-Rückkehr der Kelten", 90 Seiten (protestantisch) Logos Vertag ISBN 3-933828-96-1.

2. Video Nr. 25139, "Halloween - magischer Spaß?" (27 Minuten) ERF-Verlag, Postfach D 35573 Wetzlar.

3. Video Nr. 25140, Halloween – Spiel mit dem Feuer (27 Minuten) ERF-Verlag Postfach D 35573 Wetzlar.

Die Auslieferung der Videos erfolgt über den Bundes-Verlag

GmbH, Buchhandlung Bodenborn 43, D 58452 Witten, Fax: 02302-93093709. Beide Videos sind zur Information für Elternbeiräte und Jugendarbeit gut geeignet. – In Österreich sind diese Videos erhältlich bei: BMK Wartburg Vertriebsgesellschaft m.b.H. Trautsongasse 8, Postfach 68 A 1082 Wien. Fax: 014089905)

4. Gabriele Amorth, "Ein Exorzist erzählt", vom Christiana Verlag, CH 8260 Stein am Rhein, ISBN 3-7171-1045-5.

5. Gabriele Amorth, "Neue Berichte eines Exorzisten", ISBN 3-7171-1067-5 Christiana Verlag Fax: 0041-527412092.

Vor über einem halben Jahrhundert hat ein protestantischer Exeget, der berühmte Theologe Rudolf Bultmann, geschrieben: „Man kann nicht elektrisches Licht und Radioapparat benutzen, in Krankheitsfällen medizinische und klinische Mittel in Anspruch nehmen und gleichzeitig an die Geister- und Wunderwelt des Neuen Testamentes glauben!“ Bultmann meinte, da sich die Wissenschaft und das moderne Selbstverständnis gegen den „Zugriff supranaturaler Mächte“ wehre, müsse man die Bibel mit ihrem angeblich magischen Weltbild entmythologisieren. Was dieser Herr damals nicht ahnte, dass er mit dazu beigetragen hat, dass eine neue Generation, trotz moderner Wissenschaft und emanzipatorischem Selbstbewusstsein sich im Okkultismus, in der Magie und im Satanismus dem „Zugriff okkulter Mächte" aussetzen würde, weil der Glaube an das real Übernatürliche, von dem die Bibel Zeugnis gibt, verdunstet ist. – Halloween ist nur das jüngste Beispiel dafür.

Die Epoche des Teufels – Abschied vom Teufel?

Mitte der fünfziger Jahre des 20. Jahrhunderts schrieb der Publizist Anton Böhm in seinem Buch "Die Epoche des Teufels": „Es kann von niemand, es sei denn von jenen, die sich zur Selbsttäuschung entschlossen haben, verkannt werden, dass wir in einer Zeit gesteigerten satanischen Wirkens leben. In einem unbegreiflichen Rasen hat sich der Mensch unsrer Tage durch Mord und Lüge, Unrecht und Hass, Folter und Zerstörung, Unordnung und Zynismus, Hybris und Gewalt, durch wahre Katarakte teuflischer Verbrechen wahrhaft zum Affen Satans gemacht. Vielleicht ist noch niemals, seit der Mensch das Paradies verloren hat, sein Fall so tief, seine Verderbnis so ausgebreitet gewesen. Das sehen auch sehr viele, die an die Wirklichkeit des Satans nicht glauben."

Unter der Überschrift „Menschenmörder von Anbeginn" analysiert Böhm Zeitsymptome. Das 20. Jahrhundert übertrumpft in einer Orgie des Todes mit Millionen und Abermillionen von Kriegstoten, in Konzentrationslagern der Kommunisten und Nazis Ermordeten, den Terroranschlägen und Völkermorden alles in der Geschichte der Menschheit bisher Dagewesene. Alles das aber wird noch übertroffen durch die inzwischen weltweit legalisierte Ermordung der Ungeborenen, nach Angaben der Weltgesundheitsorganisation alljährlich 50 Millionen Abtreibungen, die in einigen Staaten im 21. Jahrhundert gar als "Frauenrecht" propagiert und gefordert werden. Es muss einer schon das Gespür für das Wahre verloren haben, um hinter all dem die Handschrift des Menschenmörders und Lügners von Anbeginn (Joh 8,44) nicht zu erkennen.

Der Kult des Hässlichen, wie er in manchen Formen und Darstellungen "moderner" Kunst offenkundig wird, trägt die Fratze des Satans. In einem eigenen Kapitel "Kult und Erniedrigung des Geschlechtes" analysiert Böhm das Inhumane des Pansexualismus unserer Zeit. – Als Affe Gottes verkauft der Satan seine Versuchungen immer unter dem Etikett der Humanität. Die Berufung auf die Menschlichkeit und Barmherzigkeit, mit der heute Menschen- und Lebensfeindliches gefordert und vertreten wird, ist nichts anderes als luziferische Humanität.

Anton Böhms Analysen reichen von der Vernichtung der Natur, dem Sturz der Ordnung, der Verwirrung der Werte, der Kriminalisierung der Justiz, der Inthronisation des Chaos, dem Höllenlärm bis zum Satanskult, um nur einige zu nennen. Aus dieser Sicht leben wir tatsächlich in einer Epoche des Teufels.

„Der Teufel hatte einen entscheidenden Sieg errungen, als es ihm gelang, seine Todesanzeige in die Zeitung zu setzen.“ So las ich einmal auf einem Kalenderblatt. Inzwischen hat der Theologe Herbert Haag ihm einen "wissenschaftlichen" Dienst durch das Buch "Abschied vom Teufel" erwiesen. – Das Überhandnehmen von Satanskulten, wie zum Beispiel Satansmessen, sogar im Fernsehen gezeigt, straft ihn Lügen.

Heinrich Schlier, hat dagegen als Exeget eine seriöse Studie vorgelegt „Mächte und Gewalten im Neuen Testament“, in der er die einschlägigen Texte in der Heiligen Schrift analysiert. Er kommt zum Ergebnis, dass es sich um personale Wesen handelt, die „sich der Welt im ganzen und im einzelnen, der Menschen, der Elemente, der politischen und gesellschaftlichen Institutionen, der geschichtlichen Verhältnisse und Situationen, der geistigen und religiösen Strömungen bemächtigen, und zwar prinzipiell und vorwiegend auch aktuell von der Atmosphäre her, die ihr nächster Herrschaftsort ist.“ Im Kreuzestod Jesu Christi, seiner Auferweckung von den Toten und seiner Erhöhung sind diese Mächte entmächtigt, was sich in seiner Parusie (der Wiederkunft am Ende der Tage) endgültig offenbaren wird.

„Der Angriff der Mächte, die keine Zukunft mehr haben als die ewige Verdammnis, konzentriert sich auf die, welche ewige Zukunft haben, die Kirche und ihr Glieder.“ – Freilich sind diese Dinge, spätestens seit dem spektakulären Fall der Anneliese Michel, bei dem die Exorzisten "wegen unterlassener Hilfeleistung" verurteilt wurden, heute in der Verkündigung tabu.

Eine us-amerikanische Anthropologin hat in einer ausführlichen Untersuchung aller Begleitumstände festgestellt, dass nicht die "unterlassene Hilfeleistung", sondern die ärztlich verordneten Medikamente als Todesursache angesehen werden muss. (Felicitas

D. Goodman, Anneliese Michel und ihre Dämonen.) - Der Teufel ist nicht mittelalterliche Legende. Sondern Geschehnisse im 20. Jahrhundert, berichten nüchtern Adolf Rodewyk SJ in "Die dämonische Besessenheit", ferner Gabriele Amorth in seinem Buch "Ein Exorzist erzählt".

Die gescheiterte päpstliche Friedensinitiative 1917 und Deutschland

Am 13. Mai 1917 wurde in Rom Msgr. Eugenio Pacelli zum Bischof geweiht. Nach dem Willen Papst Benedikts XV. sollte er als Nuntius nach Bayern gesandt werden, um eine Friedensinitiative des Papstes voranzubringen. Eigentliches Ziel seiner Sendung war nicht München sondern Berlin. nicht der bayrische König Ludwig III. sondern die deutsche Reichsregierung. Er sollte Kaiser Wilhelm II. ein päpstliches Schreiben übergeben. Am 26. Juni 1917 traf Erzbischof Pacelli in Berlin ein, wo er dort den Kanzler Bethmann Hollweg über die päpstlichen Vorschläge unterrichtete: „einen vollständigen gegenseitigen Verzicht auf Reparationen, dann die Herausgabe der beiderseitigen besetzten Gebiete, Belgien, Nordfrankreich, und in ähnlicher Weise sollten die deutschen Kolonien herausgegeben werden“ (Konstantin Prinz von Bayern). Bethmann Hollweg versprach dem Nuntius eine Audienz beim Kaiser. Am 29. Juni kam es in Bad Kreuznach, wo sich das Hauptquartier der deutschen Obersten Heeresleitung befand, zum Treffen zwischen dem Kaiser und dem Nuntius. Aus späteren Äußerungen Wilhelms II., wissen wir, dass der Kaiser spontane Sympathie für Nuntius Pacelli empfand.

Sofort nach dem Treffen fuhr Pacelli nach München zurück und berichtete nach Rom seine Eindrücke. Der Nuntius hatte angeregt, die deutschen Friedensbedingungen zu formulieren und dem Papst mitzuteilen. Am 14. Juli wurde Bethmann Hollweg gestürzt. Am 24. Juli überreichte dann Pacelli dem neuen Kanzler Michaelis einen Friedensvorschlag des Papstes von sieben Punkten, die sich weitgehend mit denen vom deutschen Reichstag gerade angenommenen Entschließungen deckten. Aber die Taktik des Reichkanzlers Michaelis war es, gegen den Willen des Reichtages und den Wunsch des Kaisers, die Antwort an den Papst hinauszuzögern, um das Scheitern der Verhandlungen den Entente-Mächten in die Schuhe schieben zu können. Der Papst hatte für den 1. August, den dritten Jahrestag des Kriegsausbruchs einen Friedensappell vorbereitet. Aber die von Michaelis dem Nuntius versprochene Antwortnote der Reichregierung ließ auf sich warten. Am 14. August glaubte Benedikt XV. nicht länger zuwarten zu dürfen. Doch der Friedensappell des Papstes an die kriegführenden Mächte wurde in Zeitungskommentaren beider Seiten verdächtigt, vom jeweiligen Gegner inspiriert zu sein.

Im Jahresbericht des Evangelischen Bundes 1917 ist zu lesen: „Als wir von den Friedensvermittlungsversuchen des Papstes erfuhren, legten wir uns die Frage vor, ob wir mit einer Kundgebung oder anderen Mitteln versuchen sollten, den Furor Protestanticus gegen die Einmischung des Papstes in Friedensverhandlungen wachzurufen." Der Reichstagsabgeordnete Pfarrer D. Traub sprach auf einer Kundgebung der Vaterlandspartei: „Nicht die Kriegsschrecken, sondern die Friedensbotschaften sind die größten Versuchungen. Warum kommt der Papst gerade jetzt mit seinem Vermittlungsangebot? Ich weiß keine andere Antwort: weil es England schlecht geht. Wir Deutschen haben keinen Friedensvermitt-ler nötig. Warum sollten wir ausgerechnet im Jubeljahr der Reformation einen Frieden aus päpstlicher Hand annehmen?"

Bei seinem Antrittsbesuch in Wien traf Michaelis den deutschen Botschafter, Graf Botho von Wedel, der den Fortbestand Österreich-Ungarns nach eigenen Aussagen nur deshalb gerettet sehen wollte, „um einen Anschluss Deutsch-Österreichs an das Reich zu verhindern, weil sonst das katholische Element bedenklich vergrößert würde.“ Auch teilte er dem Kanzler mit, dass über Kardinal Gasparri in Wien auch bekannt geworden sei, dass der englische König „die Vermittlungsvorschläge des Papstes wohlwollend aufgenommen habe, und dass die englische Regierung die Papstnote mit größter und ernstester Aufmerksamkeit erwäge.“ Seiner Meinung nach müsse das Bestreben der deutschen Regierung dahin gehen, „das Odium eines Scheiterns des päpstlichen Friedensversuches auf unsere Gegner abzuwälzen und sie ins Unrecht zu setzen.“

Michaelis Antwort war: „Ich beabsichtige, die ganze Angelegenheit dilatorisch zu behandeln.“ Der Zentrumsabgeordnete Erzberger hinterbrachte dann die von Michaelis ausgegebene Parole: "hinhaltend behandeln!" Am 24. September 1917 erhält Nuntius Pacelli das letzte offizielle Dokument im Zusammenhang mit den Friedensbemühungen des Papstes. Darin wird ihm mitgeteilt, die kaiserliche Regierung sei zur Zeit nicht in der Lage eine bestimmte Erklärung hinsichtlich Belgiens und zu den gewünschten Garantien abzugeben. Erzberger kam gerade dazu, als der Nuntius dieses Schreiben vor sich auf dem Schreibtisch hatte, und sah dass Eugenio Pacelli weinte und hörte den Mann, der mit der Friedensmission des Papstes betraut war voller Schmerz und Erschütterung sagen: „Alles ist verloren, auch ihr armes Vaterland!“ (Quelle: Konstantin Prinz von Bayern, Papst Pius XII.)

Bruder Klaus und der zweite Weltkrieg

Die Schweizer verdanken der Fürbitte ihres Landespatrons, dem heiligen Nikolaus von Flüe, den besonderen Schutz im zweiten Weltkrieg. Der damalige Bruder-Klausen Kaplan Werner Durrer hatte zu einem Gebetsturm aufgerufen. In der kritischen Nacht des 13. Mai 1940 erschien an der Landesgrenze gen Deutschland zu eine große Hand am Himmel schützend ausgestreckt, die von Hunderten von Zeugen gesehen wurde. Auf der badischen Seite waren Hitlers Truppenverbände zum Einrücken in die Schweiz aufmarschiert. Als der Befehl zum Abmarsch Richtung Schweiz erteilt wurde, sprangen bei den Deutschen die Motoren aller Invasionsfahrzeuge nicht an. Daraufhin wurde vom Führerhauptquartier der Angriff abgeblasen. Sicher nicht ohne Zustimmung Adolf Hitlers, der sehr abergläubisch war. Die deutschen Landser wurden zur strengen Geheimhaltung dieses Vorfalles verpflichtet.

Im Gegensatz dazu steht das beispielhafte Gottvertrauen des Schweizer Generals Guisan, der nach dem Morgarten-Gedächtnisgottesdienst am 15. November 1940 dem Feldprediger Konrad Scheuber gestand: „Sie wissen, ich stehe morgens sehr früh auf; dann ist mein erster Gedanke: Was kann ich heute für unsere Heimat Gutes tun? Auf den Knien bete ich mit ausgebreiteten Armen das "Unser Vater". Etwas Besseres fällt mir nicht ein. So taten es die alten Eidgenossen vor der Schlacht (bei Morgarten), so tue ich es jeden Tag. Und nun mein Befehl an Sie, Herrn Hauptmann: Was ich Ihnen da verraten habe, das dürfen Sie keinem Menschen weitersagen, bis der Krieg vorüber ist.“ – (Schweizerische katholische Sonntagszeitung)

Die Macht des Rosenkranzgebetes

Bei der Landung der Alliierten in der Normandie 1944 beschossen schwere Schiffsgeschütze die Bunker, die Hitler als Atlantikwall hatte bauen lassen, und bombardierten sie. Dadurch waren in einem solchen Riesenbunker über 200 deutsche Soldaten wie in einem Betonsarg eingeschlossen, da die Ausgänge zerbombt waren. Eine Pioniereinheit bekam den Auftrag, ihre Kameraden heraus zu holen.

Am Abend besprachen die Offiziere, über den Plan des Bunkers gebeugt, die Möglichkeiten, die Eingeschlossenen zu befreien. Aber es fehlte dafür schweres Gerät: zum Beispiel Presslufthämmer und dergleichen, das sie dazu bräuchten. Als einer der Offiziere meinte:

„Da kann man nichts machen", sagte der Hauptmann: „Doch, da kann man beten!" Er zog seinen Rosenkranz heraus und fing damit an. Er betet laut nicht nur einen, sondern alle drei Rosenkränze, worüber die anderen nicht gerade erbaut waren. Dann gab er den Befehl, einer solle nun blindlings ein Kreuz auf den Plan zeichnen. Ein junger Leutnant platze heraus: „Was soll denn das?!" Da pfiff ihn der Hauptmann scharf an: „Herr Leutnant, wenn wir morgen an dieser Stelle unsere Kameraden nicht herausholen, ist einzig und allein ihr verdammter Unglaube daran schuld!"

Als sie am nächsten Tag zu dem Bunker kamen, hatte eine Luftmine an der Stelle ein Loch in die Betonwand geschlagen. Die Pioniere brauchten nur noch die Betontrümmer hinweg zu räumen und konnten ihre Kameraden lebend heraus holen. Der junge Leutnant mit dem "verdammten Unglauben" (Herrmann Leon, †2010) trat nach dem Krieg in das Mainzer Priesterseminar ein und wurde Priester.

Die Geschichte hat noch ein Nachspiel: Als ich anfangs der 60er Jahre wegen einer Operation des Weisheitszahnes in der Zahnklinik war, bat mich der Professor, ob ich nicht sonntags eine Heilige Messe für die Patienten feiern könnte. In einem Krankenzimmer wurde alles dafür hergerichtet. Zufällig traf auf diesen Sonntag das Evangelium vom Hauptmann von Kafarnaum. In der Predigt sagte ich, dass es auch im II. Weltkrieg gläubige Hauptmänner gegeben habe und erzählte die Geschichte vom Atlantikwall. Mitten drin warf eine Frau dazwischen: „Herr Pfarrer, darf ich sie unterbrechen." Ich rechnete mit einem zweifelnden Widerspruch. Doch die Frau sagte: „Das stimmt genau, was sie da erzählt haben. Mein Sohn war dabei! Und die Kameraden treffen sich noch jedes Jahr.

Als ich einmal in Kasachstan in einer Predigt wiederum die Geschichte erzählte, gab es hinterher in der Sakristei dann Diskussionen unter den Messdienern. Das könne doch nicht sein, dass Gott die Gebete der Faschisten erhöre.

Der Speckpater Werenfried van Straaten und der kalte Krieg

Pater Werenfried van Straaten, der Mönch des Prämonstratenserordens wurde unter dem Namen "Speckpater" bekannt, weil er nach dem Ende des zweiten Weltkrieges Hilfsaktionen bei den flämischen Bauern seiner Heimat für die hungernde Bevölkerung in Deutschland organisierte. Aber nicht nur die leibliche Not, auch die Seelsorge unter den Millionen Flüchtlingen aus den Ostgebieten Deutschlands, die als Katholiken in überwiegend protestantische Gegenden verschlagen worden waren und nach dem Verlust ihrer angestammten Heimat auch einer geistlichen Heimat entbehrten, wurde ihm von Papst Pius XII. anvertraut. So kam es damals zur Kapellenwagenmission. Zu Kapellen umgebaute große Busse fuhren in die Diasporagegenden zu den Heimatvertriebenen, um sie seelsorglich zu betreuen. Das Werk "Kirche in Not" nahm damit damals seinen Anfang, das später seinen weltweiten Aktionsradius über die Erde entfaltete.

Den Christen des freien Westens schilderte er in seinen vielen Bettelpredigten die Bedrängnis der unter der kommunistischen Herrschaft um des Glaubens willen Verfolgten. Im Zeichen der neuen Ostpolitik bekam er aber Schwierigkeiten mit der vatikanischen Diplomatie. Kardinalstaatssekretär Agostino Casaroli, der dafür verantwortlich war und einen Kurs der "friedlichen Koexistenz" mit den Kommunisten vertrat, war ungehalten darüber, dass P. Werenfried diesen Kurs öffentlich in seinen Predigten kritisierte. Briefe aus dem Vatikan, die ihn aufforderten, dieses Thema in seinen Predigten zu unterlassen, waren die Folge.

Der "Speckpater" erbat sich eine Audienz bei Papst Paul VI. – Wenn er nicht mehr über die Verfolgung der Christen durch die Kommunisten predigen und schreiben dürfe, könne er nicht weiterarbeiten und gab den Brief Casarolis dem Papst zu lesen. Die Antwort Pauls VI. war: „Pater, sie müssen verstehen, dass ich alles Mögliche tun muss, um den Katholiken in Osteuropa zu Hilfe zu kommen. Dafür muss ich sowohl den diplomatischen Weg des Staatssekretärs akzeptieren als auch Ihre Arbeit. Also machen Sie weiter!“ Werenfried dankte erleichtert. „Aber könnte denn bitte Ihr Staatssekretär aufhören, mir solche Briefe zu schicken?“ Die Briefe aus dem Staatssekretariat unterblieben in Zukunft, und der "Speckpater" predigte weiter gegen den gottlosen Kommunismus und sammelte eifrig für die verfolgte "Kirche in Not" im Ostblock. Dafür wurde er als "der letzte General des kalten Krieges" beschimpft. (VATICAN magazin, Heft 8/9 2011)

Wiedereinführung der Mainzer Fronleichnamsprozession

Einer der ersten Beschlüsse des neu installierten Katholikenrates des Dekanates Mainz-Stadt war im Zuge der nachkonziliaren Änderungssucht die Abschaffung der Fronleichnamsprozession. Statt dessen wurde auf dem Gutenbergplatz vor dem Theater, wo an Neujahr die Fassnachtsgarden sich treffen, eine große Tribüne aufgebaut mit einem Volksaltar, an dem an Fronleichnam Priester des Dekanates zusammen mit dem Bischof das Hochamt feierten. Die Gläubigen standen zu Füßen des Gutenbergdenkmals rund um die Altarinsel, deren Hintergrund die Fassade des Theaters bildete. Keine 50 Meter davon im Rücken die großartige Westgruppe des Domes. Am Schluss der Eucharistiefeier wurde das allerheiligste Sakrament mit einer kleinen Prozession in den Dom getragen, wo dann der feierliche Sakramentale Segen erteilt wurde. Das war's dann.

Jahr für Jahr stellten die Pfarrgemeinderäte von Dom und Sankt Quintin und Sankt Ignaz in der Vorbereitungssitzung des Katholikenrates den Antrag auf Wiederaufnahme der Fronleichnamsprozession, wenn auch auf verkürztem Weg durch die Altstadt rund um den Dom. Jedes Mal wurden die Vertreter der St. Ignaz-, Dom- und Quintinspfarrei überstimmt. Anlässlich des 1000-jährigen Domjubiläums fand eine Versammlung der Vertreter der Mainzer Pfarreien statt, auf der die geplanten Veranstaltungen der Jubiläumsfeierlichkeiten vorgestellt werden sollten.

Der Pfarrgemeinderat der Dompfarrei stellte fest, dass eine Marienfeier nicht vorgesehen war und beantragte, eine solche in die Planung mit aufzunehmen, zumal die Gottesmutter die zweite Patronin des Domes sei. Der Vorschlag wurde angenommen und Dekan Christian Siepchen gab mir den Auftrag, diese Feier vorzubereiten. Im Pfarrgemeinderat kamen wir überein, die Feier im Dom mit einer Statio und Predigt zu beginnen und dann eine Lichterprozession zur nahegelegenen Seminarkirche zu veranstalten, um dort vor dem Gnadenbild aus der ehemaligen, 1793 bei der Belagerung von Mainz zerstörten Liebfrauenkirche, eine feierliche Muttergottesandacht zu halten.

Als Prediger bei der Statio im Dom hatte ich Pater Werenfried van Straaten eingeladen. Sein Thema: "Maria und der feuerrote Drache". Der "Speckpater" deutete den "roten Drachen" auf den Kommunismus, der Krieg führte gegen die Gläubigen und sie mit großer Wut verfolgt. Dann folgte die Lichterprozession, bei der alle Teilnehmer brennende Kerzen trugen. Der Weg führt zum Leichhofportal hinaus, an dem Pater Werenfried mit seinem "Millionenhut" die Spenden für die "Kirche in Not" einsammelte. Durch die Augustinerstraße bewegte sich der Lichterzug von vielen hundert Teilnehmern zur Seminarkirche. Leute aus den anliegenden Häusern, die von Fenstern aus zuschauten, schlossen sich an: „Wir sind doch auch katholisch!“ Unter dem Eindruck dieser Prozession erklärte der Domdekan Generalvikar Ludwig Haenlein: „Und jetzt geht die Fronleichnamsprozession wieder. Es wird niemand mehr gefragt!“

„Dieses unser Leben ist ein Kampfplatz auf dem die ewige Krone erfochten werden muss ... Es ist der Kampf selber, wodurch die Krone errungen werden soll.“ (Johann Michael Sailer aus der Abhandlung „Von einer höheren Betrachtung des menschlichen Lebens.“)

Der Wundertäter

Das Folgende ist keine Fama, sondern wurde mir vom Betroffenen selbst berichtet. Es hat sich beim ersten Deutschlandbesuch 1981 Papst Johannes-Pauls II. ereignet. Ein Priester der Diözese Mainz war an Kehlkopfkrebs operiert worden. Bei der Kontrolluntersuchung wurden neuerlich Knötchen festgestellt und ein neuer Operationstermin festgelegt. Ludwig Wissel bat den Professor die Operation zu verschieben, damit er noch in Fulda am Treffen der Priester mit dem Papst teilnehmen könne. Dort stand er dann im Dom ganz vorne an der Absperrung. Da kam ein Domkapitular, der ihn kannte, sah ihn mit seinem Verband um den Hals und fragte, was er denn habe. Ja, es sei alles schon für die Operation vorbereitet. Der Domherr nahm ihn mit in die Sakristei und stellte ihn dem Papst vor mit der Bitte um den Segen für die bevorstehende Operation.

Am nächsten Tag fuhr Ludwig Wissel in die Klinik, um sich operieren zu lassen. Der Oberarzt kam zur Voruntersuchung, schüttelte den Kopf und rief den Professor. Der stellte ebenfalls fest, die Knötchen waren verschwunden. Die Operation wurde abgeblasen. Als er mir das erzählte, sagte ich: „Mensch, das musst du doch in Rom melden!" – „Habe ich getan. Die Römer wollen, dass das nicht zu Lebzeiten des Papstes bekannt wird."

Geistlicher Rat Ludwig Wissel starb erst vierzehn Jahre später 1995 im Alter von 81 Jahren.

Mobilmachung der Freidenker und Atheisten

Seit Kardinal Josef Ratzinger das Papstamt angetreten hat, scheinen die Atheisten nervös zu werden. – In Berlin haben sich 2011 nach Zeitungsmeldungen 56 atheistische und kirchenkritische Gruppen zusammengeschlossen, um mit einem Umzug beim

Papstbesuch gegen Benedikt XVI. zu demonstrieren. Dabei sollten in Reden die katholische Sexualmoral sowie das Verhältnis von Staat und Kirche kritisiert werden, wie uns "Die Tagespost" vom 20. 8. 2011 berichtete.

Auch literarisch zieht man gegen die katholische Kirche und den christlichen Glauben zu Felde. Dan Browns Bestseller "Sakrileg. The Da Vinci Code" (2005) ist zwar nur ein Roman, aber der Autor behauptet und erweckt den Eindruck, dass sein Werk auf seriösen Geschichtsquellen beruht. In Wahrheit stellt es eine "Geschichtsfälschung dar auf Kosten der katholischen Kirche" (Arturo Cattaneo: "Der Betrug des Da Vinci Code").

Während Dan Brown auf unterhaltsame Weise sein antichristliches Gift in den Leser träufelt, bezieht Richard Dawkins in seinem 560 Seiten starken Buch "Der Gotteswahn" offen Front gegen jede nur erdenkliche Form von Religion. Er kämpft mit offenem Visier, indem er schreibt: „Wenn dieses Buch das erreicht, was ich damit bezwecke, werden religiöse Leser, die es einmal aufgeschlagen haben, Atheisten geworden sein, wenn sie es wieder schließen."

In London hat man 2009 städtische Busse laufen lassen, auf deren Werbeflächen zu lesen stand: „Es gibt wahrscheinlich keinen Gott. Mach Dir keine Sorgen! Genieße das Leben!" In Berlin stand auf den Wagen einer Buslinie, die am Brandenburger Tor vorbeiführt: „Es gibt mit einer an Sicherheit grenzenden Wahrscheinlichkeit keinen Gott. Ein erfülltes Leben braucht keinen Glauben." In Barcelona und Madrid fuhren ebenfalls Busse mit dem gleichen Slogan wie in London. In Genua lautete die atheistische Werbekampagne: "Die schlechte Nachricht: »Es gibt keinen Gott«. Die gute: »Du brauchst auch keinen.«" Man plante auch, auf Buslinien, die in Vatikannähe vorbeiführen, diese Kampagne auf Rom auszudehnen. In einem Madrider Vorort hatte eine evangelikale Gemeinde eine Gegenaktion finanziert. Auf den Bussen, die durch ihren Sprengel fuhren, stand: „Doch, es gibt einen Gott. Genieße das Leben mit Christus!" (Die Tagespost 15.01.2011)

„Den Materialisten bleibt keine andere Erklärung für ihre Existenz als der von physikalisch-chemischen Gesetzen "gesteuerte" Zufall. – Denn dem von der Sinnlosigkeit gejagten Zweckdenken der Materialisten bleibt nur der Zufall für eine Welt, die durch Selbstorganisation der Materie das Zufallsprodukt Mensch hervorgebracht hat, der mit dem Zufallsprodukt Gehirn das Zufallsprodukt Geist erzeugt, welcher durch diese Kausalitätsreihe der Zufälle zufällig in der Lage ist, zu erkennen, dass er ein Zufallsprodukt ist.“ (Max Thürkauf, "Christuswärts", Glaubenshilfe gegen den naturwissenschaftlichen Atheismus).

Nietzsche: "Prophet" des 21. Jahrhunderts

Schon Friedrich Nietzsche der vermessene Unheilsprophet charakterisiert sarkastisch unsere Zeit: „Das größte neuere Ereignis »dass Gott tot ist«, dass der Glaube an den christlichen Gott unglaubwürdig geworden ist, – beginnt bereits seine ersten Schatten über Europa zu werfen.“

„Habt ihr nicht von jenem tollen Menschen gehört, der am hellen Vormittag eine Laterne anzündete, auf den Markt lief und unaufhörlich rief: »Ich suche Gott! Ich suche Gott!« – Da dort gerade viele von denen zusammen standen, welche nicht an Gott glaubten, so erregte er ein großes Gelächter. „Ist er denn verloren gegangen?“, sagte der eine. „Hat er sich verlaufen wie ein Kind?“, sagte der andere. „Oder hält er sich versteckt? Fürchtet er sich vor uns? Ist er zu Schiff gegangen? Ausgewandert?“, so schrieen und lachten sie durcheinander. Der tolle Mensch sprang mitten unter sie und durchbohrte sie mit seinen Blicken. »Wohin ist Gott?« rief er, »ich will es euch sagen! Wir haben ihn getötet, ihr und ich! Wir alle sind seine Mörder.«

Aber wie haben wir das gemacht? Wie vermochten wir das Meer auszutrinken? Wer gab uns den Schwamm, um den ganzen Horizont wegzuwischen? Was taten wir, als wir diese Erde von der Sonne losketteten? Wohin bewegt sie sich nun? Wohin bewegen wir uns? Fort von allen Sonnen? Stürzen wir nicht fortwährend? Und rückwärts, seitwärts, vorwärts, nach allen Seiten? Gibt es noch ein Oben und Unten? Irren wir nicht wie durch ein unendliches Nichts? Haucht uns nicht der leere Raum an? Ist es nicht kälter geworden? Kommt nicht immerfort die Nacht, und mehr Nacht?" ...

Man erzählt sich noch, dass der tolle Mensch desselbigen Tages in verschiedene Kirchen eingedrungen sei und darin sein "requiem aeternam deo" (Ewige Ruhe Gott) angestimmt habe. Hinausgeführt und zur Rede gesetzt, habe er immer nur dies entgegnet: »Was sind denn diese Kirchen noch, wenn sie nicht die Grüfte und Grabmäler Gottes sind?«" (Zitiert aus Georg Siegmund "Der Kampf um Gott").

„Wehe! Es kommt die Zeit, wo der Mensch nicht mehr den Pfeil seiner Sehnsucht über den Menschen hinaus wirft, und die Sehne seines Bogens verlernt hat, zu schwirren! ... Die Erde ist dann klein geworden, und auf ihr hüpft der letzte Mensch, der Alles klein macht. Sein Geschlecht ist unaustilgbar wie der Erdfloh; der letzte Mensch lebt am längsten.

"Wir haben das Glück erfunden", sagen die letzten Menschen und blinzeln ... Ein wenig Gift ab und zu; das macht angenehme Träume. Und viel Gift zuletzt, zu einem angenehmen Sterben. ... Man arbeitet noch; denn die Arbeit ist eine Unterhaltung. Aber man sorgt, dass die Arbeit nicht angreife. ... Man wird nicht mehr arm und reich: beides ist zu beschwerlich.

Wer will noch regieren? Wer noch gehorchen? Beides ist zu beschwerlich. Kein Hirt und eine Herde! Jeder will das Gleiche, jeder ist gleich: wer anders fühlt, geht freiwillig in's Irrenhaus. – Man ist klug und weiß Alles ... so hat man kein Ende zu spotten. Man zankt sich noch, aber man versöhnt sich bald, sonst verdirbt es den Magen. – Man hat sein Lüstchen für den Tag und sein Lüstchen für die Nacht: aber man ehrt die Gesundheit. ... "Wir haben das Glück erfunden" ... sagen die letzten Menschen und blinzeln." – So die ironische Voraussage zur heutigen Gesellschaft.

(Friedrich Nietzsche, Zarathustra's Vorrede 5. Also sprach Zarathustra. Erster Teil 1883)

Die große Gottvergessenheit eines Jahrhunderts

„Vor mehr als einem halben Jahrhundert, als ich noch ein Kind war, hörte ich, wie ältere Leute die ungeheuren Erschütterungen, von denen Russland damals heimgesucht wurde, folgendermaßen erklärten: "Die Menschen haben Gott vergessen, daher kommt dies alles." So schreibt der große Russe Alexander Solschenizyn in "Vision und Botschaft".

„Und heute, nachdem ich fast ein halbes Jahrhundert lang an der Geschichte der Revolution gearbeitet, Hunderte von Büchern gelesen, die Berichte Hunderter von Augenzeugen gesammelt und selbst acht dicke Bände zur Bewältigung des Erdrutsches geschrieben habe, – heute könnte ich auf die Bitte, so kurz wie möglich den Hauptgrund für diese verheerende Revolution zu nennen, die an die 60 Millionen unserer Menschen verschlungen hat, ich könnte mich nicht genauer ausdrücken, als durch die Wiederholung: »Die Menschen haben Gott vergessen, daher kommt dies alles«."

Wenn man mich nun auffordern würde, auch das wesentlichste Charakteristikum des gesamten 20. Jahrhunderts kurz zu benennen, dann finde ich dafür wiederum nichts Genaueres und Gewichtigeres als: „Die Menschen haben Gott vergessen." – (Schweizerische katholische Sonntagszeitung 8/2004).

Der Mensch ohne Ich

Bereits 1958 hat der Psychiater Dr. med. Joachim Bodamer einen Krankheitsbericht der Epoche des 20. Jahrhunderts geschrieben. Darin stellte er die Diagnose, dass der Mensch dabei ist, sein Ich zu verlieren.

In dem pausenlosem Andrang von Information, Reklame, Massenvorstellungen und getrieben vom zivilisatorischen Ehrgeiz nach ständiger Leistungssteigerung und höherem Lebensstandard, gebe der Mensch sich selber auf. – Sein Buch trägt den bezeichnenden Titel "Der Mensch ohne Ich". Darin setzt er sich unter anderem auseinander mit der Reizüberflutung durch den Fernsehkonsum, die den Menschen "*ein optisches Tier*" werden lässt, dem die Fähigkeit der "Imagination", der Einbildungskraft, abhanden kommt. Aber gerade davon „hängt es ab, ob ich mich erinnern kann, ob ich meiner Vergangenheit denkend und sie anschauend gewiss werde und ob ich eine Vorstellung von der Zukunft habe, in die ich hineinwachsen möchte."

„Die Erfahrungen, die die amerikanische Psychologie mit den Comic-Bilder-Serien, dieser Seelennahrung der Kinder gemacht hat, sprechen eine deutliche und bedenkenerregende Sprache. Bildüberflutung aller Arten und mangelnde Konzentration, Nervosität und pathologisch aggressives Verhalten stehen jedenfalls bei diesen verbildeten Kindern in einem inneren Zusammenhang." (Bodamer).

Das war vor einem halben Jahrhundert. Die heutige Situation mit Handy, PC und Internet ist weit gravierender. Nach Medienberichten gibt es bereits in Deutschland 500.000 Internetsüchtige. Die Vielfalt der rasch wechselnder Eindrücke lässt sich gar nicht genügend verarbeiten. Bei Kindern erzeugt das einen Spannungszustand unerledigter Handlungen, „der in Unruhe und Unstetigkeiten sich Luft macht" (Bodamer). Hinzu kommt noch die durch Licht und Lärm wirkende Reizüberflutung unserer modernen Zivilisation, die zum auffallenden Längenwachstum und zur sexuellen Frühreife unserer Jugendlichen geführt hat. „Aus der Diskrepanz zwischen Frühreife und verspäteter seelischer Gesamtreifung gehen zahlreiche Verhaltensstörungen, bis hin zur Zunahme der Jugendkriminalität, hervor." – Die nach Bodamer unumgänglich erscheinende Zivilisations-Askese ist buchstäblich notwendig für das leibliche und seelische Wohlbefinden. Doch, wer wird sich dazu aufraffen? Trifft da auch das Wort des Propheten Jesaja zu: „Nur ein Rest wird gerettet" (Jes 10,21).

Unter der Überschrift: "Der Mensch im Spiegel seiner Leiden" kommt Bodamer auf den springenden Punkt zu sprechen. Es sei verkümmert die Fähigkeit der schonungslosen Selbsteinkehr, der *persönlichen Beichte*. – „Seitdem der Mensch den Glauben an seine jenseitige Bestimmung und die Notwendigkeit seiner Erlösung faktisch aufgegeben hat, fehlt ihm der reinigende Spiegel, der ihm das Bild seines Ichs unerbittlich und ohne Beschönigung korrigiert zurückwirft. Offenbar erblickt der Mensch sein eigenes Bild nur im und durch das Gegenbild Gottes. – Gottesverlust und Ich-Verlust sind also zwei Seiten desselben Vorganges." – Romano Guardini (†1968), bis zu seinem Tod Mainzer Diözesanpriester, hat einmal einen Vortrag gehalten zum Thema: „Nur wer Gott kennt, kennt den Menschen."

In unserer Zeit, da die Menschen immer älter werden, spielt das Alter eine wichtige Rolle im Leben. – „Das Schlimmste, was uns die moderne industrielle Zeit mit ihrer künstlichen Welthaftigkeit antut, ist doch, dass sie uns mehr und mehr von Gott abdrängt. Durch die Verschleierung und Verworrenheit, durch Lärm und technische Aufdringlichkeit wird es immer schwerer, Gottes Angesicht zu sehen und seine Stimme zu hören. Im Alter, wenn wir zu uns zurückkehren, weil diese Welt uns endlich loslässt, werden wir uns nur finden, wenn wir mit unserem Ich den verlorenen Gott wieder suchen." – Die Frage ist allerdings, ob man, wenn man ein Leben lang von Gott entwöhnt gelebt hat, sich noch dazu entschließt, diese Chance zu ergreifen, statt die gewährte Frist mit allerlei Zeitvertreib zu verbringen und dadurch den für die Ewigkeit entscheidenden Moment zu verpassen (Siehe 2Petr 3,9).

Eines Tages kam mein Mitkaplan in Bingen, Georg Zimmermann, erschüttert vom Krankenbesuch bei einer alten Dame zurück, der nur noch eine kurze Lebenszeit vom Arzt prognostiziert war, und berichtete, sie habe ihm gesagt: „Ach, Herr Kaplan, lassen sie mich in Ruhe, ich möchte so sterben, wie ich gelebt habe!“

Benedikt XVI. in Assisi

Den Vorwurf, die Religion sei die Ursache von Kriegen und Gewalt in der Menschheitsgeschichte, lässt Papst Benedikt XVI. nur gelten für falsch verstandene Religionsauffassung. Aber nicht minder hat die Antireligion des Atheismus im aufgeklärten zwanzigsten Jahrhundert als Folge der gottlosen Ideologien des Marxismus und Nationalsozialismus zu unvorstellbaren Gewalt- und Gräueltaten im Archipel Gulag und den Konzentrationslagern der Nazis und ihren Gaskammern geführt.

Aus der Rede von Papst Benedikt XVI. in Assisi: „Wenn ein Grundtypus von Gewalt heute religiös begründet wird und damit die Religionen vor die Frage ihres Wesens stellt und uns alle zur Reinigung zwingt, so ist ein zweiter, vielgesichtiger Typus von Gewalt gerade umgekehrt begründet: Folge der Abwesenheit Gottes, seiner Leugnung und des Verlusts an Menschlichkeit, der damit Hand in Hand geht. Die Feinde der Religion sehen in der Religion eine Hauptquelle der Gewalt während der Menschheitsgeschichte, und sie fordern damit das Verschwinden der Religion.

Aber das Nein zu Gott hat Grausamkeit und Maßlosigkeit der Gewalt hervorgebracht, die erst möglich wurde, weil der Mensch keinen Maßstab und keinen Richter mehr über sich kennt, sondern nur noch sich selbst zum Maßstab nimmt. Die Schrecknisse der Konzentrationslager zeigen in aller Deutlichkeit die Folgen der Abwesenheit Gottes.

„Ich möchte aber hier nicht weiter vom staatlich verordneten Atheismus sprechen, sondern von der Verwahrlosung des Menschen, mit der sich ein geistiger Klimawechsel lautlos und um so gefährlicher vollzieht. Die Anbetung des Mammon, die Anbetung von Besitz und Macht, erweist sich als eine Gegenreligion, in der der Mensch nicht mehr zählt, sondern nur noch der eigene Vorteil. Das Verlangen nach Glück degeneriert zur hemmungslosen, unmenschlichen Begierde, wie sie in der Herrschaft der Droge mit ihren verschiedenen Gestalten erscheint. Gewalt wird zur Selbstverständlichkeit und droht in Teilen der Welt unsere Jugend zu zerstören. Weil Gewalt zur Selbstverständlichkeit wird, ist der Friede zerstört, und der Mensch zerstört sich selbst in dieser Friedlosigkeit. – Die Abwesenheit Gottes führt zum Verfall des Menschen und der Menschlichkeit."

Fatima und die Weltmacht UdSSR

Am 17. Mai 1960 schrieb der Bischof von Leiria, in dessen Diözese 1917 vom 13. Mai bis zum 13. Oktober die Marienerscheinungen in Fatima sich ereigneten, an alle Bischöfe, um sie zu einem Welttag des Gebetes und der Buße im Sinne der Bitten der Gottesmutter einzuladen, der am 13. Oktober stattfinden sollte. An diesem 13. Oktober leitete Kardinal Lercaro die Feier zusammen mit 21 Bischöfen. – Papst Johannes XXIII. sandte den Teilnehmern ein Telegramm.

In dieser Nacht der Buße und des Gebetes im Sinne Fatimas, vom 12. auf den 13. Oktober bestieg Chruschtschow, der Sowjetische Machthaber in New York Hals über Kopf ein Flugzeug nach Moskau und ließ beim Rückflug alle geplanten Zwischenlandungen ausfallen. Vorher her hatte er in der UNO mit der absoluten Waffe gedroht, die im Besitze der Sowjetunion sei und die fähig wäre, die Vereinigten Staaten von Amerika auszulöschen, ohne dass diese den Versuch eines Gegenschlages starten könnten. Er hatte seinen Schuh ausgezogen und trommelte damit auf den Rednerpult. Was war der Grund seines überstürzten Rückfluges? Oberst Oleg Penkowski, offenbarte in den berühmten Penkowski-Papers den Grund, dass der mächtigste Mann der Sowjets so Hals über Kopf von der Uno abreiste. Im Januar 1960 hatte Chruschtschow die wissenschaftlichen Abteilungen des Heeres gedrängt, zum 43. Jahrestag der Oktoberrevolution eine gigantische Rakete mit atomaren Antrieb fertigzustellen. Und es schien alles bereit zu sein in dem Augenblick, als der sowjetische Diktator seine Drohungen in der Uno vom Rednerpult donnerte. Marschall Nadelige, der Oberbefehlshaber der sowjetischen Raketenabteilungen, hatte Tag und Stunde des ersten Versuchsabschusses der Superrakete, der Trägerin der "absoluten Waffe" festgesetzt. Zahlreiche Atomsachverständige und offizielle Prominente waren eingeladen, um den Abschuss mitzuerleben. Doch als der Zähler auf Null herabgestiegen war, zündete die Rakete nicht. Sie blieb unbeweglich auf der Abschussrampe stehen. Nachdem Marschall Nadelige 15 bis 20 Minuten abgewartet hatte, kam er aus seinem Schutzbunker hervor und mit ihm die eingeladenen Prominenz. Als alle draußen standen, da explodierte die Rakete und 300 Personen kamen dabei um. Das war der Grund des überstürzten Heimfluges Chruschtschows. Es war die Nacht vom 12. auf den 13. Oktober 1960, in der ein großer Teil der Christenheit im Gebet für die Bekehrung Russlands und den Frieden verbrachte.

Der SPIEGEL, 1965 Nr. 50 brachte Berichte über Penkowskis "Geheime Aufzeichnungen", der 1965 hingerichtet wurde.

Im Buch von Chrysostomus Dahm OSB, Millionen in Russland glauben an Gott, ist das Kapitel "Ein Sowjetspion bekehrt sich zu Gott" Oleg Penkowski gewidmet. Dort berichtet Penkowski, dass er Leiter der Politischen Abteilung für Komsomolzenarbeit war und Gottlosenpropaganda betrieb. – „Doch es hat sich etwas Merkwürdiges ereignet. Ich fand während des Krieges zu Gott zurück, und bekreuzigte mich in Gedanken und betete."

Nachkonziliarer K(G)ram
Unkraut unter dem Weizen

Im Gleichnis vom Unkraut unter dem Weizen (Mt 13,24-30) lehrt Jesus, dass es in der Geschichte des Reiches Gottes Zeiten der Aussaat "guten Samens" gibt, dass aber nachträglich "ein Feind" Unkraut darunter sät, das dann später gleichzeitig mit der guten Saat aufgeht. – Dieses Gleichnis ist auch von Bedeutung für die Beurteilung der konziliaren und der nachkonziliaren Epoche des zweiten vatikanischen Konzils.

„Es kommt eine Zeit, da die Leute närrisch werden. Und wenn sie einen treffen, der kein Narr ist, stehen sie gegen ihn auf und sagen: „Du bist verrückt!" (Antonius, der Wüstenvater).

Eine Anekdote, die von Kardinal Consalvi (†1824), dem Staatssekretär von Pius VII. überliefert wird, soll am Anfang dieses wenig erbaulichen "Pulverdampf"-Kapitels stehen. Als man ihm sagte, Napoleon wolle die Kirche zerstören, soll er geantwortet haben: „Das wird er nicht schaffen, nicht einmal uns ist es gelungen, sie kaputt zu machen." (Rodari/ A. Tornelli, Der Papst im Gegenwind).

Konzilsvorbereitungen

Von der deutschen Bischofskonferenz war der Mainzer Bischof Dr. Albert Stohr beauftragt, die dogmatischen und liturgischen Eingaben des deutschen Episkopates und der theologischen Fakultäten zu sammeln und zu einem Votum zusammenzufassen. Er benutzte die ausgezeichnete Eingabe, die sein Nachfolger, der damalige Theologieprofessor der Münsteraner theologischen Fakultät,

Dr. Hermann Volk, verfasst hatte, als Grundlage und arbeitete in diesen hervorragenden Text alle weiteren Eingaben ein zu einem gemeinsamen Votum. Nur die Eingabe des Mainzer Dogmatikers, Prof. Augustin Reatz, war so anders, dass sie nicht eingeordnet werden konnte. Darum beließ Bischof Albert dieses Votum und sandte beide Voten sowohl an die Bischöfe als auch nach Rom. Im Hinblick auf die Verwendung der Landessprache in der Liturgie steht darin auch der für damals gewagte Satz: „Das Wort Kardinal Cicognanis, mit der lateinischen Sprache werde die gesamte abendländische Kultur verteidigt, darf wohl dahin beantwortet werden, dass die Kirche keinen Auftrag hat, die abendländische Kultur zu sichern, sondern Christi Gnade und Wahrheit zu verbreiten." (Quelle: Msgr. Geistl. Rat Leonhard Veith).

Das Konzilsgeschehen

Von Anfang an habe ich das Konzil mit innerer erwartungsfroher Anteilnahme verfolgt und bei den monatlichen Männerabenden anhand der von der Katholischen Nachrichtenagentur herausgegebenen Konzilsnachrichten darüber berichtet. Ich gestehe, dass ich innerlich Sympathisant der "fortschrittlichen" Fraktion, der "europäischen Allianz" von deutschen, französischen, belgischen holländischen und österreichischen Kardinälen und Bischöfen war und mich über deren "Siege" über die "Konservativen" gefreut habe.

Kardinal Ottaviani, der Präfekt des Heiligen Offiziums, wie damals noch die Glaubenskongregation hieß, war für mich der Buhmann, zu dem ihn die Medien abgestempelt hatten. Erst als ich merkte, in welche Richtung schon sehr bald nach dem Konzil die innerkirchliche Entwicklung lief, kam bei mir die Wende. Anfangs hatte ich die Zeitschrift "Concilium" abonniert. Als mir deren Kurs unbehaglich wurde, bezog ich die von Hans Urs von Balthasar, Josef Ratzinger, Karl Lehmann, Hans Maier, Albert Görres,

Franz Greiner, Otto B. Roegele 1972 gegründete und herausgegebene Zeitschrift "Communio", die ich als eine Art theologisches Gegengewicht auffasste. Auch für die Liturgiereform war ich aufgeschlossen, wie die von Dr. theol. Franz Rudolf Weinert im Pfarrarchiv der Mainzer Dompfarrei aufgestöberte Handreichung zeigt, die ich bei Einführung der neuen Messliturgie für die im Dom zelebrierenden Priester zusammengestellt hatte. Ebenso auch meine Predigt zum ersten Fastensonntag 1965, mit der ich die Pfarrei auf die Änderungen bei der Feier der Heiligen Messe vorbereitet hatte. Aber, was dann an nachkonziliarer Willkür und Disziplinlosigkeit - unter fälschlicher Berufung auf das Konzil - und Infragestellung katholischer Glaubenswahrheiten und Moral sich anbahnte, forderte meinen Widerstand heraus.

So hatte ich bald den Ruf eines "Erzkonservativen" oder gar eines "Reaktionärs". Einer meiner Kursgenossen meinte: „Ich verstehe den Guido nicht, der war im Seminar doch so fortschrittlich!" - Kein Wunder, langweilten mich doch zum Beispiel die Vorlesungen unseres Dogmatikers über die Messopfertheorien. Statt dessen las ich "Das christliche Kultmysterium" von Odo Casel OSB. Als ich freudig meine Entdeckungen anderen mitteilte, hielten sie mich für häresieverdächtig, zumal ich auch manchmal in die Exegesevorlesung des evangelischen Professors Ernst Käsemann über die Apostelgeschichte ging, wozu man eigentlich die Erlaubnis des Regens brauchte. Für mich war interessant, wenn Käsemann darin "frühkatholische" Elemente nachwies, aber im gleichen Atemzug ausrief: „Aber ich bin nicht auf dem Weg nach Rom!"

Als mein früherer Gruppenführer in der MC Dr. Alois Leber, mich darauf ansprach, ich sei doch früher so "progressiv" gewesen, erklärte ich ihm, im Segelboot müsse man sich gegen den Wind hinauslehnen, damit es nicht kentert. Kardinal Volk bezeichnete mich einmal als "Außenseiter". Leo Becker, unser Dekan, bestärkte mich: darin: „Geh' deinen Weg, Guido!"

Weihbischof Reuß beim Konzil

Im Konzil hat sich der Mainzer Weihbischof Dr. Joseph Maria Reuß in Sachen Ehe und Familie engagiert.

Eines Tages wurde er zum Papst gebeten. Er nahm alle seine Veröffentlichungen zum Thema Geburtenkontrolle mit, in der Annahme, dass Papst Paul VI. ihn in dieser Frage konsultieren wolle. Wie staunte er, dass der Papst die alle schon kannte. Es ging um etwas ganz anderes.

Im Zusammenhang mit dem Konzilsdekret über die sozialen Kommunikationsmittel hatte Weihbischof Reuß mit anderen Konzilsteilnehmern vor dem Petersdom Handzettel an die zur Sitzung gehenden Konzilsväter verteilt, um sie wegen der Kritik von Fachleuten am Dokument aufzufordern, das Schema zur erneuten Überprüfung an die zuständige Kommission zurück zu überweisen oder ganz abzusetzen. Es kam in der Vorhalle von St. Peter zum Zusammenstoß mit dem Generalsekretär des Konzils, Erzbischof Pericle Felici, der Weihbischof Reuß die Zettel aus der Hand riss. Daraufhin zeigte Reuß den Erzbischof beim Konzilsgericht an. Als dann Erzbischof Felici seinen dreißigsten Priesterweihetag feierte, zog Weihbischof Reuß seine Anklage zurück, um ihm ein Geschenk zu machen. Papst Paul VI. hatte Weihbischof Reuß eigens zu sich kommen lassen, um ihm dafür persönlich zu danken.

Viri probati

Weihbischof Reuß setzte sich angesichts des sich abzeichnenden Priestermangels auch für viri probati, die Zulassung in Ehe und Beruf bewährter Männer zum Priestertum ohne Zölibatsverpflichtung, ein. Auf dem Konzil wurde diese Frage außerhalb der Sitzungen unter Konzilsvätern bereits erörtert. Lateinamerikanische Bischöfe haben davor gewarnt, diese Frage nach verheirateten Priestern aufzugreifen. Sie hätten dann statt geweihten Zölibatsbrechern geweihte Ehebrecher im Klerus.

Ich erinnere mich, dass Regens Reuß in unserer Seminarzeit Hans Wirtz den Verfasser des Buches "Vom Eros zur Ehe" eingeladen hatte, Er berichtete, gerade von einer Reise aus Lateinamerika zurückgekommen zu sein. Dort habe er erfahren, dass die Domherren einer Diözese in den Ferien auf ihre Haziendas hinausfahren zu ihren Frauen und Kindern.

Domkapitular Dr. Hermann Berg äußerte mir gegenüber einmal, welche Probleme die Ehen der verheirateten ständigen Diakone bereiteten. Die Erfahrungen der evangelischen Kirche mit ihren vielen geschiedenen Pfarrerehen lässt die Forderung nach einer Lockerung des Zölibatsgesetzes, um dem Priestermangel abzuhelfen, in ihrer Problematik deutlich werden.

Auf dem Weg zum Religionsunterricht in der Neutorschule traf ich den evangelischen Pfarrer der benachbarten Johannis-Gemeinde. Im Gespräch sagte er: „Jetzt haben wir gestern den dritten Adventsonntag gehabt und ich hatte noch an keinem Abend Zeit, mit meiner Familie Advent zu feiern. Diese Probleme haben sie nicht.“

Weihbischof Reuß hielt einmal vor holländischen Priestern zu diesem Thema einen Vortrag. Als er jedoch sagte: „Für uns kommt das nicht mehr in Frage, wir haben ja unser Wort gegeben“, war das Interesse, so berichtete er mir, an seinem Vortrag erloschen.

Zölibat

Die Forderung nach Aufhebung des priesterlichen Zölibates ist ein "alter Hut". Schon 1831 wurde in Württemberg ein "Verein zur kirchlichen Aufhebung des Zölibates" gegründet. (Georg May. Interkonfessionalismus in der ersten Hälfte des 19. Jahrhunderts).

Von der heiligen Birgitta von Schweden, durch Johannes Paul II. zur Schutzpatronin Europas erkoren, wird berichtet, dass, während sie dem Gebet oblag, sie eine Stimme vernahm, die zu ihr sprach: „O du, der gegeben ist, auf geistliche Weise zu hören und zu sehen, vernimm jetzt das, was Ich dir offenbaren will, nämlich von jenem Erzbischof, der gesagt hat, dass er dann, wenn er Papst wäre, allen Klerikern und Priestern die Erlaubnis geben würde in fleischlicher Weise die Ehe einzugehen; er dachte nämlich und meinte, dass dies Gott angenehmer sei, als wenn Kleriker so ungebunden leben wie jetzt. Denn er meinte, dass durch solche Verehelichung größere Fleischessünden vermieden würden."

Nach einer in dieser Offenbarung folgenden Darlegung der Angemessenheit des Zölibates, geht es weiter: „Auch sollst du wissen, dass ein Papst, der den Priestern die Erlaubnis geben würde, eine fleischliche Ehe einzugehen, in geistlicher Weise verworfen würde. ..." (Offenbarungen Buch VII, zitiert in Ferdinand Holböck, Gottes Nordlicht).

Die heilige Brigitta (1303-1373) war eine glücklich verheiratete Ehefrau, Mutter von acht Kindern bevor sie nach dem Tod ihres Gatten Gründerin des nach ihr benannten Brigittenordens wurde. Der Text ihrer Offenbarung stammt somit bereits aus dem 14. Jahrhundert. Also beim Zölibat: "Nichts Neues unter der Sonne".

Zweihundert Jahre später richtete Zwingli (1523) an den Diözesanbischof von Konstanz zusammen mit zehn anderen Geistlichen des Kantons Zürich die Bitte, ihnen mit Rücksicht auf ihr "unehrbar schändlich Leben" die Ehe zu gestatten. (Jakob Schmidt, Grundzüge der Kirchengeschichte, Mainz 1925). Das erinnert an die Vorgänge im Bistum Linz 2009, wo ein Dekan und mehrere Geistliche anonym öffentlich bekannten, im Konkubinat zu leben. Als Dekan wurde der Betreffende abgesetzt, aber er blieb weiter als Pfarrer im Dienst.

"Obwohl der Zölibat nicht zu den großen Themen des Konzils gehört hat und offiziell über ihn nicht viel verlautbart wurde, war er doch in allen Phasen des Konzils Gegenstand heftigster Diskussionen." (Das zweite Vatikanische Konzil Bd. III) Es kam zu regelrechten "Kampfabstimmungen". Zum Artikel 16, der vom Zölibat handelt, wurden 1331 Abänderungsvorschläge gemacht.

Das zweite Vatikanische Konzil hat in mehreren Dokumenten: "Lumen gentium", Artikel 49, - "Dekret über die Ausbildung der Priester", Artikel 10, - und vor allem im "Dekret über Dienst und Leben der Priester", Artikel 16 den Wert und die religiöse Bedeutung des Zölibates hervorgehoben. Bei der Schlussabstimmung über das Dekret stimmten dann 2390 Konzilsväter dafür und 4 dagegen.

Der Kommentator, Pater Dr. Friedrich Wulf SJ schreibt: „Wenn das Konzil trotz des Wissens um die Problematik am Zölibatsgesetz festgehalten hatte, dann kommt der priesterlichen Ehelosigkeit ein höherer Stellenwert in der Kirche zu, als sehr viele Diskussionsbeiträge in der nachkonziliaren Zeit ahnen lassen."

Gabriele Kuby, eine Konvertitin, ehemalige 68-erin und Sprecherin des Allgemeinen Studenten- Ausschusses der Freien Universität Berlin, hat in einem Vortrag vor Seminaristen im Priesterseminar Eichstätt am 29. Oktober 2003 unter anderem gesagt: „Wie der Gehorsam ist auch der Zölibat ein Stachel im Fleisch einer Gesellschaft, die den Sexualtrieb entfesselt hat und ihn vergötzt. Warum dieser Druck der Welt auf die Kirche, sie müsste den Zölibat aufgeben? Es geht sie doch gar nichts an, welches Opfer der Priester bringt, um in inniger Liebe mit Gott zu leben und die Kraft, die ihm daraus zufließt, den Menschen zuzuwenden? ... Allein die Existenz des Zölibatären ist eine Anklage gegen die Sexsüchtigen. Jeder, der in die Sünde verstrickt ist, möchte, dass alle sündigen, denn das entlastet - scheinbar - von der Schuld".

Frau Kuby verweist in ihrem Vortrag auf Ergebnisse einer sozialwissenschaftlichen Untersuchung, "Sex and Culture" von J. D. Unwin, die bereits 1934 von der Oxford University Press veröffentlicht wurden. Unwin untersucht achtzig sogenannte "uncivilized societies" und die Hochkulturen der Babylonier, Sumérer, Griechen, Römer und Angelsachsen, um dem Zusammenhang von Sexualität und Kultur auf die Spur zu kommen.

In groben Zügen sind seine Ergebnisse: Je strenger die Sexualnormen, um so höher das gesellschaftliche Niveau, je freier die Sexualnormen, um so niedriger. Nur wenn in einer Gesellschaft die Frauen voreheliche Keuschheit bewahren, gibt es Gottesverehrung. Wo unbegrenzte voreheliche sexuelle Freiheit gewährt wird, gibt es weder Gottesverehrung noch Ahnenverehrung, sondern ausschließlich Natur- und Tierverehrung. Unwin spricht von zoistischen Gesellschaften. Zóon heißt Tier.

Der Wandlungsprozess von einer Stufe zur anderen dauert drei Generationen, das heißt: Wenn eine Gesellschaft drei Generationen lang völlige sexuelle Freiheit vor der Ehe gewährt, dann sinkt sie auf das unterste Niveau. Unwin wörtlich: „Die Begrenzung der sexuellen Triebbefriedigung muss als die Ursache des kulturellen Fortschritts betrachtet werden."

Unsere eigene Erfahrung bestätigt diese Ergebnisse. Wir befinden uns im Verfallsstadium dieser Zivilisation. Die Ergebnisse von Unwin erklären auch, warum es die Klöster waren, die die christlich-abendländische Kultur prägten. Und sie erklären, warum eine Gesellschaft, die immer entschlossener gegen die Kirche kämpft, ein Interesse daran hat, den Zölibat zu Fall zu bringen" (Kuby).

Interessant ist auch das Geständnis Unwins: „Hätte ich erkennen müssen, wie sehr ich meine persönliche Philosophie als Ergebnis dieser Studie ändern musste, dann hätte ich vielleicht gar nicht begonnen." (Gabriele Kuby: "Die Sehnsucht einer Konvertitin nach heiligen Priestern", Laudes-Verlag 2003)

Dr. med. Siegfried Ernst hat bereits 1974 in seinem Buch "Das größte Wunder ist der Mensch. Antwort auf die sexuelle Konter-Evolution" auf diese Zusammenhänge aufmerksam gemacht. Auch auf die Feststellung von Kinsey (Das sexuelle Verhalten des Mannes, Fischer Verlag,) wies er hin: „Dass Ehen mit vorehelichem Sexualverkehr scheidungsanfälliger sind als Ehepaare, die vor der Ehe lernten, ihre Sexualität zu disziplinieren und zu beherrschen."

Nachkonziliare Predigtgespräche

Im Zuge der "Aufwertung" der Laien durch das Konzil traf sich der Leiter des Seelsorgeamtes Dr. Ernst Strasser, jeden Samstagsvormittag im Bischöflichen Ordinariat mit einigen Laien zum vorbereitenden Gespräch für die Sonntagspredigt. Auch mich lud er dazu ein. Die Laien äußerten zum Sonntagsevangelium ihre Meinungen. Eines Samstags fragte er mich nach einer solchen Gesprächsrunde, in der allerhand abstruse Ansichten geäußert worden waren: „Was predigst du nun morgen?" - „Genau das Gegenteil von dem, was die gesagt haben!"

"Nachkonziliares Schlachtfeld"

"Wie die Kirche nach dem Konzil zum Schlachtfeld wurde" lautet die Überschrift eines Artikels im "VATICAN magazin" (Heft 6/7 2011). Denn mancher fragt sich, wie konnte es nach dem hoffnungsvollen Aufbruch des Konzils so weit kommen?

Der Kampf begann schon während des Konzils. Papst Johannes XXIII. hatte in seiner Eröffnungsrede gesagt: „Der christliche, katholische und apostolische Geist auf der ganzen Welt erwartet einen Sprung nach vorn im Sinne eines tieferen Eindringens in die Lehre und eine Formung des Gewissens in völlig treuer und vollkommener Übereinstimmung mit der authentischen Lehre." Er wollte keinen Bruch mit der Überlieferung, wohl aber dass „unter Verwendung moderner Forschungsmethoden und der literarischen Formen des modernen Denkens“ die Glaubenslehre der Kirche dargelegt werde. Die vom Konzil zu erstellenden Texte sollten „überwiegend von pastoralem Charakter“ sein. Dieser vom Papst gewünschte "Sprung nach vorn" veranlasste progressive Konzilstheologen, solche Formulierungen in die Texte einzubauen, die auf Grund ihrer Zweideutigkeit sich nach dem Konzil in ihrem Sinne auslegen ließen.

So nahm einer der liberalen Theologen zum Beispiel schriftlich Bezug, wie einige zweideutige Passagen über die Kollegialität der Bischöfe im Verhältnis zum Papstamt nach dem Konzil interpretiert werden müssten. Der Gegenseite fiel dieser Text in die Hände und sie brachten ihn zu Papst Paul VI., der sich getäuscht sah. Das führte dazu, dass der Konstitution Lumen gentium eine "erläuternde Vorbemerkung" beigefügt wurde, in welchem Sinn der Text zu interpretieren sei. (Vergleiche Wiltgen: "Der Rhein fließt in den Tiber.") Der heutige Streit um das Konzil geht darum, in welchen Sinn das Konzil zu interpretieren sei. Die einen bestehen darauf, das Konzil im Sinne der Kontinuität mit den vorausgegangenen Lehraussagen und disziplinären Entscheidungen der Kirche auszulegen, die anderen wollen das Konzil als einen Bruch mit der Tradition auslegen. In dem Punkt sind die Lefebvre-Anhänger sich mit den Liberalen einig.

Erstere allerdings, um gegen bestimmte Konzilstexte unter Berufung auf die seitherige Lehrtradition Widerspruch einzulegen ... „Es ist in der Tat schwierig, sich *einen größeren Gegensatz vorzustellen*, als jenen, der existiert zwischen den offiziellen Dokumenten des Zweiten Vatikanischen Konzils, dem nachfolgenden päpstlichen Lehramt, den Interventionen der Kongregation für die Glaubenslehre einerseits und andererseits den vielen Ideen oder zweideutigen Darstellungen, die fragwürdig und oft der geraden katholischen Lehre zuwider sind und sich im katholischen Raum und allgemein in der öffentlichen Meinung verbreitet haben.“ (Prälat Guido Pozzo, Sekretär der Päpstlichen Kommission "Ecclesia Dei".)

Papst Benedikt XVI. hat in seiner Weihnachtsansprache vor den Mitgliedern der Kurie im Dezember 2005 dargelegt, in welchem

Sinn das Konzil zu interpretieren sei, nämlich im Sinne der Kontinuität und seine seitherigen Maßnahmen bezüglich einer "Reform der Reform" lassen diese Linie deutlich erkennen.

Man weiß noch nicht, was daraus wird

Nach einer Operation an der rechten Hand 1969 kam es zu einer sudeckschen Dystrophie. Da ich die Hand wochenlang hochhalten musste, war die rechte Schulter schon ganz hochgezogen. Auf den Rat eines Arztes hin, suchte ich eine Masseurin auf. Im Laufe der Behandlung bemerkte sie eine Verspannung der Bauchmuskulatur und fragte: „Haben sie Angst?" - „Ach woher!" - „Dann haben sie Wut im Bauch!" Das stimmte, denn die innerkirchliche Entwicklung setzte mir so zu, dass ich nachts manchmal voller Wut aufwachte. Die Heilung der rechten Hand zog sich über Monate hin. Eines Tages fragte mich Bischof Volk: „Wie geht's ihrer Hand?" - Da brach es aus mir heraus: „Exzellenz, meiner Hand geht es wie der nachkonziliaren Kirche, man weiß noch nicht, was dabei heraus kommt!" „Das wissen sie nicht! Das wissen sie nicht!" antwortete er mit Vehemenz. - Inzwischen wissen wir, was dabei herausgekommen ist.

Am Dreifaltigkeitssonntag 2011 haben 313 Mitglieder einer österreichischen "Pfarrerinitiative" einen "Aufruf zum Ungehorsam" gestartet, in dem sie ankündigten, in Zukunft „allen gutwilligen Gläubigen grundsätzlich die Eucharistie nicht zu verweigern", ganz gleich, ob sie Geschiedene und Wiederverheiratete, nichtkatholische Christen, „fallweise auch Ausgetretene" sind. Sie wollen möglichst vermeiden, an Sonn- und Feiertagen mehrfach zu zelebrieren, auch nicht ortsfremde durchreisende Priester einsetzen. „Besser ein selbstgestalteter Wortgottesdienst als liturgische Gastspielreisen".

Künftig werden sie einen Wortgottesdienst mit Kommunionausteilung als "priesterlose Eucharistiefeier" ansehen und deklarieren.

Sie wollen "das Predigtverbot für kompetent ausgebildete Laien und Religionslehrerinnen missachten". Auch werden sie "jede Gelegenheit nützen, sich öffentlich für die Zulassung von Frauen und Verheirateten zum Priesteramt auszusprechen" (Quelle: gloria.tv).

„Die einzige Lehre der Geschichte scheint die zu sein, dass die Menschen nichts aus ihr lernen“ (Josef Sellmair)

Professor Joseph Lortz (†1975) sagte mir schon anfangs der siebziger Jahre: „Unsere Bischöfe machen es wie in der Reformationszeit. Sie warten solange ab, bis es zu spät ist.“ Er habe schon so viele Briefe an die Bischöfe geschrieben, er bekomme schon keine Antwort mehr.

Der renommierte Kirchenhistoriker Hubert Jedin hat bereits 1968 ein Memorandum an die deutschen Bischöfe gerichtet und damals schon darauf hingewiesen, welche Krise die Kirche in Deutschland bedrohe. Jedin hat damals die Bischöfe aufgefordert, einzuschreiten gegen Professoren und Religionslehrer, die Glaubensirrtümer vertreten, - und die kirchliche Disziplin missachtenden Geistlichen des Amtes zu entheben, den bereits damals schon aufkommenden Wildwuchs in der Liturgie zu beschneiden, und denen, die eine Demokratisierung der Kirche fordern, entgegenzutreten. (VATICAN magazin, Okt. 2011). Aber in der Euphorie, die das Konzil ausgelöst hatte, wurden die Warnungen der Historiker nicht ernst genommen.

Klein Holland! - In der Zeit nach dem Konzil kam es in Holland zu einer innerkirchlichen Entwicklung, die sich auf den "Geist des Konzils" berief, aber alles andere war, als was in den Konzilstexten stand. Es kam zu Uminterpretierungen von Glaubenswahrheiten. Der "Holländische Katechismus" geriet darob ins Visier der Glaubenskongregation, die Korrekturen verlangte. In holländischen Diözesen wurde die Handkommunion zuerst praktiziert. Das hatten die Katholiken dort von den Reformierten übernommen, für die

die Abendmahlsgestalten nur ein Zeichen, aber nicht die Realpräsenz Christi waren. Was wohl kaum einer wusste, dass in Russland sich die Lutheraner dadurch von anderen protestantischen Gruppen unterschieden, dass sie die Mundkommunion praktizierten, weil sie an den wirklichen Empfang des Leibes und Blutes Christi glaubten, während die Handkommunion bei denen üblich war, für die das Abendmahl nur die Gegenwart Christi bedeutete.

Die holländische Praxis des Kommunionempfangs schwappte dann auch in deutsche Diözesen über, allen voran die Diözese Limburg. Im "vorauseilenden Gehorsam" breitete sich das auch in anderen Diözesen aus, obwohl das gegen die kirchlichen Vorschriften war. So passierte es im Mainzer Dom, dass Generalvikar Ludwig Haenlein (†1977) auf der einen Seite der Kommunionbank die Handkommunion verweigerte, während Bischof Volk sie auf der anderen Seite der Kommunionbank gab. In der Sakristei daraufhin von seinem Generalvikar angesprochen, sagte der Bischof: „Ich kann doch nicht an der Kommunionbank einen Ringkampf anfangen."

Professor Joseph Lortz (†1975) lud damals als Direktor des Instituts für Europäische Geschichte einen holländischen Prälaten ein, um über die innerkirchlichen Vorgänge in den Niederlanden zu berichten. In seinem Vortrag erklärte der Monsignore, der Grund sei, dass die Holländer von ihrer Mentalität her praxisorientiert seien und die Priester ihre Theologie nur gelernt, aber nicht geistig durchdrungen hätten. Deshalb seien sie allen neuen Ideen hilflos ausgeliefert. – Wegen der Zustände in der Diözese Limburg wurde diese auch "Klein-Holland" genannt. Es kam ja dann zum Skandal, weil der päpstliche Nuntius einen Bericht über die dortigen kirchlichen Zustände geschrieben und dem Vatikan die Ablösung des Limburger Bischofs geraten hatte. Die Sache wurde bekannt, weil ein deutscher Mitarbeiter in der römischen Kurie den Bericht des Nuntius bestimmten Kreisen in Deutschland zugespielt hatte. In einem anonymen Begleitschreiben, das mir Dr. Peter Manns zu lesen gab, schrieb der vatikanische Verräter: „Seht wie der Nuntius mit deutschen Bischöfen umgeht! ... Einer der im System mitarbeitet, aber das System nicht bejaht." Der Bischof blieb, der Nuntius wurde abgelöst. - "Diplomatie".

Dass die Mainzer Diözese nicht in holländisches oder limburgisches Fahrwasser abdriftete, ist sicher ein Verdienst von Bischof Hermann Volk, der durch seine Persönlichkeit und sein theologisches Gewicht das verhinderte.

Anlässlich einer Visitation verlangte ein Pfarrer, dass zu seiner neuen Kirche ein Kirchturm gebaut werde, damit die Kirche in diesem Stadtteil präsent sei. Die unwirsche Antwort vom Bischof Volk: „Gehen Sie in Priesterkleidung durch ihre Pfarrei, dann erscheint die Kirche präsent. Sie kommen ja daher wie ein Staubsaugerverkäufer!"

Das Credo des katholischen Gottesvolkes

Anlässlich des 1900-Jahr-Jubiläums des Martyriums der Apostel Petrus und Paulus rief Papst Paul VI. ein "Jahr des Glaubens" aus, für die Zeit vom 29. Juni 1967 bis zum 29. Juni 1968. In der Ankündigung dieses Gedenkjahres schrieb der Papst: „Während in den heutigen Menschen der Sinn für Religion immer mehr schwindet und damit dem Glauben die natürliche Grundlage entzogen wird, schleichen sich in den Bereich der katholischen Kirche da und dort neue exegetische und theologische Meinungen ein, die oft nur kühnen, aber törichten philosophischen Ansichten entlehnt sind. ... In das Volk Gottes aber sucht man eine sogenannte *nachkonziliare Denkweise* einzuführen, die bewusst übersieht, dass die Lehren und Bestimmungen des Konzils fest mit der kirchlichen Tradition und überlieferten Disziplin zusammenhängen." Nach dem Willen Papst Pauls VI. sollten die Jubiläumsfeierlichkeiten „unseren Glauben in seiner echten Bedeutung stärken ... und zum Studium der Lehren des letzten ökumenischen Konzils anregen und katholische

Männer in ihrem Bemühen ... bestärken, neue Ausdrucksformen für die Glaubenswahrheiten zu suchen, die aber der überlieferten Glaubenslehre der Kirche genau entsprechen, in demselben Sinne und in derselben Bedeutung." - (Ferdinand Holböck, Credimus - Kommentar zum Credo Pauls VI.).

Im Kreis von Geistlichen äußerte ein Mitbruder, über die Konzilstexte lasse sich nicht predigen. Dem widersprach Pfarrer Ludwig Nöll (†2003), und auch ich selber konnte darauf hinweisen, dass ich nicht selten auf die Konstitution Lumen gentium und die Pastoralkonstitution Gaudium et spes zu sprechen käme. So fände ich auch zur Weltgebetsoktav für die Einheit im Glauben wichtige Ausführungen im Ökumenismusdekret, die sich lohnten, den Gläubigen das katholische Verständnis des Ökumenismus zu vermitteln.

Am 29. Juni 1968 verkündete dann Paul VI. das "Credo des Gottesvolkes", in dem klar und deutlich die Glaubenswahrheiten ausgesprochen werden, die in jüngster Zeit infrage gestellt oder uminterpretiert oder gar bestritten wurden. Dass dieses feierliche Glaubensbekenntnis des Papstes nicht die gewünschte Beachtung fand, hängt hauptsächlich mit der kaum einen Monat später erschienenen Enzyklika "Humanae vitae" (25. Juli 1968) zusammen, die weltweit einen Sturm der Entrüstung auslöste und innerkirchliche Kritik, ja Ablehnung erfuhr. (Ferdinand Holböck, Credimus - Kommentar zum Credo Pauls VI.)

Ökumenische Fehlinterpretation

Das Bemühen um die Ökumene war von Anfang an ein Hauptanliegen des Konzils. Nach dem Konzil gab ein einziges Wort in der "Konstitution über die Kirche" immer wieder Anlass zur Diskussion. Man glaubte, darin eine Änderung des Selbstverständnisses der katholischen Kirche feststellen zu können.

Hatte es früher immer geheißen, dass die katholische Kirche die einzige Kirche Christi ist "est", so taucht jetzt auf einmal statt des "est" das Wort subsistit auf: Die Kirche Jesu Christi sei "in der katholischen Kirche verwirklicht". Daraus hat man den Schluss gezogen: "Lange Zeit hat die römisch-katholische Kirche in exklusiver Weise den Anspruch erhoben, die wahre Kirche zu sein, - als ob das seit dem Konzil nicht mehr der Fall wäre". Aber: "Auch nach dem Vaticanum II versteht sich die katholische Kirche als die wahre Kirche. Doch das Konzil differenziert, wenn es statt der strikten Gleichsetzung von wahrer Kirche Jesu Christi und katholischer Kirche unter Verzicht auf das Attribut "römisch" erklärt: Die wahre Kirche ist verwirklicht (subsistit) in der katholischen Kirche, die vom Nachfolger Petri und von den Bischöfen in Gemeinschaft mit ihm geleitet wird" (Lumen gentium 8).

Nicht erst das Vaticanum II. sondern bereits das erste Vatikanische Konzil verzichtete bewusst auf das "römisch", weil man der bereits 1864 verurteilten Theorie keinen Vorschub leisten wollte, wonach die Kirche Christi aus drei Zweigen bestehe: dem römisch-katholischen, einem anglo-katholischen und einem griechisch-katholischen.

Die Ersetzung des est beziehungsweise adest durch subsistit in im Konzilstext ist alles andere als eine Abschwächung, sondern seine Verstärkung, was allerdings in der deutschen Übersetzung mit dem "verwirklicht" nicht klar zum Ausdruck kommt. Denn subsistere hat im Lateinischen die Bedeutung von "stehen bleiben", "stillstehen", "verharren". Im Kirchenlatein hat es sogar die Bedeutung von "bestehen", "existieren"! – P. Sebastian Tromp SJ, durch den das "subsistit" in den Konzilstext kam, wollte alles andere als das Selbstverständnis der Kirche abschwächen. Im Gegenteil er wollte die seitherige Lehre der Kirche beteuern. – „Vierzig Jahre lang wusste man im Grunde weder wer für die Formulierung plädiert hatte, noch was sie eigentlich bedeutete“ (Alexandra von Teuffenbach).

In ihrer Dissertation "Die Bedeutung des subsistit in »Lumen Gentium Nr. 8« Zum Selbstverständnis der katholischen Kirche"

(München 2002) hat sie anhand der Tagebücher und Akten Licht in die Verdunkelung und Fehlinterpretation der Lehre des Konzils von der Kirche durch manche Theologen gebracht. Die Glaubenskongregation hat 1973, 1985 und im Dokument »Dominus Jesus« Stellung genommen. Letzteres hat in Deutschland heftige Proteste ausgelöst. Rückschritt in der Ökumene und Verrat am Konzil waren die Vorwürfe. Dagegen betont das Ökumenismusdekret: „Die gesamte Lehre muss klar vorgelegt werden. Nichts ist dem ökumenischen Geist so fern wie jener falsche Irenismus, durch den die Reinheit der katholischen Lehre Schaden erleidet und ihr ursprünglicher und sicherer Sinn verdunkelt wird." (Unitatis redintegratio 11).

Aufschlussreich zu obigem Thema ist das Büchlein von Alexandra von Teuffenbach, "Aus Liebe und Treue zur Kirche". Eine etwas andere Geschichte des Zweiten Vatikanums. Morus Verlag 2004. – Auf den Seiten 89-91 schildert sie, wie das Einheitssekretariat unter dem Vorsitz des holländischen Kardinals Willebrands regelrecht Änderungswünsche Papst Pauls VI. am Text des Ökumenedekrets ignorierte. – Die Geschichte der Papstwünsche an das Ökumenedekret lese sich "wie ein Kriminalroman." – Dazu ein Wort von Paul Claudel: „Man kann das Schiff Gottes nicht unter ein menschliches Ruder zwingen."

Würzburger Synode

Von 1971 bis 1975 fand in Würzburg die "Gemeinsame Synode der Bistümer in der Bundesrepublik Deutschland" statt. Zu acht Vollversammlungen kam man zusammen. Mitglieder waren sämtliche deutschen Bischöfe, Laienvertreter der einzelnen deutschen Bistümer, Vertreter der Orden, des Zentralkomitees der deutschen Katholiken, von den Bischöfen berufene Persönlichkeiten. Von den insgesamt 312 Synodalen waren 140 Laien.

Aufgabe der Synode sollte sein, "in ihrem Bereich die Verwirklichung der Beschlüsse des II. Vatikanischen Konzils zu fördern und zur Gestaltung des christlichen Lebens gemäß dem Glauben der Kirche beizutragen". Doch dieser Artikel "blieb in den Diskussionen relativ wenig beachtet". (Prof. DDr. Karl Lehmann).

Bei einigen Themen kam es zum Dissens zwischen der Synode und der Bischofskonferenz, zum Beispiel in der Frage der Zulassung bewährter Männer (viri probati) zur Priesterweihe, so dass keine Beschlussfassung erfolgte. – Welchen Voten und Vorschlägen der Sachkommissionen, zum Beispiel zu Fragen der Wiederverheirateten-Geschiedenen, der nur Zivilgetrauten, der Empfängnisverhütung, die Bischöfe ausgesetzt waren, jedoch nicht zustimmen konnten, und wie nach Kompromissen gesucht wurde, ist nachzulesen in der Einleitung von Prof. Dr. Franz Böckle zum Synodenbeschluss: "Ehe und Familie". Siehe offizielle Gesamtausgabe "Gemeinsame Synode der Bistümer in der Bundesrepublik Deutschland".

Wie Bischof Volk von sich bekundete, habe er auf der Rückfahrt von der Abschlusssitzung sich gefragt, was er nicht da und dort noch hätte sagen sollen. Von einem Mitarbeiter im Bischöflichen Ordinariat weiß ich, dass es ihn wochenlang umtrieb. Im Kreis von Priestern sagte er, es komme nun auf die Kommentare zu den Beschlüssen an. Doch diese Kommentare verstärkten nur deren Tendenzen.

Kreis katholischer Priester

In der sich abzeichnenden Krise der Kirche kam es zum Zusammenschluss von Priestern, die versuchten, gegen die Verwirrung anzusteuern. Für sie waren maßgebend die Texte der Konzilsbeschlüsse und nicht der ominöse "Geist des Konzils". Sie wandten sich gegen willkürliche, eigenmächtige als "vorauseilender Gehorsam" deklarierte Veränderungen in der Liturgie und Disziplin der

Kirche. Vor allem ging es ihnen darum, in Treue zum Lehramt und Papst der mannigfachen Unterschlagung, ja Uminterpretation und Leugnung katholischer Glaubenswahrheiten, zu wehren. Aus diesem Grund verfassten sie 1984 die "Erklärung katholischer Priester zur gegenwärtigen Situation der katholischen Kirche in Deutschland", die sie an alle deutschen Diözesanbischöfe verschickten.

Kardinal Höffner hat als Vorsitzender der Bischofskonferenz einen Rundbrief an seine Amtsbrüder verschickt, in dem er empfahl, die einzelnen Unterzeichner anzuschreiben und aufzufordern, die darin behaupteten Missstände zu belegen. Wir wurden von einem Insider gewarnt, nicht darauf einzugehen, die Bischöfe handelten nach dem Motto "divide et impera".

Auch Bischof Lehmann forderte die 17 Priester, die im Bistum Mainz die Erklärung unterschrieben hatten, dazu auf, die darin erhobenen Vorwürfe zu belegen. Er wollte wissen, inwieweit die theologische Fakultät, das Priesterseminar, die Beratungsstellen zu § 218 davon betroffen seien. und bat um konkrete Angaben. Das sei notwendig, weil diese Vorwürfe so schwerwiegend seien, dass jeder einzelne sie schriftlich belegen müsse. Die dadurch eingeschüchterten Mitbrüder riefen mich an, denn wie sollte der einzelne all das belegen, was wir bundesweit zusammen getragen hatten. Darum machte ich dem Bischof den Vorschlag, uns zu einem Gespräch einzuladen, wo man die einzelnen Fragen besprechen könne. Bischof Lehmann bestand auf der schriftlichen Darlegung der in der Erklärung angesprochenen Missstände, um denen soweit sie das Bistum Mainz betreffen, nachgehen zu können.

Aus dem Material, das ich im Laufe der Zeit gesammelt hatte, schrieb ich einen zwölfseitigen Bericht mit zehn Belegen, darunter ein Gerichtsurteil, aus dem hervorging, dass an der Jesuiten-Hochschule St. Georgen/Frankfurt ein Professor dem katholischen Glauben widersprechende Lehren vortrug. – Auch Professor Georg May hatte die Erklärung unterschrieben und antwortete dem Bischof mit einem Brief, in dem er anbot, eine mehrere Kilo schwere Sammlung von Belegen vorzulegen und in dem er den Zusammenbruch der Volkskirche in Deutschland prognostizierte.

ERKLÄRUNG KATHOLISCHER PRIESTER ZUR GEGENWÄRTIGEN SITUATION DER KATHOLISCHEN KIRCHE IN DEUTSCHLAND

Liebe Mitbrüder!

In diesen Tagen gingen erschütternde Nachrichten durch Deutschland. "Der Spiegel" brachte einen Artikel: "Maria, Jungfrau, Gottesmutter, Königin". Er beinhaltet einen Angriff auf zentrale Punkte unseres Glaubens: auf die Gottesmutter Maria, auf den Papst und auf die Kirche. Diese Veröffentlichung hat, angesichts der gegenwärtigen Glaubensschwäche sicher eine verheerende Wirkung. - Zur gleichen Zeit erschien in der "Deutschen Tagespost" ein Artikel von Oskar Neisinger über das Liederbuch der Katholischen Jungen Gemeinde (KJG). Mit diesem Artikel wird klar, dass diese Art von "katholischer Jugend" längst nicht mehr katholisch ist, sondern eine Jugendorganisation, die von einer kirchenfremden Ideologie unterwandert ist. - Durch Informationen und persönlichen Kontakte erfahren wir, dass enttäuschte und verwirrte Gläubigen andererseits einer neu aufkommenden Pseudoreligiosität in die Arme getrieben werden.

In vielen Gesprächen, die wir führten, und auch aus vielfältiger eigener Erfahrung wurde uns die ganze bedrohliche Situation unserer Kirche in Deutschland bewusst. Wir machten diesselbe Erfahrung, die der Heilige Vater anlässlich des "Ad limina"-Besuches deutscher Bischöfe am 21. Januar 1983 mit folgenden Worten ausdrückte: "Die rückläufige Zahl der sonntäglichen Kirchenbesucher, die zunehmende Zerrüttung in Ehen und Familien mit wachsenden Scheidungsquoten, das Sinken der öffentlichen Moral und die Missachtung menschlicher Grundwerte in Staat und Gesellschaft sind nur allzu deutliche Zeichen für eine bedrohlich um sich greifende Entchristlichung des menschlichen und gesellschaftlichen Lebens. Dies aber stellt für die Kirche eine große Herausforderung dar. – Gefordert wird eine authentische Neuevangelisierung mit dem Aufruf Christi zu "Umkehr und Glauben". – Diese Situation, wie sie der Papst beschreibt, ließ uns nachdenken, zumal wir wissen, dass sich aus diesen Gründen heraus nicht wenige unserer Mitbrüder in schweren Gewissensängsten befinden.

Wir glauben daher, im Gewissen verpflichtet zu sein, Jetzt unsere Stimme zu erheben, um uns nicht selbst schuldig zu machen. Diese Verpflichtung besteht, gleichgültig ob uns ein sichtbarer Erfolg beschieden ist oder nicht. Wir folgen damit dem ausdrücklichen Wunsch der Kirche, die sagt, es sei Recht und Pflicht der Christgläubigen, ihre Ansicht über das, was dem Wohl der Kirche dient, den Hirten kundzutun und den übrigen Christgläubigen zu eröffnen. (CIC c. 212,3).

In den folgenden Darlegungen sprechen wir als katholische Priester. Unsere Überzeugung ist, dass nur die unverkürzte Wahrheit, gepaart mit der Liebe, – und nicht opportunistisches Taktieren, – eine wahre und echte Bekehrung hervorbringt. Darin liegt unsere Hoffnung! In diesem Zusammenhang machen wir auch darauf aufmerksam, dass nicht wenige katholische Priester sich in einer echten Identitätskrise mit der katholischen Kirche in Deutschland befinden. Denn diese fragen sich, ob die katholische Kirche in Deutschland, wie sie sich in der Gegenwart darstellt, noch dieselbe Kirche ist, auf die sie einst geweiht worden sind und der sie sich im Gehorsam verpflichtet haben.

Es ist zu bemerken, dass die Darlegungen, wie sie in dem zum Brief beigefügten Heft enthalten sind, nicht nach einer logischen Disposition eingeteilt wurden. Vielmehr sind die einzelnen Punkte mehr nach der Bedeutung, wie sie sie heute haben, aneinander gereiht.

Obwohl wir auf böse Zustände in der Kirche aufmerksam machen, übersehen wir nicht, dass ebendieselbe Kirche viele in der Stille heranreifende hoffnungsvolle Entwicklungen und Initiativen in sich birgt. Wir vertrauen auf die Hilfe und Gnade Gottes, den Schutz und die Fürbitte der Allerseligsten Jungfrau Maria, den Schutz des heiligen Erzengels Michael, des Patrons der Deutschen und auf die Fürsprache des heiligen Josef, des Schutzpatrons der Kirche.

Liturgiereform

Es gibt Kreise innerhalb der Katholiken, die der Liturgiereform an der nachkonziliaren Krise die Schuld geben. Doch nicht die Reform der Liturgie ist die Ursache der Krise, wohl aber ist ihre Deformation eine besonders auffällige Fehlentwicklung nach dem Konzil. Was die Konzislväter in der "Konstitution über die Heilige Liturgie" (1963) beschlossen haben, ist keine Revolution. Aber was man nachkonziliar daraus gemacht hat, ist das Problem.

Bereits 1965 hat Paul VI, in seiner Enzyklika "Mysterium fidei" seine Sorge darüber geäußert, dass es "einige gibt, die über die Privatmessen, das Dogma der Wesensverwandlung und den eucharistischen Kult solche Ansichten verbreiten, dass sie die Gläubigen beunruhigen und in ihnen nicht geringe Verwirrung bezüglich der Glaubenswahrheiten verursachen, als ob es jedem gestattet wäre, eine von der Kirche einmal definierte Lehre in Vergessenheit geraten zu lassen oder sie in einer Weise zu erklären, dass die wahre Bedeutung der Worte oder die geltenden Begriffe abgeschwächt werden."

Der Papst erwähnt ausdrücklich die von holländischen Theologen geprägten neuen Begriffe "Transsignifikation" und "Transfinalisation". „Damit die vom Konzil geweckte Hoffnung eines neuen Lichtes für die eucharistische Frömmigkeit ... nicht zuschanden und durch die schon verbreiteten falschen Meinungen ausgehöhlt werde," hat der Papst sich damals entschlossen "kraft apostolischer Autorität, über diese wichtige Sache zu sprechen."

Was die Feier der heiligen Messe betrifft, so haben die Missbräuche und Eigenmächtigkeiten, die leider eingerissen sind, zum Teil unter Duldung der für die Durchführung der Reformen Verantwortlichen, dem Ansehen und der Akzeptanz der Liturgiereform auch unter denen, die durchaus für Änderungen aufgeschlossen waren, sehr geschadet.

Für manche Priester wurde die Liturgie zum Experimentierfeld ihrer selbstüberschätzten Kreativität. "Fastnachtsmessen", zwar von bischöflichen Ordinariaten untersagt, und subjektive freigestaltete Elemente in der Feier des Herrenvermächtnisses haben zum Verlust der Ehrfurcht beigetragen und das, was "Höhe- und Mittelpunkt des christlichen Lebens" sein sollte, abgeschmackten Gags ausgeliefert.

Während einer Dekane-Konferenz kam die Rede auf solche Freizügigkeiten, dass manche Pfarrer nie ein Messbuch gebrauchen. Kardinal Volk hat selten so aufgebracht reagiert. Er antwortete ungefähr so: „Alle diese Gebete sind ja nicht meine Gebete, sondern Gebete, die mir meine Mutter, die Kirche, in den Mund legt. Und diese habe ich im Einklang mit allen zu vollziehen. Wenn einer meint, sich produzieren zu müssen, dann soll er sich in seinen Predigten anstrengen!“ – (Quelle_ Msgr. Geistlicher Rat Leonhard Veith).

In der Mai-Ausgabe des Vatican-Magazins 2011 schildert Michael König, ein Schauspieler des Wiener Burgtheaters, der nach Irrwegen in die katholische Kirche zurückgefunden hat, seine schockierenden Erfahrungen: „Kaum ein Gottesdienst, der noch entfernt etwas zu tun hatte mit der ehrwürdigen heiligen Messe, wie ich sie von früher kannte: Priester, die statt der Homilie mit dem Mikrophon durchs Gotteshaus laufen und Gläubige dazu bringen, ihr Privatleben auszuplaudern; und den Altar mit allem möglichen Kram zu bepacken, das sollte kreatives Aggiornamento darstellen.

Es sollten neue Wege gewagt werden. Die Gebete und heiligen Handlungen waren kaum noch vorhanden. Die Hostie wurde behandelt wie eine Backoblate, auch nach der heiligen Wandlung des Priesters. – Meine Frau und ich und später auch die Kinder mutierten zu Kirchenflüchtlingen."

Begegnung mit der "göttlichen Liturgie" der orientalischen Kirchen

Die Tagespost brachte einen Artikel eines Priesters, der 1974 in das Mainzer Priesterseminar eintrat. Darin berichtet er: „Im Seminar traf ich auf ein Experimentierfeld der Liturgie, das meine erste Liebe zur Liturgie erschütterte. Dann durfte ich zum sogenannten Freisemester nach Jerusalem. Und hier lernte ich die orientalischen Riten und deren Frömmigkeit kennen, und ich wusste auf einmal, was wir im Westen aufgegeben haben: die Anbetung Gottes in dem sich für uns opfernden Jesus. ... Jerusalem hat mich wieder zurückgeführt zur Anbetung.

Die erneuerte Liturgie konnte ich von da an in Ehrfurcht feiern. Im Seminar nannte man eine der Kapellen Liturgieraum. Dieses Experimentierfeld habe ich schnell verlassen und mich der römischen Liturgie im Novus Ordo zugewandt."

Seit 1995 ist dieser Priester Seelsorger der deutschsprachigen Katholiken in Kairo. Aus der Erfahrung seines Seelsorgebereiches, der Ägypten, Syrien, Jordanien, Libanon, Sudan und Äthiopien umfasst, berichtet er: „Unsere Liturgie, wie wir sie seit dem Zweiten vatikanischen Konzil als Novus Ordo kennen, ist zwar für Europäer nachvollziehbare, schöne erneuerte Liturgie. Für Orientalen ist sie aber eher eine protestantisierte Lehrveranstaltung. Aus ihrer Sicht hatte die katholische Kirche mit der seit 1970 geltenden Form sehr viel an Eigenem aufgegeben. Die Verehrung des Herrn in der Eucharistie können sie dabei nicht mehr deutlich erkennen. Mehrfach haben mir andere Christen nach dem 7. Juli 2007 – dem

Motu proprio des Papstes für die uneingeschränkte Feier der heilige Messe im alten Ritus - gesagt, es sei nun eine Brücke zu den orientalischen Kirchen wieder errichtet." (Monsignore Joachim Schrödel,"Eine Brücke zu den orientalischen Kirchen", DT).

Das neue Messbuch

In der "TAGESPOST" wurde vor Jahren ein Leserbrief veröffentlicht, in dem die Nichte von Kardinal Frings berichtete, dass ihr Onkel, als er das neue Messbuch mit der Messe Pauls VI. zu Gesicht bekam, geäußert habe: "Das haben wir nicht gewollt."

Amovetur sed non promovetur

Der für die Liturgiereform zuständige Sekretär der Gottesdienstkongregation, Erzbischof Annibale Bugnini (†1982) „der eigentliche Autor der Liturgiereform, wurde 1975 statt für seine Arbeit mit dem Kardinalspurpur belohnt zu werden, von Papst Paul VI. als Apostolischer Nuntius in den Iran geschickt, eine offenkundige Strafe“ (A. Rodari-A.Tornielli, "Der Papst im Gegenwind"). Laut "Lexikon für Theologie und Kirche", III. Auflage soll seine Ablösung aufgrund von Verleumdungen erfolgt sein. Angeblich war er Freimaurer. - Nach römischer Gepflogenheit geschehen solche Absetzungen nach dem Motto "promovetur ut amovetur", das heißt er wird befördert, um weg befördert zu werden. Was man bei seiner Versetzung auf einen weniger bedeutenden diplomatischen Posten in Asien wohl kaum annehmen kann.

Die Entkatholisierung der katholischen Jugend – Positionspapier des BDKJ Mainz

„Zu denken wie unsere Zeitgenossen, ist das Rezept für Wohlstand und Dummheit“ (Nicolás Gómes Dávila).

In den vom Bischöflichen Ordinariat Mainz herausgegebenen Mitteilungen ist das "Kirchenpolitische Positionspapier des BDKJ im Bistum Mainz" veröffentlicht, das nach zweijähriger Beratung auf der Diözesanversammlung des BDKJ vom 18.-10. Mai 1992 von den im BDKJ zusammengeschlossenen katholischen Jugendverbänden verabschiedet wurde.

Darin ist alles zusammengetragen, was zur Selbstsäkularisierung der Kirche an- und ausgedacht wurde und zu den nachkonziliaren Wirren geführt hat, angefangen von der Forderung nach dem Ausprobieren neuer Formen in der Liturgie, über die Mitentscheidung bei Stellenbesetzungen von Priesterinnen und Priestern, dem Verlangen nach Repräsentanz "kirchenkritischer Gemeindemitglieder" in den Gremien, feministischer Ideologie, einer "Wischi-Waschi-Ökumene" (Kardinal Kasper) auf Kosten der Glaubenswahrheiten, keine Gebote und Verbote mehr bezüglich Verhütung, vorehelichem Geschlechtsverkehr, Selbstbefriedigung, Homosexualität, dem Verlangen nach Neuverteilung der Verantwortung und "demokratischer Strukturen", Anleihen bei der New-Age-Terminologie bis hin zur Aufhebung des "Pflichtzölibates".

Was in den "Träumen" des kirchenpolitischen Positionspapiers des BDKJ auftaucht, ist das Phantom einer dem modernen Zeitgeist verfallenen Kirche, aber nicht die "una, sancta, catholica et apostolica Ecclesia". Zu den darin enthaltenen zum Teil unkirchlichen Auffassungen und Forderungen habe ich damals ausführlich Stellung genommen und 28 Seiten den betreffenden Stellen zugeschickt. Doch habe ich keine Antwort, noch nicht einmal eine Empfangsbestätigung bekommen, wo diese Leute doch sonst immer den Dialog anmahnen.

Bei der Hauptversammlung des Bundes deutscher katholischer Jungend im Mai 2011 in Altenberg wurden mehr oder weniger die gleichen Forderungen wie im oben erwähnten Mainzer Positionspapier erhoben. Nach einem Bericht der "Tagespost" vom 24. Mai 2011 wurden, zwar nicht an den Portalen des Altenberger Domes, wohl aber an wackeligen Stellwänden vor dem Dom, in Nachahmung von Luther, "Thesen zur Kirchenreform" angeschlagen. Die Vertreter der im BDKJ zusammengeschlossenen katholischen Jugendverbände meldeten auf diese spektakuläre Weise den aus ihrer Sicht "dringenden strukturellen Handlungsbedarf" an, um aus der Kirchenkrise herauszuführen.

Doch in der Geschichte der Kirche sind es nicht die den "strukturellen Handlungsbedarf" Fordernden, sondern die Heiligen gewesen, die zur persönlichen Bekehrung anleiteten und so aus der jeweiligen Kirchenkrise herausführten. - Solche Thesen für den innerkirchlichen Dialogprozess sind gar nicht so originell. Auch Zwingli hatte 67 Thesen aufgestellt und dann 1523 zu einem Religionsgespräch nach Zürich eingeladen. Da sich damals kein katholischer Theologe dazu einfand, erklärte der Rat des Kantons Zürich kurzerhand Zwinglis Lehre für das "Evangelium", das fortan allein im Kanton gepredigt werden dürfe. (Vergleiche Jakob Schmidt, Grundzüge der Kirchengeschichte S. 261)

Im Grunde spiegelt sich in all dem, wie weit die Entkatholisierung bei den offiziellen Vertretern der katholischen Jugend fortgeschritten ist. Diese Entwicklung läuft ja schon seit 40 Jahren.

Vierzig Jahre Wüstenzug

Rom hat immer wieder, wo es um die Glaubenslehre, die Moral oder die Liturgie und kirchliche Disziplin ging, korrigierend eingegriffen. Schon Paul VI. hat in seiner Enzyklika "Mysterium fidei" 1965 Formulierungen und Praktiken, welche die Eucharistielehre der Kirche verunklaren oder infragestellen beanstandet. Die Glaubenskongregation hat bereits 1975 mit einer Erklärung zu einigen Fragen der Sexualethik und 1976 auch zur Frage der Zulassung der Frauen zum Priesteramt Stellung genommen. Papst Paul VI. hat diese Schreiben gebilligt und ihre Veröffentlichung verfügt. Und 1986 hat Johannes Paul II. ein Schreiben an die Bischöfe gerichtet mit dem Titel: "Über das Geheimnis der Verehrung der heiligsten Eucharistie". Die Kongregation für die Sakramente und den Gottesdienst hat in der Instruktion "Inaestimabile Donum" (1980) einige Normen zur Feier und Verehrung des Geheimnisses der Heiligsten Eucharistie veröffentlicht. Man lese einmal im Verzeichnis der vom Sekretariat der Deutschen Bischofskonferenz herausgegebenen Reihe der Verlautbarungen des Apostolischen Stuhls nach, wie oft und zu welchen aktuellen Fragen seitens des Papstes und der zuständigen vatikanischen Kongregationen richtungweisende und korrigierende Stellungnahmen erschienen sind. Eine noch von Papst Johannes Paul II. autorisierte Instruktion der Gottesdienstkongregation "Redemptionis Sacramentum" vom März 2004 handelt "über einige Dinge bezüglich der heiligsten Eucharistie, die einzuhalten und zu vermeiden sind". Doch hat man den Eindruck, alles was von Rom verordnet wird, wirkt so, "als ob man einem Ochsen ins Horn petzt".

So erfolgte 1994 ein apostolisches Schreiben "Ordinatio sacerdotalis", das sich über die ausschließlich Männern vorbehaltene Priesterweihe äußert, obwohl bereits seit 1976 eine Erklärung der Glaubenskongregation vorliegt. Darin betont Papst Johannes Paul II. unmissverständlich: „Damit jeder Zweifel bezüglich dieser bedeutenden Angelegenheit, die die göttliche Verfassung der Kirche selbst betrifft, beseitigt wird, erkläre ich kraft meines Amtes, die Brüder zu stärken (Lk 23,32), dass die Kirche keinerlei Vollmacht hat, Frauen die Priesterweihe zu spenden, und dass sich alle Gläubigen der Kirche endgültig an diese Entscheidung zu halten haben.“ Wenn der alte Grundsatz zutrifft "Roma locuta, causa finita", dann nach dieser ausdrücklichen, "kraft seines Amtes" gemachten Erklärung, wonach "sich alle Gläubigen der Kirche endgültig an diese seine Entscheidung zu halten haben" (22. Mai 1994). "Rom hat gesprochen, die Sache ist damit erledigt, müsste man anneh-men. Tatsächlich wird sie weiter geführt in der Forderung nach der Diakonatsweihe von Frauen.

Auf den Vorstoß der Bischöfe der oberrheinischen Kirchenprovinz, die mit einem gemeinsamen Hirtenbrief (1993) eine beschränkte Zulassung Geschiedener-Wiederverheirateter zur heiligen Kommunion meinten vertreten zu können, erfolgte am 15. Oktober 1994 durch die Kongregation für die Glaubenslehre eine zurückweisende Klarstellung auf der Grundlage des Apostolischen Schreibens Papst Johannes Pauls II. "Familiaris Consortio" von 1981. – Kardinal Meisner schrieb an seinen Kölner Diözesanklerus und die kirchlichen Mitarbeiter im Pastoralen Dienst einen Brief, in dem er darauf hinweist, dass das Schreiben der Glaubenskongregation "in der Kontinuität der kirchlichen Lehräußerungen in dieser Frage" steht. Und er legte seinem Schreiben erneut die zehn Erwägungen bei, die sein Vorgänger, Kardinal Höffner, zur Situation "Wiederverheirateter Geschiedener in der Gemeinschaft der Kirche" 1981 veröffentlicht hatte.

In Deutschland, Österreich und der Schweiz gibt es offensichtlich Kreise, die mit Hilfe der Mobilisierung von "Kirchenvolksbegehren" und dergleichen, erhoffen, den Vatikan, was die Fragen des Zölibates, der Frauenordination, der Homosexualität, der Empfängnisverhütung, der Zulassung Geschiedener und Wiederverheirateter zu den Sakramenten angeht, unter Druck zu setzen, um Rom in die Knie zu zwingen.

Vor Jahren meinte ein in römischer Prälat, es könne vierzig Jahre dauern, bis die Liturgie wieder in geordnete Bahnen komme. – Muss erst die aufmüpfige 68er Generation wie beim Wüstenzug Israels aussterben, um die Disziplin wieder herzustellen? Oder braucht es gar den Sturm einer blutigen Verfolgung, um die Spreu vom Weizen zu trennen?

Unter den Traumvisionen des heiligen Johannes Bosco betrifft auch eine das zukünftige Schicksal der Kirche. Das Schiff Petri mit dem Papst am Bug wird von einer großen Schar kleinerer Schiffe angegriffen, die mit allen Mitteln die Kirche zu vernichten suchen. Im aufgewühlten Meer stehen zwei Säulen. Das Schiff erreicht, schwer angeschlagen, die beiden Säulen, wo es vor Anker geht. Und auf dem Meer tritt große Stille ein. Die höhere und mächtigere Säule trägt eine große Hostie, darunter die Inschrift: "Salus credentium", das Heil der Gläubigen. Die andere Säule ist gekrönt von einer Muttergottesstatue und trägt die Inschrift: "Auxilium christianorum", Hilfe der Christen. - Don Boscos Interpretation dieses Traumgesichts war: Die Kirche gehe einer Zeit schwerster Verfolgungen und leidenschaftlicher Kämpfe entgegen. Demgegenüber bedeute der Kampf zu seiner Zeit beinahe nichts. Als Mittel zur Rettung nannte er: Die ehrfürchtige Anbetung des Allerheiligsten Altarsakramentes und die vertrauensvolle Hingabe an die "Unbefleckt empfangene Gottesmutter". Dazu empfahl er noch das Gebet ganz besonders für den Papst.

Papst Benedikt XVI. versucht, mit Klugheit Missstände behutsam zu korrigieren. Wohl eingedenk dessen, dass sein letzter deutscher Vorgänger auf dem Stuhl Petri, Hadrian VI. am 3. Januar 1523 vor dem Reichstag zu Nürnberg durch seinen Nuntius Chieregati erklären ließ: „Doch soll sich niemand wundern, dass wir nicht mit einem Schlage alle Missbräuche beseitigen; denn die Krankheit ist tief eingewurzelt und vielgestaltig. Es muss daher Schritt für Schritt vorgegangen und zuerst den schweren und gefährlichsten Übeln durch rechte Arzneien begegnet werden, um nicht durch eilige Reform aller Dinge noch mehr alles zu verwirren.“ (Ludwig von Pastor, Geschichte der Päpste).

Es wäre zu erwarten gewesen, dass in der Reformationszeit die Reformatoren den Willen des damaligen Papstes zu Reformen begrüßt hätten. Aber Luther und Melanchthon überschütteten ihn mit Spott und Häme. Luther nannte ihn einen Esel. - Wird es dem jetzigen deutschen Papst mit seiner "Reform der Reform" ähnlich ergehen?

Humanae Vitae
Folgen und Konsequenzen

Das Konzil zum Thema Geburtenregelung

Das zweite Vatikanische Konzil hatte über die Fragen der Geburtenregelung und Empfängnisverhütung in der Pastoralkonstitution über "Die Kirche in der Welt von heute" in den Artikeln Nr. 50 und 51 die allgemeinen Grundsätze dargelegt. „Von diesen Prinzipien her ist es den Kindern der Kirche nicht erlaubt, in der Geburtenregelung Wege zu beschreiten, die das Lehramt der Kirche in Auslegung des göttlichen Gesetzes verwirft." (Artikel 51) In der Fußnote 14 des offiziellen Konzilstextes wird auf die Enzyklika Pius XI. Casti conubii (1930) und die Ansprache Pius XII. an die Hebammen (1951) verwiesen, ferner auf die Ansprache Pauls VI. an die Kardinäle (1964). – Dazu der Kommentar von Prof. Dr. Bernhard Häring CSSR: „Das zweite Vatikanische Konzil zeigt, wie unter den Konzilsvätern darum gerungen wurde. – In der Fußnote Nr. 14 heißt es außerdem: "Bestimmte Fragen, die noch anderer sorgfältiger Untersuchungen bedürfen, sind auf Anordnung des Heiligen Vaters der Kommission für das Studium des Bevölkerungswachstums, der Familie und der Geburtenhäufigkeit übergeben worden, damit, nachdem die Kommission ihre Aufgabe erfüllt hat, der Papst eine Entscheidung treffe. Bei diesem Stand der Doktrin des kirchlichen Lehramtes beabsichtigt das Konzil nicht, konkrete Lösungen unmittelbar vorzulegen." (Konzilsband III). Das heißt das Konzil hat die Entscheidung in diesen Fragen dem Papst überlassen beziehungsweise zugeschoben.

In Erwartung der päpstlichen Entscheidung, die ich mir nur in Kontinuität mit der seitherigen Lehre des kirchlichen Lehramtes vorstellen konnte, habe ich Männerabende über die Konzilsaussagen zu diesem Thema angesetzt. Es ging mir darum, die theologischen Hintergründe der kirchlichen Ehelehre zu vermitteln. Beim ersten Abend kamen zahlreiche junge Männer. Aber das alles interessierte die Anwesenden nicht. Die wollten nur wissen, dürfen wir die Empfängnis verhüten oder nicht. Auch die natürliche Geburtenregelung war uninteressant, sie hätte ja zeitweiligen Triebverzicht erfordert. Dabei waren das keine Randchristen, sondern "praktizierende" Katholiken. Die Männerabende habe ich eingestellt und mich künftig auf monatliche Bibelabende für Männer und Frauen konzentriert. Das Verhältnis der teilnehmenden Frauen und Männer war 20 zu 2.

Natürliche Empfängnisregelung

(NER) statt Empfängnisverhütung

Der österreichische Arzt, Dr. med. Josef Rötzer, erhielt für seine bahnbrechende Arbeit auf dem Gebiet der Natürlichen Empfängnisregelung von der Republik Österreich den Berufstitel "Professor" verliehen.1965 erschien aufgrund seiner Forschungen der erste Leitfaden zur Regelung der Empfängnis: "Kinderzahl und Liebesehe", Herder Verlag Wien, der inzwischen in 14 Sprachen übersetzt wurde und bis 1997 in einer Gesamtauflage von 33 Auflagen herauskam. Nach Überarbeitung lautet der Titel "Natürliche Empfängnisregelung". Professor Rötzer hat im Laufe der Jahre tausend Ehepaare betreut, von denen kein einziges Paar geschieden wurde. Die Arbeit von Professor Rötzer wird weitergeführt vom "Institut für Natürliche Empfängnisregelung Professor Dr. Rötzer e.V." in Vöcklabruck. Die genaue Kenntnis der fruchtbaren Tage der Frau ist auch von besonderer Bedeutung bei Kinderwunsch.

„Die modernen künstlichen Methoden der Fruchtbarkeitsregelung beruhen zum großen Teil auf ändernden Eingriffen in die Biologie des Mannes und mehr noch der Frau, so dass der eheliche Verkehr, auch wenn er äußerlich normal erscheint, nicht mehr eine Empfängnis herbeiführt, und wenn es doch dazu kommt, diese abgetrieben wird." (Dr. med. Anna Capella, Familienplanung)

Was die moralische Beurteilung angeht, ist es ein wesentlicher Unterschied, ob der Mensch bei der Empfängnisverhütung in die Schöpfungsordnung eingreift oder ob er sich bei Beschränkung der ehelichen Hingabe auf die empfängnisfreien Zeiten der Naturordnung und damit der Schöpfungsordnung Gottes unterwirft.

Die Frauenärztin Dr. med. Gabriele Marx, berichtete in einem Artikel der Tagespost, warum sie die Pille nicht mehr verschreibt. In ihrer Praxis hatte sie kurz hintereinander einige schwere Zwischenfälle. Eine 35 Jahre alte Frau hatte zweimal hintereinander einen schweren Schlaganfall erlitten. Eine 17-jährige Sportlerin nahm die Pille nur zur Zyklusregelung. Folge: halbseitige Lähmung nach schwerem Schlaganfall. Eine 25-jährige bekam einen Herzinfarkt. Ein Forschungsergebnis der Universität Utrecht ermittelte, dass es bei den heutigen Hormonpräparaten zu rund 30 Prozent Eisprüngen kommt. Davon werden circa zehn Prozent befruchtet, können sich aber infolge des Präparates nicht in der Gebärmutter einnisten. Das heißt, dass die Pille in einem gewissen Grade frühabtreibend wirkt.

Die Weltgesundheitsorganisation hat die Pille 2005 als krebserregend bezüglich Brust-, Leber- und Muttermundkrebs definiert. Eine weitere Folge ist die Zunahme an Sterilität. (Quelle: Die Tagespost vom 18. Mai 2010)

Es ist geradezu blasphemisch, wenn die evangelische Theologin Margot Käßmann auf dem Ökumenischen Kirchentag in München die Pille als "Geschenk Gottes" bezeichnete oder eine Pfarrerin die Pillenpackung unter den Erntedankgaben platzierte.

„Wir leben in einem historischen Augenblick, in dem man darangeht, das menschliche Leben zu entwerten, die menschliche Sexualität zu entwürdigen, was dahin führt, zu glauben, die Fruchtbarkeit sei eine Last, Empfängnis und Geburt seien Schicksalsschläge“ (Dr. med. Anna Capella).

Was kein Politiker zu sagen wagt, dass diese Mentalität die Hauptursache der sogenannten demographischen Entwicklung ist. Deutschland ist, was die geringe Geburtenzahl angeht, "Europameister", mit allen sich daraus ergebenden gesellschaftlichen, sozialen und wirtschaftlichen Folgen. Wenn, dann gilt hier: "Deutschland schafft sich ab!" Und nicht nur für die Gesellschaft auch für die Kirche sind die Folgen katastrophal. Wo soll der Priester- und Ordensnachwuchs herkommen, wenn die Familien so wenige oder keine Kinder mehr haben?

Königsteiner Erklärung

Als dann Papst Paul VI. seine Enzyklika Humanae vitae "Über die rechte Ordnung und Weitergabe menschlichen Lebens" veröffentlichte, brach weltweit ein Sturm darüber herein. Die deutschen Bischöfe gaben, um den innerkirchlichen Aufruhr zu besänftigen, eine Erklärung heraus, in der die grundlegenden Lehren der Kirche zur Sexualität zwar bejaht, aber die Frage der Empfängnisverhütung *"dem subjektiven Gewissen der Eheleute"* überlassen wurde. Das widerspricht der objektiven Morallehre der katholischen Kirche, wie sie von allen Päpsten und kirchlichen Dokumenten ununterbrochen vertreten wird. Die österreichischen Bischöfe folgten mit der Maria-Troster-Erklärung diesem Beispiel ihrer deutschen Amtsbrüder. Papst Paul VI. war außer sich, dass die deutschen Bischöfe ihm in den Rücken fielen. Papst Johannes Paul II. hat mehrmals angemahnt, dass die Königsteiner Erklärung zurückgenommen werden soll. Die österreichischen Bischöfe haben ihre Maria-Troster-Erklärung korrigiert, die deutschen sind bis heute der päpstlichen Forderung nicht nachgekommen.

Während damals protestantische Laien den Papst verteidigten, haben bei uns Priester von der Kanzel aus dem Papst widersprochen. In unserer Diözese Mainz hat ein Pfarrer ihn als "Pillenpaul" verhöhnt. Jahre später erlitt derselbe bei einer USA-Reise einen Schlaganfall. Sein Sprachzentrum blieb gelähmt. Nach jahrelangem Siechtum starb er in der Pflegestation eines kirchlichen Altenheimes.

Außerkatholische Stimmen zu Humanae vitae

Der evangelische Arzt Dr. med. Siegfried Ernst war einer der Initiatoren der "Ulmer Denkschrift" (1965), die von circa 400 Ärzten unterschrieben wurde, darunter die Direktoren der Universitäts- Frauenkliniken von Tübingen, Freiburg, Kiel, Heidelberg, sowie 19 weitere Professoren der Frauenheilkunde und 10 Chefärzte von Frauenkliniken, insgesamt 90% der Chefärzte der größeren Frauenkliniken von Baden-Württemberg.

Diese Männer haben die damalige Adenauer-Regierung gewarnt vor der Freigabe der Antibaby-Pille. In einem Begleitschreiben werden Überlegungen angeführt, die zu dieser Ulmer-Denkschrift geführt haben. "Diese Denkschrift entstand aus der Sorge um die Entwicklung, die durch die öffentliche Propaganda für die Geburtenverhütung als angebliches Mittel gegen die Abtreibungsseuche und die zunehmende Sexualisierung unseres öffentlichen Lebens, welche die biologische und die charakterliche Substanz unseres Volkes bedroht ..."

In seinem Buch "Das größte Wunder ist der Mensch, Antwort auf die sexuelle Konter-Evolution", (Buxheim 1974), schreibt Dr. med. Siegfried Ernst: „Wenn ein Papst in einer für die Kirche und Welt so außerordentlich wichtigen Entscheidung um den Willen Jesu Christi ringt, wenn er sich durchleidet, durchbetet und durchhorcht, nachdem er alle Fakten und Gutachten sorgfältig geprüft hat, dann bekommt sein Wort auch für evangelische Christen das Kriterium einer Entscheidung aus dem Heiligen Geist und nimmt damit den Charakter einer Wegweisung an, die das Ziel unfehlbar trifft."

„Es wäre an der Zeit, dass Professor Küng und alle Vertreter der *Pillenfreigabe* die Geschichte des Hohenpriesters Aaron und gleichartige Geschichten im Alten und auch Neuen Testament einmal theologisch untersuchen würden. Vielleicht würden sie dann besser verstehen, warum Papst Paul VI. sich weigerte, dem Wunsch der Mehrheit nachzugeben und ihnen eine bequemere Religion mit mehr Spaß, Sex, Ekstase und so weiter zu verschaffen, wie dies der Hohepriester Aaron tat, um seinen Einfluss auf die Mehrheit nicht zu verlieren. Genau diese Angst vor der Meinung der Mehrheit ist es, die die meisten Bischöfe und Theologen, die sich gegen die Enzyklika Humanae vitae stellten, beherrschte und sie davon abhielt, den Kampf um die Reinheit der Kirche, die nur durch Reinigung kommen kann, mit dem Papst zusammen aufzunehmen“ (Siegfried Ernst S. 249/50).

Der ebenfalls protestantische Autor Hans-Georg von Studnitz bringt in seinem Buch "Ist Gott Mitläufer?" (Stuttgart 1969) ein Kapitel "Hat der Papst sein Konto überzogen?", in dem er sich mit den gegen die Enzyklika vorgebrachten Einwänden auseinandersetzt. Er kommt darin zum Schluss: „Eine Kirche, die der *Lust an Unfruchtbarkeit* freien Lauf lässt, indem sie ihren Gläubigen erlaubt, zwischen Geschlechtsverkehr zu unterscheiden, der der Zeugung dient, und Geschlechtsverkehr, der allein den Orgasmus zum Gegenstand hat, würde sich selbst aufgeben. Sie würde dem Menschen zugestehen, der Schöpfung ins Handwerk zu pfuschen. Ebenso gut könnte die Kirche auch den Selbstmord lizenzieren. Paul VI., der sich standhaft weigerte, Gott zum Mitläufer der *sexuellen Befreiung* zu proklamieren, hat sein Konto nicht überzogen, sondern bewiesen, dass er es in Ordnung zu halten versteht. Er hat die Prärogative der Schöpfung gegen eine Menschheit verteidigt, in der Geilheit Weisheit zu verdrängen droht."

Die religiöse, moralische, gesundheitliche und nicht zuletzt die demographische Entwicklung unserer Gesellschaft - man betrachte in diesen Zusammenhang die Krankheit AIDS - erweist die Enzyklika Humanae vitae als geradezu prophetische Tat von Papst Pauls VI.

Die deutschen Bischöfe haben ihre Frühjahrsvollversammlung am 15. Februar 2011 mit einem Schuldbekenntnis und Bußakt im Dom zu Paderborn und der Bitte um Verzeihung bei den Missbrauchsopfern durch kirchliche Mitarbeiter eröffnet. Wann wird die deutsche Bischofskonferenz einen solchen öffentlichen Bußakt für die Königsteiner Erklärung veranstalten, vor allem deren längst überfällige Korrektur vornehmen, die der Kirche und den durch sie in die Irre geführten Millionen Gläubigen einen viel größeren Schaden zugefügt hat?

Dr. med. Ernst beim Papstbesuch 1980 in Mainz

Als ich von der Papstmesse auf dem Finther Flugplatz im Pfarrhaus zurück war, kam ein Telephonanruf aus Stuttgart: Dr. Ernst sei in Mainz und habe noch kein Nachtquartier. „Kein Problem, wenn er anruft, sagen sie ihm, er könne im Dompfarrhaus übernachten." So saßen wir spät Abends noch beisammen. „Wie komme ich an den Papst heran, ich muss ihn unbedingt sprechen?" - „Wie soll ich ihnen da helfen, ich komme ja selber nicht zum Papst!?" Nach einigem Nachdenken kam mir eine Idee. „Morgen um 8 Uhr, geht der Papst zum Treffen mit dem Rat der evangelischen Kirche in Deutschland ins Dommuseum. Dabei führt sein Weg durch den Kreuzgang. Zum Tor in den Kreuzgang habe ich einen Schlüssel, da kann ich sie reinlassen." Also schleuste ich den Gast am Montag, 17. November 1980 in den Domkreuzgang. Der Plan ging auf. Als der Papst mit seiner Begleitung vorbeikam, eilte Dr. Ernst ihm nach und konnte mit dem Sekretär des Heiligen Vaters einen Termin für ein Treffen in Rom ausmachen.

Es sollte nicht die einzige Begegnung mit dem Pontifex werden. Jahre später bekam ich ein Photo zu Gesicht, das Dr. Ernst mit seiner Familie in Privataudienz bei Johannes Paul II. zeigt. Es ist aufgenommen nach seiner Konversion zur katholischen Kirche. Sein Buch "Mit Gott im Rückspiegel" Erinnerungen aus der Zeit des Krieges und der Nachkriegszeit (Ulm 1998) ist nicht nur für "Spätgeborene" lesenswert.

Kampf um den Beratungsschein

Papst Johannes Paul II. forderte die deutschen Bischöfe mehrmals auf, aus der staatlichen Beratung für schwangere Frauen auszutreten. In den Beratungsstellen musste eine Bescheinigung ausgestellt werden, dass die Frau sich hatte beraten lassen, bevor sie einen Arzt aufsuchte, um ihr Kind abzutreiben. Nur bei Vorlage dieses Beratungsscheines, durfte der Arzt die dem Grundgesetz zuwider handelnde Abtreibung straflos vornehmen. Der Schein diente somit der an sich verbotenen Abtreibung zur straflosen Tötung eines unschuldigen Menschenkindes. Auch die kirchlichen Beratungsstellen waren in dieses System eingebunden als "staatliche Beratung unter kirchlicher Trägerschaft". Sie wurden dafür voll vom Staat finanziert. Im Grunde war die Ausstellung dieser Bescheinigung "Beihilfe zur legalen Tötung" des Kindes im Mutterschoß, denn ohne diesen Beratungsschein war die Abtreibung eine durch das Gesetz verbotene strafbare Handlung.

Da nach dem fünften Gebot Gottes die Tötung eines unschuldigen Menschen schwer sündhaft ist, hat die katholische Kirche die Abtreibung mit der Strafe der Exkommunikation belegt. Um von dieser mit der Kirchenstrafe belegten Sünde lossprechen zu können, musste der Beichtvater eigens unter Wahrung der Anonymität des Sünders beim Bischof einen Antrag stellen. Ich selber habe in Kasachstan erfahren, dass Frauen, die diese Sünde beichteten, zunächst nicht losgesprochen werden konnten, sondern warten mussten, bis der Priester die Vollmacht zur Lossprechung vom Bischof bekommen hat. Das zeigt, wie ernst diese Sünde seit den ältesten Zeiten der Kirche genommen wurde.

Papst Johannes Paul II. ging es darum, dass in unserer Zeit, da die Abtreibung weltweit mit staatlicher Duldung oder gar Förderung Hunderte von Millionen und Abermillionen Kindern das Leben gekostet hat, das Zeugnis der Kirche klar herausgestellt werde und in der Öffentlichkeit nicht der Eindruck entstehe, als ob sie ein Gebot Gottes dem Zeittrend opfere. – Als ich einmal eine Frau, die acht Abtreibungen hinter sich hatte fragte, wie sie das mit ihrem Gewissen vereinbaren könne, sagte sie: „Bei uns (in der Sowjetunion) machen das ja alle so."

Die deutsche Bischofskonferenz hat der mehrmaligen Aufforderung des Papstes zum Ausstieg aus dem staatlichen Beratungssystem jahrelang immer wieder den Einwand entgegengesetzt, die kirchlichen Beratungsstellen würden abtreibungswilligen Frauen dazu verhelfen, doch noch Ja zum ungeborenen Kind zu sagen. Aber da die Beratungen nach staatlichen Richtlinien "**ergebnisoffen**" zu führen waren, wurde den Müttern in ihrer nicht selten verzweifelten Situation auch noch zusätzlich die Entscheidung über Leben und Tod ihres Kindes zugeschoben. Die Beraterinnen konnten wie einst Pontius Pilatus ihre Hände in Unschuld waschen und sich sagen: „Ich bin unschuldig am Tod dieses Kindes".

Wer unter den verantwortlichen kirchlichen Oberen dachte daran, in welche innere Konflikte sie auch die Beraterinnen selbst brachten. Als der oberste Hirte der Kirche nach fünfjährigem Ringen mit der deutschen Bischofskonferenz schließlich ein Machtwort sprach und praktisch den Ausstieg aus der staatlichen Beratung anordnete, trat der damalige Vorsitzende vor die Presse und sagte: „Wir haben die Schlacht verloren!"

Zwar traten die Bischöfe aus dem staatlichen Beratungssystem aus und wiesen die kirchlichen Beratungsstellen an, den Schein nicht mehr auszustellen. Doch es kam mit Unterstützung "prominenter" Katholiken aus dem Zentralkomitee der Deutschen Katholiken (ZdK) zur Gründung von den außerkirchlichen Beratungsstellen "Donum vitae", die nach wie vor sich darauf berufen, sie böten die Chance, abtreibungswilligen Frauen doch noch zum Ja zu ihrem Kind zu verhelfen. Das ist eine skandalöse Ironie, dass ausgerechnet unter dem Titel "Donum vitae" (Geschenk des Lebens) weiterhin Menschenkindern das Leben verweigert werden kann. Bischof Johannes Dyba nannte darum diesen Verein "Donum mortis" (Geschenk des Todes).

Wovon man in der Öffentlichkeit nicht spricht sind die seelischen Folgen, unter denen viele dieser Frauen leiden, so dass sie psychotherapeutische Behandlung brauchen. Diese Leiden sind bei allen Frauen auf der ganzen Welt unabhängig von Systemen und Religionen gleicherweise zu beobachten. Wissenschaftlich spricht man von "Post abortion syndrom". In Sibirien kam vor Jahren eine Frau zu mir und beichtete unter Tränen: „Ich habe meine Kinder hinausgeworfen.“ Als ich das russische Wort für Abtreibung nannte, bejahte sie und presste ihre Hände auf das Herz und sagte: „Es tut so weh! Es tut so weh!“ Ihr Mann hatte sie zu den Abtreibungen gezwungen. – „Das große Leid der russischen Frauen sind ihre Abtreibungen“ (Tatjana Goritschewa).

Vor Jahrzehnten kam regelmäßig im Advent eine Frau zu mir und bestellte zum Fest der unschuldigen Kinder eine Heilige Messe für ihre abgetriebenen Kinder.

Zu diesem Thema vergleiche das Buch: Myriam, warum weinst Du? – Das Leiden der Frauen nach der Abtreibung

(Dieses Buch ist erhältliche bei: Stiftung JA ZUM LEBEN, Postfach, CH-8730 Uznach/Schweiz, Tel.: 0041/55-2803952, Fax: 0041/55-2802936).

Vom Abtreibungsarzt zum "Pro life"-Vorkämpfer Prof. Dr. med. Nathansons Bekehrung

Der US-amerikanische Professor Bernard N. Nathanson war Mitbegründer einer Aktionsliga für das "Recht auf Abtreibung" (1968) und im Jahre 1977 Chef der größten Abtreibungsklinik der Welt in New York.

Unter seiner Leitung wurden innerhalb zweier Jahre 60.000 Abtreibungen vorgenommen, zusätzlich 15.000, die er selbst eigenhändig in seiner Privatpraxis durchführte. Nach seiner Bekehrung sagte er: „Ich glaube, dass die Zulassung der Abtreibung die planmäßige Zerstörung dessen bedeutet, was unbestreitbar und eindeutig menschliches Leben ist. Ich glaube, dass dies ein unentschuldbarer Akt tödlicher Gewalt ist."

Aus der zentralen Person der nationalen Bewegung zur Legalisierung der Abtreibung in den USA ist Prof. Nathanson ein entschiedener Kämpfer für das Recht auf Leben der PRO LIFE-Bewegung in Amerika geworden. Einen Freund von ihm, der jedes Wochenende dreißig bis vierzig Abtreibungen durchgeführt hat, bat er mit Ultraschall auf Video aufzunehmen, was bei einer Abtreibung im Mutterschoß der Frau geschieht. Auf dreißig Videofilmen betrachteten die Beiden, was bei der Abtreibung eines Kindes passiert: „Es war furchtbar, erschütternd, widerlich", so dass sie sich entschlossen, daraus einen Film zu machen: "Der stumme Schrei". Im Jahr 1987 wollte er erfahren, was bei einer Spätabtreibung passiert. Dazu führten sie eine Kamera in den Unterleib einer Frau, ein Glasfaser-Teleskop in die Gebärmutter ein, um zu sehen, was dabei geschieht. Es war noch schlimmer anzusehen, als was die Ultraschallkamera beim "Stummen Schrei" zeigte. Diesen Film haben sie in Farbe gedreht und ihm den Titel gegeben "Niedergang der Vernunft". Seit der "Legalisierung" der Abtreibung in den westlichen Ländern haben sich diese bedeutend vermehrt. In den USA stiegen die Zahlen von 100.000 jährlich vor der Legalisierung auf 1,55 Millionen nachher. Professor Nathanson ist inzwischen (1996) Katholik geworden und hält weltweit Vorträge für "Pro life".

Seine beim Abtreibungsgeschehen gewonnenen Erkenntnisse und die Enzyklika "Humanae Vitae" Pauls VI., sowie das Buch "Die Feuersäule" haben zu seiner Bekehrung beigetragen. "Die Feuersäule", die Bekehrungsgeschichte des österreichischen Juden Dr. Karl Stern zum katholischen Glauben, hat ihn sehr beeindruckt, zumal Prof. Stern sein Lehrer für Psychiatrie gewesen war.

Auch im Leben dieser Männer zeigt sich, dass Gottes geheimnisvolle Wege Menschen zur Umkehr führen, wenn sich der Mensch nicht hartnäckig dagegen sträubt. (Quelle: Verantwortlich für 75.000 Abtreibungen - Prof. Dr. med. Bernard Nathanson "Wähle das Leben", Stiftung Ja zum Leben, Postfach, CH-8730 Uznach).

Das biblische Zeugnis zur Verhütung und Abtreibung

Im Galaterbrief zählt Paulus die "Werke des Fleisches" auf, die "vom Reich Gottes ausschließen" (Gal 5,21). Unter den heidnischen Lastern seiner Zeit bringt er auch eines, das gewöhnlich in den deutschen Übersetzungen mit "Zauberei" wiedergegeben ist. Im griechischen Text steht das Wort pharmakeia. Der heilige Hieronymus hat es in der lateinischen Vulgata mit veneficia übersetzt, ein Ausdruck, der Giftmischerei und die Herstellung von Zaubertränklein, Liebestränklein, Aphrodisia und auch Verhütungs- und Abtreibungsmittel bedeutet.

Beim heiligen Augustinus kann man dann konkret nachlesen: „Manchmal geht ihre sadistische Wollust soweit, dass sie sich Gift verschaffen, das unfruchtbar macht, oder, wenn das nicht wirkt, auf diese oder jene Weise die Frucht vernichten und vom Mutterleib abtreiben. Denn sie wollen, dass ihre Nachkommenschaft zugrunde gehe, noch bevor sie lebt, (er meinte damit, dass die Seele erst geraume Zeit nach der Empfängnis dem Kind eingegossen wird) oder, wenn sie schon im Mutterleib lebt, eher getötet als geboren werde." (Zitiert in Van der Meer, "Augustinus der Seelsorger").

Familienplanung und Empfängnisverhütung

So lautet der Titel des von Weihbischof Josef Maria Reuß 1975 veröffentlichten Büchleins. Darin stellt er seine "Überlegungen im Anschluss an die Synodenvorlage "Christlich gelebte Ehe und Familie" sowie an die Enzyklika "Humanae vitae" vor. Reuß begründet auf 64 Seiten die von der Synode vertretene Ansicht, dass die Empfängnisverhütung ein auch vom Gewissen her gangbarer Weg zur Familienplanung sei, obwohl sie der in der Enzyklika vorliegenden autoritativen päpstlichen Lehrentscheidung widerspricht.

Er geht davon aus, dass "die Enzyklika Humanae vitae keine unfehlbare, sondern fehlbare Lehraussage" sei. Weihbischof Reuß hatte mir das Büchlein mit einer persönlichen Widmung geschickt. Als ich mich dafür bedankte, erzählte er mir, dass er wütende Telephonanrufe bekomme, einer habe ihn sogar mit "A-loch" tituliert. Er meinte: „Du bist ja zwar auch anderer Meinung als ich, aber mit dir kann man doch reden."

Im Rheinischen Merkur erschien dann ein ganzseitiger Artikel von Bischof Volk, in dem er "Humanae vitae" theologisch untermauerte. Als ich mich bei ihm dafür bedankte, sagte er, es sei von „oberster Stelle" gewünscht worden. Das beleuchtet die nachkonziliare Situation: Bischöfe gegen Bischöfe, Bischöfe im Widerspruch zum Papst.

Lichtblicke in dunkler Zeit

Die Gründung der KPE der Katholischen Pfadfinderschaft Europas

Um dem Trend der Entkatholisierung unter der Jugend entgegen zu wirken, wurde im Februar 1976 von Pater Andreas Hönisch SJ und Günther Walter und 19 Führern der St. Georgspfadfinder aus Gießen, Offenbach und Erlenbach die KPE gegründet, der sich in der Folgezeit noch andere Gruppen anschlossen. Von Seiten der offiziellen kirchlichen Jugendvertreter wurde die KPE regelrecht bekämpft. Auch in der Mainzer Dompfarrei kam es zu einer KPE-Gruppe, sehr zum Missfallen des bischöflichen Jugendamtes.

Domkapitular Joseph Seuffert, der für die Jugendseelsorge im Ordinariat Zuständige, lud zu einem Gespräch mit den Diözesanjugendseelsorgern ein. Im bischöflichen Jugendamt kam es dann zu einem Treffen mit den beiden Jugendseelsorgern, dem Landesfeldmeister der KPE Martin Umbach und mir. Es wurden all die Vorwürfe, die man der KPE machte, von vorkonziliaren Auffassungen, den Vorbehalten gegen den Beschluss der Würzburger Synode zur Jugendarbeit bis hin zu rechtsradikaler Einstellung besprochen und unsererseits Unterstellungen widerlegt. Am Schluss bestanden die beiden Diözesanjugendseelsorger auf der Feststellung, dass sie sich mit uns nicht geeinigt hätten. Bereits hier zeigten sich zwei Welten und darin die Spaltung der Kirche, die in unseren Tagen offenkundig uns vor Augen liegt.

Als Seminarist hat einmal Pfr. Johannes Merkel mit der Pfadfindergruppe der Dompfarrei unserem Bischof Volk ein Ständchen gebracht. Der schien darüber wenig erfreut, sondern fragte, ob die Buben überhaupt wüssten, was man mit ihnen mache.

Mit Schuld an dieser Ausgrenzung der KPE war ein kritischer Artikel des Jesuiten Roman Bleistein über die pastoralen Grundsätze der KPE mit dem Vorwurf der pädagogischen und moralischen Engführung. – Was waren nun die Früchte? Nun, das Sexspiel, das vom diözesanen Jugendamt in Mainz einige Jahre später herausgebracht wurde, war das Gegenteil von sexualpädagogischer "Enge" und diente allem anderen, nur nicht der Erziehung zur Ehrfurcht und der Vermittlung des Ideals der Reinheit, schon gar nicht zur Weckung von Priester- und Ordensberufen, – sondern zum Sex.

Dagegen sind die Früchte der katholischen Jugenderziehung in der KPE offenkundig: zahlreiche Priester- und Ordensberufe gingen aus ihr hervor, und die katholischen Familien in der KPE haben eine überdurchschnittlicher Kinderzahl.

Die Servi Jesu et Mariae SJM – Diener Jesu und Mariens

Mitglieder der KPE, die in deutschen Priesterseminaren Schwierigkeiten bekamen, weil sie sich gegen gruppendynamische Übungen sträubten, liturgische "kreative" Experimente ablehnten, den Rosenkranz beteten, als vorkonziliar und kooperationsunfähig eingeschätzt wurden, wandten sich an ihren Bundeskuraten Pater Andreas Hönisch SJ: "Wir verlieren noch unsere Berufung zum Priestertum, werden nicht zur Weihe zugelassen". Und sie baten darum, eine eigene Gemeinschaft zu gründen, in der sie ihre überlieferte katholische Glaubenspraxis leben und sich auf das Priestertum vorbereiten könnten. Anfangs widerstrebend, denn er fühlte sich nicht zum Ordensgründer berufen, gab Pater Hönisch SJ ihrem Drängen nach.

Zunächst lebten sie m alten Pfarrhaus von Wickstadt in der Wetterau, dann im leerstehenden ehemaligen Kapuzinerkloster Mussenhausen, das Bischof Stimpfle von Augsburg ihnen zur Benutzung überlassen hatte. Dort führten sie ein gemeinsames geistliches Leben und begannen mit dem Studium. Pfarrer Dr. Ingo Dollinger, der selber 17 Jahre lang Regens eines lateinamerikanischen Priesterseminars war, unterstützte sie dabei. Mit seiner Hilfe, der direkte Verbindung zu vatikanischen Stellen und Zugang zu Papst Johannes-Paul II. hatte, und der Unterstützung von Bischof Stimpfle kam es zur Gründung der Kongregation der Diener Jesu und Mariens "Servi Jesu et Mariae - SJM", die am 21.7.1994 durch den Apostolischen Stuhl als Institutum religiosum päpstlichen Rechtes kanonisch errichtet wurde.

Hervorgegangen aus der Arbeit der Katholischen Pfadfinderschaft Europas (KPE), "baut sie auf deren Grundlagen auf und führt sie weiter" ... "Sie ist eine Gemeinschaft von Ordensleuten, deren Aufgabe darin besteht, in freiwillig gewählter Bindung durch die Gelübde der Armut, der Keuschheit und des Gehorsams mit der Gnade Gottes und unter dem Schutz und dem besonderen Beistand der Allerseligsten Jungfrau Maria, der Königin der Engel und der dienenden Magd, an der Heiligung des eignen Lebens zu arbeiten und sich zugleich mit allen Kräften an der Rückführung der Menschen, vor allem der Jugend, zur Kirche einzusetzen und ihr ganzes Leben einzig und allein der Ehre Gottes und dem Heil der Seelen zu widmen." (Grundsatzprogramm der SJM).

Von Anfang an wurde von den Priestern der SJM die heilige Messe sowohl in der „forma ordinaria!“ (von 1970) als auch in der „forma extraordinaria“ (von 1962) gefeiert.

Der Orden zählte Mitte 2011 zwei Novizen, zwei Brüder, zehn Scholastiker, einen Diakon, 32 Priester, davon drei Doktoren der Theologie. Drei der Priester sind in Südfrankreich (Toulon) eingesetzt, zwei in Rumänien, zwei in Kasachstan, fünf in drei Pfarren der Diözese St. Pölten, einer in der Diözese Linz, einer in der Diözese Augsburg, einer arbeitet seit Oktober 2010 im vatikanischen Staatssekretariat. Die Ausbildung erfolgt im ordenseigenen Studienhaus St. Petrus Canisius in Blindenmarkt/Niederösterreich durch auswärtige Dozenten, oder in der päpstlichen Hochschule Heiligenkreuz bei Wien. Im November steht wieder eine Diakonatsweihe bevor. Während anderswo altehrwürdige Klöster und Abteien geschlossen werden, ist in der SJM eine stetig wachsende junge Ordensgemeinschaft entstanden.

Die Ancillae Domini

Seit 2003 ist ein Säkularinstitut von Pfadfinderinnen der KPE im Entstehen. Zur Zeit ist es noch eine "pia unio" von neun jungen Frauen, die zum Teil berufstätig sind, eine als Sonderschullehrerin, eine als Familienpflegerin, eine als Ergotherapeutin in einem Altenheim, eine im Institut St. Justinus in Wien, einem Werk, das sich der Erstverkündigung unter Taufbewerbern, die aus dem Islam zur Kirche finden, widmet und der Neu-Evangelisierung bei Einheimischen, sowie der Ausbildung von Laienkatecheten.

Die Gemeinschaft der Ancillae Domini hat einen alten Bauernhof samt umliegendem Wiesengelände gekauft, das Wohnhaus durch einen Anbau erweitert, die Scheune abgerissen und an deren Stelle eine Kapelle errichtet. Wobei sie selber am Bau mit Hand anlegten. Das Anwesen liegt in landschaftlich schöner Gegend in Niederösterreich und soll später einmal der Jugend- und Familienarbeit dienen.

All das sind die Früchte der KPE, die man seitens gewisser innerkirchlicher Kreise bekämpft und als sektiererisch hinstellt. Neuerdings wird auch das Internet gegen die KPE und SJM eingesetzt. Wer papsttreu und katholisch sein will, muss das heute in Kauf nehmen. "Der Papst im Gegenwind" lautet ein neuer Buchtitel. Warum soll es denen, die zu ihm halten, besser ergehen?! Im Boot des Petrus, das ist alles andere als "eine Seefahrt, die ist lustig"!

Marianische Priesterbewegung

Einer der Lichtblicke in der nachkonziliaren Epoche ist die "Marianische Priesterbewegung" (MPB). Sie ist entstanden als die Krise in der Kirche sich unübersehbar abzuzeichnen begann und nicht mehr wegzudiskutieren war. Die MPB geht zurück auf den italienischen Priester Don Stefano Gobi.

Nach eigener Bezeugung bekam er am 8. Mai 1972 in Fatima von der Muttergottes den Auftrag, die Priester um das Unbefleckte Herz Mariens zu scharen. In inneren Einsprechungen - wie sie in der mystischen Literatur beschrieben werden - wurden ihm Botschaften zuteil, die er im sog. "Blauen Buch" nach und nach veröffentlicht hat. Der ursprüngliche Titel: "Die Muttergottes an die Priester, ihre vielgeliebten Söhne". Auf Verlangen des damaligen Präfekten der Glaubenskongregation Kardinal Ratzinger wurde der Titel geändert "An die Priester, die vielgeliebten Söhne der Muttergottes". Damit blieb offen, von wem die Botschaften waren.

Don Gobbi versteht sich nicht als Gründer der MPB, sondern diese ist nach seinem Bekunden "das Werk der Muttergottes". Denn in seinen inneren Einsprechungen sagte Maria: „Die MPB ist mein Werk“ ... „Du gehörst mir, du bist mein Eigentum. Du musst jeden Augenblick das sein, was ich will. Du musst jeden Augenblick tun, was ich verlange.“ Dazu bekommt er den Befehl: „Schau dir weder die Zeitungen noch das Fernsehen an ... Nichts anderes soll dich interessieren oder am Herzen liegen als nur für mich zu leben“ (Blaues Buch, Seite 59). „Mein Sohn, ich habe dich erwählt, weil du das untauglichste Werkzeug bist ... So wird niemand sagen können, das sei dein Werk.“

Worum geht es in der MPB? Es geht erklärtermaßen um die Sammlung, Heranbildung und Formung einer Priesterschaft, die in Treue zum Evangelium und überlieferten Glaubensgut der Kirche, zum Papst und den mit ihm verbundenen Bischöfen steht. Damals, vor vierzig Jahren, begann die Krise in der Kirche, die heute ihren

Höhepunkt zu erreichen scheint und in die sogar Bischöfe verstrickt sind. Zur Abwehr und Überwindung der extremen Gefahren, die durch Infragestellung, ja Bestreitung der katholischen Glaubenswahrheiten und der kirchlichen Morallehre, die Disziplinlosigkeit im Klerus, ja offenen Rebellion gegen die kirchlichen Autoritäten, selbst des Papstes entstanden sind und auf die Protestantisierung der katholischen Kirche hinauslaufen, ist die MPB entstanden. Die Aktualität dieses Anliegens ist angesichts der jüngsten Vorkommnisse nicht zu leugnen. Das vor Jahren verfasste Kölner Theologenmemorandum wird nur noch übertroffen durch den Aufruf von weit über 300 österreichischen Geistlichen zum offenen Ungehorsam gegen die kirchliche Ordnung und die Unfähigkeit oder gar Unwilligkeit von Bischöfen dagegen einzuschreiten.

Im "Blauen Buch" sind diese Zustände bereits vor Jahrzehnten im voraus angekündigt. Die Botschaften sollen die noch gutwilligen Priester bestärken, in ihrem Widerstand gegen diese unheilvollen Entwicklungen. Im Mittelalter gab es den Spruch: "Omne malum a clero" (Alles Übel geht von der Geistlichkeit aus). Darum kann die Wende zum Besseren in der Kirche nur erfolgen durch eine neue Priestergeneration, die unverzagt aus Liebe zum Evangelium und zur Kirche den selbstzerstörerischen Tendenzen die Stirne bietet.

Die Botschaften des "Blauen Buches" rufen auf und leiten an zu einem wahrhaft geistlichen Leben durch die Pflege der Anbetung des Herrn im Allerheiligsten Altarssakrament, zu einem sittlich vorbildlichen Leben, zur Buße und Herz Jesu-Verehrung und der Weihe an das Unbefleckte Herz Mariens. Kurzum zur Abkehr von einem verweltlichten zu einem echt priesterlichen Lebensstil.

Zur gegenseitigen Bestärkung sollen die Priester sich in den Zönakel treffen zum gemeinsamen Rosenkranzgebet und zum Austausch über die Botschaften des Blauen Buches und zur Erneuerung der Weihe an das Unbefleckte Herz Mariens. Die MPB hat keine Statuten, ist kein Verein sondern eine Bewegung innerhalb der katholischen Kirche. Von Anfang haben sich auch Laien den Zönakeln angeschlossen, um die Priester durch Gebet und ihre Weihe an das Unbefleckte Herz Mariens zu unterstützen.

Die Marianische Priesterbewegung verdankt ihre weltweite Ausbreitung dem "Blauen Buch", das im Laufe von 40 Jahren zu einem Umfang von über 1.300 Seiten (deutsche Ausgabe) angewachsen ist. Inzwischen liegen Übersetzungen in über 30 Sprachen vor: in sämtlichen großen Weltsprachen, auch in arabisch und in ostasiatischen Sprachen wie zum Beispiel chinesisch, japanisch und tamilisch und anderen.

In allen Kontinenten wurden Zönakel gegründet sowohl für Priester als auch für Laien. Während in Europa die Zönakel vergreisen und schrumpfen, blühen in Afrika, Lateinamerika und Asien die Familienzönakel, die Kinder und Jugendzönakel auf. Don Stefano Gobi hat alle Kontinente in zahlreichen Reisen aufgesucht.

Rastlos war er weltweit unterwegs bis er in Mailand am 29. Juni 2011, am Fest der Apostelfürsten Peter und Paul als achtzigjähriger durch ein Herzinfarkt in das Ewige Reich des Erlösers und zu seiner himmlischen Mutter Maria heimgerufen wurde. Als der "kleine Sohn Mariens" war er im Sinne der Botschaft von Fatima Fackelträger für die wahre Erneuerung des Priestertums und damit der Kirche. Maria, die "Siegerin in allen Schlachten Gottes" wird ihr Werk weiterführen und zum Triumph verhelfen.

Die Nachricht von seinem Tod erreichte die Bischöfe und Priester, die zu den internationalen Exerzitien der MPB in Collevalenza versammelt waren. Bereits m folgenden Tag wurde sein Sarg zum Gedächtnisgottesdienst nach Collevalenza überführt, so dass alle Abschied nehmen konnten. Ivan Kardinal Dias feierte die heilige Messe und hielt die Predigt. Dabei sagte er unter anderem: „Alle, die wir ihn gekannt haben, haben Erinnerungen an ihn. Das Schönste an ihm ist, dass er sich vom Herrn hat benutzen lassen. Er hat sein Herz geöffnet, um die Botschaften der Gottesmutter zu empfangen und sie in Treue der ganzen Welt mitzuteilen, indem er die Zönakel verbreitete und die Menschen zur Weihe an das Unbefleckte Herz Mariens führte."

Weiterhin führt der Kardinal dann aus: „Ich persönlich gehöre der Bewegung seit fast 40 Jahren an. - So verband mich wirklich eine Freundschaft mit Don Stefano. Selbst wenn ich in verschiedenen Teilen der Welt meine Aufgaben zu erfüllen hatte, empfing ich ihn immer, wo ich auch war, so zum Beispiel als Nuntius in Korea. Und es war mir immer eine sehr große Freude, diesem Mann Gottes zu begegnen, das heißt einem wirklichen Priester."

„Ich kann euch sagen, dass ich durch meine unterschiedlichen Aufgaben häufig mit den Päpsten zusammen getroffen bin und jetzt besonders auch mit Papst Benedikt XVI. - Wenn ich mit ihm über die "Marianische Priesterbewegung" sprach, die ihm von seiner Tätigkeit als Präfekt der Glaubenskongregation bekannt war, erkundigte er sich immer gleich ganz interessiert nach Don Stefano, dessen Namen er kannte und dessen Aktivitäten er aufmerksam verfolgte. Morgen habe ich Gelegenheit, den Heiligen Vater zu sprechen und ich werde ihm Mitteilung vom Heimgang v on Stefano machen, falls er nicht bereits davon Kenntnis hat. Da er allen, die für ihn beten, in großer Liebe verbunden ist, wird er sicher sagen: "Requiem aeternam, - das heißt: Herr, gib ihm die Ewige Ruhe!""

Am anderen Tag telefonierte der Kardinal Dias an und sagte, der Papst habe ihm auf die Todesnachricht geantwortet, dass Don Stefano in den Himmel gegangen sei. Das bedeute keine Selig- und Heiligsprechung, aber es bedeutet, dass der Papst Don Stefano Gobi als einen großen Mann der Kirche einschätzt und ihm die Ehre gab.

Den Zweiflern und Nasenrümpfenden sei in Erinnerung gerufen, dass Wort Gamaliels, des Mitgliedes des Hohen Rates in Jerusalem: „Wenn diese Sache von Menschen ist, wird sie zerstört werden; stammt sie aber von Gott, so kann man sie nicht vernichten, (Apg 5,38f).

In oriente lux – Licht im Osten

In Mittelasien, der ehemaligen Sowjetrepublik Kasachstan gibt es Katholiken, an denen sich mancher "Kirchenvolksbegehrler" und "Kirche von unten" eine Scheibe abschneiden könnte.

Ludmilla Alexandrowna, ist Rektorin einer christlichen Privatschule in Korneéwka. Als überzeugte Kommunistin brach für sie beim Zusammenbruch des Kommunismus eine Welt zusammen. Einige ihrer Genossen begingen Selbstmord. Mit einer Freundin suchte sie einen russisch-orthodoxen Popen auf. Im Gespräch meinte der: "Sie haben katholische Ideen, gehen sie zu einem katholischen Priester" und verwies auf Monsignore Lorenz Gawol. Bei ihm konvertierte sie. Dass sie zum Glauben kam verdankt sie sicher dem Gebet ihrer Großmutter, einer ukrainisch-katholischen frommen Christin. Die mahnte sie immer: "Kind, sage nie etwas gegen Gott!" Dabei war Ludmilla Mitglied des dortigen Politbüros und für die ideologische Ausrichtung der Parteigenossen in ihrem Gebiet zuständig. Trotzdem hat sie sich an die Mahnung der Großmutter gehalten.

Als Monsignore Lorenz Gawol auf Anregung eines jüdischen Lehrers eine christliche Schule gründete, wurde sie an dieser Schule Lehrerin. Nach dem tödlichen Autounfall des ersten Schulleiters wurde ihr die Leitung der erst im Aufbau befindlichen Schule übertragen. Mit dem gleichen Engagement, mit dem sie für die kommunistische Partei arbeitete, wirkt sie nun als überzeugte Christin für ihre Schule. Sie verstand es, Drittklässler so für den Glauben zu begeistern, dass Kinder zuhause versuchten, ihre Eltern zu bekehren. Einmal hatte sie in der Stunde besprochen, was die Kinder von den Eltern und die Eltern von den Kindern erwarteten. Als Aufgabe sollten die Kinder sich bis zur nächsten Stunde überlegen, was Gott von ihnen erwartet. Da stand dann ein kleiner Blondköpfiger, struppig wie ein Panjepferdchen, auf, stemmte die Hände in die Hüften und erklärte: "Ludmilla Alexandrowna, ich glaube, Gott erwartet von mir, dass ich nicht werde wie mein Vater!" Eines Tages hielt sie eine Katechese über das letzte heilige Abendmahl.

Sie sagte: "Kinder, wir machen heute eine weite Reise, wir fliegen in die Stadt, wo Jesus mit seinen Freunden ist. Schnallt euch fest an! " Nach der imaginären Landung in Jerusalem: "Es sind wegen eines großen Festes viele Leute in der Stadt, haltet euch an der Hand, damit wir einander nicht verlieren!" Am Haus angekommen, wo Jesus mit seinen Freunden weilt, geht es die Stiege hinauf: "Leise, damit wir nicht stören!" Vor der Tür des Abendmahlsaals: "Da drinnen ist Jesus mit seinen Freunden, wir können nicht hinein, um nicht zu stören, aber ich schaue durch das Schlüsselloch und sage euch, was drinnen vor sich geht ..."

Eines Tages kommt eines der Kinder, das "Panjepferchen" ganz traurig, seine Eltern lassen ihn nicht mehr am Sonntag in die heilige Messe. "Und ich Dummkopf habe auch noch den Eltern gesagt, dass ich Priester werden möchte!"

Als die ersten Schülerinnen nach dem Schulabschluss zur Universität gingen, kamen Professoren: "Schickt uns noch mehr solcher junger Menschen!" Selbst die Kultusministerin kam, um diese Schule zu besichtigen. Entgegen der staatlichen Kommission, die verlangte, dass die Kreuze und religiösen Bilder in den Schulräumen als mit dem Gesetz, wonach in Kasachstan alle Schulen frei von religiöser Missionierung sein müssen, nicht vereinbar und zu entfernen seien, erklärte die Ministerin, wenn sie lauter solche Schulen hätte, würde sie - eine Muslimin - eigenhändig die Kreuze aufhängen.

Im Juni 2011 informierte sich ein deutscher Unternehmer, der in Kasachstan ein Werk hat, über die Schule. Und lud die Abschlussklasse zur Betriebsbesichtigung ein. Im anschließenden Gespräch fragte er nach ihren Zukunftsplänen. Als herauskam, dass sie gerne studieren würden, es aber wohl finanziell nicht möglich sei, versprach er, für alle fünfzehn die Stipendien zum Studium zu übernehmen.

Dieses Schulprojekt wird von der SJM getragen und mit finanzieller und personeller Unterstützung der Vöcklabrucker Franziskaner-Schulschwestern unterhalten. Eine promovierte Schwester der Franziskanerinnen betreut den Deutschunterricht an der St. Lorenzschule in Korneéwka, zwei weitere Vöcklabrucker Schwestern sind im Nachbardorf Tonkoschúrowka tätig. - Zwei Patres der Diener Jesu und Mariens sind als Seelsorger dort im Einsatz. Da in der Schule kein Religionsunterricht erlaubt ist, hat einer von den Patres der SJM anhand des katholischen Katechismus ein Programm für den Ethikunterricht erarbeitet und dem Kultusministerium zur Genehmigung eingereicht. Ergebnis: Der Präsident hat mit einigen Abänderungen dieses Programm für alle staatlichen Schulen übernommen.

Russlanddeutsche Katholiken

Magdalena Rollheiser erzählte mir, wie in der Zeit der kommunistischen Unterdrückung und Verfolgung von Zeit zu Zeit heimlich ein Untergrundpriester vorbei kam und im Haus ihrer Mutter sich die Gläubigen versammelten, wo dann die heilige Messe gefeiert, gebeichtet und getauft wurde. Als wieder einmal Pater Michael sein Kommen angesagt hatte, und alle versammelt waren, umstellte die Miliz das Haus. Zwei Männer waren unterwegs, um den Priester am Bahnhof abzuholen. Die Miliz notierte die Namen der Versammelten. Da sagte ihre Mutter: "Ihr schreibt uns hier in euer schwarzes Buch, wir aber werden einmal eingeschrieben in das goldene Buch des Himmels!"

Magdalena, eine der Teilnehmer, hatte zuhause einen Säugling. Unter dem Vorwand, das Baby stillen zu müssen, durfte sie das Haus verlassen und konnte zum Bahnhof gehen, um den Priester zu warnen. Sie versteckten ihn drei Tage bei einer protestantischen Familie, weil dort keine Hausdurchsuchung zu befürchten war. - In der priesterlosen Zeit trafen sich die Gläubigen an Sonn- und Feiertagen auf dem Friedhof unter einer Baumgruppe zum gemeinsamen Gebet. An kirchlichen Festtagen waren die Mädchen festlich weiß gekleidet.

Frauenmut

Aus seiner Kindheit und Jugend berichtet Bischof Josef Werth (Novosibirsk) von einer Frau, die während der Zeit der Unterdrückung die Seele der Gläubigen in Karaganda war, folgende Episode: Sie hielten eine Prozession zum Friedhof. Voran ein Junge mit dem Kreuz. Doch eine Reihe Milizionäre stellte sich ihnen in den Weg. Der Junge mit dem Kreuz zögerte weiterzugehen. Die Gläubigen verlangsamten den Schritt. Da nahm die Schwester dem Jungen das Kreuz aus der Hand und ging mutig auf die Reihe der Milizionäre zu, während die übrigen Gläubigen verängstigt folgten. Und die Miliz wich auseinander und gab den Weg frei.

Als 1980 der Verfolgungsdruck nachließ, konnten sich die Katholiken von Aktjubinsk und Umgebung in einem Haus mit einem Gebetsraum treffen, der für den Andrang der Gläubigen viel zu klein war. Sie stellten den Antrag auf den Bau einer Kirche. Die örtlichen Behörden lehnten ab. Daraufhin fuhr eine Delegation von Frauen nach Moskau, nahezu 2000 km Bahnfahrt, und setzte dort bei den Behörden die Genehmigung für den Bau der Kirche durch. Alle legten Hand an, Männer und Frauen standen auf den Baugerüsten. Selbst der greise Pater Thomas von Gumppenberg, ein bayrischer Kapuziner, der vom Orden in den zwanziger Jahren ins Baltikum geschickt worden war, unter den Kommunisten zu 10 Jahren Arbeitslager verurteilt wurde, weil er Kinder religiöse Unterweisung zur Vorbereitung auf die Erstkommunion gegeben hatte, drückte noch die Schubkarre mit Steinen und Sand. Die Gläubigen mahnten den Achtzigjährigen: "Pater schont euch doch!" Seine Antwort: "Ein Offizier stirbt nicht im Bett!" Nach Fertigstellung der Kirche starb er im Januar 1983!

Wladimir Solowjew: Vorkämpfer für die Einheit von Ost- und Westkirche

Am 18. Februar 1896 sprach ein Mann in der Lourdes-Kapelle von Moskau mit einer brennenden Kerze in der Hand sein Credo: „Als ein Glied der wahren und hochwürdigen orthodoxen, östlichen oder griechisch-russischen Kirche ... anerkenne ich als höchsten Richter in Sachen der Religion ... den Apostel Petrus, der in seinen Nachfolgern lebt und der nicht umsonst die Worte des Herrn hörte: „Du bist Petrus, und auf diesen Stein werde ich meine Kirche bauen ... stärke deine Brüder ... weide meine Schafe!" – Ich gehöre zur wahren orthodoxen Kirche, weil ich Rom, anerkenne als Zentrum der universellen Christenheit, damit ich mich zur traditionellen Orthodoxie, in ihrer ganzen Unverfälschtheit, ohne lateinisch zu werden, bekennen könne. Ich bin gekommen, dieses Amen von der Seite der östlichen Slawen zu sagen im Namen von Millionen christlichen Russen. in der festen und vollen Überzeugung, dass sie mich nicht verleugnen werden."

Der diese feierlichen Worte in Anwesenheit des russisch- orthodoxen, mit Rom vereinigten Priesters, des Vaters Nikolaj Tolstoj und den Mitgliedern seiner Familie sprach, war der russische Religionsphilosoph Wladimir Solowjew (1853-1900). Er sah in der Wiedervereinigung der beiden rechtgläubigen Kirchen die einzige Möglichkeit der Rettung. Solowjew betrachtete die Verwirklichung des Weges zu ihr als nationale Pflicht und als positive Weltmission Russlands. Kurz vor seinem Tod, im Augenblick letzter Verzweiflung äußerte er: „Ich höre schon die Donnerschläge. Eine furchtbare Katastrophe steht Russland bevor; die Regierenden werden keine Zeit haben, zur Lösung der konfessionellen Fragen. Russland wird sich nicht mit Rom vereinigen. Das aber ist das Einzige, was Russland noch retten kann. Ob es nicht zu spät ist?" (Quelle: L. Kobilinski-Ellis, Monarchia Sancti Petri)

Das große Finale
Endzeit und Antichrist

Der Antichrist

"Die tiefste Sünde, die der Antichrist begeht, ist die Begrenzung des Lebens auf das irdische Dasein, die Einengung des Glückes auf sinnenhafte körperliche Wohlfahrt, die Fesselung des Geistes an die Belange der Zeit" (Reinhard Raffalt).

In den Endzeitreden Jesu wird vor falschen Messiassen gewarnt (Mt 24,23). Und im ersten Johannesbrief taucht die Bezeichnung Antichrist erstmals auf, und zwar gleich viermal für jemanden, der leugnet, dass Jesus der Christus, der Sohn Gottes ist. Auch dort wird vor ihm gewarnt, ja sogar davon gesprochen, dass aus der Mitte der Gemeinde (1Joh 2,19) viele Antichriste gekommen sind, falsche Propheten, die den "Geist des Antichrist" haben, der "jetzt schon in der Welt ist."

Im Laufe der Geschichte wurden immer wieder zeitgenössische Gestalten als Antichrist personifiziert. So der Kaiser Friedrich II., der neun Sprachen gesprochen hat, darunter arabisch und griechisch und der mit staatsmännischer Klugheit über Deutschland, Österreich, Italien und Sizilien herrschte. An seinem Hof in Palermo tummelten sich arabische Gelehrte. Von seinem sarazenischen Harem flüsterte man sich unerhörte Laster zu. Seinen Regierungsapparat leitete er mit einer Elite gebildeter Beamter Er schrieb ein Buch über die Falkenjagd und dichtete klassische Verse. Mehrmals wurde er von den Päpsten mit dem Kirchenbann belegt. Diesen Kaiser Friedrich II. beschuldigten die Römer, er sei der Antichrist.

Eine für die damalige Zeit ungeheuerliche Anschuldigung. Ein halbes Jahrhundert später traf Papst Bonifaz VIII. wegen seines Machtstrebens und seines Hochmutes der gleiche Vorwurf. (Reinhard Raffalt, Der Antichrist)

In seiner Auseinandersetzung mit Rom steigerte sich Martin Luther in eine solche Erregung, dass er in einem Brief an Spaladin vom 24. Februar 1520 schreibt: „Ich werde so in die Enge getrieben, dass ich fast nicht zweifle, dass der Pabst recht eigentlich der Antichrist sei, den nach der allgemein angenommen Meinung die Welt erwartet ..." Dabei hatte er noch 1516 über die Notwendigkeit des Papsttums in der Kirche gepredigt.

In den folgenden drei Erzählungen von Dostojewskij, Wladimir Solowjew und Robert Hugh Benson wird der Antichrist in den literarischen Werken Ende des 19. und Anfang des 20. Jahrhunderts dargestellt.

Der Großinquisitor in Dostojewskijs Roman "Die Brüder Karamasow"

Christus kommt vor seiner Wiederkunft am Ende der Zeiten noch einmal auf die Erde und zwar nach Spanien im Zeitalter der Inquisition. Wie damals im Heiligen Land geht er Wohltaten spendend durch die Straßen Sevillas. Kinder begleiten ihn Blumen streuend mit Hosanna-Rufen. Am Portal der Kathedrale bleibt er stehen als man gerade einen weißen offenen Kindersarg hineintragen will. Schluchzend wirft sich ihm die Mutter zu Füßen: „Wenn Du es bist, so erwecke mein Kind!" Wiederum spricht er wie einst das Wort: „Talitha kum!" „Mädchen steh auf!" – In diesem Augeblick kommt gerade der Großinquisitor mit seinen Folterknechten vorbei und lässt Hand an ihn legen und ihn ins Gefängnis werfen.

In der Nacht sucht er Christus in seinem Verließ auf und redet zu IHM. „Bist Du es? – Nein, schweig! ...Warum bist Du denn hergekommen? Morgen werde ich Dich zum Scheiterhaufen verurteilen als den schlimmsten aller Ketzer!“

In dem Monolog, den der Großinquisitor danach vor dem Schweigenden hält, geht es darum, dass Christus den Menschen die Freiheit gebracht hat, dass diese aber dadurch überfordert seien ... Er hätte ihnen, wie es ihm der Versucher in der Wüste nahegelegt hat, Brot statt Freiheit geben sollen ... Nur wenige Auserwählte hätten diese Freiheit ertragen können. Die Masse der Menschen aber sei erbärmlich schwach und gemein, er habe von ihnen mit der Freiheit zu viel abverlangt. Der Inquisitor betont: „Wir haben Dein Werk verbessert und den Menschen gegeben, was sie brauchen.“

Der ganze Monolog des Großinquisitors handelt davon, was Christus bei der Versuchung durch den „furchtbaren und klugen, den großen Geist, den Teufel,“ in der Wüste abgelehnt hatte, Steine zu Brot zu machen. „Wenn die Leute von uns Brot erhalten ... werden sie sich mehr als über das Brot selbst darüber freuen, dass sie es aus unseren Händen empfangen. Sie werden es sehr zu schätzen wissen, sich ein für allemal zu unterwerfen. ... Dann werden wir den Menschen ein „stilles, friedliches Glück gewähren, das Glück schwacher Wesen, als die sie nun einmal geschaffen sind.“

Auch hält der Großinquisitor JESUS vor, dass ER nicht auf das dritte Angebot des „furchtbaren und klugen Geistes“ eingegangen ist. Er sagt zu IHM: „Hättest Du das Schwert und den Purpur des Kaisers angenommen, würdest Du eine Weltherrschaft begründet und der ganzen Welt Ruhe gebracht haben.“ Denn denen stehe es zu, über die Menschen zu herrschen, die „die Gewissen der Menschen in ihrer Gewalt haben und in deren Händen das Brot der Menschen ist.“ Von sich selbst sagt der Großinquisitor: „Wir unsererseits haben das Schwert des Kaisers ergriffen; aber indem wir es ergriffen, haben wir uns freilich von Dir abgewandt und sind ihm, dem Satan, gefolgt.“

Offensichtlich spricht der Großinquisitor in der Erzählung in der Rolle des Antichrist. Aber aus allen folgenden unmissverständlichen Andeutungen geht hervor, dass mit dem Großinquisitor die römische Kirche gemeint ist: die – das legt die Erzählung nahe – den Antichrist verkörpert. Das kommt ganz deutlich in der Rahmenerzählung zum Ausdruck, durch das Gespräch von Iwan, der seinem Bruder Aljoscha die von ihm ausgedachte Geschichte erzählt. Der springt erregt auf: „Aber, das ist ja ein reiner Unsinn!" Das sei doch nicht die Auffassung in der orthodoxen Kirche, das sei Rom und noch nicht einmal das ganze Rom. Das seien nur „die schlechtesten Elemente des Katholizismus, die Inquisitoren, die Jesuiten, denen es um irdischen Besitz, Macht und Weltherrschaft gehe, das irdische Reich, an dessen Spitze der römische Erzpriester als Imperator stehen soll."

Doch ist die ganze Erzählung noch komplexer ... Nach des Erzählers Absicht erkennt der greise Großinquisitor am Abend seines Lebens, dass er nur die Ratschläge des „großen furchtbaren Geistes des Todes und der Zerstörung" befolgt hat, um den Menschen das Leben erträglicher zu machen. Aber dass man sich nach der Weisung Satans der Lüge und Täuschung bedienen musste, um die Menschen bewusst zum Tod und Untergang zu führen. „Denn diese Blinden sollten nicht merken, wohin sie geführt werden, und sich wenigstens auf dem Wege für glücklich halten." – Darin besteht die Tragödie des Großinquisitors, dass der „Betrug geschieht im Namen dessen, an dessen Ideal der Greis sein ganzes Leben lang so leidenschaftlich geglaubt hat."

Aljoscha will wissen, wie die Geschichte ausgeht: Nachdem der Greis aufgehört hat zu reden, wartet er einige Zeit auf eine Antwort des Gefangenen. Der Greis möchte, dass ER etwas sage, sei es auch etwas Bitteres, Furchtbares. Doch ER nähert sich plötzlich schweigend dem Greis und küsst ihn. Das ist seine Antwort. Der Greis zuckt zusammen ... geht zur Tür, öffnet sie und sagt zu IHM: „Geh weg und komm nicht mehr wieder ... niemals, niemals!" So entlässt er IHN, hinaus in die dunklen Straßen und Plätze der Stadt. „Und der Greis?“ will Aljoscha noch wissen. – „Der Kuss brennt auf seinem Herzen; aber der Greis bleibt bei seiner Idee.“

Kurze Erzählung vom Antichrist von Wladimir Solowjew

Es mutet wie eine prophetische Inspiration an, wenn Solowjew seine "Kurze Erzählung vom Antichrist" im 21. Jahrhundert spielen lässt.

Er erzählt: „Es verliert die alte traditionelle Ordnung der einzelnen Nationen überall ihre Bedeutung und fast durchweg verschwinden die letzten Reste der alten monarchischen Regierungsformen. Europa ist im 21. Jahrhundert ein Bund mehr oder weniger demokratisch regierter Völker, die Vereinigten Staaten von Europa. Zwar sei der theoretische Materialismus zusammengebrochen infolge der immer komplizierter werdenden Entdeckungen, doch hat die Menschheit die kindliche Fähigkeit eines keine Rechenschaft fordernden Glaubens verloren. Vorstellungen wie die von Gott, der die Welt aus dem Nichts erschaffen hat und dergleichen werden nicht einmal mehr in den Grundschulen gelehrt.“ In dieser Zeit tritt ein hochintelligenter, durch Seelenadel und körperliche Schönheit sich auszeichnender Mensch auf, der von vielen für einen Übermenschen gehalten wird. Er glaubte zwar an Gott, aber er liebte nur sich allein. Er hielt sich für "den Zweiten nach Gott, für den in seiner Art einzigartigen Sohn Gottes". In einem mystischen satanischen Erlebnis sagt eine Stimme zu ihm: „Du bist mein geliebter Sohn, an dem ich Wohlgefallen habe. ... Der, den du für Gott hieltest, forderte von seinem Sohne grenzenlosen Gehorsam, bis zum Tod am Kreuz und half ihm nicht, als er am Kreuz hing. Ich fordere nichts von dir, und ich werde dir helfen. ... Nimm hin meinen Geist!“ – Beflügelt von diesem mystischen Erlebnis schreibt er sein berühmtes Werk: "Der offene Weg zu Frieden und Wohlfahrt", was ihm internationale Anerkennung einträgt. Er wird daraufhin zum lebenslänglichen Präsidenten der Vereinigten Staaten von Europa gewählt und nach seiner programmatischen Rede vor der Versammlung sogar zum Römischen Kaiser ausgerufen. Auch die außereuropäischen Staaten unterstellen sich seiner Oberhoheit.

Im ersten Jahr seiner Regierung schafft er einen allgemeinen Weltfrieden. Im zweiten Jahr löst er die sozialökonomischen Probleme und führt die grundlegende Gleichheit für die gesamte Menschheit ein, die Gleichheit des allgemeinen Sattseins. Der Kaiser und Übermensch aber war sich bewusst, dass die Menschen nach mehr verlangen als satt zu sein. Schon im alten Rom suchten sie nach Unterhaltung: Panem et circenses. So nimmt er im dritten Jahr seiner Regierung einen asiatischen Magier in Dienst, der mit seinen exotischen und technischen Zaubereien die Massen ergötzt.

Im vierten Jahr geht er an die Lösung des leidigen Problems der religiösen Spaltungen und konfessionellen Gegensätze. Dazu beruft der Kaiser und Übermensch in den der "Einheit aller Religionen" geweihten Tempel ein allgemeines Konzil nach Jerusalem ein. Die herausragenden Persönlichkeiten unter den circa dreitausend Versammelten sind auf katholischer Seite der Papst Petrus II. und bei den Orthodoxen Hierarchen der Staretz Johannes, ein greiser Bischof im Ruhestand. Unter den Protestanten ist die hervorragende Persönlichkeit der hochgebildete deutsche Theologe Professor Pauli.

Mit speziell auf die Eigenart der einzelnen Kirchen und Konfessionen zugeschnittenen und verlockenden Angeboten versteht es der Mensch der Zukunft, die überwiegende Mehrheit der Konzilteilnehmer auf seine Seite zu ziehen. Doch Staretz Johannes entlarvt ihn als den Antichrist. – Der an der Seite des Imperators stehende. Großmagier lässt nun mit seiner Zauberkunst Feuer vom Himmel fallen, das den Staretz tötet. Als der Kaiser einen Konzilbeschluss herbeiführen will, der ihn, den machtvollen Kaiser Roms und des ganzen Erdkreises, als obersten Herrn und Führer anerkennt, schleudert ihm Papst Petrus II. sein "Contradícitur" entgegen und erklärt: „Unser alleiniger Herr ist Jesus Christus, der Sohn des lebendigen Gottes! Was du aber bist, hast du gehört! Hinaus mit dir du Gefäß des Teufels! Ich übergebe dich deinem Vater, dem Satan! Anáthema, anáthema, anáthema!“ Der Großmagier löst mit seinen Manipulationen einen lauten Donnerschlag aus, in dem das dritte Anáthema untergeht. Und der letzte Papst fällt tot zu Boden. – Der Antichrist lässt die Leichname der beiden Getöteten vor der Grabeskirche für die Bevölkerung ausstellen. Als Beweis seines Großmutes aber lässt er die kleine Schar der getreuen Christen ungeschoren davonkommen. Diese zieht aus der Stadt hinaus in die Wüste bei Jericho, wo sie drei Tage mit Gebet und Fasten ausharrt, die Wiederkunft Christi erwartend. Am Abend des vierten Tages organisiert Professor Pauli eine Nacht- und Nebelaktion, um die Leichname der beiden Glaubenszeugen zu holen. Man bringt sie hinaus zu den in der Wüste ausharrenden Gläubigen. Kaum hat man die Bahren mit den Toten auf die Erde gestellt, kommt Leben in sie.

Alle versammeln sich mit freudigen Rufen um die aus dem Tode Erwachten. Staretz Johannes aber beginnt: „Nun Kindlein, seht ihr, da haben wir uns ja auch nicht getrennt. Es ist Zeit, dass das letzte Gebet Christi über seine Jünger in Erfüllung gehe, dass sie eins seinen, gleich wie ER selbst mit dem Vater eins ist. Geben wir um dieser Einheit in Christo willen unserem geliebten Bruder Petrus die Ehre. Er soll zum Schluss die Schafe Christi weiden. So sei es Bruder!“ Und er umarmt den Papst. Da tritt Professor Pauli heran: „Tu es Petrus!“ Und er wendet sich an den Papst: „Jetzt ist es ja gründlich erwiesen und außer Zweifel.“ Mit seiner Rechten drückt er fest dessen Hand und die Linke reicht er dem Staretz Johannes mit den Worten: „So also Väterchen, nun sind wir ja eins in Christus“ So vollzieht sich die Vereinigung der Kirchen inmitten einer dunklen Nacht an einem einsamen Ort. Doch am dunklen Nachthimmel erscheint plötzlich ein großes Zeichen: eine Frau, mit der Sonne bekleidet und den Mond unter ihren Füßen, und auf dem

Haupt eine Krone von zwölf Sternen (Offb. 12,1). Die Erscheinung verharrt einige Zeit und bewegt sich dann langsam gegen Süden. Papst Petrus erhebt sich und ruft; „Das ist unser Panier! Ihm gehen wir nach." Und die Getreuen ziehen der Erscheinung nach zum Berge Gottes, zum Sinai.

Anmerkung: In den Schriften Solowjews spielt die Sophia, die Göttliche Weisheit eine besondere Rolle. Er identifiziert die Himmelsfrau Offb 12 mit eben dieser göttlichen Weisheit. Laut 1 Kor 1,30 „hat Gott Christus Jesus für uns zur Weisheit gemacht". Das große Zeichen am Himmel ist demnach in Solowjews Erzählung "das Zeichen des Menschensohnes", das Jesus für seine Wiederkunft in den Endzeitreden angekündigt hat.)

Wie aber geht es weiter mit dem Antichrist? Es kommt zum bewaffneten Aufstand der Juden, die ihn anfangs als Messias anerkannt haben. Als man dahinter kommt, dass er gar nicht beschnitten ist, verwerfen sie ihn als großen Betrüger. Am Toten Meer treffen die Vorhuten beider Armeen aufeinander. Da erschüttert ein gewaltiges Beben die Erde. Ein Vulkan tut sich auf, in dessen Feuerstrom der Antichrist und sein Anhang vernichtet wird. Verängstigt eilen die Juden nach Jerusalem und rufen den Gott Israels um Rettung an. Beim Anblick der heiligen Stadt öffnet sich der Himmel. Christus erscheint in königlichen Gewändern und steigt mit den von den Wundmalen der Kreuzigung gezeichneten Händen zu den Juden herab. Es erfüllt sich das Prophetenwort: „Sie werden auf den schauen, den sie durchbohrt haben." (Sach 12,10).

Der Herr der Welt von Robert Hugh Benson

Vor hundert Jahren, als es noch keine Luftflotten und keine Vereinten Nationen gab, schrieb der englische Schriftsteller Robert Hugh Benson (†1914) seinen Zukunftsroman "Der Herr der Welt".

Darin schildert er das Aufkommen und Wirken eines Übermenschen, der einen Weltstaat und eine einzige Menschheitsreligion anstrebt, dem nur noch wenige überlebende Christen widerstehen können. Im Schlusskapitel beruft der letzte Papst Silvester die Kardinäle zu einem geheimen Konsistorium nach Bethlehem, dem Zufluchtsort des verfolgten Papstes. Ein Judas unter den Kardinälen verrät dem Antichristen, dem Präsidenten der Vereinigten Staaten der Erde, den Aufenthaltshalt des Papstes und die geplante Versammlung aller noch lebenden Kardinäle. Als der Papst zusammen mit seinen Getreuen das Pfingsthochamt feiert, rückt die Luftflotte der Vereinten Nationen der Erde zur Vernichtung Bethlehems und damit der letzten Christen heran.

Während draußen entfesselte Naturgewalten toben, ergreift der Papst in der Kapelle zum letzten Mal die Monstranz mit der heiligen Hostie und die wenigen Getreuen singen zur Sakramentsprozession das "Tantum ergo". Noch einmal erklingt das "prästet fides supplementum sensuum defectui", was heißt: "Unser Glaube soll uns lehren, was das Auge nicht erkennt." So singen sie zum letzten Male. Denn während des "Genitori genitoque": „Gott dem Vater und dem Sohne sei Lob, Ehr und Herrlichkeit“ fällt die Hülle, die den HERRN unter der Brotsgestalt verborgen hielt, und der Lobgesang der vierzig letzten Christen geht über in den dröhnenden Donner ewiger Lobpreisung. "Und dann verschwand die Welt und ihre Pracht!"

Zu guter Letzt

Wenn ich den geduldigen Leser bis hierher am Nasenring der Neugierde geführt habe,ohne dass er ihn unwillig oder gelangweilt abgeschüttelt hat, bleibt mir noch zu danken: Frau Annemarie Nothhelfer, der ehemaligen Pfarrgemeinderatsvorsitzenden der Dom- und St. Quintinspfarrei, die gewöhnlich nach dem Sonntagsgottesdienst in die Sakristei kam und das Manuskript erbeten hat, um es mit der Schreibmaschine abzutippen und so anderen zugänglich zu machen, was der Pfarrer Sonntags gepredigt hat. Ferner danke ich Dr. theol. P. Markus Christoph SJM und P. Roland Schindele SJM für ihre Geduld, mit der sie einem Computer-Analphabeten immer wieder über die Runden geholfen haben. Mein Dank gilt auch P. Stefan Skalitzky SJM für das Layout des Einbandes, vor allem auch P. Otto Maier SJM, der mit mir zusammen das Buch druckfertig gemacht hat. Zu guter Letzt noch eine Episode: Als ein Autor Papst Pius XI. ein Buch überreichte, schlug er es auf und suchte nach dem Inhaltsverzeichnis. Jedoch in der Eile hatte der Verfasser nicht mehr die Zeit dazu gefunden. Der Papst gab das Buch zurück mit der Bemerkung: „Ein Buch ohne Inhaltsverzeichnis ist kein Buch." Darum danke ich auch noch P. Eduard Deffner SJM für die Erstellung des Inhaltsverzeichnisses.

Ach ja, falls jemand doch vom Pulverdampf im "nachkonziliaren K (G)ram" Hustenreiz bekam oder sich geärgert hat: "Eine Katze mit Handschuhen fängt keine Mäuse" sagt ein jüdisches Sprichwort.

Wenn ich als Sechsundachtzigjähriger noch dieses Buch zustande brachte, dann habe ich das Gott zu verdanken, dessen besondere Fügungen und gnädigen Beistand ich im Leben erfahren durfte. IHM, dem Dreifaltigen Gott, sei die Ehre, Lobpreis und Dank!

Blindenmarkt, im Januar 2012 Guido Becker

Inhalt

Inhalt

I. Teil

Aus dem Schatten der Dom- und Kirchtürme: Heitere Anekdoten und kuriose Episoden

II. Teil

Aus dem Schatten der Dom- und Kirchtürme: Ernste Episoden, Predigten, Artikel, Vorträge und Briefe

Aus dem Leben Wilhelm Emmanuels von Ketteler

Die Heilsgeschichte mit den Juden – Judenmission?

Glaube im Sturm der Zeit, Attacken auf die Kirche

Kirche und Welt im Zeitspiegel

Nachkonziliarer K(G)ram, Unkraut unter dem Weizen

Humanae Vitae – Folgen und Konsequenzen

Lichtblicke in dunkeler Zeit

Das große Finale, Endzeit und Antichrist

»Lasst die Kinder zu mir kommen«
Ein Gebetbuch für Kinder im Alter von ca. 6 - 12 Jahren. Eine besondere Zugabe stellen die 17 farbigen Klebebilder dar. Die Kinder können die Bilder auf die entsprechenden Seiten des Buches kleben. Dies kann zum Beispiel während einer Katechese geschehen.
Aus dem Inhalt: Grund-, Morgen-, Tisch- und Abendgebete, für den Tag, hl. Beichte, hl. Messe, Hl. Geist, Maria, Rosenkränze, Engel und Heilige.
Umfang: 128 Seiten, Format: A6
mit Weichfolienumschlag. - Bestell-Nr. 12011 - 6,00 €

»Komm, Herr Jesus« Ein Jugend- und Pfadfindergebetbuch. Die vollständig neu überarbeitete Auflage enthält nun auch die Messtexte der außerordentlichen Form. Die Gebete und Lieder sind mit Nummern versehen worden.
Inhaltsüberblick: Grundgebete, Lob, Anbetung, Dank, Hingabe, Heiligung des Tages, hl. Beichte, hl. Messe, Kirchenjahr, Maria und Heilige u.v.m.
Umfang: 448 Seiten, Dünndruckpapier (Dicke: ca. 1 cm), Taschenformat mit Weichfolienumschlag. - Best.-Nr. 18021 - 9,- €

»Gedanken zum Priestertum« Dieses Buch bringt eine systematisch sortierte Sammlung von Zitaten von Papst Benedikt XVI. über das Priestertum. Der Papst bestimmt das Priestertum allein von Jesus Christus her.
Bestell-Nr. 24602 - fest gebunden, 4,- €

»Dominus est« von Weihbischof A. Schneider
Die heilige Kommunion ist nicht nur ein Augenblick der geistigen Mahlgemeinschaft, sondern vor allem auch die höchstmögliche Begegnung des Gläubigen mit seinem Gott in diesem Leben. Die dieser Begegnung angemessene Haltung ist jene des Empfangens, der Demut, des geistigen Kind-Seins, das sich auch in äußeren Gesten ausdrücken muss. - Bestell-Nr. 24121 - 8,- €

Fatima bleibt durch die Botschaften der Gottesmutter und das Sonnenwunder ein beschwörendes Zeichen.
In **»Pilgerfahrt nach Fatima - 1967«** wird eine Wallfahrt beschrieben, die zwar schon vor 40 Jahren stattfand, aber eine Antwort auf die politische und kirchliche Wirrnis unserer Zeit gibt. Neben der spannenden Rahmenerzählung werden die Forderungen von Fatima dargestellt, die uns zur Bekehrung aufrufen. von P. Otto Maier SJM
Bestell-Nr. 28222 - 480 S. - 11,50 €

»Wunder: Kirchlich überprüft, nie widerlegt«
Der Jurist Dr. Grochtmann dokumentiert, dass die äußeren Tatsachen der Wunder, die in kirchlichen Untersuchungsprozessen exakt überprüft wurden, bis heute erwiesen sind. Dazu werden einige Fälle untersucht: Marienerscheinungen, unerklärliche Heilungen, Bilokationen, Levitationen, eucharistische Wunder, u.v.m. - 7. Auflage
Eine Doktorarbeit, die spannend ist wie ein Krimi.
Bestell-Nr. 28551 - 13,- €

Bestellungen an: SJM-Verlag, Nibelungenring 1, D-86356 Neusäß, Tel. 0821-343225-11, Fax - 31, post@sjm-verlag.de oder in jeder guten Buchhandlung.
In unserem **Onlineshop** im Internet finden Sie viel Literatur, die wir empfehlen können.
Besuchen Sie uns auf: **sjm-verlag.de**